Inhoud

Legenda

- Routebeschrijving
- Musea
- Eten & drinken
- Winkeltips

Gebruik van deze gids

Wandelen door de stad met oog voor architectuur geeft een andere kijk op een stad. Vooral als de aandacht wordt gevestigd op de moderne architectuur uit de 20e en 21e eeuw. U wordt in deze gids meegevoerd langs gebouwen die in de kenmerkende stijlen uit deze perioden zijn gebouwd, zoals art nouveau (jugendstil), traditionalisme, de Amsterdamse school, (post)modernisme en Super Dutch. Ook industrieel erfgoed heeft daar een plekje in gekregen. De hoeveelheid bouwstijlen en bijzondere objecten die u onderweg tegenkomt is zo omvangrijk, dat de beschrijvingen van gebouwen uit de periode van vóór de 20e eeuw niet zijn opgenomen.
Wie een aantal wandelingen uit deze gids heeft gelopen, zal met andere ogen naar een gebouw kijken, en misschien zelfs herkennen dat het een ontwerp van Berlage, Rietveld of Dudok is.

De gids begint met een algemene inleiding over de moderne architectuur: de geschiedenis, de verschillende bouwstijlen en hoe u naar een gebouw kijkt. Daarna volgt het grootste gedeelte van de gids met de beschreven wandelingen in dertig steden (en dorpen) verspreid over heel Nederland, gerangschikt van noord (Friesland) naar zuid (Limburg). Achter in de gids is een lexicon opgenomen met begrippen in de architectuur.

Gebruiksaanwijzing bij de wandelingen

Naast een beknopte routebeschrijving vindt u per route een beschrijving van de gebouwen die u tegenkomt. De tekst in het kader gaat nader in op een interessant thema.

De wandelingen zijn met een blauwe lijn ingetekend op een gedetailleerd kaartje, waarvan de schaal per route verschilt. Op het kaartje is de richting van de routebeschrijving aangegeven. De belangrijkste straatnamen zijn op het kaartje vermeld, zodat u zich goed kunt oriënteren. Het nummer op de kaart verwijst naar de beschreven objecten.
De letters op het kaartje verwijzen naar de musea, horeca en winkeltips die in een apart kader zijn opgenomen. Tevens is de dichtstbijzijnde halte van trein, bus, metro of tram aangegeven met een symbool. Waar mogelijk is ook de locatie van een parkeerterrein vermeld. Onder het kopje 'Bereikbaarheid' staat parkeergelegenheid aangegeven. Meestal is dit

betaald parkeren, uiteraard geldt dit voor de meeste steden niet op zondag.
Twee wandelingen zijn bewegwijzerd met de bekende zeskante ANWB-bordjes: de Dudokroute in Hilversum en de Park en Cultuuurroute in Rotterdam. De overige wandelingen zijn niet gemarkeerd. Door de routebeschrijving en het kaartje onderweg beide te gebruiken, zal het volgen van de route weinig problemen opleveren. Natuurlijk kunnen werkzaamheden in de stad, die qua tijd en locatie telkens zullen veranderen, het u soms lastig maken. Wij vragen daarvoor uw begrip.

Bij iedere wandeling staat informatie over de lengte en de geschatte duur van de wandeling (inclusief 'rondkijktijd'), het startpunt, de bereikbaarheid van het startpunt en het adres van de plaatselijke VVV.

Verklaring routebeschrijving

la	linksaf
ra	rechtsaf
rd	rechtdoor
P-12345	nummer ANWB-paddenstoel
Y-12345	nummer ANWB-wegwijzer

Meer informatie

Details over bezienswaardigheden en andere informatie vindt u bij de plaatselijke VVV, waarvan het adres per route is vermeld. Deze informatie is ook te vinden in de regionale en provinciale VVV-gidsen voor Vakantie en vrije tijd, verkrijgbaar bij de VVV-kantoren. Ook de internetsites van de VVV's zijn vaak een goede bron van informatie. De landelijke website is www.vvvnederland.nl en de officiële website van het Nederlands Bureau voor Toerisme is www2.holland.com/nl

Verdieping in de architectuur

Voor aanvullende informatie over de architectuur kunt u terecht bij het Nederlands Architectuurinstituut (NAi) in Rotterdam (zie ook route 21). In het NAi worden archieven en collecties van Nederlandse architecten van na 1800 bewaard en toegankelijk gemaakt voor het publiek. Het is een museum, bibliotheek en cultureel podium ineen (www.nai.nl).
Daarnaast hebben veel grote steden een eigen architectuurcentrum met een schat aan informatie van die stad. Deze centra verzorgen regelmatig rondleidingen, hebben een (kleine) bibliotheek en verkopen gidsjes. Wanneer een architectuurcentrum aanwezig is langs of nabij de route, dan wordt daarnaar verwezen.

Historische collectie

In het archief van het Nederlands Architectuurinstituut ligt tweehonderd jaar geschiedenis van de Nederlandse architectuur opgeslagen, waaronder de tekeningen, maquettes en brieven van vele projecten uit deze stadswandelgids. De archieven van Berlage, Oud, Rietveld, Dudok, De Klerk en Duiker vormen de topstukken in het archief. Er zijn al zo'n achthonderd architectuurarchieven uit de periode 1800 tot circa 1970 van de belangrijkste architecten, architectuurorganisaties en architectuuronderwijsinstellingen aan het NAi overgedragen. Een bezoek aan de historische collectie kan een prachtige afsluiting vormen van uw stadswandeling.

Wandelen van het algemene naar het bijzondere

Algemeen gesproken kun je architectuur benaderen vanuit een bepaalde bouwstijl. Het eurobiljet is hier een mooi voorbeeld van. Hierop staan de grote Europese bouwstijlen aangegeven met fantasiebouwsels die er in werkelijkheid niet zijn. Ze bestaan alleen op papier en toch komen ze als origineel over. Op het vijfeurobiljet wordt een soort triomfboog in Ionische stijl getoond; op het tieneurobiljet staat een romaans portaal. Op het biljet van twintig euro staat een gotisch kerkvenster afgebeeld. Op dat van vijftig euro een renaissancistisch bordes en op het biljet van honderd een barokke colonnade. Bouwstijlen staan kennelijk los van de gebouwen die in die stijlen zijn gebouwd. Het zijn abstracties om met de vormenrijkdom van de architectuur te kunnen omgaan. Het zijn ijkpunten voor ontwerpers om zich in een bepaalde taal uit te drukken. Ze bieden herkenning en houvast. En als we in de historie duiken, dan zien we dat ze een indruk van een bepaalde tijd geven, een mogelijkheid tot oriëntatie en zelfs voor velen een gevoel van nationale, regionale of culturele identiteit.

Moderne architectuur

Ook Nederland kent stijlen als romaans, gotiek, barok en classicistisch. Maar Nederland is vooral beroemd om wat er daarna kwam: de stijlen van de 20e eeuw. Waar ter wereld je ook komt, specialisten in art nouveau, expressionisme, modernisme, ja zelfs post-modernisme, deconstructivisme, blobarchitectuur en Super Dutch, kunnen lyrisch worden over de Nederlandse bijdrage aan de rijkdom van de internationale architectuur. De 20e eeuw geeft een ongekend rijk beeld, waar generatie na generatie in staat bleek te zijn om meesters voort te brengen die wereldfaam verwierven. In deze wandelgids treft u veel stijlen van deze meesters aan. Ter eerste oriëntatie op die rijkdom beginnen we met een overzicht van stijlen. Daarna gaan we op zoek naar het bijzondere van de architectuur.

Jugendstil en art nouveau

In de eerste twee decennia van de 20e eeuw raakte de jugendstil in zwang, een stijl die in Frankrijk en België flamboyante vormen aannam en daar art nouveau heette.

Een mooi voorbeeld van jugendstil is het Haarlemse station, dat is ontworpen door de architect Margadant. De witgeglazuurde stenen doen daar Belgisch aan. Nergens in Nederland zult u zo'n overdadige, krullerige architectuur in deze stijl tegenkomen. Daarentegen is de mooie, eenvoudige jugendstil wel op veel plaatsen in ons land te vinden. Opvallend zijn de vele panden in Zwolle, Kampen en Gouda met houten gewelfde deurposten, gebogen winkelruiten en geglazuurde stenen. Ook in het Haagse Statenkwartier vindt u veel bouwwerken in deze sierlijke stijl en wie goed kijkt zal ook jugendstilpanden aantreffen in de wijken rondom veel Nederlandse stations.

Berlage

De grote vernieuwer van de Nederlandse architectuur in de eerste dertig jaren van de 20e eeuw was H.P. Berlage (1856-1934). Al een paar jaar voor het einde van de 19e eeuw bouwde hij zijn eerste woonhuizen en kantoorpanden. De grote doorbraak kwam in het begin van de 20e eeuw met de bouw van de Amsterdamse Koopmansbeurs aan het Damrak en zijn ontwerp voor de stadsuitbreiding aan de zuidrand van de hoofdstad: het fameuze Plan Zuid. Berlage vond het van groot belang dat zijn bouwkunst in het teken van de maatschappelijke ontwikkelingen van zijn tijd stond. Hij had een grote bewondering voor het ambacht, maar hij geloofde ook in de mogelijkheden van de industrie.

Bij het ontwerpen van zijn bouwwerken speelden de omgeving en de functie een belangrijke rol. Hij bouwde naast bovengenoemde complexen ook woningen voor woningbouwverenigingen en hij ontwierp het Amsterdamse Mercatorplein. Voorts is het Haagse Gemeentemuseum van zijn hand, evenals een kerk en enige kantoorpanden in

H.P. Berlage, Koopmansbeurs Amsterdam

dezelfde stad (zoals het kantoor van de Nederlanden van 1845 aan het Kerkplein). Kenmerkend voor de architectuur van Berlage is soberheid. Berlage had een hekel aan onnodigheden en frutselige versieringen. Hij richtte zich vrijwel uitsluitend op de functie van het gebouw en hechtte grote waarde aan eerlijk materiaalgebruik. Degelijk, onbedekt metselwerk en ongekleurde houten voordeuren en kozijnen hadden zijn voorkeur.

Amsterdamse school

Enkele jonge architecten die deels waren geïnspireerd door Berlage en zich deels tegen hem afzetten, zijn bekend geworden als de bouwmeesters van de Amsterdamse school. Twee daarvan, Michel de Klerk en Piet Kramer, hadden een groot aandeel in de voltooiing van Plan Zuid, waar zij een specifieke stijl aan de dag legden die in verschillende steden is nagevolgd. Zij bouwden in fraai metselwerk, dat ze voorzagen van originele decoraties. Opvallende torentjes, rode dakpannen, gebogen raampjes en allerlei onverwachte details geven hun gebouwen een zeer eigen, speels karakter. Extreme gevallen van deze expressieve architectuur worden wel baksteenexpressionisme genoemd. Een fraai voorbeeld is een dubbel woonhuis aan het Amsterdamse Hekelveld van vier verdiepingen met doorlopend over de hele gevel een druppelvormige erker. Nieuw voor die tijd was het gebruik van een speciale constructie waardoor men een raam in een muur breder kon maken dan zijn hoogte. De gevels van deze huizen zien er dan ook heel anders uit dan die van de sombere 19e-eeuwse arbeiderswoningen met hun hoge, smalle ramen.
Naast de Amsterdamse school ontwikkelden zich ook kleinschaliger bewegingen zoals die van De Stijl. Deze groep strekte zich over meerdere disciplines uit; de architectuur en de beeldende kunst gingen het verst in hun toewijding aan spirituele betekenisverlening aan de kunst. Bekendste architect in deze beweging was Theo van Doesburg wiens amusementspaleis l'Aubette in Straatsburg onlangs in oude luister is hersteld.

Tuindorpen

In verscheidene steden verschenen in de jaren '20 van de vorige eeuw zogenaamde tuindorpen, kleine wijken bedoeld voor mensen met lage en midden inkomens. De lage woningen met rode pannendaken en kleine ruiten doen landelijk aan. Ze zijn vaak gegroepeerd rond een pleintje met bomen en struiken, afgesloten van doorgaand verkeer en bereikbaar via een gemeenschap-

C. van Eesteren en Th. van Doesburg,Universiteitshal Amsterdam

M. de Klerk, woningen Eigen Haard Amsterdam

pelijke toegangspoort. Wie in Hilversum in de wijken achter het spoor gaat kijken, vindt er talloze voorbeelden van.
Ook de architect W.M. Dudok hield zich bezig met de bouw van tuindorpen. In het werk van die begaafde architect zijn de invloeden van Berlage en de Amsterdamse school duidelijk aanwezig. Dudok combineerde de sierlijke sobere bouwvormen daarvan echter met de strakke functionaliteit die in de jaren '20 in Nederland opkwam met het werk van architecten als Gerrit Rietveld. Zijn bekendste bouwwerk is het stadhuis van Hilversum.
In de jaren '30 kwam ook de Delftse school in opmars, een traditionalistische architectuur die zich afzette tegen de steeds populairder wordende moderne beweging. Deze tegenstelling tussen modern en traditioneel zet zich tot op de dag vandaag voort.

Na 1945

De verwoestingen van de Tweede Wereldoorlog werden na de bevrijding in rap tempo ongedaan gemaakt. De wederopbouw nam grote vormen aan, steden werden opgebouwd, nieuwe wijken aangelegd en kantoren en fabrieken verrezen op grote schaal. Daarbij bouwden de architecten, in navolging van Duitse bouwmeesters als Walter Gropius en Ludwig Mies van der Rohe en de Nederlandse architecten van De Stijl, in een sobere stijl, waarbij de vormgeving van het gebouw werd gedicteerd door zijn functie; decoratie was uit den boze. Beton en glas waren de materialen. Het centrum van Rotterdam, met de winkelpromenade Lijnbaan van J.B. Bakema en J.H. van den Broek heeft een overwegend functionalistisch karakter.
De bevolking nam snel toe. Door de 'babyboom' groeide de vraag naar eengezinswoningen. Flats moesten de druk opvangen en de galerijflat werd geïntroduceerd. Inmiddels is dit type flat een volledig achterhaald concept.
Kleinschaliger nieuwbouw in de geest van het structuralisme werd gepleegd in de volledig nieuwe polderstad Almere. De meningen hierover zijn verdeeld; tegenstanders noemden deze bouw wel de nieuwe truttigheid. Enerzijds is men geslaagd in het aanbrengen van variatie in de bouwvormen. Daar kan tegen worden ingebracht dat veel goedkoop en weinig duurzaam materiaal is gebruikt, zoals

kunststoffen prefabelementen, die een treurige indruk maken. Hetzelfde probleem doet zich voor in de nieuwbouwwijken van alle steden, als gevolg van tijdsdruk en vooral geldgebrek.

In de jaren '80 van de 20e eeuw verrezen in Nederland de eerste 'businessparken'. Inmiddels worden nog steeds hele wijken volgebouwd met spiegelende kantoordozen, winkel-

G. Rietveld, Rietveld Schröderhuis, Utrecht

centra en appartementen die de steden (vooral in de buurt van de stations) 'allure' moeten geven. Veel van deze gebouwen zijn opgetrokken in een stijl die wordt omschreven als postmodern. Vaak blijken de architecten te hebben teruggegrepen op de oude klassieke vormen, eveneens aanwezig in de neoclassicistische bouwwerken uit de 19e eeuw. Zuilen en frontons worden gecombineerd met moderne materialen. Aan het einde van de 20e eeuw verrijzen er ook originele panden zoals de ontwerpen van Alberts en Van Huut: energiezuinige kantoren met organische baksteenvormen, bijvoorbeeld in Amsterdam Zuidoost (NMB) en Groningen (Gasunie). Veel steden hebben de laatste decennia een metamorfose ondergaan en de veranderingen zullen in de 21e eeuw in rap tempo doorgaan. Wie door Nijmegen of Arnhem loopt, ziet dat er veel verandert. Maar kijk ook eens rond in de omgeving van het Amstel Station, of het centrum van Den Haag, Rotterdam en Leiden. Daar staan veel recente gebouwen die worden gevat onder de naam Super Dutch, een stijl die wordt gekenmerkt door een stevig conceptualisme en niet zelden een vleug humor. De Super Dutch-generatie is nog volop actief en is momenteel duidelijk bezig aan een herbezinning op klassieke waarden zoals ambacht, ornament, stedenbouwkundige context, en sociale betekenis van de architectuur.
De mooiste voorbeelden van al deze stijlen vindt u allemaal dicht bij elkaar binnen een bereik van hooguit twee uur reizen. Een ongekend modern erfgoed.

Op zoek naar het bijzondere

U bent nu op de hoogte van de grootste algemene deler die de architectuur kent, een door kunsthistorici toegekende stijl die zelfs op het eurobiljet is terug te vinden. U betaalt ermee en krijgt er letterlijk wisselgeld voor terug. Deze gids nodigt u uit tot een ontmoeting met het concrete gebouw. Deze inleiding gaat verder dan het aanstippen van hoofdlijnen in de Nederlandse bouwkunstgeschiedenis. Het neemt u mee naar dat wat u echt ziet: van het algemene naar het bijzondere.
We gaan daarvoor terug naar de kern van de architectuur. De wandelingen in deze gids voeren u langs vele gebouwen. Al die gebouwen hebben muren, daken, ramen en deuren. De muren moeten sterk genoeg zijn, geschikt om hun werk te doen: een ruimte af te bakenen, weer en wind buiten te houden en het dak te dragen. Het dak zelf dient de regen op te vangen en deze weg te leiden. De ramen zorgen ervoor dat daglicht kan binnenkomen en uitzicht naar buiten mogelijk wordt. De deuren maken het mogelijk naar binnen en naar buiten te gaan.
Simpeler kun je de beschrijving van een gebouw niet maken. En vanuit dat oogpunt zijn alle gebouwen, waar ook ter wereld, min of meer gelijk. Nu pas volgen de details. Vloeren, wanden, dakbedekking, kozijnen, drempels, scharnieren, nog steeds bevinden we ons op het niveau waarop vrijwel de hele mensheid een gebouw herkent als gebouw. Het is het niveau waarop miljarden mensen hun gebouwen dagelijks ervaren, en het is ook het niveau waarop miljoenen bouwkundigen gebouwen maken.
Het ervaren en het maken komen samen in de gebruiksfunctie van de gebouwen. Gebruik levert de eerste grote mogelijkheid tot specificatie op waarmee gebouwen van elkaar kunnen worden onderscheiden en waarmee bouwkundigen kunnen bewijzen dat ze meer kunnen dan het stapelen van wat stenen en het plaatsen van dak, deur of raam. Gebouwen die zijn afgestemd op hun gebruik, zijn veel preciezer in de wijze waarop ze ons leven organiseren. Woningen nodigen ons uit tot wonen, werkplaatsen en kantoren tot werken, scholen tot leren, winkels tot kopen, musea tot aanschouwen, enzovoort. Elk gebouw heeft een eigen functie. En daarvoor is eerst een ontwerp nodig waarin dat gebruik is overdacht. De bouwkundige heeft inmiddels zijn denkwerk verruimd van techniek naar menselijk gedrag.

Toch schiet het in onze wandeling van het algemene naar het bijzondere nog niet op. Op het niveau van bouwkundige typologie hebben we nog altijd te maken met een grove indeling die ons helpt te begrijpen wat de functie van een gebouw is. Maar het waarderen ervan is iets anders. Hoe is de keuze voor het al dan niet opnemen van een gebouw in deze gids tot stand gekomen? Er is gekozen voor gebouwen die opmerkelijk zijn, waarover eerder is gepubliceerd en die over de tong gaan. Ze zijn, met andere woorden, bijzonder. Bijzondere gebouwen noemen we architectuur.

Waardeoordeel

Wat verder in deze inleiding volgt, is een aantal invalshoeken waarmee dat bijzondere wordt bewerkstelligd. En wat blijkt: niet zozeer wat er staat en waarvoor het dient bepaalt het bijzondere van een gebouw, maar wat de architect ervan heeft gemaakt. En niet te vergeten, wat u daarvan weet of ermee doet. Deze gids reikt feiten en suggesties aan, maar u bent het zelf die er een verhaal van maakt. Het gaat zogezegd meer om de ervaring van de context, dan om het feit zelf. De context maakt iets uniek.

Nu lijkt het misschien alsof de totale willekeur zijn intrede doet, waarin alles wat over een gebouw kan worden gezegd een samenloop van omstandigheden is. Maar dat is niet zo. Net zoals een gebouw op zijn onderdelen en zijn gebruiksfuncties kan worden geanalyseerd, zo kan ook de context nader worden ontleed. Stel, u hebt de functie van een gebouw herkend. Maar waar bevindt het zich? Staat het alleen, vrijstaand langs een weg? Of bevindt het zich in een straat? Wat zegt het gebouw dan over die straat? Wat zegt de straat over het gebouw? Bent u op weg naar het gebouw door een buurt gelopen? Een wijk? Is er iets in die buurt of wijk dat u in het gebouw herkent? Of is het gebouw juist zo bijzonder dat het op zichzelf een bijdrage levert aan de identiteit van een hele stad? De gebouwen die in deze gids worden genoemd, hebben dat potentieel zeker. Er zitten zelfs gebouwen bij die zo beroemd worden, dat ze dienstdoen als icoon voor een stad of zelfs een heel land. Zo wordt het Kröller-Müller Museum in Hoenderloo in de wereldwijd gebruikte Michelingids omschreven als een plek die een bezoek aan Nederland de moeite waard maakt. Maar ook in andere ste-

A.J. Kropholler, Raadhuis Noordwijkerhout

den wordt u langs bouwwerken geleid die voor velen als icoon van de betreffende stad in het geheugen staan gegrift. De Erasmusbrug in Rotterdam of de Beurs van Berlage in Amsterdam zijn daar treffende voorbeelden van. Hierbij gaat het niet alleen om de bijzondere vormgeving, maar ook om de context, de stad. Met andere woorden, de wisselwerking met de omgeving is een wezenlijk bestanddeel van de waardering van architectuur. Uw architectuurwandeling is een ideale manier om dat verband te leggen.

Andere factoren

Maar er is meer dat een gebouw tot iets bijzonders verheft. In deze gids treft u voor elke stad een aantal bijzondere gebouwen aan, maar in feite telt elk daarvan voor twee. Of meer. Wat voor weer treft u bijvoorbeeld aan, als u aan de wandel gaat. De zon is zeer bepalend. Overdag hangt alles af van de lichtintensiteit af waaronder u de gebouwen ervaart. Grijs, helder, heiig, in de schemering, u krijgt op elk moment een andere werkelijkheid. Schilders als Ruysdael of Vermeer zijn beroemd geworden dankzij het Hollandse licht. Er doen allerlei theorieën de ronde over de oorsprong van dat bijzondere licht, waarbij niet zelden het vele water in Nederland als oorzaak van de rijke schakeringen wordt genoemd. De rivieren door het landschap, de sloten door de weilanden, de Noordzee langs de kustlijn, en natuurlijk het IJsselmeer dat als een lege vlakte in het hart van het land ligt. Maarten de Kroon heeft over dit licht een prachtige documentaire gemaakt. Wie door zijn camera heeft meegekeken, ervaart dat geen Hollandse dag meer het zelfde is. Ook de monumenten in deze gids zullen voor altijd meeveranderen in de lichtval die ze beroert.

Een volgend aspect blijft vaak onderbelicht, maar is eveneens essentieel in de waardering voor de bijzondere omgeving: hebt u veel tijd of juist weinig? Wie zich de tijd gunt om rustig van architectuur te genieten, krijgt die tijd altijd dubbel en dwars terug. Zo is het goed mogelijk om Delft in een uurtje te belopen; u hebt dan een goede indruk van het stratenpatroon van dit oude Hollandse stadje. Maar wilt u de rijkdom van de details ervaren en alles wat er sinds de gouden eeuw is gerealiseerd, dan kunt u voor Delft rustig een dag uittrekken. De moderne architectuur die in

K.P.C. de Bazel, hoofdkantoor van de Nederlandse Handelsmaatschappij Amsterdam

deze gids wordt behandeld, vraagt niet om een blik van herkenning, maar om een onderzoekende blik, zodat u aspecten waarneemt die niet voor de hand liggen: de materialisering, de ruimtewerking, de situering in het historische stedelijke weefsel. Zonder tijd, geen besef van ruimte.

Situering, lichtval en de tijd die u hebt zijn allemaal zaken die bepalen hoe u bijzondere gebouwen ervaart, en óf u ze als bijzonder ervaart. Ook het gezelschap waarin u zich begeeft is van invloed op de wijze hoe u naar een gebouw kijkt. Nog dieper gaat de ervaring die voortkomt uit het feit wie u bent. Karakter, maatschappelijke positie en dagritme beïnvloeden uw ervaring. Voor de een is er ruimte voor langdurige overpeinzing, voor de ander alleen aandacht voor een direct belang. Soms wilt u goed uw weg vinden, een andere keer is het heerlijk dwalen. Navenant verschilt het wandeltempo. Neem de proef op de som. Loop snel en doelgericht door Nagele en u komt uit bij de kerk. Wie kiest voor kuieren, krijgt oog voor de mensen die zich in of rond hun huis bezig houden met de dagelijkse beslommeringen. Wilt u flaneren, neem dan de weg naar Amsterdam, en loop eens van de Dam naar de P.C. Hooftstraat. Wie liever anoniem wil genieten te midden van in zichzelf gekeerd publiek, kan wellicht beter een andere stad uitkiezen.

Schatkamer van de Nederlandse architectuur

Iedereen die ongehinderd door enige kennis van de bouwkunst zijn of haar wandeling maakt, zal volop kunnen genieten. Maar: hoe meer u weet, des te meer kunt u ook zien. U ziet verbanden, herkent patronen, kunt periodiseren en gaat de meesterhand herkennen. En als u kennis hebt van bepaalde architecten, dan kan het moment komen waarop u niet meer naar een gebouw kijkt, maar naar een Berlage, een Van Tijen, of een Weeber. Lees dan naast deze ANWB-wandelgids ook eens de monografieën van uitgeverij 010, SUN of NAi Uitgevers.
Nog een stap verder is het te rade gaan bij het archief van het Nederlands Architectuurinstituut (NAi). Sinds kort kunt u op de website van het NAi (www.nai.nl) grasduinen in de archieven en bezien of de architect en het project waarvoor u naar Rotterdam wilt reizen daadwerkelijk aanwezig is. Als voorproefje van de rijkdom

W. Kromhout, Raadhuis Rotterdam, unieke gipsen maquette

Van den Broek en Bakema, Lijnbaan Rotterdam

van het NAi-archief is de webtentoonstelling '101 markante stukken' gemaakt. Deze webpresentatie biedt een selectie uit de rijke en gespecialiseerde collectie van dit instituut, die met recht een schatkamer van de Nederlandse architectuur kan worden genoemd. Uit de depots zijn meer dan honderd collectiestukken gelicht. Deze tekeningen, maquettes, boeken en foto's zijn geselecteerd omdat ze bijzonder zijn, grappig, inventief, zeldzaam of gewoon erg mooi. Belangrijke en baanbrekende bouwprojecten komen aan bod, naast boeken met tips voor de inrichting van uw woning. Deze dwarsdoorsnede uit de collectie biedt een overzicht van twee eeuwen bouwen aan Nederland. In het archief treft u onder meer de geknutselde en kwetsbare maquettes van Gerrit Rietveld aan en de intieme schetsen van De Klerk voor zijn woningbouwprojecten in Amsterdam, uitgevoerd in de Amsterdamse schoolstijl. Ook het Kasbah-project van Piet Blom in Hengelo met zijn typische jaren-'70-collages; op een bepaalde manier brutaal en vol idealen. In het archief treft u veel dromen van architecten aan. De wijze waarop projecten uiteindelijk tot stand zijn gekomen – na veel overleg tussen architect, opdrachtgever, toekomstige gebruikers en de aannemer – vindt u in het archief. Het uiteindelijke resultaat kunt u tijdens de stadswandelingen in deze ANWB-gids zelf aanschouwen. Verrassend is daarbij dat thema's van vandaag, zoals duurzaamheid en veiligheid, al een lange traditie kennen. Een aanpak of oplossing uit het verleden kan immers ook voor actuele vraagstukken van betekenis zijn.

Architectuur van de toekomst

Of de meer recente projecten die u tijdens uw wandeling hebt gezien, in de toekomst in de archieven zullen worden opgenomen – bijvoorbeeld het archief van Architectenbureau Neutelings Riedijk, van Wiel Arets of van Marlies Röhmer – is natuurlijk de vraag. Het NAi geeft u op de website een kijkje in de keuken van zijn acquisitiebeleid. Belangrijk is dat het archief ook in de toekomst een goede afspiegeling vormt van de belangrijkste opgaven en ontwikkelingen. Vele daarvan hebben een plek gekregen in deze stadswandelgids. Zoals de herstructurering van diverse binnensteden, genoemd in de stadswandelingen van bijvoorbeeld Nijmegen, Enschede en natuurlijk van Rotterdam. In deze stad bepaalden mijnbouw en havenindustrie van oudsher het karakter van de stad. Deze steden zagen zich voor een enorme nieuwe maatschappelijke opgave geplaatst. Nieuwe architectuur gaf een nieuw gezicht, een nieuw imago aan deze steden, en vele fraaie voorbeelden van deze moderne architectuur worden in de stadswandelingen beschreven. Het NAi speelt met tentoonstellingen, lezingen en debatten én het archief op nationaal niveau een belangrijke rol in het agenderen van de thema's die nu en in de toekomst in de ontwikkeling van architectuur van belang zijn. Het gebouw waarin het is gehuisvest, aan het Museumpark in Rotterdam, staat op een prominente plek en is ook opgenomen in de route Rotterdam, Park en Cultuurroute. Een bezoek aan het NAi is een mooie afsluiting van een wandeling door Rotterdam.

Rotterdam

Niet voor niets is het NAi in Rotterdam gevestigd. Deze stad heeft iets met architectuur dat geen enkele andere stad in Nederland heeft. Het trekt publiek dat speciaal vanwege de architectuur naar de Maasstad komt, en ontwerpers die er willen werken. Rotterdam streeft naar een nieuwe eenheid, na het trauma van de bombardementen in mei 1940. Een vlakte van vernietiging werd in ruim zestig jaar een landschap van bijzondere architectuur. Rotterdam blijft worstelen met een imago van een lege of saaie stad, maar heeft in werkelijkheid de status bereikt van een openluchtmuseum voor bijzondere moderne bouwkunst. Nu moet de stad al deze hoogtepunten bijeenbrengen in een samenhangend geheel dat wordt gedragen door een mooie en

MVRDV, woningen Hageneiland Ypenburg

Rem Koolhaas / OMA, Parc de la Villette, Parijs

goed onderhouden openbare ruimte.
Rotterdam staat vol met gebouwen van het architectenbureau Van den Broek en Bakema. Hun ontwerp voor de Lijnbaan is wereldberoemd. Zo ook het Groothandelsgebouw van architect Maaskant, pal naast het Centraal Station, en het Sonneveldhuis van de architecten Brinkman en Van der Vlugt. Het is fascinerend om te zien hoe deze gebouwde werkelijkheid zich verhoudt tot de ideeën en ontwerpen van de architecten. Soms zien we een vrijwel letterlijke vertaling van het voorgestelde in het gerealiseerde, maar net zo goed zijn er soms in het proces grote wijzigingen doorgevoerd. Architect Staal won in 1928 met een ontwerp in de stijl van de Amsterdamse school de Beursprijsvraag. Het twaalf jaar later, in 1940 gerealiseerde ontwerp is gebouwd in de stijl van de nieuwe zakelijkheid.
In het projectdossier van Huis Sonneveld kunt u vinden hoe de randen van het museumpark, ooit het Landgoed van Hoboken, geleidelijk aan werden bebouwd. Deze groene oase, even buiten het centrum van Rotterdam, werd in de jaren '20 van de vorige eeuw een trekpleister voor de gegoede burgerij die van een fraai uitzicht wilde genieten. In de oudste schetsen voor Huis Sonneveld ligt de woonkamer nog op de begane grond, maar de architecten (of de opdrachtgever!) ontdekten de potentie van het uitzicht, zodat de woonkamer werd verplaatst naar de eerste verdieping. Op het dakterras schetste de architect een ingenieuze constructie die het mogelijk maakte om buiten in de schaduw en uit de wind te zitten.

Speciale vermelding

Er bestaat buiten het archief nog een collectie van het NAi. Dat zijn de gebouwen die zijn voorzien van een plaquette waarop de partijen staan vermeld die aan de realisatie van een project hebben bijgedragen. Architecten, maar ook opdrachtgevers, bouwers, adviseurs en andere betrokkenen kunnen hierop genoemd worden. Op deze wijze wordt aangegeven hoe belangrijk het samen werken aan architectonische kwaliteit is. Inmiddels zijn honderden gebouwen in Nederland van deze plaquette voorzien, ook enkele gebouwen die speciale vermelding krijgen in deze gids. De gebouwen die voorzien zijn van een plaquette zijn te vinden op www.architectuurplaquette.nl

De redactie is ervan overtuigd dat de in deze gids genoemde gebouwen uw aandacht ten volle verdienen. Maak een keuze uit het aanbod van dertig wandelingen en ga op pad. Met uw belangstelling voegt u uw eigen verhaal toe aan een gebouw. De redactie wenst u een mooie ontdekkingstocht in de architectuur van het algemene naar het bijzondere.

Ole Bouman, directeur NAi

Aanbevolen literatuur

Nederlandse Architectuur van de 20ste eeuw, Hans Ibelings (NAi Uitgevers, Rotterdam, 2003)

Gids voor hedendaagse architectuur in Nederland, Paul Groenendijk en Piet Vollaard (010 Uitgevers, Rotterdam, 2004)

Architectuurgids Nederland (1900-2000), Paul Groenendijk en Piet Vollaard (010 Uitgevers, Rotterdam, 2006)

Architecten in Nederland, van Cuypers tot Koolhaas, Hans Ibelings (Uitgeverij Ludion, 2005)

Architectuur in Nederland, jaarboeken NAi

Toonbeelden van de wederopbouw (Uitgeverij Waanders, Zwolle, 2002)

Informatie op internet

www.nai.nl
Website van het Nederlands Architectuurinstituut

www.architectuur.org/gids
Particuliere digitale architectuurencylopedie vanaf 1900

www.architectenweb.nl
Platform voor de architectuur, tevens 'archipedia' webencyclopedie

2

1 Leeuwarden

De stad van Bonnema

“Het functionalisme zal onsterfelijk blijken”. Deze kernachtige uitspraak – gedaan bij het winnen van de opdracht voor het hoofdkantoor van de Nationale Nederlanden in Rotterdam – typeerde Abe Bonnema ten voeten uit. Wars van alle franje veroverde de ‘*Liwwadder*’ zich een plaats in de frontlinies van de nationale architectuur.

Volgens de even pragmatische als controversiële Friese architect ontstaat de vorm van een gebouw vooral uit de oplossingen voor de bouwkundige uitdagingen van de opdracht. Toch neigde Bonnema aanvankelijk niet naar het functionalisme. Onder zijn leermeesters aan de Technische Hogeschool in Delft bevonden zich Berghoef en Granpré Molière, de boegbeelden van het traditionalisme. Gaandeweg won echter de schoonheid van de constructionele logica het van het puur monumentale gebaar.

Vanuit zijn bureau in Leeuwarden werkte hij gestaag aan een solide carrière. Op eigen initiatief ontwierp Bonnema een gebouw dat het modernisme naar ‘zijn’ stad zou halen: het Girokantoor **1**. De ruw betonnen, paddenstoelvormige constructie (1971) laat het

Vervolg op pag. 23 ›

Architect bij legaat

Abe Bonnema liet na zijn dood het Fries Museum een flink geldbedrag na. Hiervan moest een nieuw museum gebouwd worden aan het Wilhelminaplein. Ook de keuze van de architecten lag vast in de wilsbeschikking. Hubert Jan Henket en het bureau van Bonnema werken momenteel samen met het Fries Museum **5** en de gemeente Leeuwarden aan dit Project Nieuw Zaailand. Ter verbetering van het gebied is een masterplan ontwikkeld dat het gehele plein levendiger en intiemer zal maken. Het moet de nieuwe ‘huiskamer van Leeuwarden’ worden. Symbolisch is het enorme overkoepelende dak, dat beschutting biedt aan de plek waar wonen, winkelen, uitgaan en cultuur vanaf 2012 zullen samengaan.

Routebeschrijving

Vanaf het station links bij bushaltes oversteken en la, Zuidersingel. Bij kantoor Rijkswaterstaat ra en la brug over, Girokantoor **1**. Omkeren en rd, Lange Marktstraat in. Achtereenvolgens langs het FBTO-gebouw, de Avérotoren **2** en de voormalige Avéropassage. Aan het eind richt de imposante Achméatoren **3** zich op. La, Sophialaan, onder de glazen arcade door en langs VVV. Rd brug over, langs het Wilhelminaplein. Voorbij het oude gerechtshof la, Ruiterskwartier, met aan het einde Stadsschouwburg De Harmonie **4**. Vóór grachtje ra, Groot Schavernek. Nieuwstad oversteken, rd Torenstraat in.

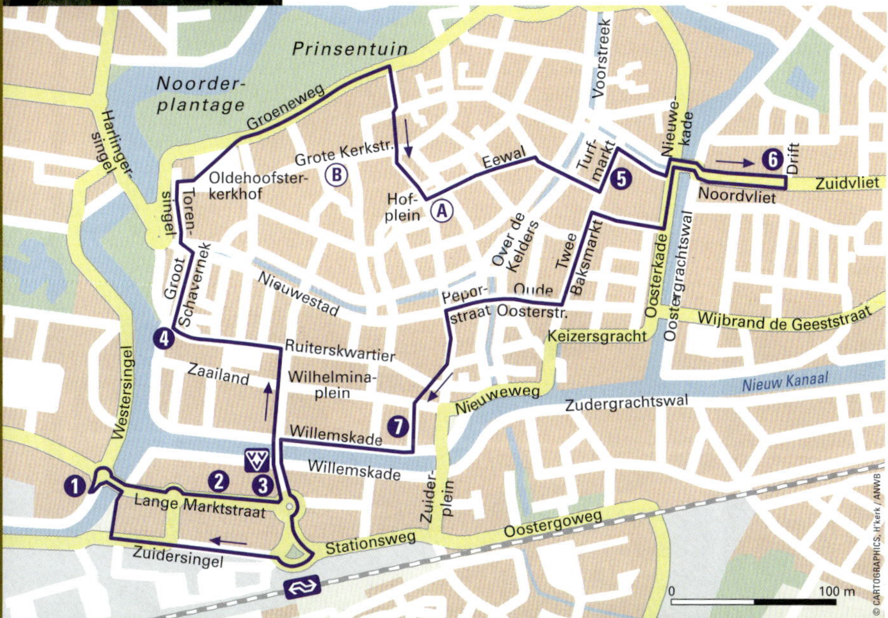

Afstand
4 km - 2 uur

Startpunt
NS-station Leeuwarden

Bereikbaarheid
Betaald parkeren in centrum, www.parkerenindestad.nl

Informatie
VVV Leeuwarden
Sophialaan 4 (Achmeatoren)
tel. 0900 - 202 40 60
(€ 0,45/min)
www.vvvleeuwarden.nl

Bij de Oldehove ra, schuin het Oldehoofsterkerkhof (ondergrondse parkeergarage) oversteken en ra. Aan de drukke Groeneweg ligt het nieuwe Historisch Centrum Leeuwarden. Verderop bij twee moderne appartementengebouwen ra, Schoenmakersperk (langs Fries Natuurmuseum). Rd, Pijlsteeg en rd, Beijerstraat. Komt uit op Hofplein, hier la, Eewal. Einde ra, Wortelhaven, rd gracht oversteken, Koningstraat in. Einde la, Turfmarkt langs het Fries Museum **5**. Bij gracht ra, Tuinen. Op drukke Oosterkade brug over en rd, Noordvliet. Het woonblok links met de veelhoekige dakenlijn is Bonnema's voormalige kantoorgebouw van de Sociale Dienst **6**. Terug brug over en la, Oosterkade. Steegje ra, einde la, Tweebaksmarkt. Tegenover nr. 47 ra, Oude Oosterstraat. Gracht oversteken, rd, Peperstraat en la, Wirdumerdijk. Bij winkelcentrum plein over en ra, Zaailand. Hier staan de Friesland Bank **7** en verderop Bonnema's gerechtsgebouw. Eerste weg la, Beursplein en ra, Willemskade, achter het gerechtsgebouw langs. La, Sophialaan, naar het station.

7

> Vervolg van pag. 20
kantorengedeelte als het ware boven de ingang en de kantine met dakterras zweven.
Aan de Lange Marktstraat ligt een cluster verzekeringskantoren van zijn hand: de aanleiding van zijn haatliefdeverhouding met het Leeuwarder stadsbestuur, door wie Bonnema zich vaak ingeperkt voelde. In 1994 is een masterplan opgesteld waarbij de verschillende gebouwen met elkaar worden verbonden en eenheid wordt gecreëerd. Een deel is al verbouwd en bekleed met nieuwe rode en blauwe gevelplaten. Hiertussen ligt de Avérotoren **2** uit 1991: een kantorenkolom met een slanke toren waarin zich de liftschacht bevindt.
De voormalige Avéropassage (1978-1985) wordt momenteel voorzien van een glazen kap en granieten gevelplaten.
Topstuk is de 114 meter hoge, met zwart en grijs graniet bekleedde Achméatoren **3**.
Het spraakmakende gebouw, bestaande uit twee in elkaar geschoven torens, was bij het overlijden van Abe Bonnema in 2001 nog niet gereed. Jan van der Leij, de huidige directeur van Bonnema Architecten, voltooide het in 2002. Met de bebouwing van dit kantorenterrein luidde Bonnema de architectonische emancipatie van Leeuwarden in. Het aanzien van de stad veranderde aanzienlijk en niet iedereen was hiervan gecharmeerd.
Op de Achmeatoren zijn veel Leeuwarders toch wel trots.

Niet van de hand van Bonnema, maar wel belangrijk voor Leeuwarden is de nieuwe Stadsschouwburg De Harmonie **4** uit 1994. Frits van Dongen van de Architecten Cie maakte er een uitbundig gebouw van dat aan alle kanten theater uitstraalt. Het viel zo in de smaak dat het meerdere prijzen behaalde.
Architect Gunnar Daan kreeg van het Fries Museum **5** de opdracht om de verschillende historische gebouwen aan de Tweebaksmarkt en Turfmarkt met elkaar te verbinden (1992-1997). Het resultaat is een entreegebouw waarvan de stalen gevel en de piramidevormige glaspartij zich aan de overkant van de straat herhaalt. Over enkele jaren zal het museum naar het Zaailand verhuizen (zie pag. 20).
Met dit vroege, atypische kantoorgebouw van de Sociale Dienst **6** uit 1975 verbond Bonnema kantoorfuncties aan woningbouw. Dit zou de levendigheid van het gebied na kantoortijd ten goede komen. Door gebruik te maken van prefabbetonelementen was het mogelijk om snel, modern en toch budgetvriendelijk te bouwen.
De Friesland Bank **7** wilde van meerdere bestaande kantoorgebouwen één geheel laten smeden. Aat van Tilburg tekende voor de oplossing: een groot, verbindend atrium met een markante glazen koepel (2003). Het kantoor werd daarmee in een klap tot een van de meest gezichtsbepalende gebouwen van de stad verheven.

3 Tespresso Lunchroom
(onder in Achmeatoren)
Sophialaan 2
tel. 058 - 216 55 80
ma.-vr. 8-17, za. 10-17 uur

4 Stadsschouwburg
De Harmonie
Ruiterskwartier 4
tel. 058 - 233 02 34
www.harmonie.nl
rondleiding na telf. afspraak

5 Fries Museum
Turfmarkt 11
tel. 058 - 255 55 00
www.friesmuseum.nl
di.-zo. 11-17 uur

A Restaurant Wijncafé Sems
Gouverneursplein 36
tel. 058 - 216 22 14
www.semsleeuwarden.nl
ma.-za. va. 16 uur

B Spatium Office & Home
Grote Kerkstraat/Bollemanssteeg (z.nr.)
tel. 058 - 216 80 00
www.spatium-office-home.nl

6

Gasunie

Een 'organisch gegroeide baksteenberg' is deze mastodont uit 1994 wel genoemd. De succesvolle bouwstijl van Alberts en Van Huut gaat terug op de expressionistische architectuur uit het begin van de 20e eeuw, ingezet door antroposofenvoorman Rudolf Steiner. Rechthoekige deurposten en vensters waren uit den boze. Organisch, dat was het thema. Bij het NMB-hoofdkantoor (1986) in de Bijlmer liet het bureau wat meer onthoekte vormen zien dan hier bij de Gasunie **6**. Als je echter pal voor het gebouw staat, komen de vormen en kleuren als warm, natuurlijk en prettig over. De fantastische vide is alleen te bezichtigen tijdens de open dag in september.

2 Groningen

Van museum naar stadsrand

De gezellige universiteitsstad maakte naam met architectuurmanifestaties als Blue Moon en met spectaculaire gebouwen als de Gasunie en het Groninger Museum. Vanuit de binnenstad loopt u langs grote en kleine parels naar de naoorlogse wijk Corpus Den Hoorn die modern werd uitgebreid. U eindigt bij het beroemde Wall House #2.

Bekijk eerst de rijkversierde hal van het neorenaissancistische 'Hoofdstation' (1896), voordat u oversteekt naar het duizelingwekkende Groninger Museum **1** (1994). Hoofdarchitect Mendini zette met museumdirecteur Frans Haks de toon met confronterende stijlen. De zilveren trommel links is van Philippe Starck en staat op een bakstenen onderbouw van Michele de Lucchi. Voor het middendeel met de gele toren tekende Mendini zelf. Het Oostenrijkse Coop Himmelb(l)au ontwierp het verontrustend explosieve paviljoen rechts, het meest spraakmakende deel van het museum.

Aan het eind van de Ubbo Emmiusstraat loopt u langs de ritmische zijgevel van het kantoor van Gemeentewerken **2**. Eenmaal op het Gedempte Zuiderdiep ziet u het expressieve gebouw uit 1928 van stads-

Vervolg op pag. 26 ›

Routebeschrijving

Schuin tegenover het station gaat u het bruggetje over naar het Groninger Museum **1**. Via het andere bruggetje de singel oversteken en rd, Ubbo Emmiusstraat. Op kruising met Gedempte Zuiderdiep la; op de hoek staat het kantoor van Gemeentewerken **2**. Links aan het Zuiderdiep is het woon-/werkhuis van DAAD architecten **3**. Aan het eind van Zuiderdiep neemt u rechts van Academie Minerva (van 'kubuswoning-architect' Piet Blom uit 1994) de Reitemakersrijge. Vóór de School van de Architectuur la en weer la, Ganzevoetsingel. Op kruising ra, Stationsstraat,

Afstand
6,5 km - 2,5 uur

Startpunt
NS-station Groningen.
Eindpunt: bushalte Von Suttnerstraat, lijn 6 naar station

Bereikbaarheid
Voldoende parkeerruimte rond station. Voordelige P+R: www.toerisme.groningen.nl

Informatie
VVV Informatiewinkel
Grote Markt 25
tel. 0900 - 202 30 50
(€ 0,15/min)
www.toerisme.groningen.nl

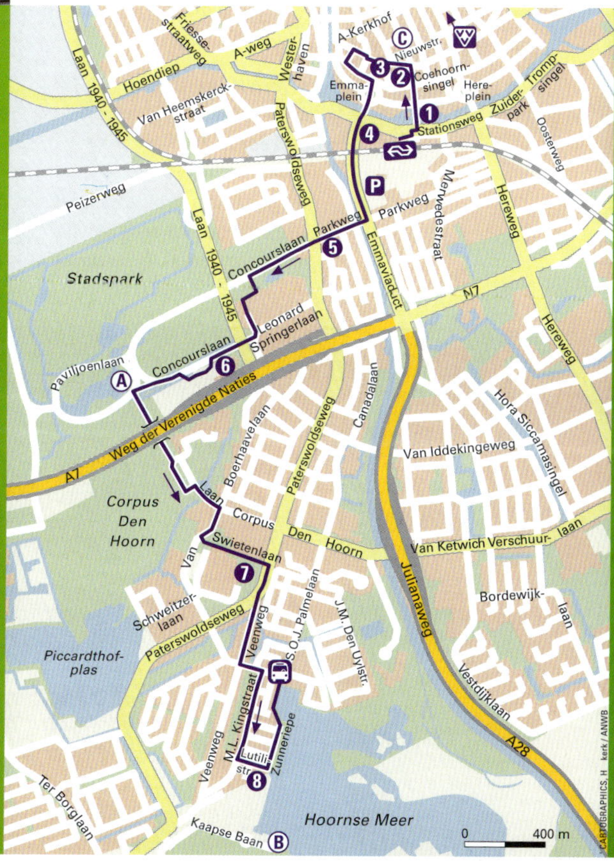

langs de Videobusstop (1990, Rem Koolhaas), op plein brug over en rd Emmaviaduct, trottoir aan linkerzijde volgen. Tussen KPN-complex **4** (links) en Archieven door. Over spoorcomplex en la naar beneden. Langs P+R Zaanstraat en bij verkeerslichten ra, Parkweg. Voorbij de Vensterschool Stadspark **5** op kruising Paterswoldseweg rd het park in, Concourslaan. Voorbij de vijver links langs FNV-gebouw. Aan einde straat, vóór het Martini Plaza, ra. Vóór kruising links, voetgangerstunnel in. Daarna rechts om Gasunie heen. La, bruggetje, door fietsenstalling Gasunie **6**. Langs de slagbomen weer naar de Concourslaan en la. Voorbij parkeerplaats Gasunie, ter hoogte van het Stadsparkpaviljoen, la, Laan Corpus Den Hoorn. Onder de snelweg door. Op rotonde ra, Van Swietenlaan. Vóór moderne parkeergarage la, langs het Martini Ziekenhuis **7**. Aan einde weg oversteken en ra fietspad, Paterswoldseweg. Fietspad volgen, later Veenweg. Op kruising la, B.S.F. von Suttnerstraat. Na 100 m ra, M.L. Kingstraat. Vijfde straat la, A.J. Lutulistraat naar Wall House #2 **8**. Op fietspad langs water la, Zunneriepe naar bushalte bij Albert Heijn/snackbar.

› **Vervolg van pag. 24**
architect Bouma in volle glorie, met enkele typische kenmerken van de Amsterdamse school. Op nr. 132 van het Gedempte Zuiderdiep staat een transparant woon-/werkhuis van DAAD architecten **3** uit 2007. De open eerste verdieping biedt plaats aan een tuin. Achter Academie Minerva staat de in lamellen gehulde School van de Architectuur, gebouwd op een parkeergarage uit 1998.

1

Het KPN-complex **4** (voorheen PTT-hoofdkantoor) links van het viaduct dateert van de jaren '80 van de vorige eeuw. Rechts is de nieuwbouw van de Groninger Archieven. Sybe Bouma (zie ook **2**) bouwde zes scholen in de stad. De huidige Vensterschool Stadspark **5** aan de Parkweg (1927) bood plaats aan twee scholen met een half-glazen gymzaaltje in de krachtige middenpartij. De langgerekte gevels met dakpannen worden door een sierlijke vensterrij onderbroken. Voor de Gasunie **6** zie pag. 24. Bij het Martini Ziekenhuis **7** (2007) hield Burger Grunstra architecten rekening met de flexibiliteitseisen in de zorgsector. Aan de buitenste, lange slingergevel van glas, staal en hout is een aantal rechthoeken bevestigd. Deze 'erkers' zijn demontabel en kunnen dus, waar nodig, voor 18 m^2 extra vloeroppervlak zorgen.
In de gevarieerde woonwijk Corpus Den Hoorn staat, op de oever van het Hoornse Meer, op de grens met Drenthe, het Wall House #2 **8**. De Amerikaanse architect John Hejduk ontwierp tussen 1968 en 1973 maar liefst 23 wall houses. Het huis in Groningen was oorspronkelijk bedoeld voor een plek in Connecticut en is uniek omdat dit het enige gerealiseerde wallhouse is. Karakteristiek is de betonnen muur, de Wall, die 14 meter hoog en ruim 21 meter breed is. De muur vormt een strakke scheiding tussen werk- en woonruimte. Alle verblijfsruimtes hebben een organische vorm en opvallende kleuren. Ze zijn met elkaar verbonden door een dertig meter lange loopbrug op de eerste verdieping. In het cilindervormige volume bevindt zich een spiltrap. De functionele delen (entree, gang en trap) zijn grijs gekleurd. Door de strakke scheiding van wonen en werken en doordat de verblijfsruimten elk op zich staan en een eigen sfeer hebben, is wonen hier een 'experiment'.

Veelzijdige architectuur

Deze route toont maar een greep uit het grote architectuuraanbod van Groningen. In de binnenstad zijn diverse kleine projecten en straatmeubilair te zien, onder meer voortkomend uit de architectuurmanifestaties. Stijlvolle speldenknoppen op de kaart zijn bijvoorbeeld de loempiakiosk (1999) bij de Ebbingebrug en het Havenkantoor (1990) aan de Oosterkade. Sommige woonwijken zijn de moeite van het verkennen waard. De Korrewegwijk, iets ten noorden van het centrum, telt prachtige voorbeelden van woningbouw in Amsterdamse school (Bernoulliplein). De aangrenzende Oosterparkwijk, aanvankelijk gebouwd voor de armen, groeide uit tot een schoolvoorbeeld van vooroorlogse sociale woningbouw. De VVV verkoopt van beide wijken mooie architectuurgidsen.

1 Groninger Museum
Museumeiland 1
tel. 050 - 366 65 55
www.groningermuseum.nl
café-rest. ma. gesloten

8 Wall House #2
A.J. Lutulistraat 17
tel. 050 - 525 09 80
www.wallhouse.nl
elke maand laatste zo.
12-18 uur kennis- en informatiecentrum

A Stadsparkpaviljoen Ni Hao
Paviljoenlaan 3
tel. 050 - 526 20 71
dag. va. 12 uur, ook koffie/thee

B Paviljoen Kaap Hoorn
Kaapse Baan 1
tel. 050 - 526 76 39
www.paviljoenkaaphoorn.nl
dag. va. 10.30 uur

C Le Souk
Folkingestraat 21
Marokkaanse levensmiddelen en meer verrassende winkels aan deze straat

1

Ontstaan op de tekentafel

De meeste nederzettingen zijn ontstaan bij een kruising van wegen. Toen de plaatsen in de Noordoostpolder eind jaren '40 van de vorige eeuw werden bedacht, kreeg elk dorp een traditioneel grondplan van waaruit het zich verder kon ontwikkelen. Alleen bij Nagele ging het anders: de modernisten van het Amsterdamse collectief De 8 kregen vrij spel. Zij kregen de gelegenheid om een compleet dorp in één keer te bedenken. Met 'licht, ruimte en leefbaarheid' als motto werden rond een groot grasveld, de Brink, zeven woonkernen aangelegd, alle rond een eigen groen middenterrein. Nagele werd een monument voor het nieuwe bouwen.

3 Nagele

Modeldorp in de polder

Het tweeduizend inwoners tellende dorpje Nagele in de Noordoostpolder toont vooral rechthoekigheid, niet alleen in het landschap, maar ook in de architectuur. Waar elders in de polder traditionalisten de lijnen uitzetten, trachtten de modernen van Het Nieuwe Bouwen hier het ideale dorp te scheppen.

Bijna tien jaar werd er gedacht, ontwikkeld en ontworpen door architecten van 'De 8' voordat er vanaf 1957 werd gebouwd. De groep vernieuwers met Gerrit Rietveld, Cornelis van Eesteren, Aldo van Eyck en tuinarchitect Mien Ruys ontwierp een dorp waarin de kwaliteit van wonen en leven vooropstond. Het centrum vindt zijn oorsprong niet in een kruising van wegen, maar in een groot grasveld.

Op de centrale Brink **2** kwamen slechts enkele voorzieningen. De belangrijkste gezindten van Nederland kregen er een kerk: katholiek, hervormd en gereformeerd. Ook de scholen (rooms-katholiek, protestant en openbaar) met gymnastiekzaal werden hier geplaatst.

De r.-k. kerk Sint-Isidorus huisvest nu Museum Nagele **1**.

De kerk werd gebouwd door T. Taen en T. Nix. Omdat de kerken midden in het gras liggen, is er nauwelijks sprake van een

Vervolg op pag. 30 ›

Routebeschrijving

Met rug naar ingang Museum Nagele **1** (voormalige r.-k. kerk), la over Schoolplein. Aan westzijde Brink **2**, tegenover de supermarkt, is de kerk. Schoolplein over, langs fietsenstalling. Einde pad la. Op rotonde ra en rd, Vlashof **3**. Einde pad ra. Voorbij nr. 30 la en ra. La, pad door bos **4**. Einde pad la. Over bruggetje **5** rd. Tweede onverharde pad schuin la. Einde pad ra en la, om hoekhuis heen. Soms zijn de gevels in een kleur geverfd. Na vierde huizenblok op hof la. Op Ring rd. Voorbij Klimopschool ra, paadje. De drie Nagelse scholen met veel glas, ontworpen

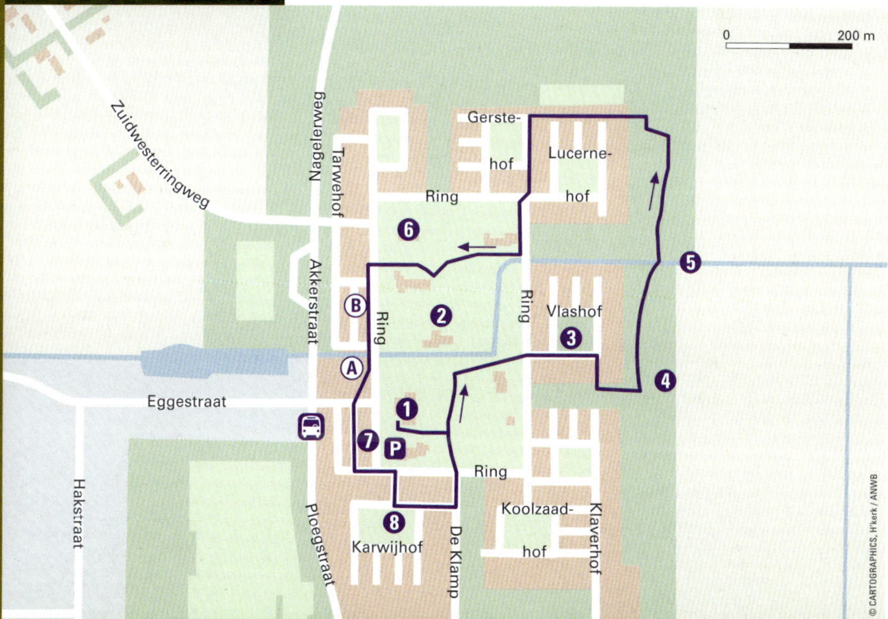

Afstand
2,5 km - 1 uur

Startpunt
Museum Nagele **1**,
Ring 23

Bereikbaarheid
Parkeren (gratis) rond museum. Of: buslijn 147 Harderwijk - Emmeloord v.v., uitstappen halte Nagele.

Informatie
VVV Emmeloord
De Deel 21a
tel. 0527 - 61 20 00
www.vvvnoordoostpolder.nl

door Aldo van Eyck, zijn identiek. Einde pad ra, tussen school en fusiekerk Samen-op-weg **6** door.
Einde pad la, Ring. Na brug ra, Voorhof en la langs supermarkt Zuiderwinkels, die deel uitmaakt van het kleine winkelcentrum **7**. La, Zuiderpoort. Ra, Karwijhof **8**. Einde straat la en voorbij groene garages la. Ring oversteken en eerste pad la naar museum (bezoek aanbevolen).

› **Vervolg van pag. 28**
voor- of achterkant.
De huizen aan de Vlashof **3** zijn ontworpen door Gerrit Rietveld. De meeste woningen in Nagele waren bestemd voor arbeiders die buiten het dorp op de boerderijen zouden werken. De mensen die zich hier vestigden, waren landarbeiders die voorheen in kleine, donkere woningen had-

3

den geleefd. Voor hen waren de lichte, moderne woningen en de ruimtelijke aanleg een openbaring. Elke woning kreeg een aparte badkamer, keuken en woonkamer. De agrarische migranten kregen zelfs moestuinen en kippenhokken. Alle huizen in Nagele hebben platte daken. De functionalisten van Het nieuwe bouwen namen drastisch afstand van de traditionele vormen die elders in de Noordoostpolder en ook in de Wieringermeer waren gebruikt. In de stijl van Granpré Molière, die de bouw van de polderdorpen superviseerde, verwerden huizen tot romantische decorstukken vond 'De 8', een 'afgezaagde idylle'. De functie moest de vorm bepalen. Er werd gebouwd in glas, staal en beton en geverfd met sobere, bescheiden kleuren. Soms verscheen een rode of groene gevel.

Het dorp werd omgeven met stroken bos **4** van veertig meter breed; bomen en onderbegroeiing vormden een windsingel op de kale vlakte. Deze beschutting moest tevens een gevoel van geborgenheid geven. Bij het bruggetje **5** over de Nagelervaart hebt u uitzicht op de bossen van het voormalige eiland Schokland. De doorkijk is bewust gecreeerd. Vanaf de Brink is door de strook bos heen toch het weidse polderland zien.

Bij het bruggetje staat een van de 'Gedichten in de ruimte', een initiatief uit 2006. Acht gedichten op borden zijn toen over het dorp verspreid en u passeert ze allemaal. De verzen zijn van dichters uit de regio en hebben betrekking op Nagele. Op het bord tussen het museum en de school wordt elke twee jaar een ander gedicht van een Nagelse scholier gepubliceerd.

De fusiekerk Samen-op-weg **6** werd als gereformeerde kerk gebouwd. Van den Broek en Bakema ontwierpen een betonnen blokkenspel. De hagelwitte klokkentoren staat los van de lage muur die in stapjes opklimt naar de wand van de hoofdruimte.

Het kleine winkelcentrum **7** ligt aan de buitenkant van het dorp zodat het ook voor passanten goed toegankelijk is. Op een kleine supermarkt na zijn er geen winkels van betekenis meer over. Winkelwoonhuizen liggen aan weerszijden van een voetgangerspassage. Bakema (ook architect van de Roterdamse Lijnbaan) en De Vries ontwierpen de licht verschillende winkels met overhangende etalages.

Aan de rand van het open middenterrein van de Karwijhof **8** ziet u het laatste gedicht op een bord. Achter de Karwijhof bevindt zich een uitbreiding van 124 woningen uit de jaren '80 van de vorige eeuw, weer met platte daken rond een grasveld. Kleiner wordende huishoudens en een toestroom van rustzoekende renteniers noopten tot nieuwbouw. De nieuwe woningen werden in de zuidelijke boomsingel gebouwd.

1 Museum Nagele
Ring 23
tel. 0527 - 65 30 77
www.museumnagele.nl
do.-zo. 13-17 uur

A Restaurant-Partycentrum Dellaram
Voorhof 1
tel. 0527 - 65 23 25
www.partycentrumdellaram.nl
dag. geopend

B Cafetaria Zuyderzeehut
Noorderwinkels 6
tel. 0527 - 65 22 72
www.dezuyderzeehut.nl
di.-za. v.a. 11, ma. v.a. 17,
zo. 12-17 uur

5

Tuindorp 't Lansink

De inspiratie voor Tuindorp 't Lansink **5** ontleenden de gebroeders Stork aan voorbeelden in Engeland. Het moest een wijk worden met verschillende woningtypen, grote tuinen en openbare parkjes. Door variatie van duurdere en goedkopere woningen kon de wijk een afspiegeling van de fabrieksbevolking worden. De Amsterdamse architect Karel Muller maakte het ontwerp. De opzet voorzag in alle noodzakelijke voorzieningen: een centraal gelegen winkelgalerij, een hotel, een school en voor de recreatie een groot zwembad met vijver en clubgebouw. Dit alles met een royale groenvoorziening. Sinds 2003 is Tuindorp 't Lansink een beschermd stads- en dorpsgezicht.

4 Hengelo

Industrieel erfgoed

In de Tweede Wereldoorlog werd fabrieksstad Hengelo zwaar gebombardeerd. Ook in de jaren '70 is de stad na talrijke fabriekssluitingen op de schop gegaan. Nu draagt de herbestemming van het industrieel erfgoed bij aan een aantrekkelijk woon-, leef- en werkklimaat.

Het station **1** van Hengelo dateert uit de periode van de wederopbouw (1955) en is ontworpen door architect H.G.J. Schelling. De indrukwekkende perronoverkapping met geklonken stalen spanten van veel ouder datum (1899) is gelukkig gespaard gebleven. Loop ook even naar de zijkant van het station om de fietsenstalling te bekijken. De stalling is gebouwd in 2001 naar een ontwerp van de Rotterdamse architect Huub Juurlink en valt op door z'n vormgeving. Op het stationsplein schittert het moderne cilindervormige Rabotheater **2** u tegemoet (Jan Hoogstad, 2000). De grootste zaal met toneeltoren is ondergebracht in de grote cilinder op de hoek. Deze wordt 's avonds verlicht zodat het theater als een groot lichtbaken de aandacht trekt. Stadspark Thiemsland **3** is een nieuwe wijk gebouwd op de voormalige fabriekslocatie van

Vervolg op pag. 34 ›

Routebeschrijving

Vanaf het station **1** plein oversteken richting Rabotheater **2**. La, Beursstraat. Eerste weg la, B.P. Hofstedestraat. Rd, winkelstraat. Op kruising rd, Telgen. Eerste weg ra, opnieuw Telgen. Aan einde weg la, Enschedesestraat, steeds rd. U passeert het raadhuis aan uw rechterhand. Aan het eind de Deldenerstraat oversteken en ra. Direct la, Bevrijdingslaantje. Steeds rd, gaat over in Hampshire. Meebuigen naar links om 'Lake Superior' heen. Vóór de brug la over het gras langs het water. Klinkerweg oversteken en rd langs hoogbouw van de wijk Stadspark Thiemsland **3**. Aan het eind la

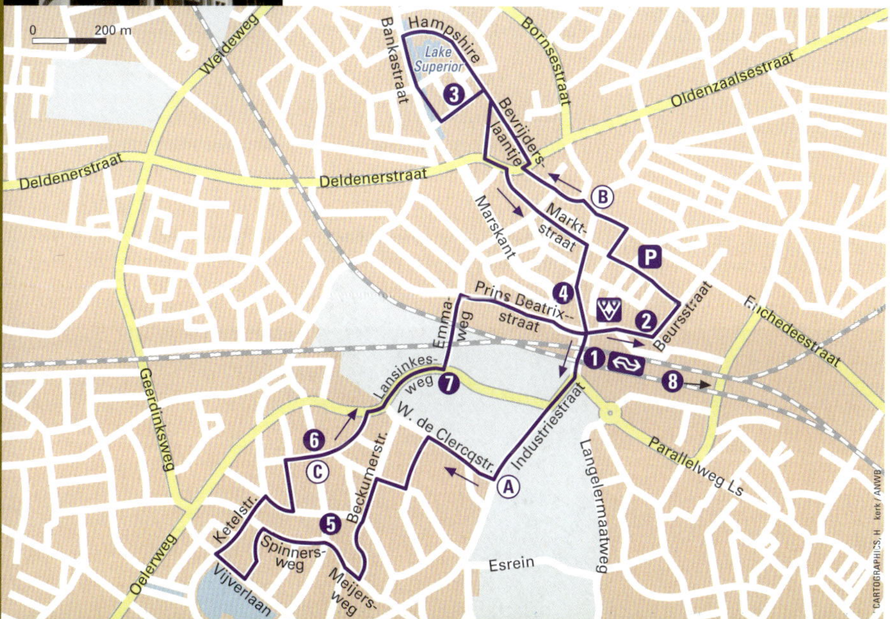

Afstand
6 km - 2,5 uur

Startpunt
NS-station Hengelo **1**

Bereikbaarheid
Betaald parkeren in centrum, P1 Parking Hengelo centre (BP Hofstedestraat 41), www.parkerenintwente.nl

Informatie
VVV Hengelo
Nieuwstraat 59
tel. 074 - 242 11 20
www.vvvhengelo.nl

langs woontorens. Aan het eind ra. Vrijwel direct daarna schuin ra, een voetpad van planken. Wordt Heemafstraat. Aan het eind Deldenerstraat oversteken en la. Tegenover Waterstaatskerk tweede weg ra, Pastoriestraat. Op kruising rd. Op volgende kruising ra, Brinkstraat richting De Brink **4**. U loopt door de overdekte winkelpassage. Aan het eind rd onder spoor door, Europatunnel. Na tunnel ra, Industriestraat. Rd richting HEIM Techniekmuseum, Industriestraat vervolgen. Bij museum ra, Willem de Clerqstraat. Na huisnr. 41 la, Schouwinksweg. Op kruising ra, Kerkstraat. U bent nu in Tuindorp 't Lansink **5**. Op kruising la, Beckumerstraat. Aan het eind la, 't Kotte en direct ra, klinkerpad tussen de huizen volgen. Aan het eind ra, Meyersweg. Op kruising rd, Spinnersweg. Tweede straat la, Twijnstraat. Aan het eind ra, Vijverlaan. Eerste weg ra, Ketelstraat. Op kruising rd. Op volgende kruising ra, Buitenweg. Eerste weg la, Strumphlerstraat. Op kruising ra, C.T. Storkstraat. Storkplein **6** oversteken en rd Storkstraat vervolgen. Einde ra, Julianalaan. Bij brandweerkazerne **7** eerste weg la onder het spoor door. Nog een keer onder spoor door en ra, Prinses Beatrixstraat. Deze weg rd volgen naar station.

> **Vervolg van pag. 32**
Holec (elektronische apparatuur). Zes architectenbureaus hebben hier in totaal 650 woningen gebouwd. Door de compacte wijze van bouwen en inrichten was er veel ruimte voor de aanleg van groen. Architect Rudy Uytenhaak ontwierp de drie statige stadsvilla's met elk zeventien appartementen in het talud

5

van de grote retentievijver in de wijk.
Vervolgens wandelt u terug naar De Brink **4**. Dit stadsdeel tussen het Marktplein en het station is in 1999-2000 helemaal opnieuw ingericht. Peter Wilson uit Münster ontwierp de bijzondere, overdekte winkelpassage van 120 meter lengte die de Markt met het station verbindt. Ander opvallend element op de Markt is de Brinktoren, een 44 meter hoge 'campanile' van prefabbeton met billboards en klok.
Op de Industriestraat loopt u langs het 'Hart van Zuid', een gebied met gebouwen uit het rijke 20e-eeuwse industriële verleden van Hengelo. Verspreid over een periode van vijftien tot twintig jaar verandert de industriële omgeving van de voormalige machinefabrieken van Stork en Dikkers tot een multifunctioneel stadsdeel.
Daarna gaat het door de rustige straten van Tuindorp 't Lansink **5**. Fabriekseigenaar C.T. Stork liet deze wijk in 1910 aanleggen voor zijn arbeiders (zie ook pag. 32).
Langs de vijver loopt u naar het fraaie Storkplein **6**. De gebouwen aan het plein zijn tussen 1911 en 1929 aangelegd. Aan de ene kant ziet u een overdekte winkelgalerij met arcaden, aan de andere kant een complex van twee winkelhuizen met een poort ertussen. Het statige plein, ontworpen door architect Karel Muller, moest het hart worden van de 'Storkkolonie'. Het gebruik van rode baksteen en Hollandse dakpannen was destijds heel modern. Kijk eens naar het plaveisel van het plein: de stenen zijn gelegd in fraaie waaiervormen.
Voorbij 't Lansink komt u langs de brandweerkazerne **7** aan de Lansinkesweg. De voormalige watertoren van Stork en het aanpalende fabrieksgebouw zijn gerenoveerd en aangevuld met nieuwbouw voor de uitrukgarage (architect Radbout Seckel, 2001).

2 Rabotheater
Beursstraat 44
tel. 074 - 255 67 89
www.rabotheater.nl
Theaterrest. Signaal wo.-zo. v.a. 17 uur

A Twents Techniekmuseum HEIM
Industriestraat 9
tel. 074 - 243 00 54
www.twentstechniekmuseum.nl
di.-vr. 11-17, za.-zo. 14-17 uur

B Grand Café De Twee Wezen
Burg. Jansenplein 23-24
tel. 074 - 291 40 45
www.detweewezen.nl
ma.-za. v.a. 10, zo. v.a. 12 uur

C Tuindorphotel 't Lansink
C.T. Storkstraat 18
tel. 074 - 291 00 66
www.lansinkhotel.nl
restaurant dag. geopend

Kasbah

Voor een bezoek aan de Kasbah **8** in de Hengelose buitenwijk Groot-Driene neemt u de trein naar station Hengelo-Oost. De woningen op palen naar Afrikaans model bevinden zich op loopafstand aan de Jacques Perkstraat en Zwavertsweg. Dit complex van 184 woningen is een uitwerking van Piet Bloms ideeën voor 'wonen als stedelijk dak' (1968-1973). De ruimtes onder de gebouwen konden worden gebruikt voor parkeerplaatsen en voor gemeenschappelijke voorzieningen. Dit alles met de bedoeling om hier niet alleen te wonen, maar ook te werken en om meer sociaal contact tussen de bewoners tot stand te brengen. Dat is jammer genoeg niet overal even goed gelukt.

5

Cultuurcluster Roozendaal

De oude textielfabriek Roozendaal (1907) is het culturele hart van Roombeek geworden. Het grootste gedeelte wordt in beslag genomen door Museum 'TwentseWelle' met een grote verzameling natuur- en cultuurhistorische objecten, getoond in een van de grootste vitrines van Europa. Elementen van de oude fabriek zijn opgenomen in de nieuwbouw. Tussen de muren van een bestaande fabriek en fabriekshal is aan een steeg een toren met vier lagen, een loopbrug en een slingerend bouwblok ingepast. Verder zijn er binnen het cultuurcluster Roozendaal **4** kunstenaarsateliers en woningen ondergebracht. Architect is Bjarne Mastenbroek van Bureau SeARCH Amsterdam, 2008.

5 Enschede

Hoofdstad van Twente

De laatste jaren heeft er in de Enschedese binnenstad een ware metamorfose plaatsgevonden. Meest imposant is de nieuwe stedenbouw in Roombeek. Deze door de vuurwerkramp getroffen wijk is als een feniks uit de as herrezen.

Het stationsgebouw **1**, ontworpen door H.G.J. Schelling in 1949-1950, werd gemaakt van voorgefabriceerde betonnen elementen die waren samengesteld uit puin van de Tweede Wereldoorlog. Op het plein loopt u langs de achterkant van het immense glazen Stadskantoor **2** en na het oversteken van het spoor langs de voorkant. Het gebouw is ontworpen door Frits van Dongen van de Architecten Cie Amsterdam. Aan de voorkant is steen gebruikt, de achterzijde is van glas en het middendeel van hout.
Vanaf de Lonnekerspoorlaan gaat de route door het spiksplinternieuwe Roombeek **3**. Op 13 mei 2000 werd Roombeek getroffen door de vuurwerkramp. Een groot deel van de wijk was onherstelbaar beschadigd of lag in puin. Bijna tien jaar later is de herbouw vrijwel klaar. Een van de uitgangspunten bij de 'wederopbouw' van Roombeek was de terugkeer van een deel van de oorspronkelijke bewoners. Om

Vervolg op pag. 38 ›

Routebeschrijving

Het stationsgebouw **1** verlaten via trappen naar beneden en la plein over. Aan eind la spoor oversteken. Na het spoor la langs Stadskantoor **2**. Eerste weg ra, Raiffeisenstraat. Deurningenstraat oversteken en la. Eerste weg ra en direct la, Lasonderstraat. Aan eind de weg oversteken en la. Direct ra, fietspad, Lonnekerspoorlaan door de wijk Roombeek **3**. Vlak vóór bushalte – recht voor u cultuurcluster Roozendaal **4** – ra langs oud fabrieksgebouw. Ra, fiets-/wandelpad, Museumlaan. Aan eind bij Rijksmuseum Twenthe de Lasondersingel oversteken en rd,

Afstand
5,5 km - 2,5 uur

Startpunt
NS-station Enschede **1**

Bereikbaarheid
Betaald parkeren in Stationspleingarage, www.parkerenindestad.nl

Informatie
VVV Enschede
Stationsplein 1A
tel. 053 - 432 32 00
www.vvvenschede.nl

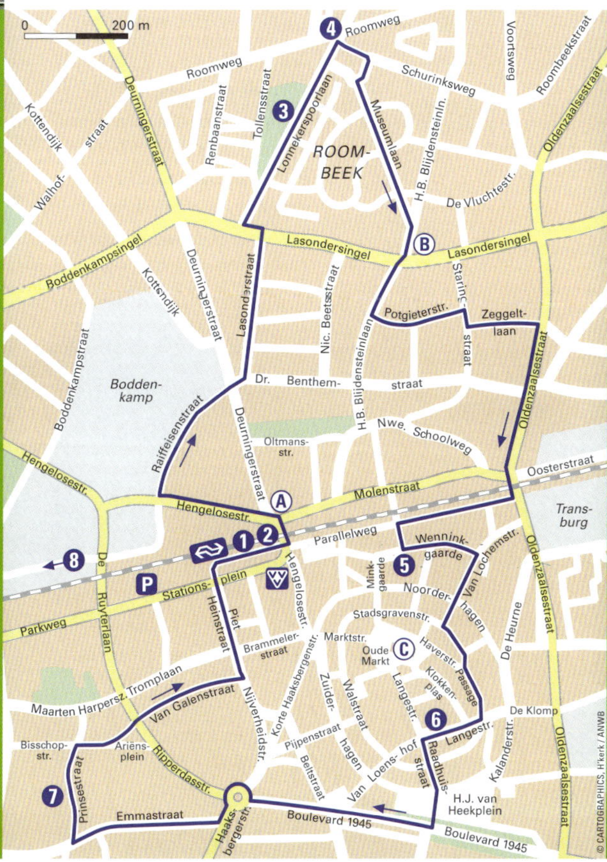

Blijdensteinlaan. Eerste weg la, Potgieterstraat. Einde ra en direct la fietspad, Zeggertlaan. Langs het in neoclassicistische stijl gebouwde Witte Huis, gebouwd in opdracht van de textielfabrikant Jan Herman van Heek (1907, ontworpen door Enschedese architect G. Beltman). Einde ra, Oldenzaalsestraat. Molenstraat en spoor oversteken. Direct ra, Parallelweg langs spoor. Om het Van Heekterrein heenlopen. Bij volgende spoorwegovergang la, Wenninkgaarde. Langs Muziekkwartier **5**. Aan eind bij Muziekcentrum la, Wenninkgaarde. Op kruising ra. Op kruising met Noorderhagen rd. Einde la, Stadsgravenstraat. Rd winkelstraat vervolgen. Op plein ra, Langestraat. Na plein vóór stadhuis **6** la, Raadhuisstraat. Op kruising bij Van Heekplein rd. Bij Bijenkorf ra, Boulevard 1945. Langs Casino richting ING-bank, Boulevard 1945. Rechts aanhouden richting gebouw van Regio Twente. Boulevard 1945 vervolgen, op rotonde la. Eerste weg ra, Emmastraat. Ra, Prinsestraat. Aan linkerzijde de synagoge **7**. Einde ra, Bisschopstraat. Links aanhouden, wordt Ariënsplein. Ruyterlaan oversteken en rd, Van Galenstraat. Einde la naar station.

> **Vervolg van pag. 36**
tegemoet te komen aan hun wensen ontwierpen Molenaar & Van Winden voor het Roomveldje veertig woningen die de sfeer van voorheen oproepen. Over de Museumlaan loopt u de wijk weer uit. Het is niet alleen een heerlijke wandelweg om te flaneren, maar ook beeldbepalend voor de vele nieuwe particuliere woningen die in Roombeek door voornamelijk jonge architecten zijn gebouwd.

2

Voorbij het spoor komt u in de oude binnenstad en loopt u rond het Van Heekterrein. Het textielimperium van de eens zo oppermachtige Van Heekdynastie was rond 1970 ten einde. Na sluiting van de fabriek werd het terrein door de gemeente Enschede aangekocht. Twee gebouwen, de voormalige spinnerij en het pakhuis aan de Parallelweg, werden behouden en in de jaren '80 van de 20e eeuw verbouwd tot wooneenheden. In de details aan de buitenkant van de woningen zijn delen van de oude fabriek herkenbaar. Het Muziekkwartier **5** ligt op een plek waar vroeger de weverij stond. Het gebouw heeft een glazen gevel met horizontale lamellen. Onder een gekromd koperen dak bevinden zich de foyers; het dak wordt gedragen door gelamineerde spanten. Het stadhuis **6** (ir G. Friedhoff,1930-'33), midden in het winkelhart van Enschede, valt op door de vijftig meter hoge toren, die de evenknie is van de toren van het raadhuis in Stockholm. Het stadhuis is gebouwd naar ontwerp van ir. G. Friedhoff in de periode 1930-'33. Voor het gebouw is een traditionalistische vormentaal gebruikt met baksteen, natuursteen en hellende daken bedekt met dakpannen.
Na de oversteek van het moderne Van Heekplein passeert u de Bijenkorf en het Holland Casino. Deze wereldse gebouwen vormen een groot contrast met de verstilde synagoge in de Prinsestraat. De synagoge **7** naar een ontwerp van architect K.P.C. de Bazel (1928) is gebouwd in de oriëntaalse stijl, die toen in zwang was. Boven de gevels ziet u bakstenen versieringsmotieven. Rechts naast de ingang is een gietijzeren monument opgericht voor de zevenhonderd Joden uit Enschede die in de Tweede Wereldoorlog zijn vermoord. Aan weerszijden van de synagoge bevinden zich de voormalige school met schoolmeesterswoning en de woning van de rabbijn.

Universiteit Twente

Voor een bezoek aan de campus **8** neemt u de trein naar station Enschede Drienerlo. Het terrein is op loopafstand. Ooit lagen tientallen landgoederen als een krans rondom Enschede. Een aantal van deze landgoederen is door de stad opgeslokt. Andere hebben een nieuwe functie gekregen, zoals Landgoed Drienerlo waar de Universiteit Twente werd gevestigd. Bij het ontwerp is de geprobeerd om de landschappelijke kwaliteit van het bestaande landgoed zo veel mogelijk intact te laten. Architecten van de Forumgeneratie als P. Blom, J. van Stigt en H.P.C. Haan waren betrokken bij de bouw van onderwijsgebouwen, mensa en studentenhuisvesting.

2 Stadskantoor
Hengelosestraat 51
tel. 053 - 481 81 81
www.enschede.nl
ma. 11-16, di.-vr. 8-16 uur

4 Museum TwentseWelle
Het Rozendaal 11
tel. 053 - 480 76 80
www.twentsewelle.nl
di.-zo. 11-17 uur

5 Muziekkwartier
Wenninkgaarde 40-42
tel. 053 - 485 85 99
www.muziekkwartier.nl

A Architectuurcentrum Twente
Deurningerstraat 6
tel. 053 - 483 79 85
www.architectuurcentrum twente.nl
bezoek na telf. afspraak

B Rijksmuseum Twenthe
Lasondersingel 129-131
tel. 053 - 435 86 75
www.rijksmuseumtwenthe.nl
di.-zo. 11-17 uur

C Café-Rest. Monopole
Oude Markt 20
tel. 053 - 432 34 72

3

Musiskwartier

Na veertien jaar werd in augustus 2006 het Musiskwartier **6** geopend. Dit nieuwe woonwinkelgebied is het resultaat van de herontwikkeling van bestaande panden, gecombineerd met nieuwbouw. De gerenommeerde Amerikaanse architect Robert Stern uit New York heeft een deel van de nieuwbouw ontworpen. Hij liet zich inspireren door de Amsterdamse school. De gevels werden toen vaak opgesierd met torentjes, wat ook terug te zien is in het Musiskwartier. Rappange & Partners droeg zorg voor de verbouwing van het De Gruyterpand. In het Arnhemse winkelpand zijn duidelijk invloeden van art nouveau en jugendstil terug te vinden. Voorwaarde was dat deze elementen tijdens de herontwikkeling bewaard zouden blijven.

6 Arnhem

Havenstad in wording

Arnhem is zwaar getroffen in de Tweede Wereldoorlog. Het is daarom niet vreemd dat veel 'nieuwe' architectuur uit de periode van de wederopbouw stamt. Maar ook het moderne Musiskwartier bouwt voort op Arnhemse tradities.

Wie Arnhem kent, weet dat de omgeving van het station al jarenlang een bouwput is. Maar er komt schot in. Inmiddels is de infrastructuur onder de grond aangelegd. Nu is het station zelf aan de beurt. Het ontwerp voor het stationsgebied **1** (2004) is van architect Ben van Berkel van UN Studio uit Amsterdam. De zestien verdiepingen hoge Rijn- en Parktoren naast het station geeft een goede indruk van de toekomst. De Rijntoren heeft een opvallend blauwe aluminium gevel met een golfpatroon in de raamcontouren. Samen met de groene Parktoren biedt hij veel kantoorruimte.
U loopt omhoog naar het Museum voor Moderne Kunsten **2**. De tuin geeft mooi uitzicht over Arnhem, Rijn en Betuwe. Oorspronkelijk was het gebouw, waar het museum in 1920 werd ondergebracht, de Herensociëteit. Het was in 1873 in neoclassicistische stijl ontworpen door architect Oudshoorn. Na de Tweede Wereldoorlog werkte

Vervolg op pag. 43 ›

Routebeschrijving

Stationsuitgang Centrum, trappen af. Stationsgebied **1** verlaten door over te steken naar Hotel Haarhuis en ra, Stationsplein. Deze gaat over in Utrechtseweg. Bordjes richting 'Museum voor Moderne Kunsten' volgen.
Onder een boog door en vóór Museum voor Moderne Kunst **2** bij standbeeld schuin la. (Voor bezoek aan museum: even rd.) Stenen trappen naar beneden. Op splitsing met bocht mee naar links, verder afdalen. Op asfaltfietspad ra en direct la grasveld oversteken langs Hogeschool voor de Kunsten **3**. La langs voorkant van de school. Na

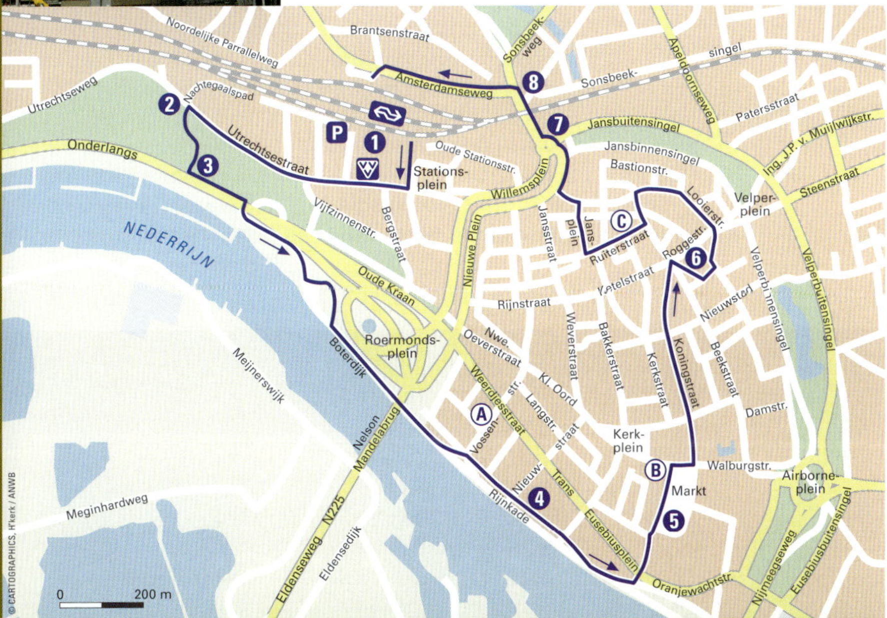

Afstand
4,5 km - 2 uur

Startpunt
NS-station Arnhem

Bereikbaarheid
Parkeergarage Centraal bij station (betaald), www.arnhem.nl, zoek op 'parkeren'

Informatie
VVV Arnhem
Stationsplein 13
tel. 0900 - 112 23 44
(€ 0,45/min)
www.vvvarnhemnijmegen.nl

bushalte bij voetgangerslichten ra, verkeersweg Onderlangs oversteken. Parallelweg oversteken en la, tegelvoetpad. Rechts aanhouden. Einde parkeerplaats la, voetpad door plantsoen. Fietspad oversteken en rd. Ra trappen omhoog naar uitzichtpunt over Roermondsplein. La naar beneden in richting van de Rijn. La langs de muur over voetpad. Onder brug door en steeds rd Rijnkade **4** vervolgen.
Na huisnr. 143 la. Eusebiusplein oversteken en rd onder poortje door. (Voor een blik op het binnenplein van het Huis der Provincie **5**: na poortje ra en nogmaals ra trappen op, en onder overkapping door. Rd langs Marktplein en vóór de Eusebius ra. Recht voor u uit ziet u aan uw rechterhand het Paleis van Justitie en aan uw linkerhand het Stadhuis. La langs de kerk richting Café Dudok. Rd, Koningstraat. Einde, op plein ra overdekte passage, Musiskwartier **6**. Op binnenplein la. Aan het eind la en direct schuin ra richting Kijkshop. Op kruising rd, Looierstraat. Bij ABN-AMRO la en tweede weg ra, Ruiterstraat. Na koepelkerk (rechts) en voormalig postkantoor (links) ra. Onder Janspoort door en la, Willemsplein. Direct weer ra, richting van Vestagebouw **7**. Rd onder spoorbrug door. Oversteken en op de hoek Cronjéstraat, Zijpendaalseweg met winkel/woonhuis **8** la. Weg oversteken en links aanhouden richting Ede, omhoog. Bij stoplichten links weg oversteken en andere kant van het station in.

> **Vervolg van pag. 40**
Eschauzier aan de wederopbouw van het zwaar beschadigde museum. Hij ontwierp een nieuwe vleugel met een indrukwekkend panoramaraam. In 2000 is het museum uitgebreid en aangepast door architect Hubert-Jan Henket. Dan gaat het richting Hoge-

5

6

school voor de Kunsten **3** aan de Onderlangs. Het markante glazen gebouw is een ontwerp van Gerrit Rietveld uit 1957. De Hogeschool heeft in 2001-2004 een ondergrondse uitbreiding gekregen, opnieuw naar een ontwerp van Hubert-Jan Henket. Hij begeleidde ook de renovatie (1995-1997). Op weg naar de Rijnkade hebt u uitzicht over het Roermondsplein. Beeldend kunstenaar Peter Struycken heeft een kale vlakte omgetoverd tot een golvend stenen landschap van blauwe en witte banen. Op termijn zal het verdwijnen, want Arnhem heeft ambitieuze plannen met het project Rijnboog, waarbij er meer samenhang moet komen tussen binnenstad en Rijnkade **4**. Straks is de rivier het visitekaartje van de stad. Het stedenbouwkundige plan is opgesteld door Manuel de Solà-Morales en de uitvoering zal twintig jaar gaan duren. Een belangrijk onderdeel van het nieuwe plan is de aanleg van een haven.

Het Huis der Provincie **5** op de Markt uit 1954 van de architecten Vegter en Bouwer, is een mengeling van Italiaanse palazzostijl en Delftse school. Loop even het binnenplein op om de details van het gebouw goed te bekijken. Vlak voor de Eusebius hebt u zicht op het Stadhuis en Paleis van Justitie. Aan het Jansplein passeert u het neogotische postkantoor (1890) en de neoclassicistische koepelkerk (1838).
Deze route besluit met twee voorbeelden van de belangrijkste jugendstilontwerper van Arnhem: Willem Diehl. Het Vestagebouw **7** (Jansbuitensingel nr. 5) dateert uit 1930 en is daarmee een van Diehls laatste werken. De art-decostijl is hier vermengd met de Amsterdamse school (donkere bakstenen, blokvormen). Op de hoek van de Zypendaalseweg en de Cronjéstraat ziet u een winkel/woonhuis **8** van Diehl dat ontworpen is in jugendstil/art nouveau (1905).

2 Museum voor Moderne Kunst
Museumcafé Bovenover
Utrechtseweg 87
tel. 026 - 377 53 00
www.mmkarnhem.nl
di.-vr. 10-17, za.-zo. 11-17 uur

5 Huis der Provincie
Markt 11
tel. 026 - 359 90 00
www.gelderland.nl
ma.-do. 9-17, vr. 9-16 uur

A Centrum voor (landschaps)Architectuur en Stedenbouw Arnhem
tijdelijk: Vossenstraat 10/12
tel. 026 - 785 04 42
www.casa-arnhem.nl

B Café-Brasserie Dudok
Koningstraat 40
tel. 026 - 351 18 72
www.dudok.nl
ma.-za. v.a. 9, zo. v.a. 10 uur

C Kunstwinkel De Vrije Blik
Ruiterstraat 10a
tel. 026 - 370 92 04
www.devrijeblik.nl
wo.-za. 13-17 uur

5

Centrum 2000

In de jaren '80 van de vorige eeuw groeide het besef dat de structuur zoals aangebracht tijdens de wederopbouw niet langer voldeed aan de eisen van de tijd. Een ambitieus herinrichtingsplan zag het licht onder de noemer Centrum 2000. Tot de belangrijkste locaties behoorden de Mariënburg en het Kelfkensbos. De Gerard Noodtstraat werd ook tot die laatste locatie gerekend. Met de daardwerkelijke uitvoering werd in 1997 gestart. Er kwam een ondergrondse parkeergarage onder het Kelfkensbos en een nieuw museum, dat in 1999 zijn deuren opende. Het vernieuwde culturele kwartier Mariënburg werd in het jaar 2000 opgeleverd. Voor veel mensen was dit 'de grande finale van de wederopbouw'.

7 Nijmegen

De wederopbouw voorbij

Na de Tweede Wereldoorlog duurde het even voor het kapotgeschoten Nijmegen zich kon herstellen. Zodra de langverwachte financiële steun er kwam, werd een nieuw stadshart uit de grond gestampt. Enkele decennia later pakte men de draad van de modernisering weer op. Nijmegen is klaar voor het nieuwe millennium.

Al meteen aan het begin zijn de ontwikkelingen die een hoofdrol spelen in deze wandelroute waarneembaar: de wederopbouw en recente vernieuwingen. Met het ontwerp van het naoorlogse Centraal Station **1** (1954) speelde architect Sybolt van Ravesteyn in op de toenemende verkeers- en reisdrukte. Dit resulteerde in een tweeledig stationsplein voor stads- en streekbussen en een langgerekte, Italiaans aandoende stationsgevel met toren. Hij integreerde tevens de resterende fraaie overkapping van het verwoeste neorenaissancestation van rijksbouwmeester C.H. Peters (1894). In 1993 werd het station gemoderniseerd door architect Wienke Scheltens, die plein en gebouw van veel glas en een opvallende, overhangende luifel voorzag.

Even verder ligt links de schouwburg **2** van Holt & Bijvoet (1955-1961). Het modernistische bouwwerk onderscheidt zich door de samengestelde vorm, de

Vervolg op pag. 46 ›

Routebeschrijving

Vanaf het Centraal Station **1** (Stationsplein) rd, Van Schaeck Mathonsingel. Bij Keizer Karelplein la rondom schouwburg **2**. Nassausingel volgen, langs VVV. Bij stoplichten ra oversteken, Kolpinghuis aan linkerhand, Smetiusstraat in. Wordt Bloemerstraat. Komt uit op Plein 1944 **3**. (Voor bioscoop Carolus even ra en terug.) Rd langs bushaltes. Vervolgens la oversteken, Houtstraat in. Rd, Stikke Hezelstraat oversteken, Ganzenheuvel. Langs woningbouw in benedenstad **4** via Priemstraat, ra Lage Markt. Uitkomend op Waalkade ra, Grotestraat. Derde straat la, Muchterstraat, Rid-

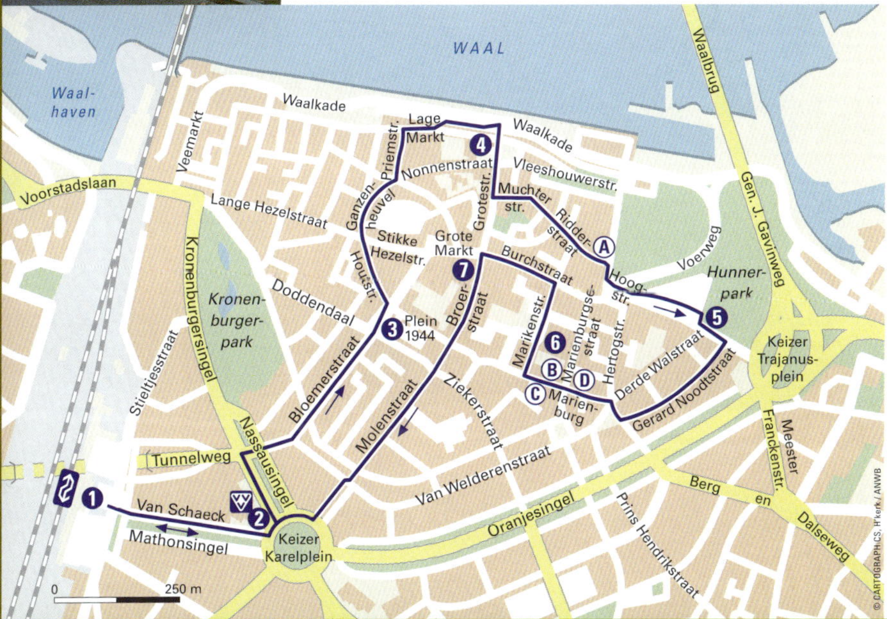

Afstand
4,5 km - 2 uur

Startpunt
NS-station Nijmegen **1**

Bereikbaarheid
Betaald parkeren.
Tip: P+R Waalsprinter, bus naar halte Museum Het Valkhof **5**, www.waalsprinter.nl

Informatie
VVV Nijmegen
Keizer Karelplein 32h
(Schouwburg)
tel. 0900 - 112 23 44
(€ 0,45/min)
www.vvvarnhemnijmegen.nl

derstraat, langs Cultureel Centrum De Lindenberg. Ra en meteen la pleintje op naar Museum Het Valkhof **5**. Oversteken en la, Sint Jorisstraat. Eerste weg ra, Gerard Noodtstraat, aan linkerzijde woongebouw Hunnerstaete met innovatief parkeerdak (1996, Bjarne Mastenbroek). Op kruising ra, Hertogplein. Op kruising rd, Klein Mariënburg. Op volgende hoek met Mariënburgstraat staat voormalig gebouw van De Nederlandsche Bank (1954, H.T. Zwiers), nu het CBK (kunstuitleen). Rd onder Poortgebouw LUX door, Mariënburg **6**. Voorbij Mariënburgkapel ra door 'winkelgeul', Marikenstraat. Einde la, Burchtstraat, langs Peek en Cloppenburg. Bij V&D **7** la, Broerstraat. Rd, Molenstraat. Op Keizer Karelplein ra, stoplichten oversteken. Rd langs Schouwburg en ra naar station.

› **Vervolg van pag. 44**
transparantie van grote raampartijen en de foyer op palen. Deze opzet kwam gedeeltelijk voort uit het taartpuntvormige kavel. De ruimte onder de foyer

6

was functioneel en eigenlijk bedoeld voor evenementen. Overal is de wederopbouw voelbaar, niet minder dan 85 procent van de binnenstad was vernietigd. De wederopbouwplannen voorzagen in brede verkeersaders, die elkaar zouden kruisen op een nieuw te bouwen plein. Deze plannen werden slechts ten dele uitgevoerd. Het sfeerloze karakter van Plein 1944 **3** is dan ook een direct gevolg van de oorspronkelijke functie als autoplein. Architectonisch pareltje is hier de bioscoop Carolus (nr. 28) uit 1954 van H. van Vreeswijk met een imposante twaalf meter hoge hal en verticale raampartijen die dit ruimtelijke beeld versterken. Kenmerkend voor de wederopbouw waren de toenemende industrialisering van de bouw en het optimaal benutten van de technische mogelijkheden. Dit resulteerde in nieuwe constructievormen en grotere bouwwerken, comfortabel en functioneel. Een vaak gebruikte combinatie was beton en baksteen, met een nieuwe rol voor glas en metaal.
Bij Ganzenheuvel gaat u de oude benedenstad **4** in. Omdat de slechte staat van dit sterk verloederde stadsdeel geen gevolg was van oorlogsgeweld, kreeg het opknapplan ook geen financiële steun van het Ministerie van Wederopbouw. Door geldgebrek kwamen pas in de jaren '70 van de vorige eeuw nieuwe plannen op tafel. Dankzij de invloed van het sterke Buurtcomité Benedenstad werd de functie van woongebied gehandhaafd. In korte tijd moesten er zo'n vijfhonderd woningwetwoningen worden gebouwd, met een verplichte rol voor ouderwetse materialen als bakstenen en dakpannen. Dit noopte architect B.J. Pouderoyen tot doelmatige soberheid en sterk repeterende bouw. Om de sfeer van de historische smalle straatjes enigszins na te bootsen, paste hij erkers, portieken en een verspringend silhouet toe. De resultaten zijn te bewonderen in de straatjes die de route volgt.
Een van de speerpunten van het plan Centrum 2000 was de herinrichting van het Kelfkensbos, met een prominente plaats voor het nieuwe Museum Het Valkhof **5** van Ben van Berkels UN Studio (1999). Het gebouw wordt in de volksmond ook wel 'het aquarium' genoemd vanwege de grotendeels uit glas bestaande gevels.
Het huzarenstukje van Centrum 2000 werd de uitvoering van Sjoerd Soeters' masterplan uit 1993 voor de Mariënburg **6**. Rondom de laatmiddeleeuwse Mariënburgkapel verrezen de bibliotheek, het gemeentearchief en een poortgebouw met daarin cultureel centrum LUX (alle Jos van Eldonk). Tussen het oude Arsenaal en de Burchtstraat loopt nu de Marikenstraat, een nieuwe winkelstraat over twee niveaus. Tot slot nog twee iconen van de wederopbouw: het gebouw van Peek en Cloppenburg (1950) van G.A. Heldoorn (Burchtstraat 1) en de V&D **7** uit 1953 van Bureau Benning, het grootste gebouw van de naoorlogse binnenstad.

5 Museum Het Valkhof
Kelfkensbos 59
tel. 024 - 360 88 05
www.museumhetvalkhof.nl
di.-vr. 10-17, za.-zo. 12-17 uur

A Theatercafé Lindenberg No. 23
Ridderstraat 23
tel. 024 - 327 39 39
www.delindenberg.com
dag. v.a. 11 uur

B Café LUX
Mariënburg 38-39
tel. 024 - 381 68 44
www.lux-nijmegen.nl
dag. v.a. 11 uur

C Café-Brasserie Vlaams Arsenaal
Arsenaalpoort 1-4
tel. 024 - 324 48 32 / 33
www.vlaamsarsenaal.nl
café ma.-za. v.a. 10, zo. 11 uur
brasserie ma.-za. 12-22, zo. 17-22 uur

D Centrum Beeldende Kunst Nijmegen
Mariënburg 24
tel. 024 - 360 07 60
www.cbkgelderland.nl
do.-zo. 12-17 uur

Architect in vaste dienst

In 1913 kreeg Berlage het aanbod om in vaste dienst te treden bij het koopmansechtpaar Kröller-Müller. Hij ontwierp voor hen het Holland House in Londen (1914-1916) en kreeg ook de opdracht om een jachtslot op de Veluwe te bouwen (1915-1920). Berlage wilde een totaalbeeld neerzetten dat ook het interieur en de omgeving omvatte. Helene Kröller-Müller bemoeide zich echter in toenemende mate met ontwerp en uitvoering. De spanningen liepen zover op dat Berlage in 1919 ontslag nam, nog voordat het slot af was. De Belg Henry van de Velde nam zijn positie als huisarchitect over. Hij voltooide het bouwwerk en ontwierp ook het nieuwe museum.

8 Hoenderloo

Kunst als nalatenschap

Het welgestelde echtpaar Kröller-Müller genoot zeer van hun Veluwse landgoed. Anton jaagde graag en zijn vrouw Helene was een gepassioneerde kunstverzamelaar. Met de tijd groeide het ideaal om hun bezittingen na te nalaten 'ten nut van het algemeen', zodat ook het gewone volk kon genieten van natuur en cultuur.

Waar kunst wordt getoond is architectuur, feitelijk een discipline van toegepaste kunst, meestal niet ver weg. Al bij de ingang van Nederlands tweede nationale park staat een opmerkelijk gebouwtje. Het is een van de drie portiershuisjes **1** van MVRDV (1995), het winnende ontwerp van een prijsvraag onder jonge architecten. Met hun moderne vertaling van het standaard portiershuisje met puntdak wonnen zij de opdracht. Elk huisje heeft een aan zijn omgeving aangepaste vorm en bouwmateriaal. Het huisje bij de ingang Hoenderloo is van ongecoat cortenstaal.

Het indrukwekkende Jachthuis Sint Hubertus **2** (1920) kan met een rondleiding ook vanbinnen worden bezocht. Dat is zeker de moeite waard, want architect Berlage heeft niet alleen het gebouw, maar ook

Vervolg op pag. 50 >

Routebeschrijving

Bij ingang Hoenderloo start de route bij het eerste van drie portiershuisjes **1**. Volg de blauwe route naar Jachthuis Sint Hubertus **2**. Voor een extra rondje (2,6 km) om het jachtslot kunt u de oranje pijltjes volgen. Vervolg route: de groene pijltjes aanhouden naar het bezoekerscentrum. Vandaar de witte route richting Otterlo oppakken. Neem de ingang van de beeldentuin met het portiershuisje **3** van Piet Hein Eek. Wandel via het beeldenpaviljoen **4** van Aldo van Eyck en Rietveld-paviljoen **5** naar het Kröller-Müller Museum **6**. Vervolg vanaf het museum de witte route

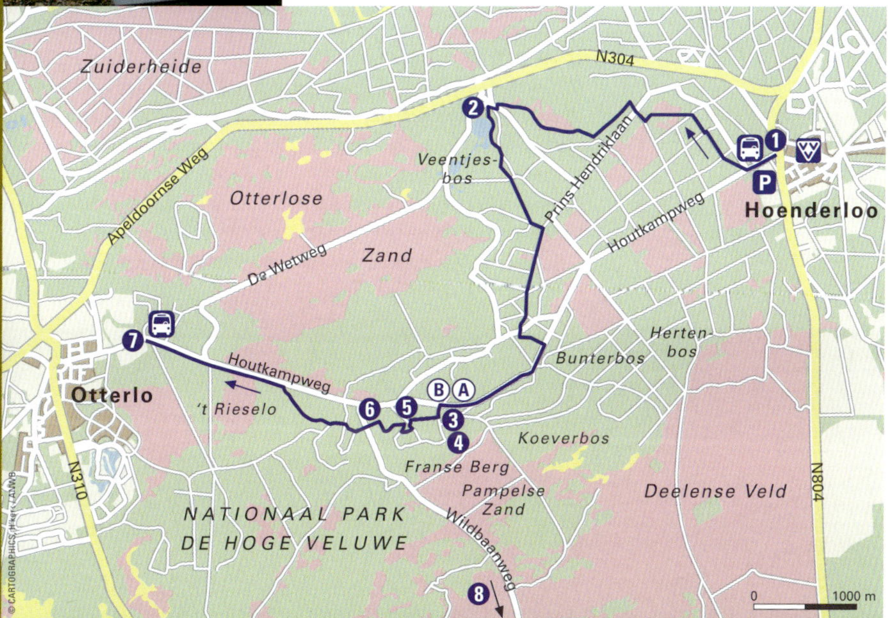

Afstand
11 km - 3,5 uur

Startpunt
Ingang Hoenderloo, Nat. Park De Hoge Veluwe. Eindpunt: bushalte Ingang Otterlo.

Bereikbaarheid
Parkeren ingang Hoenderloo (betaald), www.hogeveluwe.nl. Of: buslijn 108 Apeldoorn - Ede-Wageningen v.v., halte Hoenderloo-Centrum.

Informatie
Bezoekerscentrum
De Hoge Veluwe
Houtkampweg 9c
tel. 0900 - 464 38 35
(€ 0,20/min)
www.hogeveluwe.nl

richting uitgang Otterlo, waar de tweede portiersloge **7** staat. Hier eindigt de wandelroute. U kunt met buslijn 106 of (gratis) witte fiets terug richting ingang Hoederloo, eventueel via het derde portiershuisje **8** van hout, bij uitgang Schaarsbergen.

› **Vervolg van pag. 48**

de omringende tuin én de inrichting ontworpen, inclusief meubels. State of the art waren in de jaren '20 van de vorige eeuw de luxe snufjes zoals pullmannschuiframen, centrale verwarming en zelfs een centrale stofzuiginstallatie. De vorm van het bakstenen gebouw was geïnspireerd op de legende van Sint Hubertus, schutspatroon van de jagers. Van bovenaf gezien verbeelden de twee symmetrische vleugels het gewei van een hert, de ingangspartij en hoge toren staan symbool voor het lichtend kruis. In de hal is de legende terug te zien in de kleurrijke glas-in-loodramen. In 2002 kreeg de toen net gerenoveerde beeldentuin een extra ingang. Het kleurrijke, portiershuisje **3** werd ontworpen door Piet Hein Eek en geheel in stijl van zijn meubels gemaakt van sloophout. Niet ver van deze ingang staat een replica uit 2004 van het beeldenpaviljoen **4** dat Aldo van Eyck in 1966 voor het Arnhemse Sonsbeekpark ontwierp. Het was het tweede in zijn soort in de beeldentuin: in 1965 werd het Rietveldpaviljoen **5** (voorheen Paviljoen Sonsbeek) van Gerrit Rietveld, hier gereconstrueerd. Het origineel was in 1954 gebouwd

6

voor de toenmalige beeldententoonstelling in Arnhem. Het lage gebouw speelt met zijn open en gesloten vormen van korrelbeton een luchtig spel met de omgeving.
De oude vleugel van het Kröller-Müller Museum **6** is van de hand van Henry van de Velde. Berlage maakte wel een eerste ontwerp voor de grote droom van Helene, maar tot uitvoering kwam het niet (zie pag. 48). Van de Velde maakte een nieuw ontwerp, maar door de economische regressie werd de bouw van dit Grote Museum in 1923 gestaakt. In 1935 kwam het Rijk met de oplossing: in ruil voor de kunstverzameling zou de overheid het museum bouwen. Het omringende park werd ondergebracht in een aparte stichting. En zo ontwierp Van de Velde het kleinere 'overgangsmuseum', een intiem, symmetrisch gebouw met daklichten dat in 1938 werd geopend. Ondanks uitbreiding (1953) voldeed het museum al snel niet meer aan de eisen van de tijd en de omvang van de collectie. Wim Quist werd gevraagd een nieuwe vleugel te ontwerpen (1977). Het lage gebouw en de lange glazen gangen laten de bezoekers bijna door het landschap van de ene naar de andere zaal lopen. In 2005 is het oude gedeelte van Van der Velde grondig gerestaureerd en van een nieuwe, technisch hoogstaande belichting via de oorspronkelijke dakramen voorzien.
U eindigt bij de tweede portiersloge **7** van MVRDV, opgetrokken in baksteen. Het derde portiershuisje **8** van hout ligt bij de uitgang Schaarsbergen. Het bakstenen gebouwtje bij Otterlo bezorgde de ontwerpers grappig genoeg de meeste technische hoofdbrekens. De drie huisjes zijn doelbewust ontworpen als mysterieuze massieve vormen, elk met een andere 'huid', maar verder zonder enig detail.

2 Jachthuis Sint Hubertus
tel. 0900 - 464 38 35
(€ 0,20/min)
www.hogeveluwe.nl
rondleidingen: zie website
theekoepel ma. gesloten

6 Kröller-Müller Museum
Houtkampweg 6
tel. 0318 - 591 241
www.kmm.nl
di.-zo. 10-17, beeldentuin 16.30 uur
horeca: tel. 0318 - 591 657
www.monsieurjacques.nl

A Bezoekerscentrum/Museonder
tel. 0900 - 464 38 35
(€ 0,20/min)
www.hogeveluwe.nl
apr-okt dag. 9.30-18 uur
nov-mrt dag. 9.30-17 uur

B Café-Rest. De Koperen Kop
Houtkampweg 9b
tel. 0318 - 59 12 89
www.dekoperenkop.nl
apr-okt dag. 9-18 uur
nov-mrt dag. 9-17 uur

De Kathedraal

Op zo'n vijftien kilometer rijden ten noordwesten van De Hoge Veluwe bevindt zich een uniek rijksmonument. Als een kathedraal steekt het voormalige zendstation van Radio Kootwijk boven het ruige Veluwse landschap uit. Het werd in 1922 gebouwd om radiocontact met het toenmalige Nederlands-Indië tot stand te brengen. Voor de langegolfverbinding waren grote machines en een kolossaal gebouw nodig. Gebruik van hout of spijkers zou echter het zendproces verstoren. Architect J.M. Luthmann ontwierp daarom een bijzonder, geheel uit gewapend beton opgetrokken gebouw – een van de eerste in Nederland. Het is versierd met art-nouveaubeeldhouwwerk.

6

Casa cASLa

Het is dat u op havenniveau komt aanlopen, anders zou het gebouw van Casa cASLa **7** zó aan de aandacht ontsnappen. De gevels aan de waterkant zijn van glas. Maar beklim een van de trappen en het pand verdwijnt. Op straathoogte gaat het op in zijn omgeving; het heeft een schutkleur en is letterlijk in de trappen geschoven. De schutkleur is een gezamenlijke actie van de architecten Lanoire en Courrian en landschapsarchitect Bram Breedveld. Gebouw, trappen én plein zijn uitgevoerd in dezelfde klinker. U kunt nog hoger tot op het dak, waar het centrum voor Architectuur, Stedenbouw en Landschap van Almere (cASLa) zijn Casa heeft gevonden.

9 Almere

Wereldarchitectuur in de polder

Almere wordt mogelijk de vijfde stad van Nederland en zoiets vraagt om een stadshart van formaat. Laat dat maar aan Rem Koolhaas over. Hij ontwikkelde een basisplan en architecten uit Parijs, Londen, Zürich, Tokio en ... Almere creëren er eigenzinnige gebouwen.

Almere (en Lelystad) zijn gebouwd na de Tweede Wereldoorlog, toen de Amsterdamse bevolking letterlijk de hoofdstad uitpuilde. Almere ligt midden in de polder, zo'n twee tot vijf meter onder zeeniveau. De eerste bewoners betrokken hun huis in 1976. Na Almere Stad, Almere Haven en Almere Buiten (met veel exclusieve en opvallende huizen) verrees Almere Hout en Almere Poort. Nu ligt Almere Pampus op de tekentafel. In 2030 moet de stad maar liefst 350.000 inwoners tellen. Deze route gaat door Almere Stad. Architect van het stadhuis **1** is niemand minder dan Cees Dam, schepper van de Amsterdamse Stopera. De twee vleugels aan de voorkant, aan weerszijden van de hoofdingang, zijn deels van gewapend beton, deels van geaderd marmer. Naarmate de tijd verstrijkt, wordt het contrast tussen beton en natuur-

Vervolg op pag. 54 ›

Routebeschrijving

Vanaf NS-station Almere Centrum loopt u naar de zuidkant. Rd, Stationstraat in. Bij het Stadhuisplein ligt links het stadhuis **1**. La, Bodestraat en vervolgens een heel blok rondom het Stadhuis, tot u weer terugkeert bij de ingang aan het Stadhuisplein. Plein oversteken en de schuine lange winkelstraat in, Diagonaal. Deze helemaal uitlopen tot waterkant. Halverwege passeert u De Smaragd **2** (aan linkerzijde). Ra langs de KunstLinie **3**, trap op en langs twee torenflats Side by Side **4**. Rechts is NOX **5** zichtbaar. Voorbij Side by Side ligt The Wave **6**. U gaat mee met de

Afstand
3 km - 1,5 uur

Startpunt
NS-station Almere Centrum

Bereikbaarheid
Betaald parkeren bij station, www.parkerenindestad.nl

Informatie
VVV Almere
Stadhuisplein 1
tel. 036 - 548 50 41
www.vvvalmere.nl

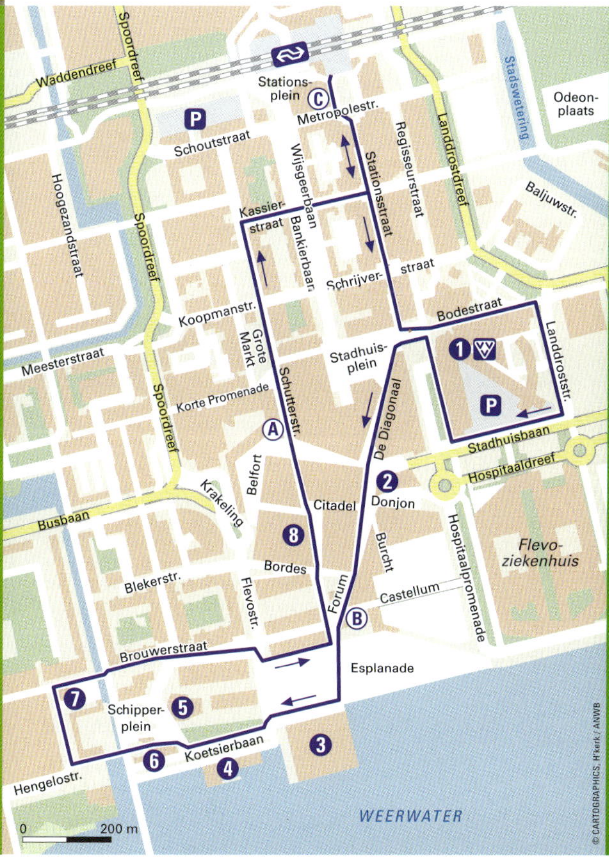

bocht in de weg van de Koetsierbaan en loopt voorlangs de Wave over de witte brug. Ra, Doesburgkade tot aan Casa cASLa **7** (zie pag. 52). Ra, Brouwerstraat. Doorlopen tot het plein bij bioscoop Utopolis. La, Forum. Vóór u ziet u de donkerbruine omlijsting van De Citadel **8**. Rd tot aan de V&D (met vanaf het dakterras uitzicht op De Citadel.) Na de V&D rechtdoor over de Grote Markt. Ra, Kassierstraat. Busbaan oversteken en bij winkelstraat la naar station.

› **Vervolg van pag. 52**

steen groter. De achterzijde springt in met een opbouw van terrassen, waardoor elke verdieping zijn eigen lichtinval heeft. Binnen zijn verschillende handtekeningen van de architect te vinden, op de toiletten bijvoorbeeld tegels met 'C.D.' erop. De naam van

❷

De Smaragd **2** komt niet uit de lucht vallen; veelkleurig glas doet het complex glinsteren als een edelsteen. Aan de zonnige zuidoostkant is het glas oranje, naar het westen groen, aan de noordzijde lichtblauw en op het oosten zilvergrijs. Rondom zigzaggen de terrassen. Het is ontworpen door Gigon en Guyer Architecten uit Zürich, die internationaal naam maakten met hun frappante scholen, museum- en appartementengebouwen.
De Japanse architecten Kazuyo Sejima en Ryue Nishizawa van SANAA zijn de geestelijke vaders van de KunstLinie **3** aan het Weerwater. Zij kozen voor gestileerde eenvoud. Nu eens open, dan weer dichte gevels zorgen voor een spel van transparantie en van licht. Het pand, bestaande uit een vierkant van honderd bij honderd meter met drie er uitstekende zalen, ligt schijnbaar drijvend op het water. De twee grote theaterzalen van Schouwburg Almere en één kleine van kunstencentrum De Kunstlinie (voor concerten) openden in 2007 hun deuren.
Blikvanger binnen de nieuwe skyline is ontegenzeggelijk Side by Side **4**. De twee woontorens zijn identiek en dat schept een harmonieuze rust. Hun verdraaide opstelling zorgt voor een geraffineerde dynamiek. Ontwerper Frits van Dongen tekende ervoor. Let eens op de kozijnen als u erlangs loopt; ze zijn er van breed tot smal en lijken nonchalant over de gevel uitgestrooid. Het ramenmozaïek weerspiegelt meer dan twintig verschillende woningtypen.
Zelfs te midden van alle markante bouwwerken, is popzaal NOX **5** een opvallende verschijning. Niet vreemd voor de Londense architect William Alsop, want hij stond vaker in de schijnwerpers met controversiële gebouwen. Het futuristische NOX heeft een metalen huid en valt onder zijn avant-gardearchitectuur.
The Wave **6** lijkt op een huizenhoge golf van schubben. Het is écht zo, je kijkt hier naar een golf. De Almeerse architect René van Zuuk geeft altijd speciale aandacht aan materiaal en vorm en dit gebouw hoort tot de stijl van Vrije Vormen. “Een gebouw is het mooist als het past in zijn omgeving”, zegt Zuuk.
Het winkel- en wooncomplex De Citadel **8** van het Parijse Atelier Christian de Portzamparc is het paradepaard van het stadshart. Het moderne fort beslaat twee lagen, beneden winkels met glazen puien, daarbovenop woningen met rode prefabbetonnen gevels. Wie naar boven gaat, heeft vanaf het terras prachtig uitzicht over de vesting met zijn loopbruggen, grasdaken en wandelgoten boven het winkeldeel. Twee winkelstraten snijden het 130 bij 130 meter grote blok ‘grand als een canyon’ doormidden. Een groene woontoren markeert, als een reusachtige donjon, de kruising van de straten.

1 Stadhuis Almere
Stadhuisplein 1
tel. 036 - 539 99 11
www.almere.nl
ma.-vr. 8-18, za. 9.45-16 uur

7 Architectuurcentrum Casa cASLa
Weerwaterplein 3
tel. 036 - 538 68 42
www.casla.nl
informatie, tentoonstellingen, rondleidingen
di.-za. 12-17 uur

A Grand Café Jordaaan
Belfort 2
tel. 036 - 530 30 80
www.dejordaaan.nl
ma.-za. va. 10, zo. v.a. 12 uur

B Eetcafé Bobbie Beer
Forum 101
tel. 036 - 530 35 55
www.beren.nl
dag. 11-22.30 uur

C Giardino di Pasta
Stationsplein 48
tel. 036 - 534 04 70
www.giardino.nl
Italiaanse delicatessen
ma.-za. 9-18.30 uur

6

Raadhuis

Dudoks belangrijkste werk is het Hilversumse Raadhuis **6**, zijn eerste ontwerp (1915) voor de gemeente. Het in gele bakstenen opgetrokken rijksmonument met opvallende 47 meter hoge toren ligt in een villawijk aan een parkje. De bakstenen zijn speciaal hiervoor in een afwijkend formaat gebakken. Het ontwerp, gerealiseerd tussen 1927 en 1931, bestaat uit twee blokvormige gebouwen, gegroepeerd rond twee binnenplaatsen. Ook de meubels en het interieur van marmer, tegels en hout zijn van Dudoks hand. Daarnaast staan er meubels en lampen van W.H. Gispen. Eind vorige eeuw is het stadhuis ingrijpend gerenoveerd door Van Hoogevest Architecten. Het geniet internationaal nog steeds grote bekendheid.

10 Hilversum

Dudokroute

Willem Marinus Dudok heeft een belangrijk stempel gedrukt op Hilversum. De bewegwijzerde Dudokroute voert u langs veel van zijn ontwerpen, zoals scholen, woningen, een badhuis en een bunker. Met het Raadhuis als onbetwist hoogtepunt.

Niemand kon vermoeden dat Dudok (1884-1974) zo'n grote invloed op de Hilversumse architectuur zou krijgen, toen hij in 1915 als directeur Publieke Werken aan de slag ging bij de gemeente. Kort na zijn indiensttreding lag er al een ontwerp van het stadhuis op de tekentafel. In 1928 werd hij benoemd tot gemeentearchitect. Ook na zijn pensioen in 1954 bleef hij als zelfstandig architect doorbouwen. Bijzonder van zijn werk is dat hij diverse Nederlandse stromingen in de architectuur combineerde tot een geheel eigen stijl. Zo zijn kenmerken van de Amsterdamse school, de School van Berlage en De Stijl terug te vinden in de 'Dudok-stijl'. Typerend zijn onder meer de hoge schoorstenen, kubistische vormen, het gebruik van bakstenen en sprekende kleuren als geel en blauw. Toen Dudok in 1974 overleed, is hij begraven op de door hem ontworpen Noorderbegraafplaats aan de rand van Hilversum. Zelfs zijn

Vervolg op pag. 58 ›

Routebeschrijving

Vanaf de voorzijde van station Hilversum loopt u naar de verkeerslichten en steekt de Schapenkamp over. Aan de overzijde staat het eerste bewegwijzerde bordje. Let op: ga la en volg de Schapenkamp. Dus niet rd de Spoorstraat in, tenzij u de verkorte route wilt volgen (zie kaart). De korte route slaat echter veel bezienswaardigheden over.
U volgt gedurende de hele wandeling de bewegwijzerde bordjes; raadpleeg bij twijfel het kaartje.

Afstand
8 km - 3 uur

Markering
Zeskante ANWB-bordjes

Startpunt
NS-station Hilversum

Bereikbaarheid
Betaald parkeren in centrum,
www.parkerenindestad.nl

Informatie
VVV Hilversum
Kerkbrink 6
tel. 035 - 629 28 10
www.vvvhilversum.nl

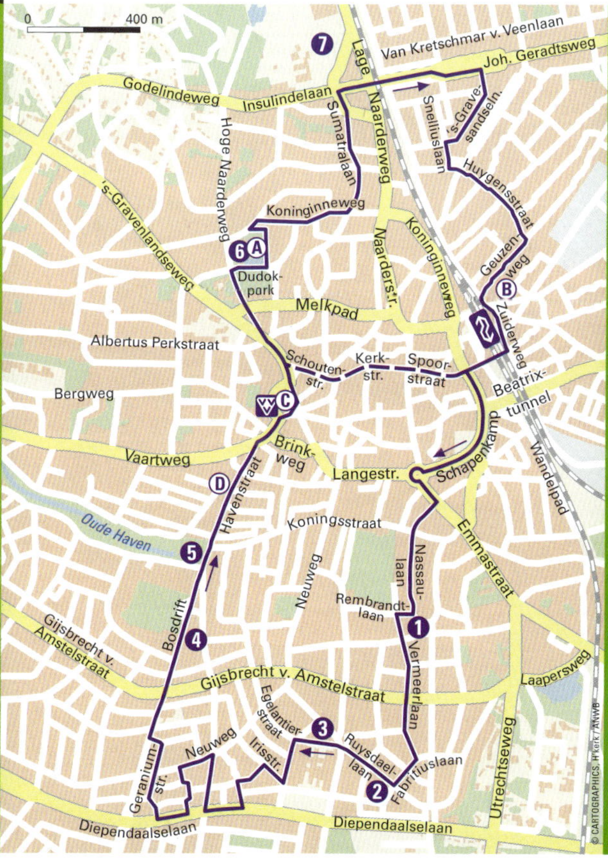

> Vervolg van pag. 56

graf is een eigen ontwerp. Vanaf de Schapenkamp tegenover het Centraal Station loopt u via Gooiland (1934-1936, Jan Duiker) naar de Rembrandtschool **1** (1919). In het bakstenen gebouw met blokvormige opbouw is de invloed van de Amsterdamse school duidelijk herkenbaar. De gele en donkerblauwe kleuren van het houtwerk vrolijken het rijksmonument op. Verderop ligt de Fabritiusschool **2**, die met zijn witgepleisterde muren en grote rieten dak meer weg heeft van een boerderij. Ook de voormalige Catharina van Rennesschool **3** (1925-1927) aan de Egelantierstraat 115 is van Dudoks hand. Het markante torentje trekt alle aandacht van de wijk naar zich toe.
Dudok heeft veel schoolgebouwen ontworpen. Ze zijn met hun opvallende kleuren en lage vensterbanken geheel aangepast aan de maat van het kind. Elke school kreeg een eigen gezicht, maar bleef duidelijk herkenbaar als ontwerp

7

van Dudok. Ook de locatie speelde een belangrijke rol bij de totstandkoming van zijn ontwerp. Veel van zijn scholen kregen een spilfunctie in de wijk; ze torenen vaak letterlijk boven de omliggende huizen uit. De voormalige Catharina van Rennesschool is daar een voorbeeld van.

Aan de Bosdrift ligt de Gemeentelijke Woningbouw **4** met de Bavinckschool (1922, Bosdrift 21) en Het Oude Badhuis (1923, Meidoornstraat 2). Ze vormen één geheel met de kleine woningen. Een knap staaltje werk, want de panden zijn zeer verschillend. Zo hebben de huizen puntdaken, terwijl de school en het badhuis zijn voorzien van een plat dak. De woningen met hun bakstenen muurtjes, rode pannendaken en groene voordeuren kregen met opzet een 'gewone' uitstraling, zodat alle aandacht in de buurt uitging naar de school, het middelpunt van de wijk.

Waar de Bosdrift overgaat in de Havenstraat, ligt links in de diepte De Oude Haven (1876). Het in verval geraakte havengebied is in 2000-2002 omgevormd tot stadspark. Op de plek van de loswal staat de door Dudok ontworpen zand- en zoutbunker **5** (1945). In 2004 is de bunker verpacht aan een ondernemer met een aquariumzaak.

Voorbij het centrum bereikt u de villawijk met het Dudokpark. Het befaamde Raadhuis **6** is eenvoudig niet te missen (zie ook pag. 56). Elke zondagmiddag worden er rondleidingen gegeven, waarbij u de trouwkamer, de raadzaal en de kamer van de burgemeester kunt bezichtigen.

Iets verderop is het Instituut voor Beeld en Geluid **7** gevestigd. Neutelings Riedijk Architecten kreeg opdracht een gebouw neer te zetten dat 'een substantiële bijdrage moest leveren aan het Nederlandse culturele landschap, door zijn functie, aantrekkingskracht én verschijning'. Dat is met dit opvallende en kleurrijke ontwerp goed gelukt. Het gebouw telt vijf ondergrondse en vijf bovengrondse lagen. De gevel van felgekleurde glaspanelen, waarin bekende televisiegebeurtenissen zijn weergegeven, is ontworpen door Jaap Drupsteen. Het pand wordt bij de entree ondersteund door de kolomvormige letters NAA: Nederlands Audiovisueel Archief, de oude naam van het Instituut. Het gebouw is vanbinnen – met het lichte en luchtige Atrium, dat alle ruimtes onderling met elkaar verbindt – minstens even spraakmakend. Sinds de oplevering in 2006 heeft het Instituut voor Beeld en Geluid diverse prijzen gewonnen, waaronder de Betonprijs (2007) en de Gouden Piramide (2008). De jury van deze laatste prijs noemde het gebouw 'zeldzaam in zijn wonderbaarlijkheid'.

Via de Nienke van Hichtumschool (Dudok, 1929, 's-Gravesandelaan 56) en de Snelliusschool (Dudok, 1930, Snelliuslaan 10) keert u terug naar het station.

5 Aquariumspeciaalzaak De Rifwachter
Haven 1
tel. 035 - 685 81 04
www.rifwachter.nl
in voormalige zout-/zandbunker

7 Insitituut voor Beeld en Geluid
Mediapark, Sumatralaan 45
tel. 035 - 677 34 34
www.beeldengeluid.nl
di.-zo. 10-19 uur

A Dudok Centrum (kelder raadhuis)
Dudokpark 1
tel. 035 - 629 28 26 (Museum Hilversum)
www.museumhilversum.nl
wo. en zo. 12-16.30 uur
zo.mi. 14 uur rondleiding stadhuis

B Café Dudok
Larenseweg 1a
tel. 035 - 624 08 51
www.cafedudok.nl
ambiance in Dudokstijl
ma.-di. v.a. 11, wo.-zo. va. 12 uur

C Café-Rest. BENK
Kerkbrink 2
tel. 035 - 623 33 36
www.benkhilversum.nl
di.-za. v.a. 11 uur

D Restaurante Las Tapas
Havenstraat 18b
tel. 035 - 622 08 48
www.lastapas.nl
dag. v.a. 17 uur

6

Nieuw rijksgebouw

De glazen gevel van het nieuwe rijksgebouw **6** is indrukwekkend. Het is een van de projecten waarmee het Rijk zijn voorbeeldfunctie in toonaangevend bouwen wil illustreren. Men heeft gekozen voor het ontwerp van de Madrileense architect/kunstenaar Juan Navarro Baldeweg. Het grote gebouw moet aansluiten bij de historische omgeving. Door het ontwerp in glas verwacht de architect dat het gebouw in de reflecties van Hollandse wolkenluchten zal 'verdwijnen'. Hij deed dit idee op bij de bestudering van 17e-eeuwse Hollandse meesterwerken. In het gebouw hebben de Rijksdienst voor het Cultureel Erfgoed (voorheen de RACM) en KAdE, kunsthal en architectuurcentrum Amersfoort, hun nieuwe onderkomen gevonden.

11 Amersfoort

Modern bouwen in middeleeuwse stad

Amersfoort heeft een tamelijk ongeschonden middeleeuws centrum. Vooral aan de randen zijn de afgelopen vijftig jaar interessante gebouwen verrezen. Alleen al in de oude stad is zo veel te zien, dat de excentrische nieuwbouwwijk Kattenbroek buiten beeld moest blijven. Maar niets weerhoudt u om achteraf nog een uitstapje te maken.

Op het Stationsplein begint u met stilstaan en kijken. Het stationcomplex **1** is net als de naastliggende kantoorgebouwen ontworpen door architect Van Belkum. Hij wilde met materiaal en stijl eenheid en visuele rust op het plein creëren. Twee oranjerode kantoorerkers 'zweven' aan weerszijden van de ingang. Ze zijn bekleed met terracotta gevelplaten. De glazen voorgevel op het zuiden werpt het zonlicht vrij de hal in. Op de kruising Vlasakkerweg en Utrechtseweg staat de voormalige garage van Nefkens **2**. Deze is gebouwd in de stijl van de nieuwe zakelijkheid, mooi helder, ruim en met een vooroverhellende, glazen pui. Nog niet zo lang geleden zou het pand worden gesloopt, maar nu heeft het als restaurant

Vervolg op pag. 63 ›

Routebeschrijving

Stationscomplex **1** verlaten via hoofduitgang en la richting centrum. Onder gebouw door, stoep volgen. Voorbij KPN-gebouw ra, Vlasakkerweg. Op kruising met verkeerslichten – rechts de voormalige garage van Nefkens **2** – rd, Bergstraat. Eerste la, Zonnehof; op nr. 8 het Rietveld Paviljoen **3**. Voorbij GGD Eemland ra en la, Arnhemseweg. Bij verkeerslichten oversteken en ra voetpad op, Plantsoen Zuid. Op splitsing paden rechts houden. Bij Marienhof la, Kleine Haag. Einde ra en eerste la, Weeshuisgang. Einde ra, Muurhuizen. Bij Korte Gracht – op nr. 11 het Mondriaanhuis

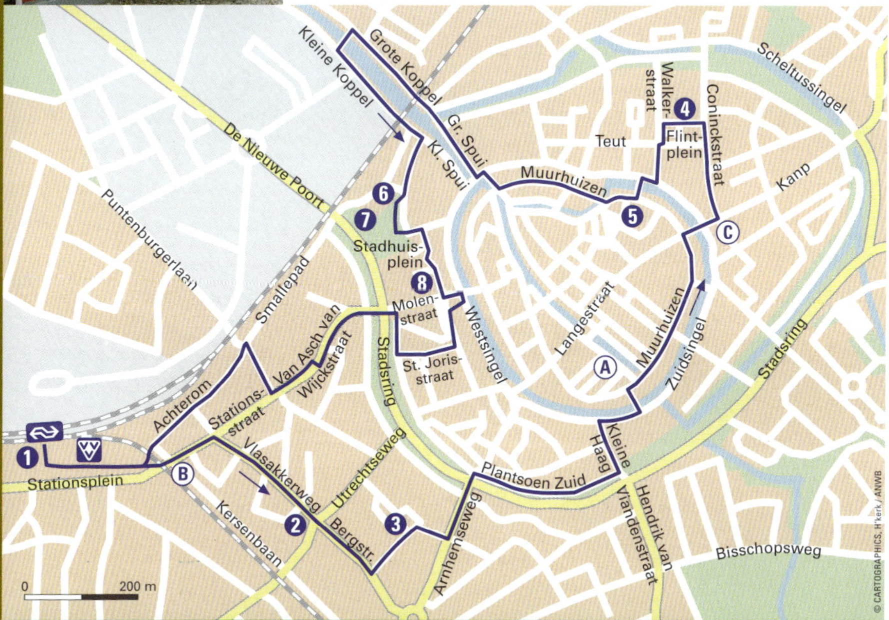

Afstand
5 km - 2 uur

Startpunt
NS-station Amersfoort **1**

Bereikbaarheid
Betaald parkeren in centrum, www.parkerenindestad.nl

Informatie
VVV Amersfoort
Stationsplein 9-11
tel. 0900 - 112 23 64
(€ 1,30/gesprek)
www.utrechtyourway.nl

– rd, Muurhuizen. Op kruising Langestraat ra. Door Kamperbinnenpoort en rd, Kamp. La, Coninckstraat. Vóór Theater De Flint **4** la, Flintplein. Einde la. Op kruising met Teut rd, Bredesteeg. Einde steeg ra en gelijk la bruggetje over. Aan eind, bij witbakstenen gebouw van het ROB **5** ra, Muurhuizen. Op splitsing ra, Muurhuizen. Einde ra, Nieuweweg en gelijk la, 't Zand. Ra, Grote Spui. Door Koppelpoort en langs water trap af onder spoorviaduct door, Grote Koppel. Bij brug la oversteken en la, Kleine Koppel. Weer onder spoorviaduct door. Bij Koppelpoort ra, Plantsoen West. Rechts het nieuwe rijksgebouw van de RCE **6** (zie kader pag. 60), ernaast het REMU-schakelstation **7**. Klinkerweg oversteken en rd, voetpad door plantsoen. Na kunstwerk van fauteuils la omlaag en ra naar Stadhuisplein. Op plein rd onder stadhuis **8** door en la. Vóór brug met grijze torengebouwen ra, Westsingel. Gelijk ra trap op en la winkelstraat in. Bij handwij-

1

zer ra richting 'P Sint Jorisplein'. Plein rd oversteken, einde ra, Stadsring. Bij verkeerslichten la oversteken en rd, Van Asch van Wijckstraat. Bij Agis zebrapad oversteken, weg vervolgen. Voorbij Agis ra. Einde la, fietspad langs spoorcomplex. Overweg over en la, Achterom. Gelijk ra trap op en rd naar station.

› Vervolg van pag. 60

een nieuw leven gekregen. Kijk even naar het fascinerende interieur! Aan het Zonnehof staat het Rietveld Paviljoen **3**, ontworpen door Gerrit Rietveld als kunstpaviljoen (1956). Het is bijzonder door zijn maatvoering, waarin het getal drie allesbepalend is. Het paviljoen wordt tijdelijk gebruikt door het Armando Museum. Via Stadsring en Zuidsingel loopt u over de oudste stadsmuur (Muurhuizen) naar Theater De Flint **4**. Architect Onno Greiner wilde in 1976 met zijn theaterontwerp aansluiten bij het kleinschalige karakter van de oude binnenstad. Zelf noemde hij het gebouw een 'speelstadje'. Het heeft twee overdekte binnenstraten waarop vele ruimtes zijn aangesloten. De opbouw in kleine eenheden is kenmerkend voor het structuralisme uit de jaren '70 van de vorige eeuw. Ook de voormalige kantoren van het ROB **5** aan de Kerkstraat zijn in deze stijl gebouwd. Er was tussen 1974 en 1988 veel verzet tegen de komst van dit rijksbouwwerk en met de verhuizing van de dienst in 2009 gingen er stemmen op om het te slopen. Het compacte gebouw van architect Abel Cahen blijft echter behouden, al is de bestemming nog onzeker. Via steegjes kunt u de binnenkant bekijken. Het bijzonderst is het overdekte binnenplein, van kelderniveau tot aan de hoge glaskoepel. Vervolgens maakt u even een uitstapje via de Koppelpoort naar de nieuwe Eemhaven met zicht op de stenen achterkant van het nieuwe rijksgebouw van de RCE **6**. Het verschil met de glazen voorzijde is enorm. Naast de gloednieuwe kunsthal heeft elektriciteitsbedrijf REMU door Ben van Berkel een bijzonder schakelstation **7** laten bouwen. Als illustratie op het thema elektriciteit bestaat het uit twee in elkaar grijpende, onregelmatige dozen: een van aards materiaal (basaltlava) en een van geleidend, licht materiaal (kunststof-aluminium). Even bij stilstaan! Via het Stadhuisplein loopt u onder de nieuwbouw van het stadhuis **8** door. Voor deze uitbreiding tekende Pi de Bruin van de Architecten Cie. Het stadhuis en kunsthal KAdE zijn het sluitstuk van de CSG-Zuid. De gemeente wil met het Centraal Stads Gebied het middeleeuwse stadshart verbinden met het station. Hiermee wordt een oud planningsfoutje rechtgezet. Imposante kantoren staan nu tussen de Van Asch van Wijckstraat en het spooremplacement.

2 Nefkens Garage / Restaurant Sober
Utrechtseweg 29-31
tel. 033 - 44 80 468
www.restaurantsober.nl
ma.-vr. v.a. 10, za.-zo. v.a. 15 uur

3 Armando Museum
tijdelijk in Rietveld Paviljoen
Zonnehof 8
tel. 033 - 461 40 88
www.armandomuseum.nl
di.-vr. 11-17, za.-zo. 12-17 uur

6 KAdE
Kunsthal en architectuurcentrum Amersfoort
Smallepad 3
tel. en openingstijden: www.kadeamersfoort.nl

A Mondriaanhuis
Kortegracht 11
tel. 033 - 462 01 80
www.mondriaanhuis.nl
geboortehuis Piet Mondriaan, museum voor constructieve en concrete kunst
di.-vr. 11-17, za.-zo. 13-17 uur

B Lunchroom Terminus De Onthaasting
Stationsstraat 42a
tel. 033 - 462 47 87
www.terminusdeonthaasting.nl
ma.-vr. 10-18 uur

C Jans Pakhuys, Kunst, Cadeau's
Grote Sint Jansstraat 4
tel. 033 - 461 17 79

5

Stadhuis

De Spaanse architect Enric Miralles kreeg in 1997 opdracht het stadhuis **2**, een allegaartje van acht tegenelkaar geplakte middeleeuwse panden, te renoveren en deels van nieuwbouw te voorzien. Hij ontwierp een transparant, toegankelijk gebouw waar historie en actualiteit met elkaar verweven zijn. De aaneengeschakelde panden zijn in een modern jasje gestoken, met behoud van het oude, labyrintische karakter. Ook het interieur, een bonte mengeling van oude elementen en nieuwe snufjes, is door Miralles ontworpen. De hoofdentree is verplaatst van de Oude Gracht naar de achterzijde (Minreboederplein). Het ligt aan een speels ingericht plein met hoogteverschillen. Vrijwilligers van Gilde Utrecht verzorgen er rondleidingen.

12 Utrecht

Bonte mengeling van architectuur

Hoewel Utrecht vooral bekendstaat om zijn historisch centrum, kent de binnenstad ook veel moderne architectuur. Van de Amsterdamse school, De Stijl, jugendstil en Dudok tot recente ontwerpen, die de komende jaren worden gerealiseerd, zoals het stationsgebied. Het resultaat is een bonte architectonische mengeling.

Op de Zadelstraat kruist u de Lijnmarkt met Café De Witte Ballons **1** (huisnr. 12). De voorgevel met grote, ronde ruiten is typerend voor de jugendstil (1890-1914). De sierlijke vormen werden veel toegepast bij winkelpanden. Typerend voor de jugendstil is ook het gebruik van gekleurde, meestal geglazuurde bakstenen. Kijk eens naar de versieringen: de symbolische voorstellingen verwezen meestal naar de functie van het pand.

Voor het stadhuis **2** zie kader op deze pagina. Het hoofdpostkantoor **3** aan de Neude is ontworpen door Crouwel (1924). Aan de voorzijde – zie de ramen en de twee traptorens – zijn de verticale accenten duidelijk zichtbaar. Via een smalle ingang bereikt u een met parabolische bogen overspannen hal. Het ontwerp is deels geïnspireerd op de Amsterdamse school. De decoraties aan de kopgevels boven de halfronde loketten

Vervolg op pag. 66 ›

Routebeschrijving

Het stationsgebied wordt de komende jaren ingrijpend veranderd, mogelijk is de beschrijving naar de Mariaplaats niet actueel. Neem bij het station uitgang 'streekbussen'. Onder aan roltrappen rd op streekbusstation. Voorbij laatste bushalte la trambaan kruisen. Bij stoplichten Catharijnebaan oversteken en rd naar Mariaplaats. Hier la, Zadelstraat richting Domtoren. Op Lijnmarkt 12 (even ra) ligt Café De Witte Ballons **1**. Vóór Domtoren la, Vismarkt. (Loop eerst even rd om een kijkje te nemen bij Domplein met horeca, VVV en RonDom en eventueel beklimming Domtoren.)

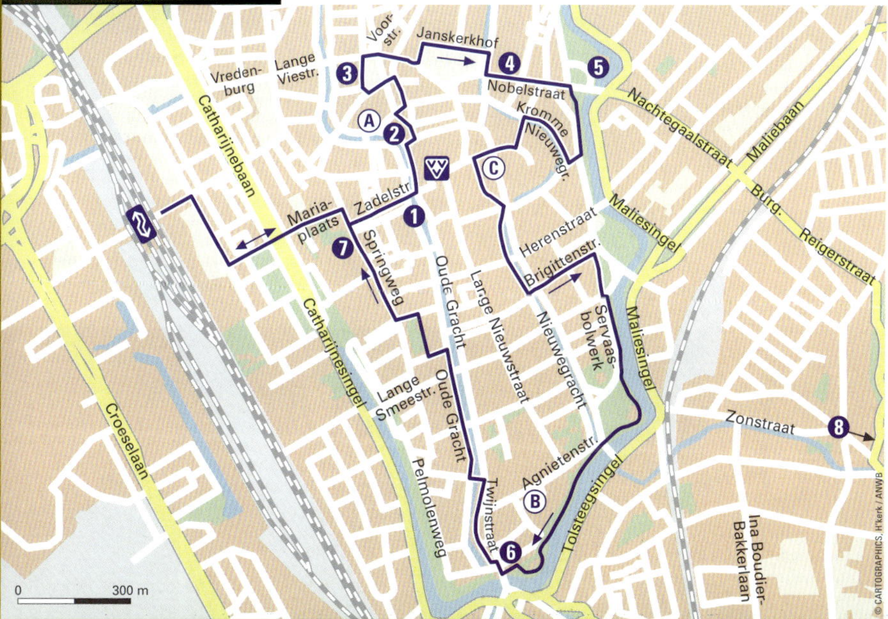

Afstand
5 km - 2 uur

Startpunt
NS-station Utrecht Centraal

Bereikbaarheid
Betaald parkeren. Tip: Transferium (A12, afrit 17), sneltram naar centrum
www.parkerenindestad.nl

Informatie
VVV Utrecht / RonDom
Domplein 9
tel. 0900 - 128 87 32
(€ 1,30/gesprek)
www.utrechtyourway.nl en
www.domtoren.nl

Ra, Oudkerkhof. La, Korte Minrebroederstraat met stadhuis **2** (zie pag. 64). Rd, Telingstraat. La naar hoofdpostkantoor **3** aan Neude. Ra langs Neude. Recht voor u (Voorstraat) is een fraaie gevel in jugendstil waarachter een apotheek schuilgaat.
Bij stoplichten ra, Lange Jansstraat. Bij tabakzaak De Tijd la oversteken, Janskerkhof, plein aan rechterzijde. Langs het zogeheten 'gele kasteeltje', een jugenstilpand (nr. 14). Op Nobelstraat la, langs Incassso Bank **4** (Nobelstraat 4). Rd en vóór stadsschouwburg **5** ra oversteken, voetpad langs singel. Na 100 m ra, klinkerweg kruisen. Eerste weg ra, Kromme Nieuwegracht. La, Pieterstraat. Ra, Pieterskerkhof. Na kruising la, Achter de Dom met Architectuurcentrum Aorta. Op Nieuwe Gracht ra (gracht aan linkerzijde). Tweede brug la, Brigittenstraat. Einde weg, vóór park Lepelenburg, direct ra, Bruntenhof. Einde hof la en meteen ra, voetpad langs singel. Langs Sterrenwacht Sonnenborgh, voetpad vervolgen tot Ledig Erf. Na poort ra, langs Louis Hartloopercomplex, voormalig politiebureau **6**. Meteen op kruising vóór kapper la, steegje omlaag, langs gracht. Aan einde werf trap op en la, Oude Gracht. Eerste brug la en meteen ra, Oude Gracht. Let op: voorbij huisnr. 265 la, steegje in, Brandstraat. Halverwege ra, voetpad. Na nr. 9 la. Op Springweg ra, terug naar Mariaplaats **7**. La en bij stoplichten rd naar station.

> **Vervolg van pag. 64**
zijn daar een voorbeeld van. In 2015 wordt het rijksmonument van KPN eigendom van Fortis Vastgoed; het postkantoor maakt dan plaats voor winkels en horeca. Een opvallende verschijning is de door de

6

Utrechters veel besproken Neudeflat (Maaskant, 1960) achter het postkantoor: je bent voor- of tegenstander.
De Incasso Bank **4** aan Nobelstraat nr. 4 is ontworpen door Architectenbureau Baanders en de Utrechtse architect Maas. Rond 1900 vestigden meerdere banken zich aan de Nobelstraat, destijds dé oost-westroute van Utrecht. Het pand is uitgevoerd in de Amsterdamse Schoolstijl.
Het ontwerp van de stadsschouwburg **5** aan het Lucasbolwerk is van Dudok (1937). Het karakteristieke gebouw is bekleed met roomwitte tegels en strokenvensters. Omdat het pand in technisch en akoestisch opzicht niet aan de verwachting voldeed, is het door Bureau Wouda diverse malen verbouwd. De laatste renovatie, waarbij het interieur werd aangepast, is uitgevoerd door Architectenbureau Monk (2002).
Op de plaats van de middeleeuwse Tolsteegpoort – de zuidelijke stadstoegang – verrees in 1927 een politiebureau **6**. Het is ontworpen door architect Planjer in de markante, ietwat sombere Amsterdamse schoolstijl. De robuuste toren van het pand verwijst naar de stadspoort. Planjer heeft tevens de brug en de kademuur meegenomen in zijn ontwerp. In 2003 veranderde de politiepost in een filmhuis van Jos Stelling, het Louis Hartloopercomplex. Het interieur met filmzalen en horeca werd grondig verbouwd.
Op de Mariaplaats **7** (nrs. 30-41, links van Conservatorium) verrees in 1997 het veelgeprezen stadsvernieuwingscomplex met 54 koopwoningen van het Belgische bureau AWG van Bob van Reeth. Hij koos voor een ontwerp gebaseerd op een kerkelijke immuniteit: een stille plek aan de rand van de drukke binnenstad. Typerend voor Van Reeths werk is een zorgvuldige omgang met de stad waarbij de architectuur zich aanpast aan de mens en zich ontdoet van zijn strakke stramien.

Rietveld Schröderhuis

Een architectuurwandeling door Utrecht is niet compleet zonder bezoek aan het Rietveld Schröderhuis **8**. Buslijn 4 brengt u erheen (uitstappen halte De Hoogstraat). Gerrit Rietveld bouwde de woning in 1924 voor mevrouw Schröder, die veel invloed uitoefende op het resultaat. De woning is uitgevoerd volgens principes van De Stijl: rode, gele en blauwe kleuren in combinatie met grote witte en grijze vlakken. Ook de inrichting met flexibele ruimtelijke indeling is typerend voor De Stijl. Mevrouw Schröder heeft er tot haar dood (1985) gewoond. Nu is het in beheer bij het Centraal Museum. In 2000 plaatste de Unesco het huis op de werelderfgoedlijst.

2 Stadhuis
Korte Minrebroederstraat 2
rondleiding: ma.-vr. 9-16.30 uur
aanmelden: Gilde Utrecht
tel. 030 - 234 32 52 (ma.-vr. 14-16 uur), www.gildeutrecht.nl

6 Louis Hartloopercomplex
Tolsteegbrug 1
www.louishartloopercomplex.nl
horeca dag. v.a. 11 uur

8 Rietveld Schröderhuis
Erasmuslaan 9 (ticketoffice)
tel. 030 - 236 23 10
www.rietveldschroderhuis.nl
wo.-zo. 11-16 uur (wo. geen rondleiding)
reserveren: met / zonder rondleiding

A Architectuurcentrum Aorta
Achter de Dom 14
tel. 030 - 232 16 86
www.aorta.nu
inlichtingen, rondleidingen
ma.-vr. 12-17, za. 13-17 uur

B Centraal Museum / Dick Brunahuis
Nicolaaskerkhof 10 / Agnietenstraat 2
tel. 030 - 236 23 10
www.centraalmuseum.nl
di.-zo. 11-17 uur
geldig met toegangskaart **8**

C Grand Café Winkel van Sinkel
Oude Gracht 158
tel. 030 - 230 30 30
www.dewinkelvansinkel.nl
dag. v.a. 11, zo. 12 uur

1

Eerste generatie

Het W.C. van Unnikgebouw **6** (voorheen Transitorium II) uit 1969 hoort tot de eerste lichting van gebouwen. Aanvankelijk is het de bedoeling alleen doorgangspanden (transitoria) neer te zetten, die door loopbruggen met elkaar verbonden zijn. Vandaar de oude naam. Maar het plan komt niet van de grond. Alleen rond Trans II ziet u bruggen. Na een eerste bouwgolf wordt het stil en ligt de Uithof er wat naargeestig bij. Tot ... Rem Koolhaas (Office for Metropolitan Architecture) komt met zijn concept. De laatste jaren wordt er met verve gebouwd en stromen de mensen toe om de baanbrekende architectuur te zien. De Uithof is hot.

13 Utrecht

De Uithof: kuieren op de campus

Art Zaaijer en Rem Koolhaas zijn de mannen achter de facelift van de Uithof en deze route volgt hun masterplan op de voet. Een tweedeling is het uitgangspunt: sterke staaltjes van moderne architectuur staan hutje-mutje op elkaar, eromheen dienen zich weilanden en knotwilgen aan. Het contrast blijft verrassen.

Astronoom Marcel Minnaert verleent zijn naam aan het Minnaertgebouw **1**, dat in een roestbruine jas is gehuld van spuitbeton. U kunt de eigenzinnige afwerking met ronde plooien niet missen. Net zo min als de reusachtige witte letters die de naam Minnaert vormen. Zij dragen een hoek van het langwerpige gebouw. De centrale hal is een idee van de architect Willem Jan Neutelings. Rondom zijn de practicumlokalen, studiezalen, kantoren en een restaurant gesitueerd. De vijver in de hal is een aparte vermelding waard. Trechtervormige openingen in het dak sluizen er regenwater naartoe, dat via een ingenieus systeem voor verkoeling zorgt in alle ruimtes.

In het robuuste NMR-gebouw **2** (nuclear magnetic resonance) draait het om sterke magneten. In twee laboratoria doen ze er proeven

Vervolg op pag. 70 >

Routebeschrijving

Vanaf de halte teruglopen naar Leuvenlaan. Aan de overkant ligt het Minnaertgebouw **1**. Ra, Leuvenlaan. Vóór kruising met Genevelaan is het NMR-gebouw **2** (rechts). Na de kruising ziet u het Educatorium **3**. Einde weg ra, Universiteitsweg. Op kruising ra, Heidelberglaan. De veelkleurige flat aan uw rechterhand is Casa Confetti **4**. Aan overzijde, het zwarte gebouw, is de Universiteitsbibliotheek **5**. Achter Casa Confetti ligt het W.C. van Unnikgebouw **6** (zie pag. 68) met de BasketBar **7** op de (voor)grond. Oversteken en steeg in langs Universiteitsbiblio-

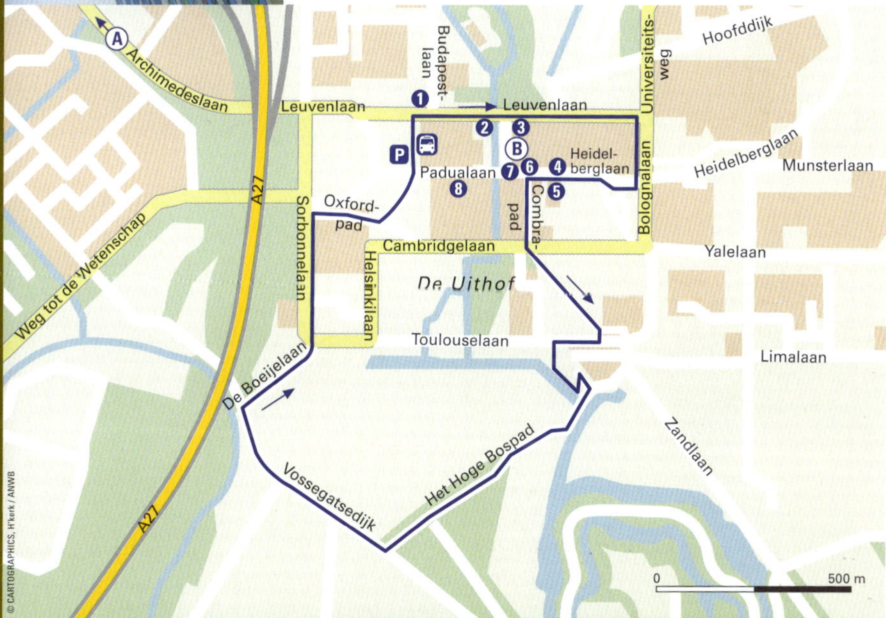

Afstand
4 km - 2 uur

Startpunt
Leuvenlaan, bushalte Botanische Tuinen

Bereikbaarheid
Betaald parkeren bij bushalte (weekeinde en na 18 uur gratis). Eind 2011: P+R De Uithof. Of: lijn 11 v.a. NS-station Utrecht Centraal

Informatie
VVV Utrecht
Domplein 9
tel. 0900 - 128 8732
(€ 1,30/gesprek)
www.utrechtyourway.nl

theek **5**, Cambridgepad. Einde weg, vóór ingang Cambridge-studentencomplex, gaat u het fietspad op richting Bunnik (links van complex). Eerste weg ra, Toulouselaan. Doorlopen tot u tegenover het complex links van de weg een onverhard pad ziet. Hier la. Einde weg la, richting boerderij. Einde pad ra en weer ra, Het Hoge Bospad. Op Vossegatsedijk ra. Vóór viaduct A2 ra, De Boeijelaan. Einde weg la, Sorbonnelaan. Op kruising ra over fietspad, Oxfordpad. Bij hogeschoolgebouw la onder betonnen palen door tot Padualaan. Rechts is Faculteit voor Economie en Management **8**. U steekt de straat over terug naar de bushalte.

> **Vervolg van pag. 68**
mee en dat moet veilig. De architecten van UN Studio kregen de opdracht een stabiel gebouw met een betoverend uiterlijk te ontwerpen. Een droomopdracht, zo vonden ze. Het resultaat is een pand

3

dat opvalt door zijn vloeiende lijnen. De laboratoria zijn afgesloten met een dikke betonnen schil.
Het Educatorium **3**, een van de Uithof-iconen, vormt het hart van het masterplan van OMA. U ziet een transparante box van allerlei verschillende vormen op en naast elkaar.
Het Educatorium bestaat uit een vloerplaat die gebogen en gevouwen is tot het gebouw. De hellende vloeren vormen de twee collegezalen. Binnenin loopt een betonnen bloedsomloop van hellingbanen en plafonds, die de onderdelen samenbindt en van buitenaf goed te volgen is.
Van de studentenwoontoren Casa Confetti **4** word je vrolijk. Hij dankt zijn naam aan de bontgekleurde gevel in zacht glanzende aluminiumpanelen in maar liefst 25 kleuren. Hoe dichterbij u komt, hoe beter alle vlakjes van het veelkleurige mozaïek in grijstinten, bruin, rood en fel oranje zich laten onderscheiden.
Architecten van Architectenbureau Marlies Rohmer zijn de bedenkers.
Ingenieur-architect Wiel Arets is het brein achter de Universiteitsbibliotheek **5**. Zijn werk viel meermalen in de prijzen, waaronder de Rietveldprijs in 2005 voor het ontwerp van dit gebouw met een open structuur en hoge vides. De gevels bestaan voornamelijk uit glas, voorzien van zeefdrukken waarop wilgenstengels staan afgebeeld; een originele manier om de zon te weren.
Fotograaf van de wilgenstengels is Kim Zwarts, hij reisde ervoor naar Zweden. Treft u een dag met zon én wolken, let dan eens op het wisselende effect. Hoe uitbundiger de zon, hoe scherper de wilgenmotieven. Bij bewolking vervaagt het beeld.
What's in a name? Vrijwel alles, als het gaat om de BasketBar **7** van NL Architects. Dit is namelijk een basketbalveld boven op een glossy bar. Als dat geen creatief omgaan met ruimte is! Het sportieve en sociale trefpunt voorziet in een grote behoefte, zeker nu er steeds meer studenten komen wonen op de campus.
De brede strip van compacte gebouwen heet in het masterplan de 'Kasbah-zone'. De architecten van Mecanoo lieten zich bij het ontwerp van het gebouw voor de Faculteit voor Economie en Management **8** inspireren door die naam. De traditionele woonvorm in Noord-Afrikaanse steden legde het fundament, een neutrale gevel en een interieur met patio's en ontmoetingsruimtes zijn het resultaat. Zij roepen sferen op van een veilige gemeenschap. Zo zijn er een junglepatio met bamboestruiken, een zenpatio en een waterpatio die de rust in het pand symboliseert. Het naakte casco gaat geraffineerd schuil achter diverse materialen. Nu eens ziet u stalen roosters, dan weer houten latwerk of een aluminium lamellenwand als een gigantische luxaflex.

5 Universiteitsbibliotheek
Heidelberglaan 3
tel. 030 - 253 65 00
www.uu.nl
ma.-vr. 8.30-22.30, za. 9-18, zo. 10-18 uur

7 Grand Café BasketBar
Genevelaan 8
tel. 030 - 251 67 83
www.thebasket.nl
ma.-vr. 9-23 uur

A Architectuurcentrum Aorta (zie A van route 12, pag. 65 en 67)
www.aorta.nu
inlichtingen, rondleidingen De Uithof
ma.-vr. 12-17, za. 13-17 uur

B Pizzeria Tricolore
Genevelaan 7
tel. 030 - 258 14 30
ma.-vr. 11-20 uur

Amsterdamse school

Berlage had weliswaar gebroken met het traditionele bouwen van de 19e eeuw, toch mocht het wat minder sober, zo vond een nieuwe lichting architecten. Hun politieke en sociale idealen zetten zij – door middel van een rijke vormentaal in hout en baksteen en het gebruik van expressieve kleuren en materialen – om in sociale woningbouw met nieuwe kwaliteitsnormen. Daarmee borduurden zij voort op de minimumeisen die waren vastgelegd in de Woningwet van 1901. Het uitbundige (en kostbare) versierwerk riep weerstand op bij de architecten van De Stijl (opgericht in 1917) die gebruikmaakten van prefabdelen en functie belangrijker vonden dan vorm.

14 Bergen

Dorp van vele villa's

De Amsterdamse school is vooral bekend van grote woningbouwprojecten in Amsterdam in de jaren '10 en '20 van de vorige eeuw. Tot welke vormentaal en sierkunst de architecten in staat waren, komt heel goed uit in de Bergense villa's. In het vooroorlogse kunstenaarsdorp zijn ook andere bouwstijlen vertegenwoordigd.

Net buiten het centrum werd in 1932 een autobusgarage **1** gebouwd naar een functionalistisch ontwerp van D. Brouwer. Het was het begin van de glorietijd van de autobus (goedkoper dan streektram en trein). Ook de doktersvilla **2** op Dorpsstraat nr. 34 is functionalistisch vormgegeven met platte daken, hoge gepleisterde gevels en een halfrond trapbordes aan de zijkant (M. Cijffers, 1932).

Park Meerwijk **3** was bedoeld als een (betaalbaar) villawijkje voor kunstenaars. De Amsterdamse tegelhandelaar Arnold Heijstee, bekend met de architecten van de Amsterdamse school, vroeg in 1916 aan Jan Staal zijn project van zestien villa's te coördineren. Staal haalde Kramer, Blaauw, La Croix en zijn minnares Margaret Kropholler, de eerste vrouwelijke

Vervolg op pag. 75 ›

Routebeschrijving

De VVV is gevestigd in het kleine winkelcomplex met woningen, midden in het dorp; het modernistische winkelcentrum – let eens op de details – werd ontworpen door Van den Broek en Bakema (1961), de architecten van de Lijnbaan. 'Achter' de VVV ra, Jan Oldenburglaan. Einde straat ra; op deze kruising ligt links voor u de voormalige autobusgarage **1**. Bij Bibliotheek Plein oversteken en rd, Brandweer aan rechterhand. Einde weg la en meteen ra, Middenpad. Einde pad la. Op kruising staat rechts een hoge witte villa, de doktersvilla **2**. Rd, St. Antoniusstraat.

Afstand
5,5 km - 2,5 uur

Startpunt
VVV-kantoor, Plein 1

Bereikbaarheid
Betaald parkeren in centrum, www.bergen-nh.nl. Of: vanaf NS-station Alkmaar lijn 6 naar Bergen, uitstappen halte Plein.

Informatie
VVV Bergen
Plein 1
tel. 072 - 581 31 00
www.vvvbergen.com

Op kruising ra, Kruisweg. Einde weg la en ra, Loudelsweg, later Studler van Surcklaan.
U nadert het befaamde Park Meerwijk **3**. Loop tot kruising met Meerweg om 'De Hut' te zien. Ga dan terug en ra, Meerwijklaan. Einde weg ra, Lijtweg. Op kruising rd, bospad. Einde pad la, langs klinkerweg. Eerste bospad ra en vóór water la. Einde pad la en ra over brug, later Voert. Ra, Wiertdijkje, langs villa **4**. Einde pad ra, Jan Tooropweg. Einde weg, bij moderne blokvilla, ra, Buerweg. Langs atelierwoning De Vlercken **5**. La, Nachtegalenlaantje. Voorbij de bocht ziet u rechts bij huisnr. 5 een transformatorhuisje van het GEB in de stijl van de Amsterdamse school (J. Roggeveen, 1920).
Einde weg la. Vóór voorrangsweg ra, bospad (evenwijdig aan voorrangsweg). Op kruising bospaden la, voorrangsweg oversteken en rd, bospad (Bergerbos). Op kruising ra. Op kruising met

3

fietspad la en meteen ra. Einde weg la; links ziet u een rietgedekt huis aan Rondelaan nr. 2 **6** en op de volgende hoek links villa De Holle Vijver **7**.
Ra, Kerkelaan. Ra, Renbaanlaan (op de hoek een huis in Amsterdamse schoolstijl). La, Merelhof **8**. Einde weg ra, Kerkepad. Einde pad la, Oude Prinsweg. Voorbij de kerk ra, langs voormalige VVV-kiosk op nr. 25 (1922). Einde straat la, terug naar VVV.

> Vervolg van pag. 72
architect in Nederland, erbij. Toen de huizen in 1918 werden opgeleverd, waren velen verrast door deze explosie van expressionisme. Vanwege de vereiste betaalbaarheid zijn het kleine villa's. Enkele zijn twee onder een kap. Let bij al deze huizen op de fantasierijke details in de baksteenversiering en in de houtbewerking. Zeer aansprekend is de bakstenen 'boeg met spriet' die onder de rieten kap van De Bark (Staal) vooruitsteekt. Het prachtige theehuisje hoort bij De Ark, een ontwerp van Staal. Daarachter ziet u de gekoppelde schoorstenen die de grote rietkap onderbreken van Kropholler's ooit symmetrische dubbelvilla. Blaauw ontwierp twee veelhoekige huizen met een pijlplattegrond: Boschkant en Meerhoek (nu De Ster genoemd). Drie geschakelde woningen van Piet Kramer, aan de Meerweg, brandden al na een paar jaar af. Jan Staal was uiteindelijk niet tevreden omdat hij veel ontwerpdetails slecht vond uitgevoerd. Exploitant Heijstee ging acht jaar later failliet aan de hypotheeklasten. Wat rest is een weergaloos villaparkje.
Aan Wiertdijkje nr. 8 staat een villa **4** uit de jaren '60 met breed uitzichtraam, een ronde baksteenhoek en afgeplatte rieten kap (Jan Rietveld, 1961). Daarachter, op Buerweg nr. 19, staat de expressionistische atelierwoning De Vlercken **5**, die Piet Kramer in 1921 bouwde voor Charley Toorop. Het grote atelierraam in de noordelijke gevel is omgeven met houtbeschot dat op vlerken (vleugels) lijkt. Vandaar de naam.
Na het Bergerbos, op de Rondelaan, ziet u links op de hoek van de Komlaan een mooi voorbeeld van expressief gebruik van rietdekking in de Amsterdamse school. De lunetten in het dak van Rondelaan nr. 2 **6** krijgen reliëf door de dikke, meegevormde rietlaag. Van het dak loopt het riet zelfs integraal door op de verticale gevels. Ook bij het volgende huis aan uw linkerhand, De Holle Vijver **7** op de hoek van de Kerkelaan, is het riet sculpturaal toegepast boven de grijs gepleisterde muren. Tot slot volgt de Merelhof **8**, een complex van bejaardenwoningen die in 1951 werden gebouwd naar een ontwerp van architect Jan Roggeveen.

A Museum Kranenburgh
Hoflaan 26
tel. 072 - 589 89 27
www.museumkranenburgh.nl
schilderijen, beeldentuin
di.-zo. 11-17 uur

B The Obsession of Art
Molenstraat 3
tel. 072 - 581 84 61
galerie met hedendaagse kunst
do.-zo. 13-17 uur

C Ristorante La Terrazza
Breelaan 7a
tel. 072 - 581 35 41
www.laterrazza.nl
dag. v.a. 9 uur

D Café-Rest. Het Huis met de Pilaren
Raadhuisstraat 10
tel. 072 - 581 21 87
www.pilarenbergen.nl
di. gesloten

E Puur & Pittig
Molenstraat 22
tel. 072 - 589 70 73
www.puurpittig.nl
mediterrane hebbedingen en lekkernijen
wo.-vr. 13-18, za. 11-17 uur

3

Centraal Station

Station Haarlem **1** is het enige Nederlandse station in art-nouveaustijl. Architect Dirk Margadant tekende voor het ontwerp; het is gebouwd tussen 1899 en 1908. Bij de ingang ziet u links en rechts een bakstenen gebouw, met daartussen een stalen overkapping. Torens van verschillende hoogte, een halfrond venster in glas in lood en reliëfs zijn opvallende elementen. Ook binnen zijn de details een lust voor het oog: de gebouwen op het zogenaamde 'eilandperron' zijn getooid met houtsnijwerk, tegeltableaus en witte verglaasde stenen met blauwe banden. Zelfs een toiletgang geschiedt in stijl. Ook hier authentiek glas in lood en tegeltjes met versieringen in blauw en groen.

15 Haarlem

Symbiose van oud en nieuw

Haarlem staat te boek als de vijfde monumentenstad van Nederland. En dat zijn niet alleen de eeuwenoude monumenten, al zijn die er in overvloed. Samen met jongere architectuur vormen ze een pikant geheel van oud en nieuw. Nu eens als gebouwen naast elkaar, dan weer vervlochten in één enkel pand.

In het Vroom & Dreesmanpand **2** uit 1933 van huisarchitect van V&D Jan Kuyt zijn de invloeden van de Amsterdamse school nog licht aanwezig. Banen van geel baksteen en natuursteen wisselen elkaar af en accentueren het horizontale karakter van het pand.
Schoolvoorbeeld van een harmonieuze band tussen jong en oud is de stadsschouwburg **3** van Haarlem. Aan de voorkant ziet u het gerenoveerde rijksmonument uit 1918, ontworpen door J.A.G. van der Steur. Aan de achterzijde verrees een modern-barokke toren van baksteen, glasplaten en keramiek. Architect Erick van Egeraat en kunstenares Babs Haenen werkten er samen aan. Naarmate u hoger kijkt, maakt het metselwerk meer en meer plaats voor glas en blauwgroen porselein. De toren gaat als het ware over in de lucht.
De binnenruimte van het Gerechtsgebouw De Appe-

Vervolg op pag. 78 ›

Routebeschrijving

Neem vanaf het NS-station Haarlem **1** (zie pag. 76) de uitgang aan de zuidzijde en ga ra. Bij VVV la Kruisweg, later Kruisstraat. Op splitsing ra, Korcht. La, Nieuwe Groenmarkt. Einde weg ra, Zijlstraat, direct la, Nobelstraat. Aan einde weg la, Jacobijnestraat. Aan linkerhand is de Prinsenhof. Einde weg ra, Koningstraat. Bij de Gedempte Gracht, met uitzicht op het Vroom & Dreesman-pand **2**, oversteken en schuin ra, Botermarkt. Rechts aanhouden en doorlopen, Keizersgracht. Na het Hofje van Loo aan rechterzijde la, Vlamingstraat. Einde weg ra, Drapenierstraat. Eerste straat la,

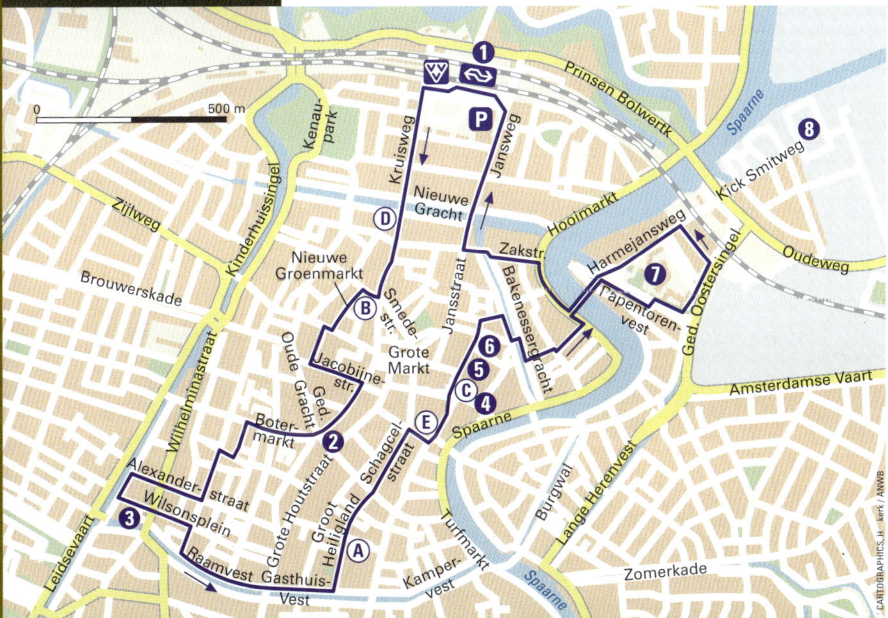

Afstand
6 km - 2,5 uur

Startpunt
NS-station Haarlem **1**

Bereikbaarheid
Betaald parkeren bij station, www.parkerenindestad.nl

Informatie
VVV Haarlem
Verwulft 11
tel. 0900 - 616 16 00
(€ 0,50/min)
www.vvvhaarlem.nl

Gedempte Raamgracht. Tweede straat ra, Alexanderstraat. Aan einde weg la, Oranjekade.
Vóór de stadsschouwburg **3** la, Wilsonplein. Wilhelminastraat oversteken en rd tot na basketbalveldje. Ra, Gedempte Raamgracht en la, Raamvest, later Gasthuisvest. De drukke winkelstraat Grote Houtstraat passeren. Bij aanwijzer Frans Halsmuseum la, Groot Heiligland. Langs museum, doorlopen tot ABC Architectuurcentrum. Vervolg Gedempte Oude Gracht kruisen, rd, Schagchelstraat. Einde weg ra, Anegang. Einde weg la, Lange Veerstraat.
Bij de grote kerk aan uw rechterhand Stempels. Rd, Lange Begijnestraat. Aan rechterzijde is de ingang tot Gerechtsgebouw De Appelaar **4**. Even daar voorbij ziet u De Philharmonie **5** en De Toneelschuur **6**. Rd tot Waalse kerk. Ra en rechts aanhouden door Groene Buurt. Ra op Bakenessergracht. La bruggetje over en ra. Eerste straat la, Vrouwestraat, later Valkestraat tot aan rivier de Binnen Spaarne. La, Koudenhoorn. Ra brug over en ra, Papentorenvest met zicht op de Koepelgevangenis **7**. Einde weg la, Oostvest. Vlak vóór spoorviaduct la, houten trap omhoog, Spaarnoogstraat. Einde weg la, Harmenjansweg, terug over de brug en ra. Weg oversteken en vóór het politiebureau la, Zakstraat. Bij Janstraat ra en Nieuwe Gracht oversteken. Rd tot NS-station Haarlem (links).

> **Vervolg van pag. 76**
laar **4**, de Simon de Vrieshof, is een oase van rust tussen alle shoppende mensen. Hubert-Jan Henket bna architecten maakte het ontwerp. Rechts ligt de ramengevel van de kantoren, links een vier verdie-

5

pingen tellende, grote glazen wand. Achter zo'n transparante gevel kan de rechtspraak toch geen geheimen hebben?
De Appelaar en concertzaal De Philharmonie **5** zijn met elkaar vergroeid. 'Zoek het perfecte evenwicht tussen restauratie en nieuwbouw om Haarlem en Noord-Holland te voorzien van een centrum van muzikale uitmuntendheid en landelijke allure' luidde de opdracht die de gemeente Haarlem en Stichting Stadsschouwburg & Concertgebouw in 1999 gaven aan architect Frits van Dongen van de Architekten Cie. Ga er maar aanstaan.
Een van de meest ambitieuze verbouwingsprojecten van concertzalen in Nederland volgde. De nieuwbouw is om het oorspronkelijke pand uit 1872 heen gebouwd en bekleed met glas waarin de grafische notatie van het muziekstuk 'Klokken voor Haarlem' van componist Louis Andriessen staat afgebeeld. U ziet het boven de entree en na de ingang van de hof meteen aan uw linkerhand.
Luttele meters verder duikt De Toneelschuur **6** op. Dit nieuwe huis en mekka voor de Nederlandse toneel-, dans- en filmwereld komt van de hand van Joost Swarte en Henk Döll. Verschillende functies van het theatercomplex komen terug in afzonderlijke bouwdelen. De ruime foyer op de begane grond is kloppend hart van het geheel. Een schuine glasgevel verbindt de foyer met de straat.
Het is maar de vraag of de gevangenen zo blij waren met de bouw van de Koepelgevangenis **7** tussen 1899 en 1901. Opzet van justitiearchitect W.C. Metzelaar was om ze goed in de smiezen te kunnen houden. Vanuit het midden van het cirkelvormige complex konden de bewakers de rondom gelegen cellen probleemloos overzien. Uitgangspunt was het zogeheten Panopticum (alziend in het Latijn) ontwerp.

Droste Wonen

Wie een project-in-wording wil zien, knoopt anderhalve kilometer aan de route vast. Passeer na de brug de Koepelgevangenis. Spoor onderdoor, Oudeweg over, Kick Smitweg aflopen naar Drosteterrein **8**. De geur van cacao is vervlogen, hier verrijst een eigentijds woon- en werkgebied. De kubusvormige cacaosilo biedt, onder leiding van architect Max van Aerschot, onderdak aan 48 appartementen. Rond 1900 verhuisde Droste naar het fabrieksterrein aan het Spaarne, twintig jaar later volgde het beeldbepalende gebouw van Van Noppen. Nu realiseren de architecten Braaksma en Roos luxe onderkomens in het rijksmonument. Binnenkort bruist het er van modern leven. Als vanouds houdt het cacaovrouwtje een oogje in het zeil.

6 Toneelschuur
Lange Begijnestraat 9
www.toneelschuur.nl
theatercafé v.a. 18.30, wo. 14, vr. 16, za.-zo. 13.30 uur

A ABC Architectuurcentrum Haarlem
Groot Heiligland 47
tel. 023 - 534 05 84
www.architectuurhaarlem.nl
di.-za. 12-17, zo. 13-17 uur

B Ma Brown's Restaurant
Nieuwe Groenmarkt 31
tel. 023 - 531 58 29
www.mabrownsrestaurant.nl
wo.-zo. v.a. 17.30 uur

C Rest. Brasserie Café Hotel Stempels
Klokhuisplein 9
023 - 512 39 10
www.stempelsinhaarlem.nl
dag. geopend

D Anders nog iets
Raadhuisstraat 6
tel. 023 - 529 90 98
www.anders-nog-iets.nl
do.-vr. 10-18, za. 10-17 uur

E Past Joys
Lange Veerstraat 32
tel. 023 - 532 73 84
www.pastjoys.nl

3

Het Schip

Wie om dit unieke bouwwerk van architect Michel de Klerk heenloopt, valt van de ene verbazing in de andere. Het ontwerp uit 1919 oogst nog steeds wereldwijd bewondering. Op een onmogelijk driehoekig perceel heeft De Klerk in opdracht van Woningbouwvereniging Eigen Haard de meest wilde vormen samen weten te smelten. Bizarre raampjes, markant metselwerk, rondingen in rode baksteen en bijzondere dakconstructies maken Het Schip **3** tot een waar 'arbeiderspaleis'. Het torentje aan de achterzijde spant de kroon. De Klerk heeft ook het interieur voor het postkantoor ontworpen, waarin nu het museum is gehuisvest. Kijk ook even op de binnenplaats naast de ingang.

16 Amsterdam

Kroon op Amsterdamse school

Aan deze route ligt een van de mooiste gebouwen van Amsterdam. Als een paleis ligt 'Het Schip' te pronken aan het spoor. De volkswijken eromheen krijgen steeds meer allure. Westerpark wordt een trendy stadsdeel, waar industrieel erfgoed wordt gekoesterd.

Op het Waterspiegelplein is de watertoren **1** niet te missen, tot 1994 domein van de Gemeentewaterleiding. Oude bedrijfsgebouwen zijn omgeven door strakke woonblokken in rode baksteen. Het ruimtelijke effect is bijzonder. Een groep architecten onder aanvoering van stedenbouwkundige Kees Christiaanse is erin geslaagd om hier op een kleine oppervlakte een aantrekkelijke woonomgeving te realiseren voor zeshonderd huishoudens. Dankzij de hoge blokken aan de rand is een rustig woonklimaat ontstaan in een autovrije, groene omgeving. Bij Café Amsterdam ziet u de indrukwekkende pompinstallatie nog staan. De Westergasfabriek **2** is rond 1900 gebouwd. Na sluiting (1967) lag het zwaar verontreinigde terrein er lang verlaten bij. Maar in 2003 is het omgevormd tot een levendig cultuurpark. In de overgebleven gashouder worden hippe evenementen gehouden. Architecte Kathryn Gustafson heeft

Vervolg op pag. 83 ›

Routebeschrijving

Op Waterspiegelplein vanaf tramhalte naar witte watertoren **1**. Bij toren ra onder flat door. Op Haarlemmerweg ra, bij verkeerslichten la brug over. Schuin rd richting Westergasfabriek **2**. Bij handwijzer ra richting Stadsdeelkantoor. Op pleintje rechts tussen gebouwen door. Voorbij Ketelhuis rd naar 'voetpad' in park. Linksom vijver naar spoortunnel. Door tunnel en la, Zaanstraat. Op splitsing ra, Wormerveerstraat. Op Spaarndammerplantsoen door sluisje en ra plantsoen schuin over. Bij Het Schip **3** ra, Oostzaanstraat. Eerste la, Hembrugstraat. Bij zebrapad ra door poort. Op Zaanhof **4** rechts

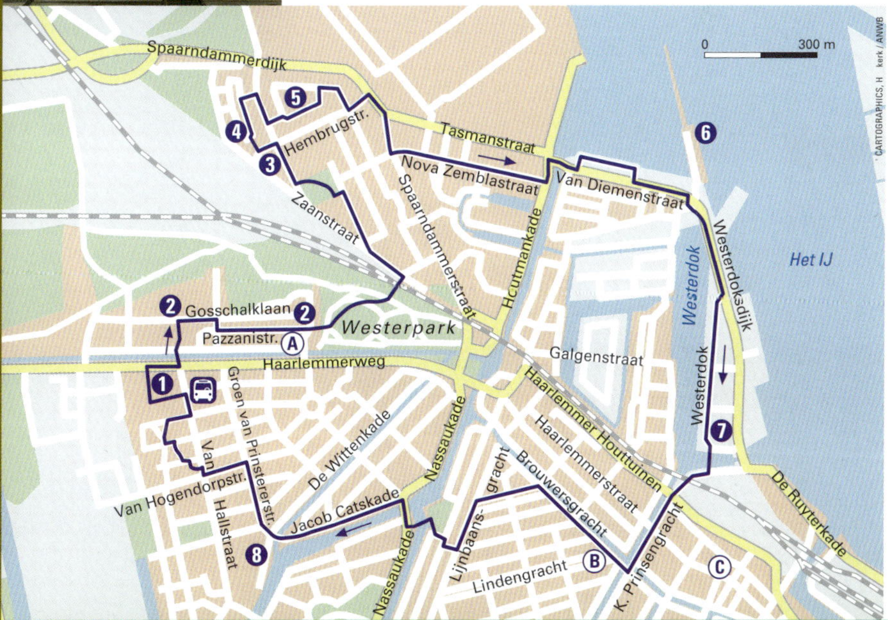

Afstand
6,5 km - 2,5 uur

Startpunt
Waterspiegelplein, eindhalte tram 10 Van Hallstraat

Bereikbaarheid
Vanaf NS-station Amsterdam Centraal buslijn 21, uitstappen halte Van der Hoopstraat.
Of: Parkeren P+R Zeeburg, sneltram richting Centraal.

Informatie
VVV Amsterdam
Stationsplein 10
tel. 0900 - 400 40 40
(€ 0,40/min)
www.iamsterdam.com

houden. Eerste straat ra en gelijk ra, Oostzaanstraat. La, Koogstraat. Zaandammerplein **5** schuin oversteken. Einde rd, Houtrijkstraat. Op kruising la, Hembrugstraat omhoog. Op Spaarndammerdijk ra. Bij verkeerslichten ra, Spaarndammerstraat. Eerste la, Nova Zemblastraat. Einde la, Houtmankade. Bij verkeerslichten rd oversteken richting 'SPA Hout'. Ra brug over. Vóór gebouw 'Het Veem' la, Van Diemenkade (zicht op Silodam **6**). Vóór steiger ra. Einde kade ra door poortje. Op Van Diemenstraat la. Bij verkeerslichten oversteken en la, Westerdoksdijk. Vóór spits toelopend gebouw ra. Einde Westerdok (links La Grand Cour **7**) fietsbrug over en ra. Onder spoorviaduct door en rd, Korte Prinsengracht. Op kruising Haarlemmerstraat rd. Brouwersgracht oversteken en ra brug over, Brouwersgracht volgen. Na huisnr. 175 la, Palmgracht. Einde la en ra metalen brug over. Bij voetgangerslichten oversteken; fietspad volgen langs Eerste Marnixplantsoen. Over Rotterdammerbrug. Nassaukade oversteken en ra. Volgende brug over en la, Jacob

1

Catskade. Voetgangersgebied rd. Einde – recht vóór u Meander **8** – brug over. Even rd en ra, Groen van Prinstererstraat. Op kruising Van Hogendorpstraat la. Van Hallstraat oversteken en ra. Watervalplein schuin oversteken en rd, Waterrrijkweg. Einde la. Bij fonteintje scherp ra via poort onder flat naar Waterspiegelplein.

› **Vervolg van pag. 80**

een parkontwerp gemaakt waarin het industriële erfgoed in neorenaissancestijl uitstekend tot zijn recht komt. Aan het Spaarndammerplantsoen staan monumentale volkswoningbouwcomplexen van Michel de Klerk. Deze representant van de Amsterdamse school heeft zich hier kunnen uitleven, met 'Het Schip' **3** als absoluut hoogtepunt. Bekijk het driehoekige gebouw van alle kanten. Het vervolg van de route blijft verrassen. Het Zaanhof **4** is een kopie van een begijnhof, met indrukwekkende poortgebouwen en daarbinnen relatief lage huisjes. Het complex tegen de meters hoge Spaarndammerdijk heeft opvallende puntgevels en torentjes. Verderop ligt het Zaandammerplein **5**, nu rijksmonument. Aan het plein ligt een dubbele ring woonblokken uit 1923. Architect K.P.C. de Bazel heeft een sterke visuele eenheid neergezet. Het ruimtelijke effect van het plein is opvallend. De van Diemenkade in de Zeeheldenbuurt biedt mooi zicht op het moderne woongebouw aan het eind van de Silodam **6**. De ontwerpers van MVRDV hebben de bedrijvigheid in de haven als uitgangspunt genomen voor de gevel. Uiterlijk lijkt het gebouw op gestapelde zeecontainers in vele kleuren. Naast het bonte complex staat de historische bebouwing van graansilo's. Het in 1894 hypermoderne fabriekscomplex van architect Klinkhamer kreeg de bijnaam 'De Kathedraal'. Via de moderne IJ-side loopt u het Westerdok op, met flitsende woningbouw op een steenworp van het Centraal Station. De bebouwing is verdeeld over vier blokken, waarvan La Grand Cour **7** (ontwerp Meyer en Van Schooten) aan het eind het meest markant is. Ertegenover ligt een restaurant op een voormalige spoorbrug.
Daarna gaat de route even door de 18e-eeuwse Jordaan. Bezoek op de Palmgracht beslist het Raepenhofje (nrs. 28-38). Via de Nassaukade komt u weer in de stadsuitleg van de vorige eeuw. Vanaf het einde van de Jacob Catskade is recht vóór u het complex Meander **8** van de Luxemburgse architect Rob Krier. Zijn neo-traditionalistische ontwerp voor de Van der Palmkade slingert soepel door de wijk. De Groen van Prinstererstraat is op en top Staatsliedenbuurt. Hij herbergt de oudste woningwetwoningen in Nederland, zo staat te lezen op een gevel aan de Van Beiningenstraat (nrs. 97-115). Er wordt flink gerenoveerd en dat komt het Westerpark ten goede.

1 Machinepompgebouw
Gemeentewaterleiding
Watertorenplein 6
tel. 020 - 682 26 66
www.cradam.nl
café-rest. dag. v.a. 11 uur

2 Westergasfabriek
www.westergasfabriek.nl
culturele activiteiten aan Pazzanistraat, Klönneplein

3 Museum Het Schip
Spaarndammerplantsoen 140
tel. 020 - 418 28 85
www.hetschip.nl
wo.-zo. 13-17 uur

A De Bakkerswinkel
Regulateurshuis
Polonceaukade 1
tel. 020 - 688 06 32
www.bakkerswinkel.nl
café en winkel di.-zo. v.a. 10 uur

B Café Thijssen
Brouwersgracht 107
tel. 020 - 623 89 94
dag. geopend

C 'Check your oil',
Meeuwig & Zn Olie, Mosterd en Azijn
Haarlemmerstraat 70
tel. 020 - 626 52 86
www.meeuwig.nl

2

Oostelijke Handelskade

De verbouwing van de Oostelijke Handelskade zit er bijna op. De kade biedt een combinatie van wonen en werken, met hoge gebouwen tussen kade en spoor. De nieuwbouw is letterlijk over de oude pakhuizen heengebouwd. Bij de Jan Schaeferbrug ziet u dat de pakuizen De Zwijger en Afrika zijn 'ingepakt'. Richting Centraal Station liggen op de kop van de kade de golvende Passenger Terminal Amsterdam (Malcic, 2000) en het Muziekgebouw aan 't IJ (Nielsen, 2005). Samen met de Openbare Bibiliotheek (Coenen, 2007) en het Conservatorium (Van Dongen, 2008) ten zuiden van het spoor vormen ze een waardige finale van deze route.

17 Amsterdam

Oostelijke havens in nieuwe jas

In krap tien jaar heeft het Oostelijk Havengebied aan het IJ een metamorfose ondergaan. De pakhuizen aan de Handelskade zijn ingepakt en op de eilanden zijn hypermodene woonwijken verrezen. Deze wandeling mag u niet missen.

Het kunstwerk met gestapelde tafels staat in een omgeving die spannend oogt. Beneden ligt de sneltramhalte, in het westen het spoor en aan de andere kant gebouwen in de meest spectaculaire vormen. Daartussen staat het oude Lloyd Hotel **1**. Dit in 1921 geopende landverhuizershotel is nu een hippe plek, waar architecten en kunstenaars iets moois van hebben gemaakt. Via het dak van de Piet Heintunnel gaat de route langs het langgerekte wooncomplex Hoop Liefde Fortuin **2**, genoemd naar de molens die hier hebben gestaan. Het wordt ook wel 'De Lange Balk' genoemd. Het gebouw van architect Rudy Uitenhaak heeft een trapsgewijze, iets overhellende gevel. Ook het raster met de zwarte stippen maakt de gevel bijzonder. Via de Vreekenstraat bereikt u het Entrepotterrein, voorheen abatoir. De bebouwing is uit 1993 toen de herinrichting begon. Aan de Borneokade ligt het grote

Vervolg op pag. 87 >

Routebeschrijving

Vanaf de 'gestapelde tafels' bij Rietlandpark – met zicht op het Lloyd Hotel **1** – loopt u richting halte van tramlijn 10 en gaat rd, fietspad. Bij woningen ra, Herman Akkermanpad. Aan het eind trap op. Tunneldak omlaag en beneden scherp ra, Rietlandterras met wooncomplex Hoop Liefde Fortuin **2**. Tweede onderdoorgang la, Dirk Vreekenstraat. Op kruising Borneolaan rd en aan waterkant la onder gebouw door. Trapje op en ra. Op kruising met van Eesterenlaan rd, trap af en op kade rd. Op Fortuynplein la en gelijk ra, Stokerkade. La brug over en ra, Scheepstimmer-

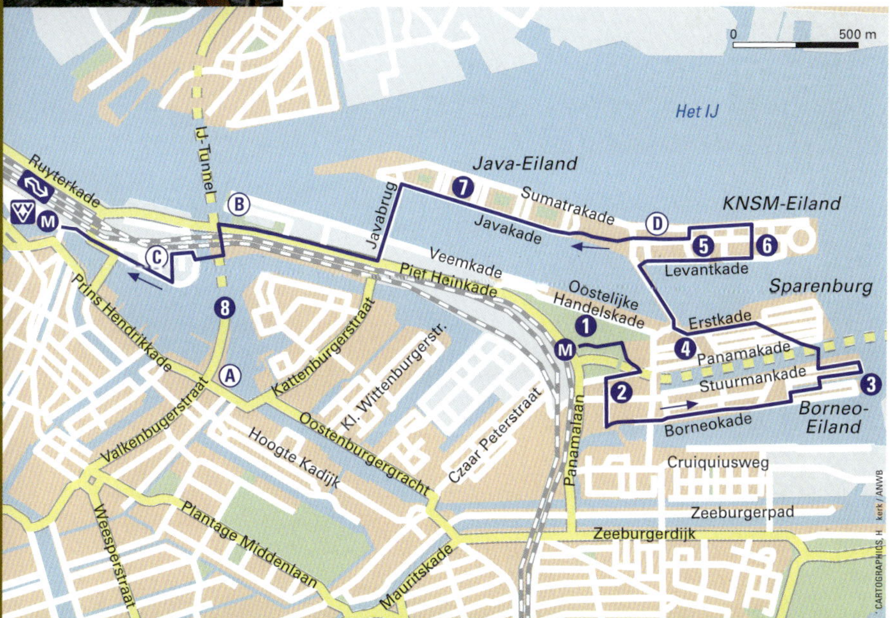

Afstand
7 km - 3 uur

Startpunt
Sneltramhalte Rietlandpark.
Eindpunt: NS-station Amsterdam Centraal

Bereikbaarheid
Vanaf NS-station Amsterdam Centraal sneltram 26 richting IJburg. Of: Parkeren P+R Zeeburg, sneltram richting Centraal.

Informatie
VVV Amsterdam
Stationsplein 10
tel. 0900 - 400 40 40
(€ 0,40/min)
www.iamsterdam.com

manstraat **3**. Op P. Dijkstraplein la, langs waterkant teruglopen naar de golvende, rode brug. Brug over en beneden schuin la, klinkerpad door Keesje Brijdeplantsoen. Einde la (Ertskade) met zicht op The Whale **4**. Bij trambaan ra, Verbindingsdam. Voorbij brug trap af, steiger. Op Levantkade met Pireaus **5** ra. Bij speelveldje Levantplein rd, Levantkade. Door enorme poort van complex Barcelona **6** la, Barcelonaplein. KNSM-laan rd oversteken en aan waterkant la. Net vóór hijskraan la, Messinastraat en ra KNSM-laan op. Op Azartplein rd, voetpad door Bogortuin nemen. Markant bruggetje over en op de Javakade (op Java-eiland **7**) steeds rd. Om de bebouwing beter te bekijken, neemt u ter afwisseling van de Javakade een eindje het fietspad door de binnentuinen. Onder verkeersbrug door en met trap la de brug op. Via fietspad rd onder gebouw door en ra brede stoep van Piet Heinkade volgen. Bij Passagiers Terminal Amsterdam rd, onderlangs het metalen pad langs waterkant aanhouden. Onder

6

viaduct door (NEMO **8**) en bordjes volgen richting Bibliotheek en Conservatorium. Bij bibliotheek ra, voetpad op steiger langs 'drijvend' Chinees restaurant. Steeds rd naar eindpunt Centraal Station.

> **Vervolg van pag. 84**

'Pacman' van Koen van Velsen. Verder heeft het Borneo-eiland vooral laagbouw, met een bebouwingsdichtheid van honderd woningen per hectare. Voor groen moet je hier niet zijn, wel voor opvallende bouwstijlen. Vooral aan de Scheepstimmermanstraat **3**. Hier werden zestig kavels uitgegeven aan kopers die met een eigen architect hun ideale huis aan het water konden realiseren. Echter wel met strenge voorwaarden, zoals inpandig parkeren. Het resultaat is verbluffend divers.
De twee rode bruggen over het Spoorwegbassin zijn een monument op zich. Ze zijn van de hand van Adriaan Geuze. Lichtmasten met armaturen als meeuwenkoppen versterken de dynamiek van de hoge brug. Op het hoogste punt valt de blik op The Whale **4**. Deze zilverkleurige kolos met schuine daklijnen is een baken op Sporenburg. Door het 'optillen van de zijkanten' en het mee laten lopen met de zon heeft architect Frits van Dongen gezorgd voor voldoende daglicht. Aan de overkant staat op het KNSM-eiland nog zo'n kolos. Pireaus **5** benadert het industriële karakter van een havengebouw. Het is als een enorme baksteensculptuur gebouwd rond een bestaande loods. Opvallend is de fraaie, grafische raamindeling. Van dichtbij is het verfijnde houtwerk goed te zien. Het complex Barcelona **6** van de Belg Bruno Albert neigt naar het classicisme. Een majestueuze poort leidt naar het ronde binnenplein. Barcelona bestaat deels uit sociale woningbouw. Architect Jo Coenen heeft het stedenbouwkundig ontwerp voor het KNSM-eiland neergezet. Kenmerkend is het gesloten, hoge havenfront met robuuste gebouwen. Als reactie op de grote schaal van het KNSM-eiland heeft Sjoerd Soeters voor het Java-eiland **7** een kleinschalige stedenbouwkundige structuur ontworpen met een knipoog naar de grachtengordel. Verschillende architecten hebben aan de bouwblokken gewerkt, met toepassing van het 'stempelprincipe'. Dwarsgrachten zorgen voor de nodige variatie. De bruggetjes zijn van het Belgische kunstenaarspaar Guy Rombouts en Monika Droste. De gevels van de grachtenpanden zijn door meerdere jonge architecten ontworpen. Aan het eind van de route komt u langs het beroemde NEMO **8** van de italiaan Renzo Piano. Het kopergroene schip is gebouwd op de kop van de IJ-tunnel, vlakbij het Centraal Station.

1 Lloyd Hotel
Oostelijke Handelskade 34
tel. 020 - 561 36 36
www.lloydhotel.com

8 NEMO
Oosterdok 2
tel. 020 - 531 32 33
www.e-nemo.nl
dak gratis te bezoeken
di.-zo. 10-17 uur

A Architectuurcentrum Amsterdam (Arcam)
Prins Hendrikkade 600
tel. 020 - 620 48 78
www.arcam.nl
di.-za. 13-17 uur (gratis)

B Muziekgebouw aan 't IJ
Piet Heinkade 1
www.muziekgebouw.nl
horeca: tel. 020 - 788 20 90
www.starferry.nl
dag. v.a. 10 uur

C Openbare Bibliotheek
Oosterdokskade 143
tel. 020 - 523 09 00
www.oba.nl
dag. 10-22 uur

D Loods 6
KNSM-laan 143
tel. 020 - 418 20 20
www.loods6.nl
designwinkels, ateliers, horeca
AHOI (Informatiecentrum Havens-Oost)

18 Den Haag

Nieuw en oud centrum

Wie Den Haag een poos niet heeft bezocht, zal zijn ogen uitkijken. Vanaf het station is een groot deel van het centrum in een nieuw jasje gestoken. De moderne architectuur wordt aangevuld met enkele vooroorlogse parels zoals de Bijenkorf en Nederlands eerste parkeergarage met verdiepingen.

Het enorme witte blok met rode accenten is het Ministerie van VROM **1** van Jan Hoogstad (1992). De vier ruimten tussen de 'tanden van de kam' (een gebruikelijke plattegrond voor grote kantoren) zijn met grote glaswanden tot serres omgevormd. Voordelen daarvan zijn klimaatbeheersing, geluidsisolatie en ruimtebeleving. De 'vulpentop' van de naastgelegen Hoftoren (bureau KPF uit New York, 2003) reikt tot 142 m hoogte; in het gebouw is het Ministerie van OC&W gevestigd.
Een karakteristieke blikvanger in de Haagse skyline is Castalia (Graves, 1998). Een oud kantoorgebouw werd tot op het skelet gesloopt en opnieuw opgebouwd. Bovenop kwamen twee Hollandse zadeldaken. Het rode gebouw met blauwe daken, bijgenaamd 'de Haagse tieten' en 'twin peaks', wordt gebruikt door het Ministerie van VWS. Castalia

Vervolg op pag. 91 ›

Nieuw centrum

Halverwege de jaren '80 van de vorige eeuw besloot de gemeente Den Haag het noordoostelijke deel van het centrum nieuw leven in te blazen. Bijna alle bestaande gebouwen werden gesloopt en het patroon van wegen en tramrails werd aangepast. Eerste grote stap was de bouw van een nieuw stadhuis in het hart van de stad. Daarna werd de zone tussen het stadhuis en het Centraal Station geleidelijk vernieuwd. De vernieuwing is nog volop gaande, tot 2017 wordt er zeker gebouwd. Maar er is al een prettig gebied bijgekomen: voetgangers lopen van het station naar het centrum nu langs gebouwen van allure.

Routebeschrijving

In stationshal uitgang bij perron 1 nemen en rd, passage door gebouw Ministerie van VROM **1**. Rd, Turfmarkt. Links komen nieuwe torens voor Financiën en Binnenlandse Zaken. Vóór tramrails rechts trapje op, Cliostraat, Clioplein en trap af naar Muzenplein, hart van De Resident **2**. La, langs toren en rechts om wit gebouw naar ingang stadhuis **3** (indien gesloten: links om gebouw heen). Stadhuis aan andere kant verlaten, voorbij ingang bibliotheek ra. Op kruising la, Grote Marktstraat. Meteen lange trap naar beneden nemen (Ingang Spui), Souterrain in. De 'tramtunnel' (Rem Koolhaas,

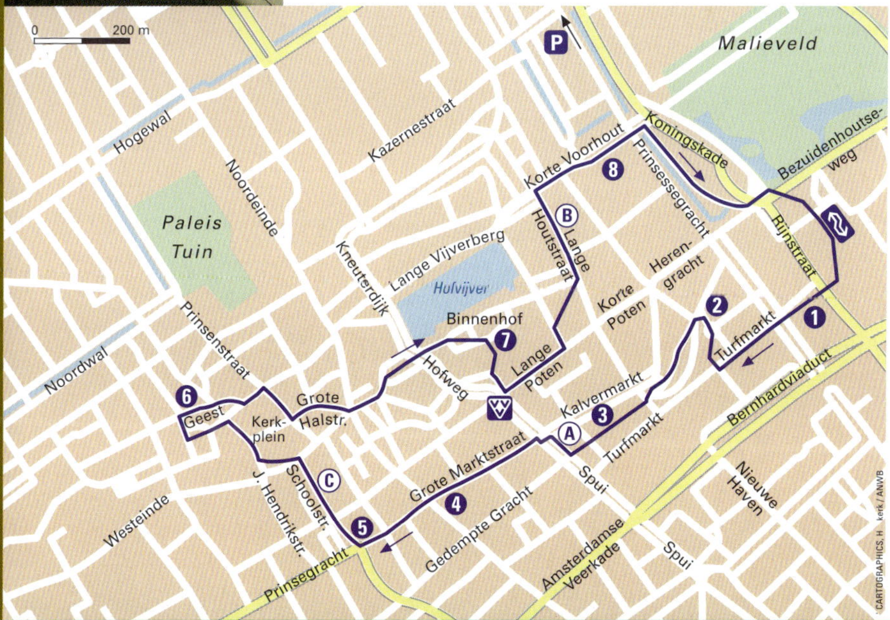

Afstand
4,5 km - 2 uur

Startpunt
NS-station Den Haag Centraal

Bereikbaarheid
Betaald parkeren. Tip: Parkeergarage Malieveld met shuttle naar centrum, www.denhaag.nl

Informatie
VVV Den Haag
Hofweg 1
tel. 0900 - 340 35 05
(€ 0,45/min)
www2.holland.com/den haag/nl

2004, na jarenlange vertraging) toont ruw beton en luxe materialen in mooi licht. Rechtsom en over houten vloer van het perron lopen. Roltrap naar boven, tweemaal. Langs De Bijenkorf **4**. Einde voetgangersgebied ra, Grote Markt. Op de hoek staat De Volharding **5**. Rd, Schoolstraat. Einde straat la, om Grote Kerk heenlopen en Torenstraat oversteken. Na huisnr. 126 la, Agnietenpad in. Einde pad ra. Einde straat ra, langs Torengarage **6**. Rd, Nobelstraat. Op kruising ra, Prinsestraat. Na traditionalistisch Berlagegebouw (1895) la. Na pleintje is links het appartementcomplex van Gunnar Daan (2003) en rechts de 'snoeptrommel', een bont gedecoreerd winkelcomplex (John Outram, 1999). Rd, Gravenstraat. Rd, Buitenhof, links de Berlagekiosk (1925). Rd door poortje, Binnenhof. Vóór Ridderzaal ra en door poort in De Tweede Kamer **7**. La, Lange Poten. Op Plein schuin oversteken en de Lange Houtstraat in. Op kruising ra, Korte Voorhout. Links de Amerikaanse ambassade (verhuist ca. 2013 naar stadsrand).

2

Langs Ministerie van Financiën **8**. Over brug en ra naar het station. Winkelcentrum Babylon, links van station, wordt grondig vernieuwd. In 2011 zal de bruine kolos uit midden jaren '70 voorzien zijn van 100 en 140 meter hoge torens.

> **Vervolg van pag. 88**

maakt deel uit van Rob Kriers stedenbouwkundig plan De Resident **2**, evenals het aansluitende ovale Muzenplein met Muzentoren. Postmodernisme wordt als verzamelnaam gebruikt voor de grote variatie van vormen, kleuren en materialen in De Resident. Aan de stationszijde staat de Zürichtoren (Pelli, 1999) die de bijnaam 'citruspers' dankt aan zijn groene, opengewerkte kap. De verzekeringstoren werd geplaagd door slecht voegwerk (geheel vervangen) en loslatende gevelplaten. Naast de reusachtige afmetingen is de enorme witheid van het stadhuis **3** (Richard Meier, 1995) opvallend; op het eerste gezicht wordt de bijna abstracte massa nergens onderbroken door een kleur. Meest indrukwekkend is misschien wel het imposante atrium; in deze lange lokettenhal valt het daglicht binnen door het glazen dak op 48 m hoogte. In de grote ronde hoek van het complex huist de Openbare Bibliotheek.
De Bijenkorf **4** (Piet Kramer, 1925) met siermetselwerk, hoog glas in lood en beeldhouwwerk is een van de weinige Haagse voorbeelden van de Amsterdamse school. Jan Buijs ontwierp met Joan Lürsen het destijds zeer moderne gebouw van de arbeiderscoöperatie De Volharding **5** (1928). De melkglasvlakken tussen de vensters werden voorzien van teksten en 's avonds van binnenuit verlicht waardoor een soort lichtkrant ontstond.
De Torengarage **6** van Jan Greve (1930) was Nederlands eerste parkeergarage met verdiepingen. De vloeiende baksteengevel, waarin de stalen ramen helaas zijn vervangen, geeft het verloop van de spiraalvloer in de garage weer. In de voormalige showroom is het populaire Café-Restaurant Greve gevestigd.
Tegen de historische bebouwing van het Binnenhof aan werd in 1992 de nieuwbouw van De Tweede Kamer **7** voltooid. U ziet het 24 meter hoge atrium met de bekende wandelgangen en de lange roltrappen. Architect Pi de Bruijn maakte een honderd meter lang gebouw tussen de Hofplaats (met ronde vergaderzaal) en het Plein. Meyer en Van Schooten ontwierp de renovatie (2008) van het Ministerie van Financiën **8** dat begin jaren '70 van de vorige eeuw was gebouwd. Het strenge blok van rijksbouwmeester Vegter en Rijksgebouwendienst-architect Bolten is breed toegankelijk vanaf de straat; glazen toevoegingen geven het complex een meer transparante aanblik.

6 Café-Rest. Greve
Torenstraat 138
tel. 070 - 360 39 19

7 De Tweede Kamer
Binnenhof 8a
www.binnenhofbezoek.nl
rondleiding ma.-za.
10-16 uur
reserveren tel. 070 - 364 61 44

A Leescafé Openbare Bibliotheek
Spui 68
tel. 070 - 353 44 55
www.dobdenhaag.nl
dag. v.a. 10, za. v.a. 11, zo.-ma. v.a. 12 uur

B Café-Rest. Schlemmer
Lange Houtstraat 17
tel. 070 - 360 90 00
www.schlemmer.nl
dag. v.a. 11 uur

C Stanley & Livingstone
Schoolstraat 21
tel. 070 - 365 73 06
www.stanley-livingstone.eu
reisboekenwinkel

1

Berlage in Den Haag

Socialist en veelzijdig architect Hendrik Petrus Berlage (1856-1934) heeft veel gebouwd: villa's, sociale woningbouw, stadsuitbreidingen, gebouwen voor bestuur, cultuur en religie, kantoren en landhuizen. Omdat hij lelijkheid nog erger vond dan kapitalisme, stelde de idealist zijn bouwkunst ten dienste van maatschappelijke verbetering. Met zijn rationele baksteenstijl rond 1900 brak Berlage met de gangbare neostijlen en legde hij de basis voor een grote vernieuwing in de Nederlandse bouwkunst. Vanaf 1914 woonde Berlage in Den Haag. Daar verrrezen enkele van zijn mooiste werken: vernieuwend in ruimte en vorm, mede onder invloed van Amerikaanse architecten. In deze route zijn de kerk **8** en het Gemeentemuseum **2** daar voorbeelden van.

19 Den Haag

Boeiende bouw van Berlage

Den Haag associeert menigeen met Prinsjesdag en de gouden koets. Maar de Hofstad biedt meer dan dat. Wandel door het parkachtige gebied tussen het centrum en Scheveningen en u ontdekt architectuur met grootse lijnen en moderne woningbouw uit verschillende perioden.

Het Haags Gemeentemuseum **1** (1935) is Berlages laatste grote ontwerp. Het aanzien wordt bepaald door blokvormige volumes in gele baksteen en kapconstructies van glas en koper. Binnen vormt de grote hal door kleur, hoogte, licht en vormenritme het hoogtepunt van het gebouw.
Het functionalistische, hemelblauwe Congresgebouw **2** van J.J.P. Oud (1969) heet tegenwoordig World Forum. Er is een hotel bovenop gebouwd en de prachtige doch loze trappen aan de achterkant moesten wijken voor het OPCW-gebouw (voor het verbod op chemische wapens). De ranke driehoekige toren die vijftig meter hoog is, diende als hotel voor congresvoorbereiders.
Aan het drukke kruispunt staat de door gele dakvlakken markante Villa Henny **3** (1898). Berlage ontwierp plattegrond, exterieur en interieur als een geheel, in samenspraak met

Vervolg op pag. 95 ›

Routebeschrijving

Met rug naar Haags Gemeentemuseum **1** ra. Ra, Eisenhowerlaan en ra, Catsheuvel. Vóór blauw Congresgebouw **2** ra, fietspad. Einde pad la, Johan de Wittlaan. In het witbakstenen voormalige gebouw van Aegon (V.d. Steur, 1961) zetelt het Joegoslavië-tribunaal. Op kruising bij Villa Henny **3** rd, Prof. Teldersweg, voetpad aan linkerzijde. Bij Y-63086 la, langs oorlogsmonument Indië. Rechts om vijver heen (witrode zitbank rechts: een ontwerp van Berlage). Links langs de weg lopen. Rd brug over en vóór Rudolf Steinerkliniek **4** paadje omhoog. Einde pad ra, vóór tramrails ra

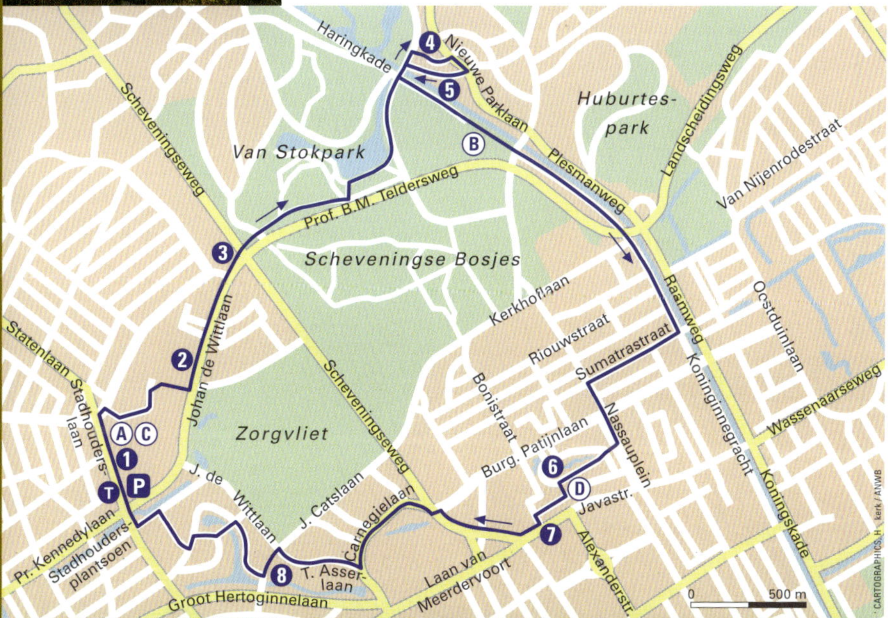

Afstand
7,5 km - 3 uur

Startpunt
Gemeentemuseum **1**,
Stadhouderslaan 41

Bereikbaarheid
Vanaf NS-station Den Haag HS of Centraal tramlijn 17 richting Statenkwartier, uitstappen halte Gemeentemuseum.
Of: parkeren bij museum (gratis bij bezoek)

Informatie
VVV Den Haag
Hofweg 1
tel. 0900 - 340 35 05
(€ 0,45/min)
www2.holland.com/den haag/nl

en ra, Wagenaarweg, langs Villa De Zeemeeuw **5**. Op kruising la, brug over en la, Haringkade, later langs Madurodam.
Op kruising rd, trapje links van tramrails nemen. Links staat het voormalige KLM-gebouw (Roosenburg, 1949) met overstekende daken. Nu is het Ministerie van Verkeer Waterstaat er gehuisvest. Bij tramhalte de rails oversteken en la. Links is Berlages kantoorgebouw Nederlanden 1845 (uit 1927). Rechts daarvan de uitbreiding van Shell-hoofdkantoor (SOM, 1986). Ra, Sumatrastraat. Op kruising la, Bankastraat. Op kruising rd, plantsoen Nassauplein. Ra, Burg. de Monchyplein **6**, langs vijver. Bij wit bruggetje la, langs hogere flat. Bij elektriciteitshuisje in vijver ra. Einde straat la, Alexanderplein. Einde straat bij Willemsparkflat **7** ra, Javastraat. Ra, Scheveningseweg. Voorbij het Vredespaleis (1913) voetpaadje omhoog, later trottoir. Bij beeld Maris ra, Tobias Asserlaan. Na huisnr. 10 la, voetpad. Bij kerkgebouw First Church of Christ, Scientist **8** ra, licht omhoog. Op kruising la over brug,

6

Alexander Gogelweg. Rechts om Flat Zorgvliet (1927) heen. Einde straat la. Ra, Jacob de Graefflaan. Einde la, Stadhoudersplantsoen. Langs Museon (Wim Quist, 1986) naar beginpunt.

> Vervolg van pag. 92
opdrachtgever Carel Henny, voor wie hij eerder een kantoorgebouw tekende (Nederlanden van 1845, Kerkplein). Halverwege de 20e eeuw was de villa witgekalkt; in de jaren '60 werden sloopplannen voorkomen. Bij de Rudolf Steinerkliniek **4** (1928) valt het sierlijke dak, dat als het ware beweegt, meteen op. Architect Jan Buijs verbleef eerst een maand bij de bouw van het Goetheanum door antroposofenleider Steiner in Dornach (Zwitserland). Buijs ontwierp in dezelfde periode het hoekige en zakelijke gebouw De Volharding. De organische architectuur van de antroposofen, met weinig rechte hoeken, was later ook een inspiratiebron voor de ontwerpers van de Gasunie in Groningen en de ING in de Bijlmer. Expressieve vormen kenmerken ook Villa De Zeemeeuw **5** (Henry van de Velde, 1902). Omdat de stijltoepassing niet tot de voorgevel beperkt bleef, is dit een van beste voorbeelden van art nouveau in Nederland: het woonhuis als Gesamtkunstwerk. Aan de achterzijde ziet u het mooie, blauw geverfde houtwerk. De hoge centrale hal met gebogen houten trappen is helaas niet te bezichtigen.
Op de plaats van het vroegere stadhuis mocht de Spaanse architect Ricardo Bofill een plan maken voor vijfhonderd woningen. Het Burg. De Monchyplein **6** (voltooid in 2003) kreeg een (neo)classicistische uitstraling door kroonlijsten en timpanen. Rond een park liggen negen verschillend vormgegeven appartementengebouwen en vijf dubbele stadshuizen plus twee kantoorgebouwen.
Bij de oplevering in 1931 was de Willemsparkflat **7** een luxe appartementengebouw met woningen tot acht kamers. Architect Henk Wegerif ontwierp twee functionalistische vleugels met doorgaande vensterstroken en een expressionistische vijftig meter hoge toren die een waterreservoir bevatte. Bewoners beschikten over een centrale keuken met etensliften en een restaurant. Gasten konden een logeerkamer huren.
De First Church of Christ, Scientist **8** (1926) is het enige kerkgebouw dat Berlage bouwde. Dit late ontwerp was beïnvloed door de gebouwen van onder meer Frank Lloyd Wright die hij in Amerika had gezien. Op een prachtige plek in de ambassadewijk rijst de zondagsschool met dakterras uit het water. Daarachter ligt de symmetrische kerkzaal met glazen bouwstenen en de kosterswoning met mansardedak. De opnieuw aangebrachte geglazuurde pannen accentueren het verschil in hoogte van de diverse volumes. Berlages medewerker Piet Zwart ontwierp het interieur.

1 Gemeentemuseum
Stadhouderslaan 41
tel. 070 - 338 11 11
www.gemeentemuseum.nl
di.-zo. 11-17 uur

A Fotomuseum
Stadhouderslaan 43
tel. 070 - 338 11 44
www.fmdh.nl
di.-zo. 12-18 uur

B Madurodam
George Maduroplein 1
tel. 070 - 416 24 00
www.madurodam.nl
dag. 9-18 uur
(zomer: tot 20 of 23 uur)
ook moderne architectuur in miniatuur

C Café-Rest. Gember
Stadhouderslaan 43
tel. 070 - 338 12 63
www.restaurantgember.nl
(te midden van drie musea)

D Café Banka
Bankastraat 91
tel. 070 - 350 45 34
zo. gesloten

5

Tuindorp

Ten noorden van het middeleeuwse centrum ligt sinds het midden van de 19e eeuw de gistfabriek. De sociaal geëngageerde directeur Van Marken liet eind 19e eeuw aan de andere kant van het spoor, onder de rook van de fabriek, een tuindorp aanleggen met woningen voor de fabrieksarbeiders (Agnetapark **4**). Hij betrok zelf met zijn vrouw ook een van de woningen. Werknemers konden door het sparen van aandelen eigenaar worden van de woning. Het mooie, hoge 'kantoorgebouw' van de woningcorporatie markeert de grens tussen het grote, nieuwere deel (jaren '20, rond de vijver) en het oorspronkelijke tuindorp uit 1885, dat een iets landelijker karakter heeft.

20 Delft

Moderne allure in historisch centrum

De geroemde oude binnenstad van Delft kent een aantal opvallende bouwkundige vernieuwingen. De straatjes in het zogenaamde Doelengebied spannen de kroon: moderne, aansprekende en stijlvolle architectuur, naadloos ingepast in het eeuwenoude stratenpatroon. Maar eerst langs de sociale woningbouw van een eeuw geleden.

De omgeving van het station, Westvest en Phoenixstraat gaat vanaf 2010 op de schop. De 387 treinen per dag zullen door een 2300 meter lange tunnel gaan rijden. Bovengronds verrijzen woningen en kantoren en wordt een stadspark aangelegd. Het monumentaal opgezette en blauw betegelde Stadskantoor **1** van Jo Coenen uit 1986 wordt dan ook vervangen, tot opluchting van vele Delftenaren. De glasgevels van het eigen kantoor van cepezed architecten **2** uit 2000 ogen heel wat frisser. De enorme Villa Solheim **3**, in 1932 gebouwd voor de directeur van de gistfabriek, werd door architect Wegerif ontworpen in kubistische vormen. Meer dan twintig studenten hebben er nu een eigen kamer. De ruim 150 woningen rond de rechthoekige vijver van het tuindorp Agnetapark **4** zijn

Vervolg op pag. 98 ›

Routebeschrijving

Met de rug naar het station schuin links, brug over en la. Op kruising rd, Phoenixstraat. Langs het Stadskantoor **1** van Jo Coenen. Daarna langs kantoor van cepezed architecten **2**. Iets verder, rond de Bagijnhof, ziet u de golvende gevelrij van een complex woningen uit 1992. Vóór molen la, oversteken, onder spoor door. La en meteen ra, Fransen van de Puttestraat. Einde straat ra, Van Hallstraat. Einde straat la en meteen ra, Rochussenstraat. La, Thorbeckestraat. Einde straat ra, Westplantsoen. Op volgende hoek (rechts) is Villa Solheim **3**. Oversteken en vóór

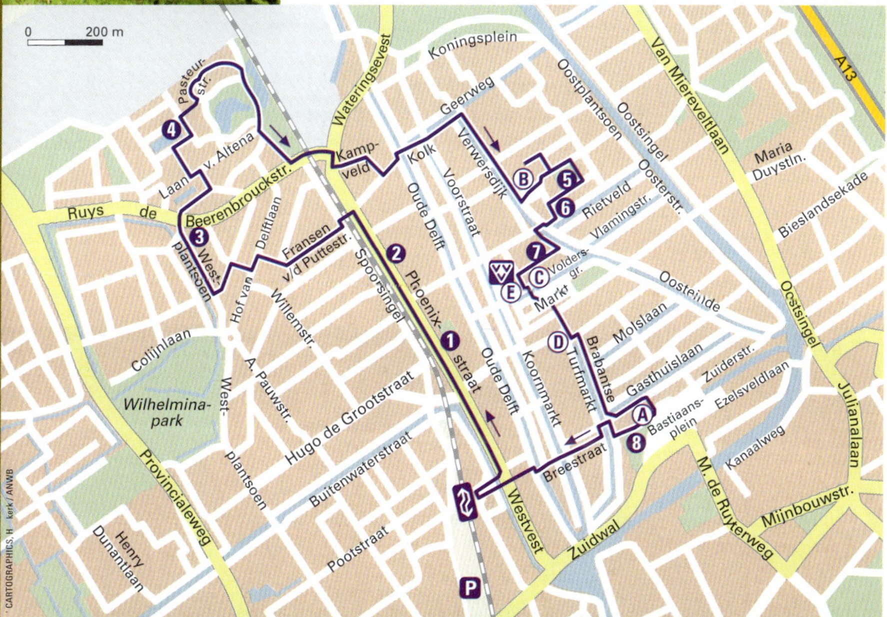

Afstand
6 km - 2,5 uur

Startpunt
NS-station Delft

Bereikbaarheid
Betaald parkeren (weekeinde: gratis achter station), www.parkerenindestad.nl

Informatie
Toeristen Informatie Punt
Hippolytusbuurt 4
tel. 0900 - 515 15 55
(€ 0,40/min)
www.delft.nl

vijver ra. Einde straat la en schuin links, Beyerinckstraat. U loopt het Agnetapark **4** in. Vóór vijver ra. La voor Parkkantoor langs en ra door poortje. La, Pasteurstraat. Einde weg la, Zocherweg. Einde weg la, onder spoor door. Oversteken en ra. La, Kampsveld. Einde straat la. Schuin links brug over Kolk, later Molenstraat. Over brug ra, Verwersdijk. Bij tweede brug la, pleintje. Links aanhouden, Vaandelstraat. Vóór groen appartementengebouw even la Schuttersveld in en weer terug. Loop door parkje naar de Schutterstraat en het Doelengebied **5**. Ga hier ra. Einde straat la. Aan het grachtje links (Rietveld) staat op nr. 56 een atelierwoning **6**. Op Rietveld ra. Aan overzijde water la, Vrouwjuttenland. Ra, De Vlouw langs achterkant van het Vermeercentrum, dat gevormd wordt door vijf stadswoningen **7**. Einde straat la, Papenstraat. Bij de gracht weer la en meteen ra, Bonte Ossteeg. Schuin links de Markt oversteken en Jacob Gerritstraat in, later Brabantse Turfmarkt. Bij tweede brug la, Gasthuislaan. Ra, Vestpoort en op plein weer ra. Links ziet u Theater De Veste **8** en rechts de experimentele bibliotheek DOK. Aan einde straat ra. La brug over en schuin links, Breestraat naar het station.

> **Vervolg van pag. 96**
ontworpen door Amsterdamse schoolarchitect Gratama rond 1925. De eenvormige woningen hebben opvallende gele houtaccenten; de grote pannendaken versterken het rustieke karakter van dit tuindorp. Zie ook pag. 96.
Het Doelengebied **5** midden in het oude centrum werd na de sloop van het oude Doelengebouw herontwikkeld. Dit buurtje biedt nu een originele

4

variatie aan woningen, veelal duurdere koophuizen. In het autovrije binnenterrein Schuttersveld zijn met één vormentaal – blokken van roodzwarte steen met gaten (balkons en diepliggende ramen) – appartementen, eengezinswoningen en stadsvilla's gebouwd. Ook de lange gevelwand aan de Vaandelstraat, groene steen en roodbruine kozijnen, herbergt verschillende woningtypen waaronder 'verticale' met een vide over meerdere verdiepingen.

Aan de aangrenzende Schutterstraat zijn in 1992-'94 zestien verschillende woningen gebouwd, in de hogere prijsklasse. De gemeente had gezorgd voor een soort masterplan, maar particulieren gaven ieder apart een architect de opdracht. Zo ontstond een unieke gevelrij die er nooit zou zijn gekomen als de hele straat in één keer was ontworpen. Vijf van de huizen worden overigens door architecten bewoond. Op de korte zijde van het parkje staat een opvallend appartementengebouw; aan de voorkant bevinden zich een filmhuis en een restaurant.

Aan het grachtje Rietveld (op nr. 56) werd in 1996 een atelierwoning **6** voltooid. De doos van staal en glas vormt een geheel met het herbouwde grachtenhuisje links ervan. Cepezed ontwierp de nieuwbouw voor een grafisch vormgevingsbureau. De aanblik van het pand is afhankelijk van de stand van de aluminium lamellen.

In 2007 werd het nieuwe Vermeercentrum opgeleverd. De achterkant van het complex, aan De Vlouw, wordt gevormd door vijf stadswoningen **7** die verwijzen naar de middeleeuwse (houten) huizen van Delft. Aan de zuidrand van de binnenstad staat Theater De Veste **8**, een ontwerp van Jan Hoogstad uit 1995. Vooral de bolle overhellende gevel van groen glas boven de rode benedenwand valt op.

A Dok, Openbare Bibliotheek
Library Concept Center met koffieshop
Vesteplein 100
tel. 015 - 212 34 50
www.dok.info
zo. gesloten

B Hotel De Plataan
Doelenplein 10-11
tel. 015 - 212 60 46
www.hoteldeplataan.nl

C Café Zondag
Voldersgracht 7
tel. 015 - 213 47 50

D Locus Publicus
Brabantse Turfmarkt 67
tel. 015 - 213 46 32
www.locuspublicus.nl
café met 200 soorten bier

E Plexus
Voldersgracht 11a
tel. 015 - 214 54 96
'platenzaak' voor speurders

Home of the house

Jaarlijks behalen bijna drieduizend studenten aan de Technische Universiteit Delft een bachelor- of masterdiploma. Ongeveer één op de zes studeert af als architect. De meeste universiteitsgebouwen liggen in het zuiden van de stad. Mocht u een ommetje willen maken over het autovrije binnenterrein van het complex, langs de Mekelweg (fietspad), bekijk dan in elk geval de Centrale Bibliotheek (Mecanoo, 1998). Onder het hellende grasdak bevinden zich verdiepingenhoge boekenkasten en allerlei studieruimten tegen de glazen buitengevel. Ernaast staat de 'zwevende' aula van Van den Broek en Bakema (1966). Centraal staat de hoogbouw van Elektrotechniek (Drexhage, 1969), met de kenmerkende rode zijgevel.

2

NAi

Na een heuse stedenstrijd is Rotterdam in 1988 als vestigingsplaats uit de bus gekomen voor het Nederlands Architectuurinstituut **2**. Zes architecten mochten een ontwerp aanleveren. Dat van Jo Coenen was de verrassende winnaar, boven de inzending van bijvoorbeeld Rem Koolhaas. Elk gebouwdeel van het in 1993 gerealiseerde ontwerp heeft een eigen karakter. Het langgerekte archiefgebouw volgt de kromming van de Rochussenstraat. Het staat op betonnen schijven, waardoor een arcade is ontstaan, die 's avonds spectaculair is verlicht. Het NAi bezit een van de grootste bouwkunstcollecties ter wereld. De archieven van Dudok, Cuypers, Berlage en De Klerk zijn bij het NAi in beheer.

21 Rotterdam

Park en Cultuurroute

In het Rotterdamse Museum- en Scheepvaartkwartier komen bouwstijlen van de afgelopen eeuw samen. De stadsdelen huisvesten kantoren en villa's die de verwoestingen van 1940 hebben overleefd. Daartussen staan villa's van het nieuwe bouwen en hypermoderne musea. Het Park geeft deze gouden architectuurroute een groen randje.

Het architectuurspektakel op deze route begint al in de eerste minuten van de wandeling. In de Jongkindstraat nr. 12 kunt u een bijzondere witte villa bezoeken. Deze Villa Sonneveld **1** uit 1933 is een ontwerp van de architecten Brinkman & van der Vlugt, representanten van het nieuwe bouwen. De woning met een voor die tijd bijzondere draagconstructie was bestemd voor een van de directeuren van de Van Nellefabriek. Ook de inrichting van het huis met onder andere meubels van Gispen, was tot in de kleinste details modernistisch te noemen. Even verder staan aan het Museumpark nrs. 9 en 11 nog een paar villa's in deze bouwstijl. Maar aan het Museumpark wedijveren meer gebouwen om de aandacht. Recht voor u staat het Museum Boymans van Beuningen, maar trekker nummer één is beslist

Vervolg op pag. 102 ›

Routebeschrijving

Op het Eendrachtsplein (hoek Rochussenstraat-Westersingel) staat een informatiepaneel over de Park en Cultuurroute. U volgt de aangegeven richting. Omdat op sommige plekken de markeringsbordjes ontbreken, is hier een korte aanvulling. Bij het Museumpark wordt u met een lus heen en weer geleid naar de gebouwen van het Nederlands Architectuurinstituut **2**. Ga bij de Kunsthal **3** langs de ingang omhoog naar de Westzeedijk en hier la. Bij de verkeerslichten oversteken en in tegenrichting teruglopen. Het volgende bordje ziet u net vóór de Kievitslaan,

Afstand
6,5 km - 2,5 uur

Startpunt
Eendrachtsplein (metrohalte), hoek Rochussenstraat-Westersingel

Markering
Zeskante ANWB-bordjes

Bereikbaarheid
Vanaf NS-station Rotterdam Centraal lopend via Kruisplein, Westersingel. Betaald parkeren, www.parkerenindestad.nl

Informatie
VVV Rotterdam, Coolsingel 5
tel. 0900 - 403 40 65
(€ 0,35/min)
www.rotterdam.info

aan rand van het park. Ter hoogte van de markante gebouwen van de Maastunnel **6** aan de Parkkade la trap op, hoge parkrand aanhouden. Ook voorbij het Willemsplein is de markering spaarzaam. Het Vasteland bij verkeerslichten oversteken en la. Bij Russisch-orthodoxe kerk (gouden koepel) ra, Schiedamse Vest. La, Schiedamsesingel. Om plantsoen heen, rechts houden tot Oogziekenhuis **8** aan Schiedamse Vest en hier la. Einde la, Westblaak. La, Hartmansstraat.

› **Vervolg van pag. 100**

het Nederlands Architectuurinstituut **2** (NAi) van Jo Coenen uit 1993. Een pad door het park leidt naar de beide andere musea. Het Natuurmuseum is gehuisvest in de neoclassisistische Villa Dijkzigt, met een glazen uitbouw van Erick van Egeraat. Daarnaast staat de moderne Kunsthal **3**, tegen de Westzeedijk aangebouwd. Architect Rem Koolhaas heeft zowel binnen als buiten het gebouw de hoogteverschillen geaccentueerd. Vanbinnen is het een ruimte met een en al verkeer, met een spiraalsgewijs stelsel van hellingbanen. Ook de voetgangersroute is als hellingbaan uitgevoerd.

Op de Westzeedijk kunt u even bijkomen van het moderne architetctuurgeweld. Aan de zuidzijde van de dijk ligt het hoefijzervormige Koningin Emmaplein **4**, met herenhuizen in neorenaissancestijl. De luxueuze woningen zijn voorzien van erkers, speklagen, ornamenten en andere versieringen. Het plein ligt aan de rand van het Scheepvaartkwartier, een planmatig ontworpen stadsdeel, in de 19e eeuw 'Het Nieuwe Werk' genoemd. De

1

brandgrens van de bombardementen uit 1940 lag aan de oostrand van het kwartier, waardoor veel monumentale kantoren en villa's gespaard zijn gebleven. Het Park ligt aan de westrand en is door vader en zoon Zocher ontworpen in de lieflijke Engelse landschapsstijl. De Noorse Zeemanskerk **5** in het Park is als bouwpakket door Noorse timmerlieden in elkaar gezet. De kerk was een initiatief van een Noorse dominee en moest de Noorse zeelieden een goede haven bieden. Voorbij de Euromast bereikt u de gebouwen van de Maastunnel **6**. Deze oudste tunnel van Nederland kwam in 1942 tijdens de bezetting gereed. Het ventilatiegebouw staat als bruggenhoofd met de kop naar de Maas en suggereert een band met de andere oever. Markant is het toegangsgebouwtje voor wandelaars en fietsers, met zijn lange roltrap. Rond de Veerhaven **7** komt u ogen tekort. Aan de kades staan rijke kantoorpanden, zoals het Westerkadehuis van de Steenkolen Handelsvereeniging (SHV) op de hoek met de Westerkade. Bijzonder is ook het Atlantic-Huis aan het Westplein, een gebouw in art-decostijl uit 1909. Het was het eerste bedrijfsverzamelgebouw in Nederland, met als noviteit een inpandige parkeergarage. Mooie bouwwerken in jugendstil zijn het clubgebouw van Roei- en Zeilvereniging De Maas en de gevel aan Willemskade nr. 23. Verderop staan nog enkele gebouwen in art nouveau, onder andere aan de Schiedamsesingel nr. 165. Het geelgrijze Oogziekenhuis **8** aan de Schiedamse Vest nr. 180 is een naoorlogs bouwwerk. Het ziekenhuis uit 1949 oogt als een Italiaans palazzo door zijn balkons met tongewelven en consoles. Het staartje van de route gaat over de Witte de Withstraat, In de jaren '90 van de vorige eeuw omgetoverd tot hippe kunstas tussen Museumpark en Maritiem Museum.

Nieuwe bouwen

Het nieuwe bouwen is een stroming in de architectuur die tussen 1920 en 1940 populair was. Het was de tijd van de 'nieuwe zakelijkheid' en het functionalisme. Geïnspireerd door de Zwitser Le Corbusier hebben architecten als Brinkman, Oud en Van der Vlugt in de stijl van het Nieuwe Bouwen gewerkt, met name in Rotterdam. Het benutten van ruimtelijke vlakken en lichtinval zijn heel belangrijk in deze bouwstijl. Kenmerkend is het gebruik van staal, glas en beton, met platte daken en witgepleisterde gevels. Dit is te zien bij de villa's aan de Jongkindstraat en het Museumpark, maar vooral aan de vermaarde Van Nellefabriek in de Spaanse Polder.

1 Villa Sonneveld
Jongkindstraat 12
rondleiding di.-zo., via **2**

2 Nederlands Architectuurinstituut (NAi)
Museumpark 25
tel. 010 - 440 12 00
www.nai.nl
di.-za. 10-17, zo. 11-17 uur
bibliotheek zo. gesloten

3 Kunsthal
Westzeedijk 341
tel. 010 - 440 03 01
www.kunsthal.nl
di.-za. 10-17, zo. 11-17 uur

5 Noorse Zeemanskerk
Westzeedijk 300
tel. 010 - 436 51 23
geopend di.-zo.

A Belasting & Douanemuseum
Parklaan 16
tel. 010 - 440 02 00
www.belasting-douanemus.nl
art-nouveaupand uit 1910
di.-zo. 11-17 uur (gratis)

B Westelijk Handelsterrein
Van Vollenhovenstraat 15
www.wht-rotterdam.nl
complex van pakuizen met galeries, restaurants, winkels

C Witte de With-kwartier
www.wittedewith.nl
galeries, winkels, restaurants

1

Erasmusbrug

De Zwaan of de Wipkip; bij insiders is dit architectonische uithangbord van de stad bekend onder vele namen. De brug smeedt noord en zuid aaneen en zijn échte naam komt natuurlijk van de in Rotterdam geboren Desiderius Erasmus. De Erasmusbrug **1** heeft een 139 meter hoge geknikte asymmetrische stalen pylon. Ben van Berkel van UNStudio tekende voor het ontwerp. Na de opening (1996) bleek dat de brug ging slingeren bij windkracht zes. Ondanks kritiek op de tot dan toe al buitensporige kosten, werd een statement gemaakt en opnieuw geld uitgetrokken om het euvel te verhelpen. De ontwikkeling van de stad en de 'sprong naar zuid' waren het waard.

22 Rotterdam

Manhattan aan de Maas

Het eiland Feyenoord, eens het ondergeschoven broertje van de Maasstad, werd eind 19e eeuw door bruggen verlost uit zijn isolement. Het werd de thuisbasis van de Holland-Amerika Lijn. Waar toen de passagiers met koffers op de kade stonden, ziet u nu een samenspel van historische havenpanden en spraakmakende architectuur.

De groenkoperen puntdaken van wooncomplex De Compagnie **2** uit 2005 kunnen u niet ontgaan. Ze vormen het meest opvallende element van het gebouw in rode bakstenen van de Duitse architect Hans Kollhoff. De onderste lagen hebben een bekleding van natuursteen. Kollhoff deed nogal wat stof opwaaien met De Compagnie. Met zijn puntdaken grijpt hij terug op de 19e-eeuwse Rotterdamse woningbouw; velen vonden dat niet bepaald vernieuwend. Zelf motiveert hij zijn keus als volgt: "Het puntdak is een krachtige vorm. Het biedt mij de mogelijkheid om een boeiende en levendige overgang te realiseren van relatief lage bouwdelen aan de waterkant naar hogere gebouwen daarachter." Hoe dan ook, het neotraditionalisme, waaronder De Compagnie valt, is in elk

Vervolg op pag. 106 ›

Routebeschrijving

Vanaf Metrostation Leuvehaven loopt u naar het zuiden, richting Erasmusbrug. Bij kruispunt la oversteken en onmiddellijk ra oversteken, zodat u de Erasmusbrug **1** (zie pag. 104) oploopt aan de linkerkant. Einde brug la, Wilhelminakade, met bocht naar rechts. Links in de verte ligt wooncomplex De Compagnie **2**. Vóór dit wooncomplex het zebrapad ra oversteken en de overdekte Gallery Shops in. Aan de andere kant de galerij verlaten; rechts is Luxor **3**. Postumalaan oversteken en Luxor aan linkerkant passeren. Na Restaurant Leipzig ra. Eerste weg la, Otto Reuchlinweg.

Afstand
4 km - 2 uur

Startpunt
Metrostation Leuvehaven

Bereikbaarheid
Vanaf NS-station Rotterdam metro Erasmus richting Slinge.
Of: betaald parkeren, www.parkerenindestad.nl

Informatie
VVV Rotterdam
Coolsingel 5
tel. 0900 - 403 40 65
(€ 0,35/min)
www.rotterdam.info

Deze helemaal uitlopen tot kade bij Hotel New York **4**. U loopt verder via de Wilhelminakade en houdt Hotel New York aan de rechterhand. Daarna ziet u links het World Port Center **5** en rechts het Montevideogebouw **6**. Aan het eind van de Wilhelminakade is het KPN-gebouw Belvédère **7**. Loop de Erasmusbrug weer op en steek de Maas over. Doorlopen tot aan metrostation Leuvehaven.

> **Vervolg van pag. 104**
geval populair bij een groot publiek.
Peter Wilson is de man achter het ontwerp van het nieuwe Luxor Theater **3** uit 2001.
Met zijn huid van warmrood eterniet is het een gebouw van standing geworden. Op de hoek aan het Wilhelminaplein ziet u een verticale lichtreclame met de letters 'Luxor'.

4

Het lettertype is speciaal voor dit project ontwikkeld. Achter de grote oranje V's gaat een expeditiestraat schuil, die tot in het gebouw loopt.
Vroeger betekende zicht op het hoofdkantoor van de Holland-Amerika Lijn **4** (1901) het einde van een lange, lange reis. Of natuurlijk het begin ervan. Door groeiende activiteiten is het pand drie keer uitgebreid. De architecten J. Müller, C.M. Drooglever Fortuyn en C.B. van der Tak droegen in verschillende fasen elk hun steentje bij. Het resultaat was een massief gebouw met twee groene torentjes aan weerszijden. Vandaag de dag is van het oorspronkelijke pand alleen de gevel aan de noordzijde overgebleven. Let eens op de symmetrie van het gebouw en de voor die tijd moderne jugendstilornamenten. Sinds 1993 is Hotel New York er neergestreken. De hotelnaam blinkt in gouden letters tussen twee kolossale woontorens in. Een van de torens naast Hotel New York is het World Port Center **5** van de Engelse toparchitect Norman Foster (2000). Het bestaat uit een 80 meter hoog rechthoekig deel en een 124 meter hoog halfrond gedeelte. Hiermee past het binnen het stedenbouwkundige plan dat Foster ontwikkelde voor de Wilhelminapier, waar hogere en lagere volumes aan de noord- en zuidzijde elkaar moeten afwisselen.
Woontoren Montevideo **6**, aan de andere kant van het hotel, is met zijn 152 meter hoogte de baas. Althans voorlopig, want er verrijst verderop alweer een 'baas boven baas'; de 165 meter hoge Maastoren. Architect Francine Houben heeft van de Montevideo (2005) een speelse verschijning gemaakt. Gevels in verschillende kleuren baksteen springen in en uit, ramen zijn er zowel rond als rechthoekig. De toren symboliseert een verticale stad en moet door het gebruik van baksteen, diverse kleuren, vele dakterrassen en details als de functieloze watertank op het dak, sferen oproepen van de vooroorlogse hoogbouw in steden als New York, Boston en Chicago. Een vleugje Holland-Amerika Lijn keert terug.
Om de markante KPN-toren Belvédère **7** (2000) kun je niet heen. De grote glazen gevel aan de kant van de Erasmusbrug is met zijn 896 groene lampen blikvanger nummer één. De gevel helt voorover met een hellingshoek van precies zes graden en dat heeft alles te maken met de Italiaanse afkomst van ontwerper-architect Renzo Piano. Het is namelijk dezelfde hellingshoek als die van de toren van Pisa! Renzo maakte eerder furore met onder andere het Centre Pompidou en NEMO. Gedurende zijn carrière ontwikkelde hij zich van hightech naar een meer expressieve variant op hightech. Zijn latere werken stralen meer rust uit, waarbij de techniek minder op de voorgrond treedt.

3 Luxor Theater
Antoine Platekade 9
tel. 010 - 290 80 20
www.leipzig.nl
Theaterrest. Leipzig
16.30-22.30 uur

4 Hotel New York
Koninginnenhoofd 1
tel. 010 - 439 05 00
www.hotelnewyork.nl
café-rest. dag. open

A Informatiecentrum Wilhelminapier
Otto Reuchlinweg 1002
(in Montevideo)
tel. 010 - 489 69 67
www.kopvanzuid.info
impressies, maquettes, videopresentaties
di.-vr. 10-17, za. 11-16 uur

B Nederlands Fotomuseum
Wilhelminakade 332
tel. 010 - 203 04 05
www.nederlandsfoto museum.nl
di.-vr. 10-17, za.-zo. 11-17 uur

C New York Barbershop
(in Hotel New York)
Koninginnehoofd 1
tel. 010 - 485 31 96
www.newyorkbarbershop.nl
'for men only',
méér dan alleen kapper
di.-vr. 10-19, za. 9-16 uur

4

Kubuswoningen

Wonen in een gekantelde kubus op een paal – je moet er maar opkomen. Architect van de kubuswoningen **4** Piet Blom liet zich inspireren door Le Corbusier. Samen met de Blaaktoren staat het hele, tussen 1982 en 1984 gebouwde complex te boek als het Blaakse Bos. Het idee was om een 'veilig dorp' in de omgeving van de grote stad te creëren; een gezellige groepering van woningen boven, winkels en bedrijfjes eronder. Als dat geen efficiënt gebruik van stedelijke ruimte is! Op afstand lijkt het of er sneeuw ligt op de daken. Wie zo'n excentrieke woning vanbinnen wil zien, bezoekt de kijkkubus.

23 Rotterdam

Wederopbouw rond Oude Haven

Bij de Oude Haven begon wat ooit de grootste haven ter wereld zou worden. Zwarte bladzijde uit zijn geschiedenis is het bombardement in 1940. Naoorlogse architecten keerden het tij en transformeerden de omgeving tot bruisend uitgaansgebied, met de on-Nederlandse skyline aan de Maas als decor.

Station Blaak **1** is het eerste Nederlandse station waarvan alle sporen ondergronds lopen. Het opvallende ontwerp is van de hand van architect Harry Reijnders. Bovengronds oogt de overkapping als een vliegende schotel, zo vinden velen. En de Rotterdammers doopten het station 'De Fluitketel'. De schotel hangt aan een stalen boog waarin gele en blauwe neonbuizen zijn verwerkt. Bij blauw licht rijdt er een trein richting rivier, kleurt de buis geel dan is er juist een in aantocht. Boven- en ondergronds zijn met elkaar verbonden door een langwerpig tegeltableau met een trein in rode, blauwe, gele en witte vlakken.

De Blaaktoren **2** heet bij rechtgeaarde Rotterdammers 'Het Potlood'. Eén blik en u weet waarom. Het opvallende puntvormige dak maakt het tot een bijzondere verschijning. Het is een creatie van architect Piet Blom, die wereldberoemd werd

Vervolg op pag. 111 ›

Routebeschrijving

Vanaf station Blaak **1** ra naar rand van het plein voor de Blaaktoren **2** en de Bibliotheek. Op deze afstand zijn beide gebouwen goed te aanschouwen. Aan de rand gaat u in noordelijke richting over het plein tot u recht voor Bibliotheek Rotterdam **3** staat. Plein oversteken en bibliotheek aan linkerzijde passeren. Ga de Hoogstraat in. Eerste straat ra, Rijstuin. Einde straat ra, bocht naar rechts en vervolgens scherp terug naar links, richting kubuswoningen. Trap rechtdoor, onder kubuswoningen **4** (zie pag. 108) door tot einde. Rechts trap af richting Oude Haven. Op

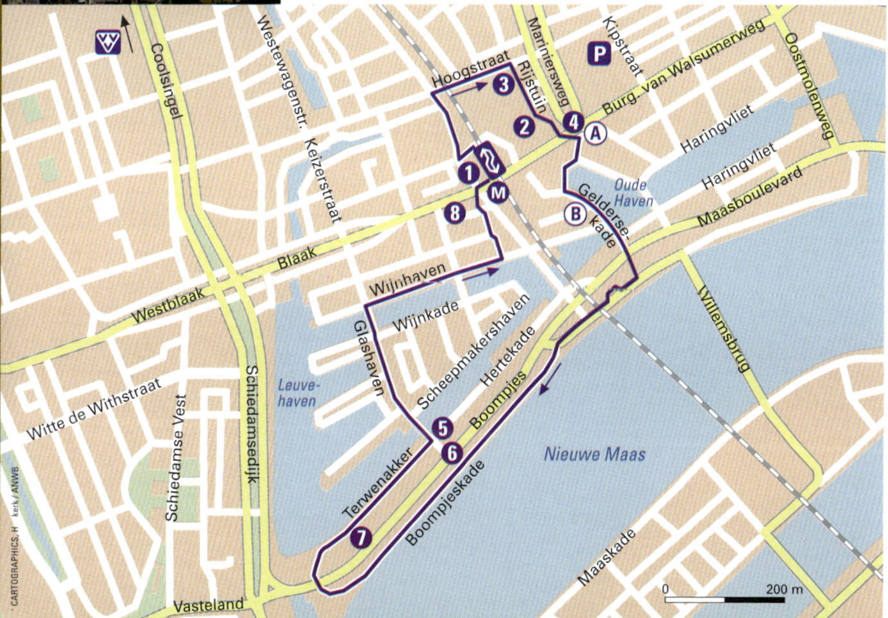

Afstand
3 km - 1,5 uur

Startpunt
NS-station Rotterdam Blaak **1**

Bereikbaarheid
Parkeergarage Kiphof (betaald parkeren).
www.parkerenindestad.nl

Informatie
VVV Rotterdam
Coolsingel 5
tel. 0900 - 403 40 65
(€ 0,35/min)
www.rotterdam.info

straatniveau ra, Oudehavenkade. La langs haven, Geldersekade. Bij stoplicht voetgangerspad oversteken, ra. Fietspad volgen, weg oversteken, rechtdoor. Bij stoplicht Boompjes oversteken. U loopt nu langs de Maas op enige afstand van de imposante gebouwen aan uw rechterhand. Tegenover het Maasgebouw **5** (rechterzijde) is horecapaviljoen Blits **6** (linkerhand). Daarna volgen de drie woontorens aan de Boompjes **7**. Na de laatste flat Boompjes oversteken en scherp rechtsom, Terwenakker. U loopt langs de kade tot eerste brug. Dan la, Rederijbrug, later Glashaven en Regentesserbrug. Na deze brug ra, Wijnhaven. Vóór viaduct la, Gapersteeg en Vissteeg tot aan zebrapad. Links ziet u de dichtregel van Lucebert **8**. Zebrapad oversteken om terug te keren bij NS-station Rotterdam Blaak.

7

> Vervolg van pag. 108
met zijn kubuswoningen **4** (zie pag. 108). De betonnen draagmuren lopen van binnen naar buiten uit als stralen. Ze verdelen elke verdieping in zes gelijkvormige, taps uitlopende punten van een taart. Vijf ervan zijn bewoond, in de zesde liggen liften, vluchttrappen en bergingsruimtes. De Blaaktoren is een van de markantste gebouwen van Rotterdam.
Ook Bibliotheek Rotterdam **3** alias 'De Glazen Waterval' springt in het oog met zijn gele stalen buizen die langs de gevel naar beneden lopen. Jaap Bakema en Hans Boot zijn de mannen achter het ontwerp, dat sterk aan het Centre Pompidou doet denken. Het gebouw bestaat uit zes trapsgewijs oplopende etages. De ligging aan de markt, het vele glas en het terras op de eerste verdieping geven het een open, uitnodigend karakter. Een betere combinatie van functie en vorm van een gebouw is nauwelijks denkbaar.
Het Maasgebouw **5**, een kantoorgebouw van Rijkswaterstaat, is ontworpen door de architecten Koldewijn en Drexhage. U herkent 'De Maas' meteen aan zijn golvende contouren. Op ongeveer twee derde van de hoogte van deze glazen reus zijn de hoeken afgeplat over een breedte van twee ramen. Wie aandachtig kijkt, ziet twee kleuren glas en gevelplaten die niet overal even groot zijn.
Francine Houben van Mecanoo ontwierp het frivole horecapaviljoen Blits **6**, dat aan het water ligt. De twee bouwlagen hebben elk een eigen gezicht; de gesloten begane grond ligt op het niveau van de vierbaansweg, een transparante eerste verdieping biedt zicht op de rivier, en is aan de kant van de weg afgesloten met een met siersteen beklede wand waar een gele glazen 'vitrinekast' doorheen steekt. Een golvend dak maakt het gebouw áf. Het expressieve paviljoen draagt zijn steentje bij aan het nieuwe elan van de Boompjes.
Architect H. Klunder had bij zijn ontwerp van de drie woontorens aan de Boompjes **7** een belangrijk uitgangspunt voor ogen; alle bewoners moeten uitzicht hebben op de Maas. Door de woningen ten opzichte van elkaar te laten verspringen is hij daar prima in geslaagd. Hierdoor worden de torens naar achteren toe steeds breder. Alle balkons zijn op de rivier gericht. Het project dat begin jaren '80 is gestart, wordt wel een missing link genoemd tussen Klunders vroegere nieuwe kneuterigheid en latere strakke hoogbouw.
Beeldend kunstenaar Toni Burgering plaatste de dichtregel van Lucebert **8** 'Alles van waarde is weerloos' in rode neonletters op de dakrand van de Willem de Kooning Academie. De strofe komt uit het gedicht 'De zeer oude zingt' uit 1974.

3 Bibliotheek Rotterdam
met Café-Rest. Diktee
Hoogstraat 110
tel. 010 - 281 61 14
www.bibliotheek.rotterdam.nl
ma. 13-20, di.-vr. 10-20,
za. 10-17, jun-sep zo. gesloten,
daarbuiten zo. 13-17 uur

4 Kijk-Kubus
Overblaak 70
tel. 010 - 414 22 85
www.kubuswoning.nl
bezichtigen kubuswoning
dag. 11-17 uur

A Schaakstukken Museum
Overblaak 94
www.schaakstukken
museum.nl
za.-zo., feestdagen 14-17 uur

B Restaurant Mooii
Oost-Wijnstraat 8-16
tel. 010 - 411 22 95
www.restaurantmooii.nl
ma.-vr. v.a. 12, za. v.a. 16 uur

1

Scheepvaart- en badplaats

Hoek van Holland is niet bekend als architectuurvindplaats. Maar enkele interessante bouwwerken in combinatie met de bedrijvigheid op de Nieuwe Waterweg maken het de moeite waard deze uithoek op te zoeken. Het is een plek voor reizigers met een station (1893) en een extra station bij het strand. Het zien van de veerboot naar Harwich, die hier vaak ligt aangemeerd, wakkert bij velen de reislust aan. Een ouderwetse vuurtoren en twee hoekige lichtpalen versterken de scheepvaartsfeer. In het kwetsbare duingebied lieten welgestelden villa's bouwen, ook onlangs nog. Op zonnige zomerdagen wordt Hoek overspoeld door Rotterdamse strandgangers.

24 Hoek van Holland

Arbeiderswoningen en duinvilla's

Rond 1870 werd de Nieuwe Waterweg gegraven. Om de arbeiders te huisvesten, werd het dorp Hoek van Holland gesticht. Het is een prachtig voorbeeld van het functionalisme van architect Oud, de zogenoemde arbeiderswoningen. Sommige andere moderne bouwwerken zijn gerelateerd aan duinen, zee en Waterweg.

Het station van 1893 schurkt tegen de passagiersterminal van Stena aan. Ook de gietijzeren, dertig meter hoge vuurtoren stamt uit 1893. De witgestucte arbeiderswoningen **1** van J.J.P. Oud uit 1927 vormen een klassieker in de functionalistische woningbouw. De doorlopende balkons en de prachtige rondingen op vier hoeken bepalen het aanzien. Oorspronkelijk waren het aparte beneden- en bovenwoningen. Drie van de vier winkelpanden met ronde glasgevels worden nu ook als woning gebruikt.
De ingetogen dorpskerk **2** uit 1926 heeft eenvoudige baksteenversieringen, eenvoudige deuren en een mooi koperen torendakje. Ook het gebouwtje erachter vertoont stijlelementen van de Amsterdamse school.
Na de winkelstraat loopt u het duingebied in, al is dat

Vervolg op pag. 114 ›

Routebeschrijving

Schuin tegenover het station kunt u het spoor oversteken tussen de Hoekse Vishandel en de fietsenstalling. Ra langs de fietsenstalling en bij Y-69650 la, Rotterdam (dijk aan linkerhand). Bij de vuurtoren la over de dijk en rd, Jolinkstraat. Aan einde straat ra, Prins Hendrikstraat. La, Huydecoperstraat. La, 2e Scheepvaartstraat, langs de arbeiderswoningen **1**. Aan het einde van de straat la, Lichttorenstraat. (Schuin rechts op de hoek staat een schoolgebouw in Amsterdamse schoolstijl te verkommeren.) Einde straat ra, Prins Hendrikstraat, langs de

Afstand
6,5 km - 2,5 uur

Startpunt
NS-station Hoek van Holland Haven

Bereikbaarheid
Gratis parkeren aan dorpszijde spoorlijn

Informatie
VVV Hoek van Holland Store
Prins Hendrikstraat 281
tel. 0174 - 51 95 70
www.hoekvanholland.nl

dorpskerk **2** en VVV op het plein. Op de kruising met Harwichweg oversteken en rechts langs P-26001, bospad nemen. Aan het einde van het pad de weg oversteken en ra (naast fietspad). Na bunker bij vijfde lantaarnpaaltje la, door het gras naar zandpad. Meteen ra, over een verhard pad en links aanhouden. Op kruising rd en aan einde vijver la. Tweede pad la, langs bank. Op kruising rd, Doornstraat. Ra, Grootzand. La, Tussenzand. Aan einde weg la, Kleinzand, langs de Villa in de Duinen **3**. Op kruising schuin rechts, bij bordje 'Historische Route'. Volg deze route. Op kruising Duinweg ra. Einde weg ra, Strandweg. Langs de appartementengebouwen van Woningplan Strandweg **4** en la, Strandweg. Langs Unicum- woontoren **5**. Aan einde weg, vóór Expo-paviljoen **6** la, Koningin Emmaboulevard. Naar keuze kunt u al dan niet een rondje maken om Fort aan den Hoek van Holland **7**. Aan einde weg la, Cruquiusweg. Ra, Havenweg, later Stationsweg naar het station.

> **Vervolg van pag. 112**
hier en daar bebouwd. Na het park komt u op de Duinweg in een glooiend villawijkje dat in de duinen is aangelegd. Aan het Kleinzand ligt de Villa in de Duinen **3** (2008), de meest bijzondere schepping van deze goudkust. Zandbelt&vandenBerg ontwierp het huis. De betonnen wanden zijn onder meer bekleed met leisteen, geborsteld en gepolijst marmer. In eerste instantie springen de hoekige, strakke lijnen van de glasrijke bel-etage in het oog. Wie langer kijkt, ziet een veel-

3

heid van vormen. Het geheel van materialen en vormen staat goed op het grote perceel glooiende duingrond.
Voorbij het station Strand is in 2007 Woningplan Strandweg **4** opgeleverd. Links zijn eengezinswoningen in verschillende varianten gebouwd, de origineelste staan in de achterliggende straat. Door de vier grote appartementengebouwen rechts op hoge poten te plaatsen en de hal van glas te maken, is gepoogd de aantasting van het duingebied te beperken. De bewoners parkeren ondergronds. Op de plaats van Restaurant Unicum en de aangrenzende parkeerplaats verrijst binnenkort de zeventig meter hoge Unicum-woontoren **5** (2009-2011) van Klunder Architecten uit Rotterdam.
Een omstreden project, maar wat een uitzicht! Het complex met 122 (kostbare) appartementen, een parkeergarage en winkels wordt het nieuwe landmark van Hoek van Holland. Dit gebied vormt een speerpunt van het project 'Waterwegcentrum', een van van de ambitieuze plannen voor deze Rotterdamse deelgemeente.
Bureau Cepezed ontwierp het EXPO-paviljoen **6** uit 1994, direct aan de Waterweg. De glazen gevel aan de waterkant is schuin geplaatst, in lijn met de dijkhelling. Stalen roosters beschermen het gebouw tegen wind en zon. Naast de tentoonstellingsruimte is een café-restaurant met een terras. Een prachtige plek om de enorme zeeschepen te zien; jaarlijks komen er zo'n 35.000 langs.
U kunt even om het nog gave Fort aan den Hoek van Holland **7** heen lopen. Dit is, net als op Pampus en bij Den Helder, een zogenaamd pantserfort met geschutskoepels uit eind 19e eeuw, bedoeld als kustbewaking. Er is een museum gevestigd. Langs de Berghaven, waar de loods- en reddingboten liggen, loopt u terug naar het station.

Maeslantkering

Drie kilometer oostwaarts van Hoek van Holland ligt een (water)bouwkundig object van wereldformaat: de stormvloedkering (1997). Architect Wim Quist ontwierp de bedieningsgebouwen en adviseerde over vorm en kleur. Twee gebogen deuren (210 m breed, 22 m hoog) sluiten de Waterweg af. De witte, stalen vakwerkarmen zijn 237 m lang en bewegen vanuit 's werelds grootste bolscharnier (10 m doorsnee). De stormvloedkering werd aangelegd omdat het verzwaren van dijken in dichtbevolkt Zuid-Holland te ingrijpend werd geacht. Of de kering voldoet is de vraag. De foutkans (bij het sluiten) blijkt veel groter dan de norm. In het Publiekscentrum Keringhuis kunt u meer te weten komen.

6 Expo Paviljoen Unicum
Koningin Emmaboulevard 5
tel. 0174 - 38 76 35
met terras aan Waterweg
dag. geopend

7 Fort aan den Hoek van Holland
Nederlands Militair Kustverdedigingsmuseum
Stationsweg 82
tel. 0174 - 38 28 98
www.forthvh.nl
za. en zo.-middag

A Keringhuis (stormvloedkering)
Nieuw Oranjekanaal 139
tel. 0174 - 51 12 22
www.keringhuis.nl
informatiecentrum waterbeheer en Maeslantkering
dag. geopend
rondleidingen za.-zo.

B Museum RockArt
Zekkenstraat 42 (industrieterrein, oost)
tel. 0174 - 38 41 03
www.rockart.nl
geschiedenis Nederlandse popmuziek v.a. jaren '50
do.-za. en 1e zo. van de maand 13-17 uur

Kwaliteitsatlas

In 1996 vatte het nieuwe college van burgemeester en wethouders ambitieuze plannen op voor de verdere ontwikkeling van de stad. Riek Bakker, de bekende stedenbouwkundige van Rotterdam, werd uitgenodigd om haar visie te geven. Het resultaat was de 'Kwaliteitsatlas Middelburg 2030', waarbij het Kanaal door Walcheren een nieuwe, positieve rol zou krijgen als levensader en centrum van de stad. Dit in tegenstelling tot voorheen, toen het kanaal vooral een symbool van tweedeling was. De huidge situering van het nieuwe Stadskantoor **8** langs het kanaal is dan ook alles behalve toevallig. Sindsdien zijn onder andere de gebieden rond het stationsgebied tot ontwikkeling gebracht.

25 Middelburg

Jeugdige oude dame

Middelburg heeft een historisch imago. Het schitterende laatgotische stadhuis, de imposante abdij en de Lange Jan bepalen tot op heden het beeld dat de gemiddelde bezoeker van de Zeeuwse hoodstad heeft. Maar ook een oude stad gaat met zijn tijd mee en verrast met vooruitstrevende architectuur.

Vóór de Tweede Wereldoorlog werd Middelburg wel omschreven als een 'knappe oude dame van goeden huize'. Op 17 mei 1940 was dit in één klap voorbij. De stad werd volledig platgebombardeerd door de Duitse luchteenheid die ook Rotterdam zoveel schade had toegebracht. Meteen daarna werd er onder Duitse bezetting aan de wederopbouw gewerkt, met als uitgangspunt een zo volledig mogelijk herstel van de oude situatie. Het werd een herinterpretatie, geschoeid op de leest van het traditionalisme. Dankzij dit besluit ademt Middelburg nu nog steeds die historische, monumentale sfeer. Tegen het eind van het millennium is de 'statige oude dame' aan een tweede jeugd begonnen. Haar nieuwe juwelen schitteren met veel lef langs de oude grachtengordel. Een van de deze pareltjes is het gelauwerde brugwachtershuisje **1** van het jonge

Vervolg op pag. 119 ›

Routebeschrijving

Vanaf station rd brug oversteken. Links ligt het brugwachtershuisje **1** van BAR. Tweede weg la, Kousteensedijk, langs Zeeuwse Bibliotheek **2**. Rd fietshekje, la en meteen ra. Rechts aanhouden, brug over en langs het water, om het gerechtsgebouw **3** rondom te bekijken. Straat (Nieuwe Haven) oversteken en la, Sint Janstraat. Ra, Lange Delft (winkelstraat). La, Koorkerkstraat, links aanhouden, hofje **4** met winkels. La, Onder den Toren. Ra, Groenmarkt. Eerste weg la, Bachtensteene. Schuin ra, Latijnse Schoolstraat. Einde ra en weer ra, Hofplein met rechts Van de

Afstand
7 km - 3 uur

Startpunt
NS-station Middelburg

Bereikbaarheid
Betaald parkeren in binnenstad: www.middelburg.nl, zoek op 'parkeren'

Informatie
Touristshop Middelburg
Markt 65c
tel. 0118 - 67 43 00
www.middelburg.nl en
www.visitmiddelburg.nl

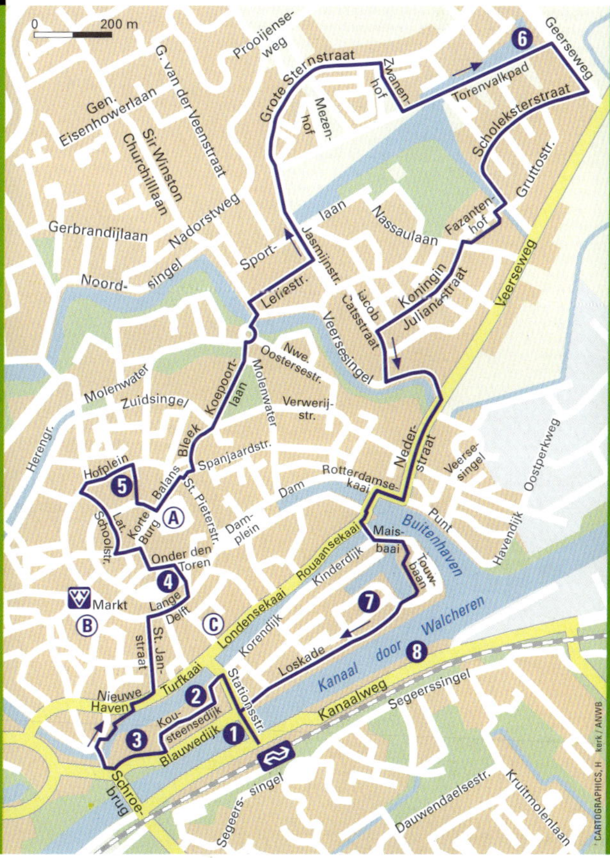

Perrehuis en bijzondere muur van Zeeuws Archief **5**. Ra, poort door binnenhofje. La (Bogardstraat) en weer la. Vóór Abdij langs en rechts aanhouden. Rd, Spanjaardstraat en meteen la, Haringplaats/Bleek. Op viersprong rd, Koepoortlaan, rd langs Koepoort brug over. La en eerste weg ra, Leliestraat. Einde la en rd, wordt Grote Sternstraat – wijk Veerse Poort. Vijfde weg ra, Zwanenhof. Einde rd langs rechter gebouw. La water over en rd. Aan het eind ligt de watervilla **6**. Einde ra. Eerste weg ra, Scholeksterhof, bocht naar links. Tweede straat ra, Fazantenhof. Rd, Koningin Julianastraat. Einde la en weer einde la, Veersesingel. Rechts aanhouden (doorgaande weg), wordt Nederstraat. Einde ra, Rotterdamsekaai. Drie keer la brug over, Maisbaaigebied **7**. Ra hekje door en ra jachthaventje rond volgen. Touwbaan wordt Loskade. Aan overzijde ligt het nieuwe Stadskantoor **8** en het Waterschapskantoor. La brug over naar station.

3

> Vervolg van pag. 116
architectenduo BAR (2004). De groenglazen inzending won de AM NAi Prijs 2006. Let eens op het subtiele pixelachtige dessin dat de ruiten gedeeltelijk ondoorzichtig maakt en hoe er met inkijk wordt gespeeld.
Even verderop staat de witte Zeeuwse Bibliotheek **2**, een gebouw uit 1985 dat de weg vrijmaakte voor de integratie van moderne architectuur in het historische Middelburg.
Bij de bouw van het nieuwe gerechtsgebouw **3** uit 1995 stond architect Hubert-Jan Henket voor de uitdaging om een gebouw te ontwerpen dat van deze tijd was, maar toch bij de oude stad zou passen.
In het transarant ogende gebouw vormen de kantoren en de zittingszalen twee aparte gedeeltes, die door de centrale hal met elkaar worden verbonden.
Een contrast met deze vooruitstrevende bouwwerken vormen de voormalige bejaardenwoningen Onder den Toren uit 1943 – een sprekend voorbeeld van de wederopbouw. Eschauzier bouwde dit kleinschalige hofje **4** als vervanging voor de verwoeste diaconiewoningen in de stijl van de Delftse school (traditionalisme).
Gedurfder is de uitbreiding van het Zeeuws Archief **5** aan het Van de Perrehuis, aan de straatzijde slechts herkenbaar aan een in baksteen gehouwen reisverslag en omhoogkijkend aan de kas-achtige dakconstructie. Eenmaal in het binnenhofje ontvouwt zich de nieuwe glazen 'taartpunt' uit 2000 (Benthem Crouwel/Verlaan en Bouwstra) en vormt met het 18e-eeuwse stadspaleis een eenheid in contrasterende harmonie.
Het masterplan voor de buitenwijk Veerse Poort is van de hand van Herman Hetzberger. De maestro zelf heeft hier ook een aantal woonblokken ontworpen. Zo is aan het begin van de wijk de Mezenhof (2005) gedeeltelijk verzonken gebouwd om een vloeiende overgang van het omringende landschap naar bebouwing te bewerkstelligen. En appartementen van de Zwanenhof (zie foto pag. 116) en het tegenoverliggende Watersniphof (2004) zweven boven het water. Zijn pièce de résistance is echter de watervilla **6**, een futuristisch bouwwerk op drijvers dat naar de zon toe of er juist vanaf gedraaid kan worden.
In het Maisbaaigebied **7** verrees tussen 1988 en 1992 een nieuwe woonwijk onder supervisie van Aldo van Eyck. De enigszins golvende appartementencomplexen met de overhangende daken aan de Maisbaai, Touwkade en Loskade zijn van Lafour en Van Wijk. Aan de overkant spiegelen het imposante Waterschapkantoor en het nieuwe Stadskantoor **8** in het water van het Kanaal door Walcheren. Het laatste gebouw (2004) is van de Duitse architect Thomas Rau en wordt door de bevolking ook wel gekscherend het 'containerschip met de vier schoorstenen' genoemd.

4 Onder de Toren
Grand Café Paso Doble
tel. 0118 - 63 69 60
www.onderdetoren.com
ma.-za. v.a. 11, zo. 16 uur
('s zomers 12 uur)

A Zeeuws Museum
Abdijplein (z.nr.)
tel. 0118 - 65 30 00
www.zeeuwsmuseum.nl
met museumcafé en terras
wo.-zo. 10-17, vr. tot 21 uur,
mrt-okt ook di.

B Brasserie De Drvkkery
Markt 51
tel. 0118 - 88 68 86
www.de-drvkkery.nl
winkelopeningstijden

C Wooncafé
Segeerstraat 13
tel. 0118 - 62 46 57
www.wooncafe-middelburg.nl
di.-vr. 9-18, za. 9-17, do. tot
21 uur

Industriestad

Tot de 19e eeuw was Tilburg een verzameling boerendorpen op de hei waar schapenteelt leidde tot een omvangrijke wolnijverheid. Sinds 1850 werd een groot aantal textielfabrieken gebouwd op de open velden tussen de dorpjes. Rond 1900 had Tilburg een skyline van tientallen schoorstenen en bijna evenveel torens van kerken en kloosters. In de jaren '60 van de vorige eeuw stortte de textielindustrie in en de fabrieken verdwenen. De arbeiderswijken bleven en de stad werd op zijn kop gezet voor een verkeersplan. De modernisering van de binnenstad is nog altijd gaande. Opvallend is de hoogbouw: behalve Interpolis **4** (93 m) twee woontorens van 105 en 143 m.

26 Tilburg

Industriestad in beweging

Al is de textielindustrie inmiddels geheel verdwenen, Tilburg binnen de Ringbaan is nog steeds een aanschakeling van (voormalige) fabriekcomplexen en arbeiderswijken. Deze route toont een kleine selectie van de vernieuwingen die sinds de jaren '60 zijn aangebracht. Tilburg is (nog) volop in beweging.

Sinds de bouw in 1965 is het stalen schaaldak van het station **1** omstreden. De stationszone zet ook niet meteen aan tot mooie gedachten. Maar op de perrons toont de zacht glooiende kap van spoorwegarchitect Koen van der Gaast zijn ware schoonheid. Aan de rommelige Gasthuisring trekt de winkel van De Gruyter **2** de aandacht. Een karakteristiek ontwerp in expressionistische stijl van huisarchitect Welsing, die in dienst was van het kruideniersbedrijf. De verticale strook groene glazen bouwstenen laat licht door in het trappenhuis. Op het De Pontplein **3** staan rechts vier urban villas (bureau Uytenhaak, 1997) met elk dertien woningen. Glazen platen aan de donkere gevels maken de uitstraling minder zwaar. Tussen de blokken door ziet u een gekromde rij van zeventien drive-inwoningen (Neutelings-Riedijk, 1996). Het ritme van de

Vervolg op pag. 123 ›

Routebeschrijving

Met de rug naar het station **1** ra, Spoorlaan. Rechts van de Stadsheer (105 m hoog, 31 verdiepingen) onder gebouw door en ra, Gasthuisring. Vóór winkel van De Gruyter **2** la, Gasthuisring. Rd, Dudokhof. Ra, C. de Vriendstraat. Einde straat la, Kuiperstraat. Ga vlak vóór einde straat door zwart hek, het De Pontplein **3** op. Na museum ra, Wilhelminapark. Bij verkeerslichten park in en links aanhouden, over bruggetje en ra. Rd, Stedekestraat. La, Mr. Stormstraat. Einde straat (t.o. baksteenkerk, 1929) ra, Min van Sonstraat. La, Raadsheer Luijbenstraat en ra. Einde straat ra en

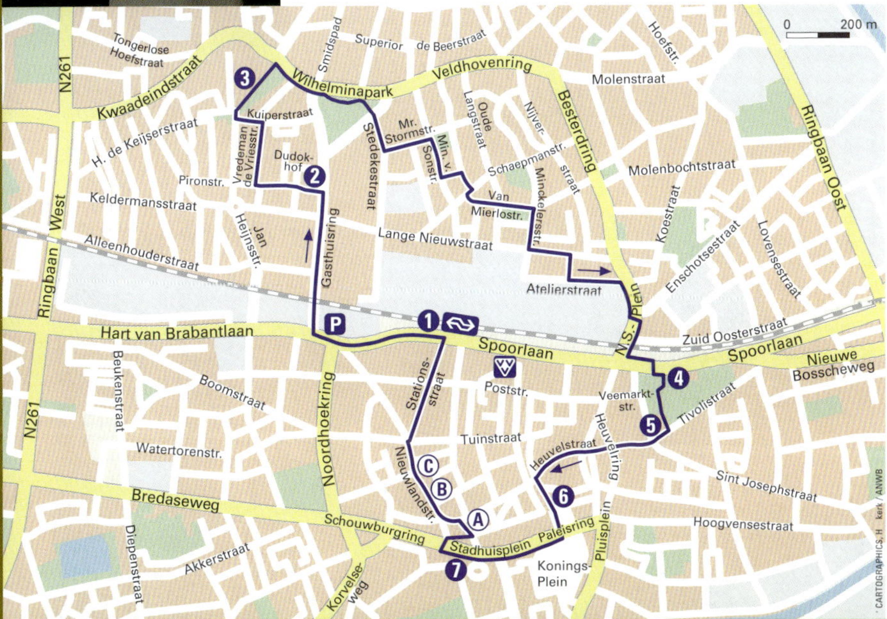

Afstand
6 km - 2,5 uur

Startpunt
NS-station Enschede **1**

Bereikbaarheid
Betaald parkeren. Tip: Parkeergarage De Knegtel, www.tilburg.nl, zoek op 'knegtel'

Informatie
VVV Tilburg
Spoorlaan 364
tel. 0900 - 202 0815
(€ 0,35/min)
www.vvvtilburg.nl

meteen la, Van Mierlostraat. Na parkje ra, Minckelersstraat. Op kruising la, Lange Nieuwstraat. Ra, Wagenstraat en la, Atelierstraat, later voetpad langs UWV-gebouw. Einde pad ra, N.S. Plein, genoemd naar lijnwerkplaats spoorwegen ('d'n atelier') die hier sinds 1867 is. In 2011 moet de NS-werkplaats plaatsmaken voor herontwikkeling grote spoorzone. Vóór spoorlijn oversteken en na viaduct la. Vóór gebouw Interpolis **4** oversteken. Door hek stadstuin in. Ga er in rechterhoek weer uit. Ra, Tivolistraat. Rechts op hoek staat Popcentrum 013 **5**. Rd, Heuvel, oversteken en rd over plein, later Heuvelstraat. La, Stadhuisplein. Links het Kernwandgebouw **6**. Op kruising ra, Stadhuisplein. Links het Kunstcluster **7** dat verbonden is met de Schouwburg. Aan overkant vóór kerk la, Oude Markt. Einde straat la, Heuvelstraat. Ra, Nieuwlandstraat, een van de leukste straten van Tilburg. Op kruising rd, Stationsstraat naar station.

4

> Vervolg van pag. 120
afgeschuinde daken verwijst naar de zaagtanddaken van de fabrieksgebouwen die hier eerder stonden. Links staat een sober, stijlvol wit gebouw met zestien seniorenwoningen (Wiel Arets, 1995). Het grote, lage gebouw van wolspinnerij Thomas de Beer bleef bewaard. Benthem Crouwel verbouwde het tot (particulier) museum voor moderne kunst De Pont (1992).
De vestiging van Interpolis **4** vormde de eerste aanzet tot een nieuwe invulling van de 2,5 km lange 'spoorzone' in het centrum. Het huidige kantoorgebouw van Bonnema dateert van 1996 en reikt tot 92,5 m hoogte. Het destijds vernieuwende 'flexibelkantoorconcept' kreeg veel publiciteit, maar ook kritiek. Interpolis heeft nog altijd een eigen visie op de combinatie werken, ontmoeten, ontspannen. Aan het gebouw grenst de openbare doch afsluitbare stadstuin (van Interpolis) uit 1998. In aansluiting op het gebouw maakten de ontwerpers West 8 landscape architects een asymmetrische tuin. Bij de hoofdingang leidt een houten loopplank over een leisteenplateau met magnoliaboompjes en stalen rekken met groen glas.
Benthem & Crouwel ontwierpen een nieuw gebouw voor Popcentrum 013 **5** (1998). De betonnen poptempel heeft zalen voor 2200 en voor 350 mensen, een opnamestudio en oefenruimten. De zwarte gevelbekleding bevestigd met cd's verwijst naar de functie van het gebouw. Het lijkt nog het meest op een chesterfieldbank, als je er zo naar kijkt.
De vernieuwing van het (winkel)centrum in de jaren '60 van de vorige eeuw kreeg een stevige ruggengraat met het langgerekte en in hoogte oplopende Kernwandgebouw **6** (Van den Broek & Bakema, 1964-1975). Deze 'megastructure', ook wel kattenrug genoemd, met onderin winkels, kwam in de plaats van een fabrieksterrein en een verpauperde woonwijk.
Jo Coenen was verantwoordelijk voor het zogenaamde Kunstcluster **7** aan de zuidkant van het centrum. Met behoud van een oude stadsvilla en een kloostertuin moesten hier een concertzaal en enkele schoolfuncties worden gerealiseerd. Het laatste bouwdeel werd in 1996 opgeleverd. De golvende vorm van de grote zaal, met aluminium ribbelplaten bekleed, torent boven de rest uit. Binnen heeft de zaal een lichtkunstwerk van Peter Struycken. Als u door de ingangspoort loopt, komt u op het grote binnenterrein, de opnieuw vormgegeven Muzentuin. Daaromheen zijn de ruimten van de Dansacademie en het Brabants Conservatorium gelegen. Een laagbouw met een restaurant verbindt het Kunstcluster met de grote schouwburg in lichte baksteen (Bijvoet en Holt), in 1961 een belangrijke vernieuwing in het Tilburgse centrum.

3 Museum de Pont
Wilhelminapark 1
tel. 013 - 543 83 00
www.depont.nl
di.-zo. 11-17 uur

7 Designcafé De Foyer
Schouwburgring (z.nr.)
tel. 013 - 549 03 92
www.defoyer.nu
di.-zo. 11-18 uur

A Café Anvers & Brasserie De Sinjoor
Oude Markt 14
tel. 013 - 583 35 33
www.oudemarkt.nl
Anvers: di.-za. v.a. 10, zo.-ma. v.a. 12 uur
De Sinjoor: ma.-za. v.a. 12, zo. v.a. 17 uur

B Rens Alta Design
Nieuwlandstraat 42
tel. 013 - 542 49 52
www.alta-design.nl
design 1900-1980 (Gispen)
wo.-za. v.a. 12 uur

C De Zaak
Nieuwlandstraat 28
tel. 013 - 544 45 47
www.dezaakdesign.com
meubels, design, advies
ma.-za. v.a. 12 uur

4

Beth Galí

Voor de herinrichting van het verrommelde oude stadscentrum schakelde het gemeentebestuur de Catalaanse architecte Beth Galí in (1993-1998). Elders had zij laten zien respectvol om te gaan met vernieuwing in een historische omgeving. Zij verlegde hier en daar accenten door middel van bestrating, lantaarnpalen, vuilnisbakken en (omstreden) fietsenrekken. Het 'onzichtbare' Kerkplein werd een echt plein en ook in de Kerkstraat, Hinthamerstraat, Vughterstraat en Achter het Stadhuis ontstond structuur. Met de bouw van het Stoa-winkelcomplex profileerde ze zich als architect. Haar moderne vormgeving stuitte echter op zo veel weerstand bij de bevolking dat de opdracht voor de recente herinrichting van de Markt aan haar voorbijging.

27 's-Hertogenbosch

Tussen vloek en zegen

In de gemoedelijke Bossche binnenstad en omgeving verrijzen steeds meer moderne bouwwerken. De meningen zijn sterk verdeeld: mooi of lelijk, vloek of zegen? Veel Bosschenaren zijn weinig onder de indruk van al die vernieuwende architectuur. Voor hen staat de Sint-Janskathedraal nog altijd op nummer één.

De vernieuwingen beginnen al meteen bij het Centraal Station **1** (1998). Het gebouw uit 1951 werd geheel vervangen, op de sierlijke vooroorlogse perronkappen van E. Cuypers (1896) na. Architect Rob Steenhuis wilde dat de nieuwe passerelle een brug over het spoor zou vormen. Deze verbinding tussen het oude centrum en het nieuwe Paleiskwartier paste naadloos in het stedenbouwkundige plan van S. Khandekar, waarin de herontwikkeling van dit voormalige spoorwegterrein was vastgelegd. Het Paleiskwartier dankt zijn naam aan het imposante Paleis van Justitie **2** van de Belgische architect Charles Vandenhove (1998). Met zijn centrale plein en galerijen heeft het strenge gebouw zowel iets weg van een archetypisch paleis als van een klassieke Spaanse plaza, terwijl grote glaspartijen in de centrale hal openheid benadrukken. Er zijn regelmatig rondleidingen door

Vervolg op pag. 126 ›

Routebeschrijving

Vanaf het Centraal Station **1** uitgang Paleiskwartier nemen en rd, Leeghwaterlaan. Aan linkerhand is ingang Paleis van Justitie **2** (even binnenkijken). Eerste la, Het Rechte Pad. La, Hugo de Grootlaan. Ra, Bordeslaan langs de Armada **3** en terug langs de vijver. Ra en einde la naar station. Passarelle over en rd, Stationsweg volgen richting centrum. Brug over en rd, Visstraat (BG=herinrichting Beth Galí, zie pag. 124). Tweede weg ra, Kruisstraat. Op splitsing links aanhouden, Snellestraat. Op kruising la, Schapenmarkt, langs het oude stadhuis aan de Markt en dan ra, Ridderstraat. Ra,

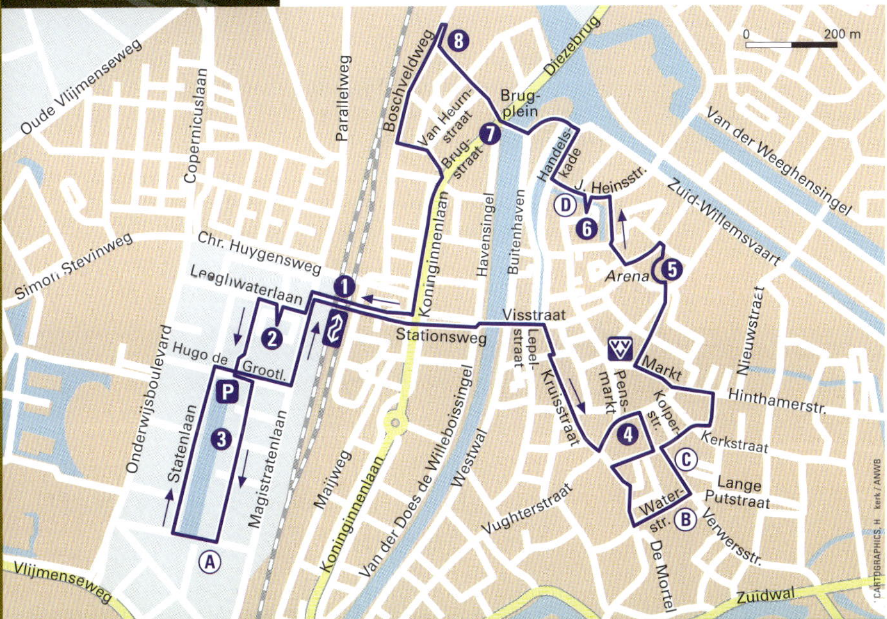

Afstand
4 km - 2 uur

Startpunt
NS-station 's-Hertogenbosch **1**

Bereikbaarheid
Betaald parkeren in centrum. Tip: Parkeergarage Paleiskwartier, www.parkerenindestad.nl

Informatie
Regio-VVV Meierij & Noordoost-Brabant
Markt 77
tel. 0900 - 112 23 34
(€ 0,50/min)
www.vvvdenbosch.nl

Achter het Stadhuis met nieuw bestuurscentrum **4**. La, Achter het Wild Varken, wordt in bocht Wolvenhoek. Hier ziet u rechts het nieuwe stadskantoor. La, Waterstraat. Op kruising Verwersstraat la. Hier rechtsaf ligt het Gouvernementshuis met Noordbrabants Museum. In de toekomst wordt dit het nieuwe Museumkwartier. Verwersstraat uitlopen, einde ra, Fonteinstraat, wordt Krullaertstraat. Einde ra, vernieuwde Kerkplein (BG) oversteken. La, Gasselstraat en weer la, Hinthamerstraat (BG). Wordt rd Markt. Rechts aanhouden en eerste weg ra, Marktstraat, langs Stoa (rechterzijde). Vervolgens Arena **5** doorkruisen en la, Bloemenkamp. Einde ra, Pastoor Kroonstraat. Op splitsing rechts aanhouden. Einde la, Jan Heinstraat, even la, bruggetje Water en Vuurplein **6**. Jan Heinstraat vervolgen. Einde ra, Handelskade. La ophaalbrug over en rd, Oliemolensingel. Ra ijzeren brug de Dommel over, Brugplein **7**. Stoplichten oversteken en rd, Boschdijkstraat met aan eind voormalige Verkadefabriek **8**. La, Boschveldweg, tweede weg la, Cuperinusstraat, wordt Oisterwijkstraat. Einde ra, via Emmaplein en drukke Koninginnelaan terug naar het station.

> **Vervolg van pag. 124**

het gebouw. Een rondje door de wijk mag niet ontbreken. Vooral de in 2004 met een publieksprijs bekroonde Armada **3** van Tony McGuirk spiegelen zich spectaculair in de ernaast gelegen vijver.

Het gemeentebestuur van 's-Hertogenbosch liet het niet bij het ontwikkelen van een nieuw stadsdeel. Rond diezelfde tijd werd ook het oude centrum heringericht (zie pag. 124). Ook verrees aan de achterkant van het monumentale stadhuis aan

3

de Markt een modern, ingetogen bestuurscentrum **4**, als twee zijden van één medaille. Verderop aan de Wolfshoek staat het bijbehorende stadskantoor. Hier heeft Dirk Jan Postel (Kraaijvanger-Urbis, 1998-2005) het oude stadskantoor en het kantoor van Rijkswaterstaat achter de gevels samengesmeed tot één nieuw bestuurscentrum met een contrasterende, transparante publiekshal.
Een gebied dat gemengde gevoelens oproept bij de bevolking is het winkelgebouw Stoa van Beth Galí (1998, zie pag. 124) en – in sterkere mate – de ringvormige Arena **5** (1998) van haar collega Oscar Tusquets. Beide maakten deel uit van een ontwikkelingsplan voor een nieuwe winkelas en moesten het Burgemeester Loeffplein nieuw leven inblazen. Veel Bosschenaren vinden het te modern, te frivool en niet bij het historische stadscentrum passen. Positiever is men over de verrichtingen van de Bossche architect Gerard Derks op het Water en Vuurplein **6**. Op dit voormalige brandweerterrein staan nu appartementen (1998). De vormentaal van vooral het hoge, stoere bakstenen gebouw verwijst nog steeds naar een brandweerkazerne en dat spreekt veel mensen aan.
Van een geheel andere orde is het complex aan het Brugplein **7**. Dit spectaculaire ontwerp van Jeroen van de Ven won in 2001 de prijsvraag 'Boegbeeld van 't Zand'. Maar liefst zeven jaar duurde de realisatie. Het bijzondere gebouw loopt onder de Havensingel door tot aan het water, een enorme constructionele uitdaging. Architect Hubert Jan Henket tekende voor de verbouwing van de Verkadefabriek **8**. De voormalige koekjesfabriek uit 1950 van Anton Eibink veranderde in een cultureel centrum (2004). Daarbij bleef het karakteristieke aanzicht van de fabriekshal met zijn tongewelf bewaard. Aan de achterzijde kwam een moderne uitbreiding met vierkante glazen panelen.

Haverleij

Aan de noordwestrand van 's-Hertogenbosch wordt Plan Haverleij (1999-ca. 2010) gerealiseerd, een concept van Sjoerd Soeters waarbij de appartementbewoner zich kasteelheer kan voelen. Net onder de Maas, bij Engelen, verrijzen zeven bouwclusters en één vestingachtige woonwijk: Slot Haverleij (concept Rob Krier). Landschapsarchitect Paul van Beek voorzag de weidse omgeving van parktuinen en een wandelbos. Aan het hele project werk(t)en verschillende architecten mee, ieder met een eigen vormtaal. Zo is Kasteel Zwaenenstede – gelegen op de golfbaan – van Adolfo Natali, het majestueuze, donkere Wuyvenhaerd van Lafour & Wijk en het fiere Leliënhuyze van Sjoerd Soeters zelf.

2 Paleis van Justitie
Leeghwaterlaan 8
tel. 073 - 620 22 22
www.rechtspraak.nl
rondleiding vooraf reserveren

8 Verkadefabriek
Boschdijkstraat 45
tel. 073 - 681 81 50
www.verkadefabriek.nl
rondleiding tweewekelijks za. 14 uur
café-rest. dag. v.a. 11 uur

A SM's (Stedelijk Museum)
Magistratenlaan 100
tel. 073 - 627 36 80
www.sm-s.nl
di.-zo. 13-17, di. en do. tot 21 uur

B Noordbrabants Museum
Verwersstraat 41
tel. 073 - 687 78 77
www.noordbrabantsmusuem.nl
di.-vr. 10-17, za.-zo. 12-17 uur

C Restaurant Puur!
Verwersstraat 18
tel. 073 - 613 27 76
di.-zo. v.a. 9 uur

D Restaurant Tonia van Langen
Orthenstraat 87
tel. 073 - 614 51 55
www.toniavanlangen.nl
wo.-zo. v.a. 18 uur

1

Vesteda Woontoren

Eindhoven wil zo veel mogelijk hoogbouw concentreren om het wonen in groene wijken te blijven koesteren. Dat móét Eindhoven wel, want volgens het Centraal Planbureau blijft de stad tot 2015 groeien. Daarnaast daalt het gemiddeld aantal personen per woning. Eindhoven moet dus woningen bijbouwen. Omdat de stad vrijwel volgebouwd is, zullen nieuwe woningen vooral de hoogte ingaan. De ruitvormige Vesteda Toren **4** maakt deel uit van het door Jo Coenen ontworpen stedenbouwkundig plan Smalle Haven. Het gebouw doet denken aan het Flatiron Building in New York (1902) en de Pirelli Toren (1950-1960) te Milaan. De toren telt 27 verdiepingen, is 14 meter breed en 90 meter hoog.

28 Eindhoven

Hoogbouw in de lichtstad

Wie Philips zegt, zegt Eindhoven. En omgekeerd. Maar er is veel meer te zien in deze stad die de pretentie heeft een moderne stad te zijn. Tijdens deze wandeling maakt u kennis met enkele bijzondere voorbeelden van moderne architectuur.

Kennis, innovatie, hightech en design staan hoog aangeschreven in de promotie van de gemeente Eindhoven. Daarom is een wandeling over de campus van de Technische Universiteit **1**, kweekvijver van jong Nederlands talent, een goed begin van deze route. Het terrein ligt in een fraaie groene omgeving met de Dommel als beeldbepalend element. Maar de gebouwen mogen er ook zijn. Wat direct opvalt, zijn de glazen loopbruggen tussen de verschillende faculteitsgebouwen. Ze hangen ongeveer vijf meter boven het maaiveld. Aan de rand van het campusterrein loopt u langs het fraaie ovale gebouw 'Kennispoort' (John F. Kennedylaan 2), een ontwerp van Koen van Velsen, dat gerealiseerd is tussen 1998 en 2002. Aan de oostkant is er een flinke hap uitgenomen zodat een U-vormige bovenbouw ontstaan is. Het gebouw telt zeven verdiepingen en is georganiseerd rond een binnenstraat van twee verdiepingen

Vervolg op pag. 130 ›

Routebeschrijving

U neemt de stationsuitgang Noord. Na uitgang schuin ra, Kennedyplein oversteken tussen de glazen gebouwen door. Einde ra, Fellenoordpad. Na de Dommel ra en via trappen naar beneden. Ra tunneltje onderdoor. Op splitsing ra, fietspad en trottoir. Waar voetpad stopt, la en onder glazen gang door, campusterrein van Technische Universiteit **1**. Einde la en ra opnieuw onder glazen gang door. Einde la en bij standbeeld ra, Den Dolech. Steeds rd. Weg met bocht naar links volgen. Na de Dommel la, breed voetpad langs het water. Einde ra en over sierbrug. Einde la en bij voet-

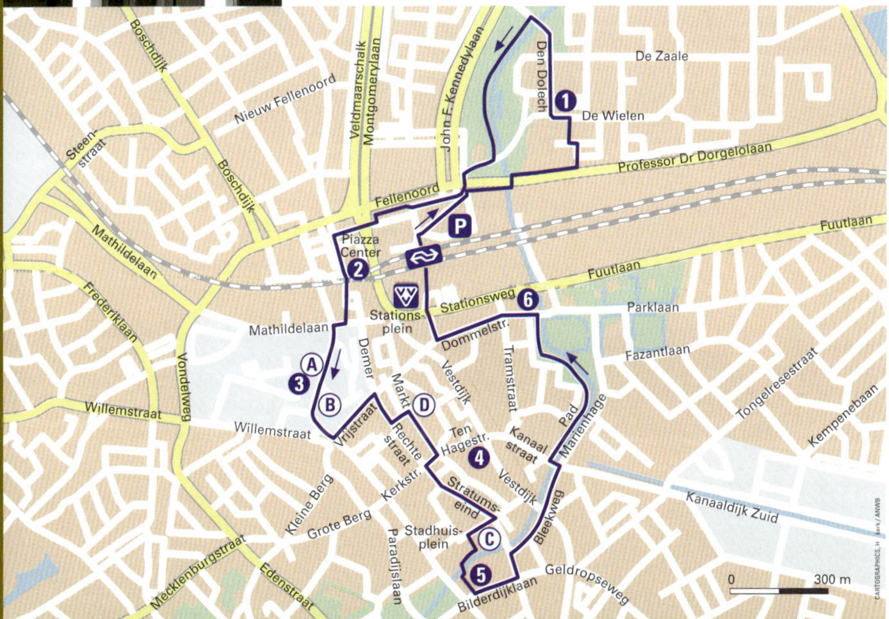

Afstand
6 km - 2,5 uur

Startpunt
NS-station Eindhoven

Bereikbaarheid
Betaald parkeren in centrum.
Tip: Parking Kennedyplein 400,
www.eindhoven.nl

Informatie
VVV Eindhoven
Stationsplein 17
tel. 0900 - 112 23 63
(€ 0,50/min)
www.vvveindhoven.nl

gangerslichten Dorgelolaan oversteken. Ra richting busstation en VVV. Plein oversteken en rd over fietspad richting centrum. Einde la en direct ra richting centrum. Onder brug door, langs Beursgebouw en la voetgangersgebied in, Lardinoisstraat. Onder het spoor door en op Piazza links aanhouden langs de Bijenkorf **2**. Na de Bijenkorf ra. Op kruising la, Emmasingel. U passeert de Witte Dame **3**. Met Emmasingel meebuigen naar links, gaat over in Keizersgracht. Eerste weg la, Vrijstraat. Op kruising ra, Rechtestraat. Eerste weg la, van Hooffstraat. Bij Casino en Muziekcentrum ra, Jan van Lieshoutstraat. Op plein ra richting kerk. Vóór kerk la, Stratumseind. Halverwege deze straat hebt u zicht op de Vesteda Toren **4** (zie pag. 128). Op kruising bij beeldje ra, Oude Stadsgracht. Bij Designhuis la over grindpad naar het water. Bij het water ra, langs Stadhuis en via brug over de Dommel. Langs Van Abbemuseum **5** naar weg en la. Op kruising la, Stratumsedijk. Vóór brug ra, Bleekweg. Op kruising oversteken en rd, Bleekweg vervolgen. Op volgende kruising la brug over en direct ra, Pad Mariënhage langs de Dommel. Wordt onverhard, steeds blijven volgen langs water. Einde la, Dommelstraat. U passeert De Effenaar **6** en gaat rd voetgangersgebied in. Op kruising ra naar het station.

› **Vervolg van pag. 128**
hoog. De gevels bestaan uit een metaalkleurige geglazuurde stenen gevelbekleding. Voorbij het spoor komt u op de overdekte Piazza met de Bijenkorf **2**. neem de tijd om het gebouw van alle kanten te bekijken. Het warenhuis is in de jaren '60 van de vorige eeuw ontworpen door de Italiaanse architect Gio Ponti.

5

2

Het bestaat uit twee gekleurde blokken, waarvan een rechthoekig is met groene tegels. Het andere, lagere blok is van grijze tegels. Let ook eens op de verschillende vormen in de geglazuurde groene tegels, op de onregelmatige plaatsing van de smalle verticale ramen en op het honingraatpatroon. De Italiaanse architect Fuksas realiseerde in 2004 op het vroegere voorplein een uitbreiding en een gigantische luifel. Op de hoek Mathildelaan/ Emmasingel hebt u zicht op het complex van de kantoor- en fabrieksgebouwen van Philips. Roosenburg was van 1919 tot 1962 de huisarchitect en daarmee verantwoordelijk voor de meer dan veertig gebouwen. In 1930 ontwierp hij aan de Emmasingel ook een robuust L-vormig fabrieksgebouw. De Witte Dame **3** is in 1994-1998 verbouwd tot een verzamelgebouw naar ontwerp van Bert Dirrix. Nu zijn er onder andere het Architectuurcentrum en de Design Academy gevestigd.

Na een wandeling door de winkelstraten komt u bij het Van Abbemuseum **5**, dat bestaat uit een traditioneel en een modern gedeelte. Het torentje boven de ingang is kenmerkend voor het traditionele gebouw. In 2003 vond er een uitbreiding plaats die bestaat uit twee verschillende gebouwen rond een vijver. Speciaal voor deze uitbreiding is de rivier de Dommel verlegd en verbreed. Opvallend is de 26 meter hoge toren met zijn interieur dat aan Escher doet denken. De gevels van de nieuwbouw zijn bekleed met grijs leisteen. Vervolgens wandelt u langs de groene boorden van de Dommel terug naar het station. Aan de Dommelstraat passeert u het Poppodium De Effenaar **6**, dat vooral opvalt door de trappen die aan de buitenkant van het gebouw hangen.

5 Van Abbemuseum
Bilderdijklaan 10
tel. 040 - 238 10 00
www.vanabbemuseum.nl
di.-zo. 11-17 uur

A Architectuurcentrum Eindhoven
Emmasingel 20
tel. 040 - 296 11 36
www.architectuurcentrumeindhoven.nl

B Centrum Kunstlicht in de Kunst
Emmasingel 31
tel. 040 - 275 51 83
www.kunstlichtkunst.nl
di.-zo. 12-16 uur

C Designhuis
Stadhuisplein 3
tel. 040 - 232 97 20
www.designhuis.com
alles over design
di.-zo. 11-18 uur

D Grand Café Meneer Frits
Hoek Markt/Jan van Lieshoutstraat
tel. 040 - 265 56 10
www.meneerfrits.nl
wo.-za. v.a. 11, zo. v.a. 12,
di. v.a. 10 uur

1

29 Heerlen

Stad van Frits Peutz

Heerlen verloor zijn wezen toen de mijnen sloten. Tot de jaren '70 van de 20e eeuw domineerden hoge schoorstenen, schacht- en koeltorens de stad. In de vooroorlogse glorietijd bouwde Heerlens bekendste architect Frits Peutz een aantal opvallende gebouwen. U ziet ze tijdens deze wandeling door de groene en glooiende 'Parkstad'.

Het raadhuis **1** (1942) roept associaties op met Italiaanse bestuursgebouwen uit de jaren '30 van de vorige eeuw. De asymmetrische gevel en het platte dak geven het strakke gebouw een modern karakter. De enige versiering die architect Peutz aanbracht bestaat uit de klassieke zuilen (linkerzijde), een verwijzing naar de Romeinse geschiedenis van deze plek. In de hal bevinden zich een brede zwevende trap naar de raadszaal en prachtig vloeiende paddenstoelzuilen.
Het huis Op de Linde **2** dat Peutz voor zichzelf ontwierp (1931) heeft de karakteristieke betonnen luifel en bevat stijlelementen van het nieuwe bouwen. Opvallend in het functionalistische ontwerp is de sculptuur aan de zijgevel.
Peutz ontwierp verschillende soorten kerken in Limburg. In zijn eigen Heerlen kon hij zijn

Vervolg op pag. 134 ›

Architect van de mijnstad

Vóór sluiting van de mijnen (1966-1974) was Heerlen een trotse, moderne stad. Belangrijk voor het aanzien van de stad na 1930 waren de bouwwerken van Frits Peutz (1896-1974). Geboren in het Groningse Uithuizen volgde hij zijn hbs bij de paters van Rolduc. In 1920, tijdens zijn studie in Delft, vestigde hij zich als architect in Heerlen. Hij bouwde veel in Heerlen, zowel traditionalistisch als modern; hij hield zich buiten de richtingsdebatten in de architectuur. In veel van zijn scheppingen spreekt de vormentaal van het nieuwe bouwen. Het warenhuis Schunck **8**, nu Glaspaleis, is een van zijn aansprekendste ontwerpen.

Routebeschrijving

Op Stationsplein tegenover Royal-theater, een veelvormig bioscoopgebouw uit beton en glas van Frits Peutz (1937), het Corio Center in door draaideur. Rechts aanhouden. Uitgang Honigmanstraat en la, Honigmanstraat. Einde la, Geleenstraat met raadhuis **1** en ra, Raadhuisstraat. Rd, Tempsplein. Rd, Ds. Jongeneelstraat. Op kruising ra. Op kruising bij huis Op de Linde **2**, la, Bekkerweg. Bij Bekkerveld schuin rechts naar Annakerk **3**. La, Mgr. Schrijnenstraat. Einde la. Tweede weg ra, Parmentierstraat, staalkaart van hedendaagse villabouw. Na huisnr. 31 la.

Afstand
7,5 km - 3 uur

Startpunt
NS-station Heerlen

Bereikbaarheid
Betaald parkeren in centrum,
www.heerlen.nl

Informatie
VVV Heerlen
Oranje Nassaustraat 16
tel. 0900 - 97 98
(€ 1,00/gesprek)
www.vvvzuidlimburg.nl

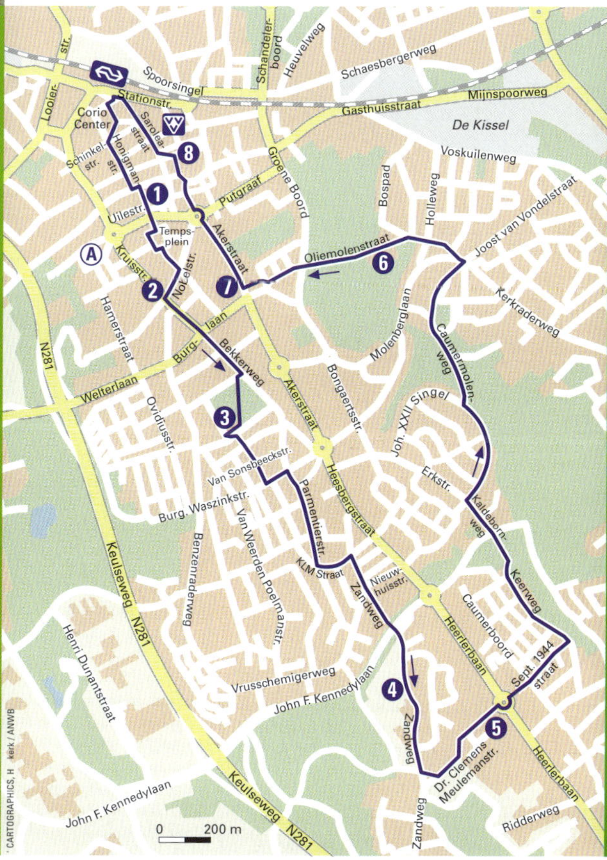

Op kruising Zandweg la. Rd, Zandweg (doodlopend). Brug over. Langs woonhuis **4** Gerrit Rietveld (nr. 22) . Na huisnr. 143 la, voetpad. Voorbij Sint-Josephkerk **5** rd, fietspad. Rd, September 1944-straat. Einde la (park aan rechterhand), Keerweg. Bocht naar rechts. Rd, Kaldebornweg. Op kruising ra, Johannes XXIII-singel. Ra, Caumermolenweg, later Hofdijkstraat. Einde weg la en meteen ra, Kerkraderweg. La, Oliemolenstraat, langs Retraitehuis **6**. Op kruising rd, Oliemolenstraat, later fietspaadje. Bij AZL-kantoor **7** ra, Akerstraat. Op rotonde rd, Akerstraat. Plein oversteken naar Glaspaleis **8**. Vanaf voorzijde la en ra naar Stationsplein.

> **Vervolg van pag. 132**
lang gekoesterde wens, een koepelkerk, realiseren. Deze Annakerk **3** uit 1953 werd in 2007 tot rijksmonument van de wederopbouw verklaard. Het betonnen gebouw heeft een met koper beklede koepel. In de hoge ingangspartij steunen twee dunne ijzeren zuilen een

8

vlakke boog, de vorm die ook de acht wanden van de hoofdruimte bovenaan afsluit.
Op Zandweg nr. 122 ligt, tussen de bomen verscholen, een rechthoekig opgebouwd woonhuis **4** (1964) met zestien kamers en enkele terrassen, een laat ontwerp van Gerrit Rietveld.
Een ander officieel monument van de wederopbouw is de Sint-Josephkerk **5** (1957). De vorige kerk op deze plek was amper twintig jaar oud toen het gewelf scheuren vertoonde, veroorzaakt door plaatselijke mijnbouwactiviteiten. De toren stond op het laatst meer dan anderhalve meter uit het lood. Voordat de nieuwbouw begon, werd de steenkoollaag versneld afgebouwd om latere verzakkingen te voorkomen. Architect Jozef Fanchamps uit Kerkrade maakte een modern ontwerp waarbij het (zichtbare) betonskelet werd opgevuld met Kunrader kalk, een geelgrijze kalkzandsteen uit de omgeving. Kenmerkend zijn de lichtgebogen lijnen van het dak, dat met betumen is afgedekt. De slanke betonnen klokkentoren is door een zuilengang met de kerk verbonden.
Op de Molenberg net buiten het centrum staat een van Peutz' mooiste gebouwen, het Retraitehuis **6** uit 1932 in de stijl van het nieuwe bouwen. Het grote gebouw heeft lichtgrijs gestuukte muren. Het staalskelet maakte brede vensters mogelijk. Boven de linkertoegang is een typische Peutz-luifel geplaatst. Links daarvan ziet u de ronde ramen en de apsis van de kapel van het voormalige bezinningshuis voor vrouwen. Na een restauratie (2003) zijn hier bedrijven gevestigd.
Wiel Arets tekende voor de uitbreiding (1997) van het AZL-kantoor **7**. Het nieuwe, sobere betonnen deel is in het oude bakstenen gebouw van 1939 geïntegreerd; aan de voorkant heeft de nieuwbouw een bunkerachtig aanzien.
Met het glazen Warenhuis Schunck **8** (voor mode, stoffen, tapijten en bedden) gaf Peutz het groeiende Heerlen in 1936 een spraakmakende moderniteit. De romaanse Pancratiuskerk spiegelt zich in de achtergevel. Achter de vrijstaande glazen etalage, aan de lager gelegen voorkant, ligt een prachtig ijzeren portaal met gebogen glas. Balkloze betonnen vloeren worden gedragen door sierlijke 'paddenstoelzuilen'. Voor de ventilatie zit tussen de vloeren en de glasgevel een halve meter ruimte. In de sombere jaren '70 van de 20e eeuw was het warenhuis gedegradeerd tot kantoor met wanden van bruin rookglas. Jo Coenen en Wiel Arets, beiden in Heerlen geboren, restaureerden in 2003 het Glaspaleis in de geest van Peutz; daarna werd het een cultuurcentrum. De bibliotheek is op drie etages gevestigd en er is een tentoonstellingsruimte. In het penthouse, waar vroeger de familie Schunck woonde, is nu een restaurant ingericht en een filmzaal met de bonbonnière als zithoek.

8 Stadsgalerij
Bongerd 18 (Glaspaleis)
tel. 045 - 577 22 10
www.stadsgalerijheerlen.nl
moderne schilderkunst
di.-vr. 11-17, za.-zo. 13-17 uur

8 Restaurant 5.0
Bongerd 18
tel. 045 - 577 22 88
www.restaurantvijfpuntnul.nl
(5e etage Glaspaleis)
dag. v.a. 12 uur, wo. gesloten

8 Kunstcafé
Pancratiusplein
tel. 045 - 577 22 88
(achter in Glaspaleis)

A Thermenmuseum
Coriovallumstraat 9
tel. 045 - 560 51 00
www.thermenmuseum.nl
di.-vr. 11-17, za.-zo. 12-17 uur

1

Céramique

Tot in de jaren '70 van de 20e eeuw was Maastricht een echte industriestad. Papier, cement en vooral aardewerk werden hier gemaakt. In 1863 begon de Société Céramique aan de Maasoever, in 1958 volgde de fusie met Sphinx. Na ontmanteling van deze industrie liet de gemeente Jo Coenen in 1987 een stedenbouwkundig plan maken voor dit gebied. Resultaat was een prestigueuze woon- en kantoorwijk waar de huizenprijzen hoog liggen. Er zijn enkele gezellige plekjes, verder overheerst de ordelijkheid. De wijk Céramique telt architectuur van allure: Coenen, Henket en Arets en buitenlandse architecten als Rossi, Siza en Botta zijn er vertegenwoordigd.

30 Maastricht

Oud, bourgondisch en ... modern

Maastricht wordt vaak bezocht om de gezellige historische binnenstad en het bourgondische leven. Minder bekend is dat Nederlands meest buitenlandse stad zo langzamerhand een aanbod moderne architectuur van allure heeft. De gevarieerde route voert aan beide zijden van de Maas en dwars door de binnenstad.

Het Centre Céramique **1** vormt met Plein 1992 de overgang van het oude Wyck naar het moderne stadsdeel Céramique. Het gebouw (Jo Coenen, 1999) biedt ruimte aan de openbare bibliotheek, tentoonstellingen en cursussen. In de hal staan twee mooie maquettes. Boven is een leescafé/restaurant. Het aanzien van het ronde, bakstenen woning- en kantoorcomplex La Fortezza **2** (Mario Botta, 1998) wordt mede bepaald door diepliggende kozijnen en siermetselwerk. Aan de overkant van de wat formele Avenue Céramique ligt het Bonnefantenmuseum **3** (Aldo Rossi, 1995), het eerst gerealiseerde gebouw van Céramique. Naar Münchens voorbeeld verbindt een centrale 35 meter lange houten trap tussen hoge baksteenmuren de verdiepingen. De beeldbepalende ronde toren aan de rivierzijde, met zink bekleed, heeft een omgang rond de langgerekte koepel. In de Wiebengahal,

Vervolg op pag. 139 ›

Routebeschrijving

Van station naar startpunt: rd, Stationsstraat, later Wycker Brugstraat (400 m).
Van ANWB/VVV oversteken en Wyckergrachtstraat in. Rd, Ruiterij. Trapje op en la, Plein 1992 naar Centre Céramique **1**. Links de 52 m hoge dubbele torenflat van architect Alvaro Siza (2001). Loop door het ronde, rode woongebouw La Fortezza **2**, binnenin ra. Bij uitgang ra, Sphinxlunet en la tussen twee witte zuiltjes door. Na uitgang ra en la, om Rijkswaterstaat heen, Avenue Céramique. Ra, Daemslunet. De Patio Sevilla (rechts)

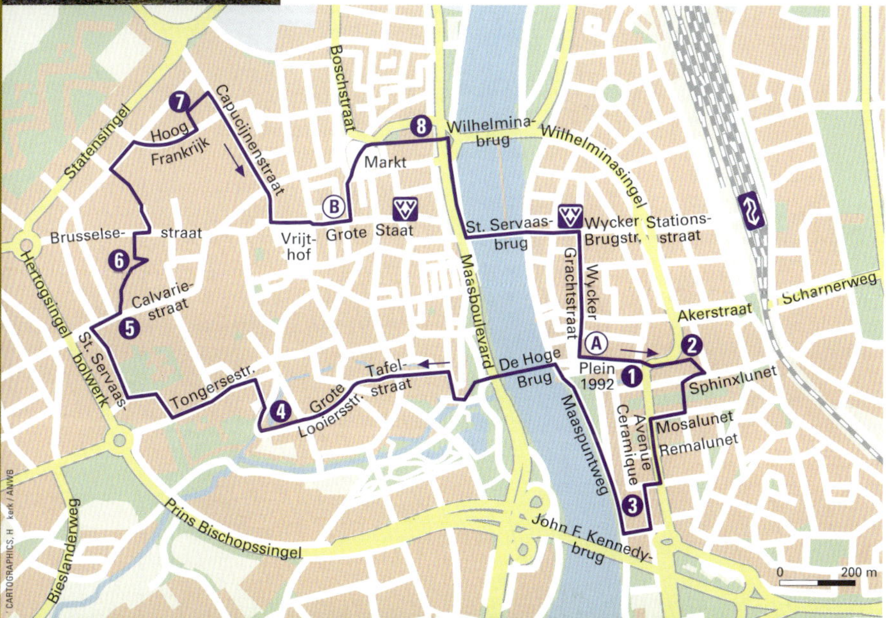

Afstand
6,5 km - 2,5 uur

Startpunt
ANWB/VVV,
Wycker Brugstraat 24

Bereikbaarheid
Betaald parkeren; op drukke dagen P+R MECC,
www.parkerenindestad.nl

Informatie
VVV Maastricht
Kleine Staat 1
tel. 043 - 325 21 21
www.vvv-maastricht.eu

kwam in 2003 in het nieuws toen er vijf balkons instortten. Links het Bonnnefontenmuseum **3**. Langs de Maas lopen. Over witte boogbrug en links langs hoektorentje. Door Helpoort. La, Achter de Oude Minderbroeders. Rd, Tafelstraat. Rd, Grote Looiersstraat. Rd, De Bousquetplein en Heksenstraat. Rechts in tuin de glazen stolp **4**. Om het naastgelegen Conservatorium (Dingemans, 1965) heenlopen, trap op (Frits Peutz ontwierp Jan van Eyckacademie, 1959). Einde plein la, Kakeberg. Einde rd, Tongersestraat. Tweede straat ra, Polvertorenstraat. La en ra, Sint-Servaasbolwerk. Rechts staat de bejaardenflat Aldenhof **5**. Op kruising ra. Tweede la (Jekerstraat 45-47d) naar Herdenkingsplein **6**. Einde plein ra. Na huisnr. 66 la door poort. Bij uitgang Kumulus ra. Ra, Hoogfrankrijk. La, Charles Voscour **7**. Rechts door poort en einde binnenplaats ra. Op kruising rd, Statenstraat. Op Vrijthof la en rd, Grote Staat. (Voor boekhandel in kerk even la en weer terug. Architectenbureau Merkx + Girod ontwierp het interieur.)

7

neogotiek stijl die opgang maakt in de eerste helft van de 19e eeuw, wanneer het neoclassicisme aan betekenis inboet. De stijl grijpt terug op de middeleeuwen; op de vormentaal van de gotiek maar ook op de moraal en het ideaal van de overzichtelijke, religieuze middeleeuwse samenleving; vooral toegepast in de kerkelijke bouwkunst.
neorenaissance stijl uit de periode 1870-1915, waarbij motieven van de renaissancearchitectuur zijn verwerkt, vooral van oud-Hollandse voorbeelden, met trapgevels, speklagen, blokken en kruiskozijnen.
nieuwe bouwen zie nieuwe zakelijkheid
nieuwe zakelijkheid het nieuwe bouwen, functionalisme of nieuwe zakelijkheid staat voor een stroming die vooral in de jaren 20-40 in de 20e eeuw van zich deed spreken. Het Nederlandse functionalisme stelt functie boven vorm en legt de nadruk op het praktische doel, de constructieve eisen, doelmatige plattegronden en een adequate behandeling van nieuwe materialen zoals ijzer, beton en glas.
organische architectuur deze internationale bouwstijl deed rond 1925 zijn intrede; een expressionistische stroming die zich afkeert van het functionalisme. De basis van de organische architectuur ligt in de antroposofische beweging en jugendstil. Eigenschappen van deze stroming zijn een plastische vormgeving, gebruik van natuurlijke materialen en aan de natuur ontleende vormen, milieubewust bouwen en integratie met de omgeving.
postmodernisme (1980-heden) een reactie op het modernisme, waarbij de nadruk ligt op de verschijningsvorm. De (klassieke) geschiedenis wordt herontdekt als inspiratiebron voor de architectuur. Kenmerkend is dan ook het gebruik van klassieke elementen, in prefabbeton, vaak in combinatie met moderne elementen als vliesgevels.
School van Berlage deze stijl – ook wel Berlagiaans genoemd – verwijst naar karakteristieken in het oeuvre van architect H.P. Berlage (1856-1934). Typische aspecten zijn traditionele constructies en bouwmaterialen, zoals baksteen. De stijl kenmerkt zich bovendien door een voorkeur voor het oude ambachtelijke handwerk in de architectuur en de meubelkunst. Karakteristiek zijn de zware bakstenen gevels, rondbogen en decoratieve blokken en banden.
De Stijl term ontstaan als naam van een tijdschrift, in 1917 door Theo van Doesburg opgericht. Kunst- en architectuurstroming met een abstracte en geometrische vormgeving. De ontwerpen bestaan uit een rechthoekige ruimtelijke compositie van vlakken en lijnen. Doelmatigheid staat centraal, monumentaliteit is niet van belang. Er werden kubistische gebouwen met platte daken gerealiseerd. Het kleurengamma van de bouwstijl beperkt zich tot de drie primaire kleuren en de drie primaire niet-kleuren.
structuralisme (1960-1990) stroming die ook wel Forumarchitectuur wordt genoemd, naar het gelijknamige tijdschrift. Reactie op de architectuur van het nieuwe bouwen. Kenmerkend is de opbouw van een gebouwstructuur uit een aantal, veelal dezelfde, kleinere eenheden en de betekenis van de menselijke maat. Voor de repeterende bouwdelen waren prefabbetonelementen geschikt. Gebouwen hebben een decentrale opbouw, collectieve ruimtes en meerdere ingangen. De constructie is vaak zichtbaar.
traditionalisme stroming vanaf het begin van de 20e eeuw tot in het heden waarin tradities in de Nederlandse architectuur een belangrijke rol spelen. Maakte in eerste instantie opgang als zogeheten Delfse school, rondom de hoogleraar bouwkunde ir. M.J. Granpré Molière (1925-1955). Tradtionalisme anno nu grijpt terug op traditionele bouwmaterialen als hout en baksteen, op traditionele bouwvormen zoals de kap, maar ook op de moraal en het ideaal van de overzichtelijke, Hollandse samenleving.
wederopbouw (1940-1965) stijl ontstaan in een periode van materiaalschaarste en een hoge vereiste productiesnelheid. Sobere stijl voor woningen, die niettemin tot in detail zijn uitgedacht en bij voorkeur voor verschillende bewonerscategorieën. Tevens periode van vernieuwing door nieuwe materialen en werkwijzen; van 'stoel tot stad, van keuken tot kerk'.

Fotoverantwoording

Inhoud: Nationale Beeldbank/Hamperium (p. 3, Almere); Gebruik van deze gids: Nationale Beeldbank/ H. Siteur(p. 4, postkantoor Utrecht), Nationale Beeldbank/P.J. Brink (p. 5, Rotterdam); Wandelen van het algemene naar het bijzondere: Harry Schuring (p. 6, Bijenkorf Den Haag), Nederlands Architectuur-insituut, www.nai.nl '101 markante stukken' (p. 7 t/m 18); Wandelroutes: Consuelo Adema (p. 20, 21, 22), Harry Schuring (p. 24, 26), Nationale Beeldbank/Kim Kaminski (p. 25), Ad Snelderwaard (p. 28, 29), Harry Schuring (p. 30), Rob Wolfs (p. 32, 34), Nationale Beeldbank/Gerda van Ekris (p. 33), Ingeborg van der Aa/ Aadezign (p. 35), Nationale Beeldbank/Marcel Brands (p. 36), Rob Wolfs (p. 37, 38, 40, 43), Ad Snelderwaard (p. 41), Provincie Gelderland/Norbert Voskens (p.42), Consuelo Adema (p. 44, 45), Ad Snelderwaard (p. 46), Consuelo Adema (p. 48, 49, 51), Kröller Müller Museum/Cary Markerink (p. 50), Ad Snelderwaard (p. 52), Travelingo/Pim Verver (p. 53, 54), Sietske de Vet (p. 56, 57, 58, 60), Rutger Burgers (p. 61, 62), Nationale Beeld-bank/Y. Smits (p. 64), Sietske de Vet (p. 65, 66), Ad Snelderwaard (p. 68, 70), Travelingo/Pim Verver (p. 69), Harry Schuring (p. 72, 73, 74), Travelingo/Pim Verver (p. 76, 77, 78), Rutger Burgers (p. 80, 82), Nationale Beeld-bank/Jeanet Dijkstra (p.81), Rutger Burgers (p. 84, 86), Ad Snelderwaard (p. 85, 88), Harry Schuring (p. 89, 90, 92, 93), Ad Snelderwaard (p. 94), Nationale Beeldbank/Martijn B. (p.96), Harry Schuring (p. 97, 98), Nationale Beeldbank/Foto Delft (p. 99), Rutger Burgers (p. 100, 101, 102), Nationale Beeldbank/P.J. Brink (p. 104), Travelingo/Pim Verver (p. 105, 106, 108, 109), Ad Snelderwaard (p. 110), Harry Schuring (p. 112, 113, 114), Consuelo Adema (p. 116, 117, 118), Nationale Beeldbank/James van der Borght (p. 120, 122), Nationale Beeldbank/Y. Smits (p. 121), Consuelo Adema (p. 124, 125 126), Ad Snelderwaard (p. 128, 131), Rob Wolfs (p. 129, 130), Harry Schuring (p. 132, 133), SCHUNCK-Glaspaleis/Klaus Tummers (p.134), Gerard op het Veld (p. 136), Bonnefantenmuseum/Kim Zwarts (p. 137), Harry Schuring (p. 138); Lexicon: Nederlands Architectuur-insituut, www.nai.nl '101 markante stukken' (p. 140, presentatietekening Hilton Hotel)

Colofon

Projectcoördinatie
ANWB Media, Yvonne Mens,
Routewerk (Sietske de Vet), Zeist

Uitgever
ANWB Media, Vincent van der Meys en Caroline Wetselaar

Productie en prepress
ANWB Media Realisatie

Redactie
Routewerk (Sietske de Vet), Zeist

Beeldredactie en opmaak
Indivisual dtp & redactie (Consuelo Adema), Den Haag

Auteurs
Consuelo Adema/Indivisual (route 1, 7, 8, 25, 27), Rutger Burgers/Routewerk (route 11, 16, 17, 21), Harry Schuring/Panama Producties (route 2, 3, 14, 18, 19, 20, 24, 26, 29, 30), Pim Verver en Marja Kerst/Travelingo (route 9, 13, 15, 22, 23), Sietske de Vet/Routewerk (route 10, 12), Rob Wolfs/Routewerk (routes 4, 5, 6, 28), Ole Bouman/NAi, Marion Meijer & Bruno Wijnands (inleiding 'Wandelen van het algemene naar het bijzondere')

Kaarten
Cartographics, Heemskerk

Ontwerp omslag en binnenwerk
DIMARDESIGN BNO (Dimitri Mau Asam), Den Haag

Omslagfoto
Voorzijde: NAi Rotterdam (Willem Franken Fotografie)
Achterzijde: Postkantoor Utrecht (Nationale Beeldbank/
H. Siteur)

1e druk
ISBN: 978-90-18-02861-9
Gegevens afgesloten: april 2009

anwb.nl

Oproep aan de lezer

De informatie in deze wandelgids is aan verandering onderhevig. Het kan dus wel eens gebeuren dat u ter plaatse een andere situatie aantreft dan de auteurs en de routeontwikkelaars.
Is de tekst of de routebeschrijving niet meer correct, laat ons dat dan even weten. Voor het op peil houden van de informatie zijn de reacties van onze lezers van grote waarde. Ons adres is: ANWB Media, Redactie Wandelgidsen, Postbus 93200, 2509 BA Den Haag.

Nog meer wandelen in Nederland!

Nog meer wandelen in Nederland en genieten van al het moois van eigen bodem? De unieke serie ANWB Wandelgidsen biedt inspiratie. Ontdek de historie van Nederlandse steden met Wandelgids Stadswandelingen, ga terug in de tijd met Wandelgids Vestingsteden of geniet al wandelend van culinaire hoogstandjes van eigen bodem met Wandelgids Lekker Wandelen.

Wandelgids Stadswandelingen
Proef al wandelend de sfeer van Nederlandse steden
• 40 wandelingen 3-13 km
• Grote en kleinere steden
• Tips voor bezienswaardigheden
Prijs: € 11,95
(Niet-leden: € 12,95)

Wandelgids Vestingsteden
40 wandelingen door vestingsteden
• Routebeschrijvingen en -kaartjes
• Tips voor leuke winkeltjes en restaurants
• Bijzondere bezienswaardigheden
Prijs: € 12,50
(Niet-leden: € 12,95)

Lekker Wandelen
Voor wandelaars die van lekker eten houden, of voor levensgenieters die op zijn tijd gaan wandelen
• 20 prachtige wandelroutes
• Restaurants en hotels
• Tips voor bezienswaardigheden
Prijs: € 13,95
(Niet-leden: € 14,95)

Lexicon van begrippen in de architectuur

Amsterdame school (1910 tot 1930) bouwstijl die in Amsterdam onder andere door architect Michel de Klerk werd ontwikkeld, maar ook elders voorkomt. Expressieve stijl met traditionele materialen als baksteen en dakpannen. De horizontale lijn is een van de belangrijkste kenmerken, evenals toepassing van beeldhouwwerk, onder andere van Hildo Krop.
art nouveau Franse benaming voor een stijlvernieuwing rond 1900. De stijl kenmerkt zich vooral door asymmetrie en uitbundig sierlijke, beweeglijke lijnen. Naast de geometrisch georienteerde constructief rationeel maatschappelijke stroming in Amsterdam rond H.P. Berlage, is er het sierlijke artistieke pragmatisme gelegen in Den Haag en Rotterdam.
Delftse school (1925-1955) rondom de Delftse hoogleraar bouwkunde ir. M.J. Granpré Molière ontstane traditionalistische architectuurstijl, gebaseerd op universele normen en waarden. Deze werden vooral gezocht in de Nederlandse plattelandsarchitectuur. Architectuur moet nederig zijn en vooral niet opvallen. De functie van een gebouw komt tot uitdrukking in de vorm. Woonhuizen zijn veelal simpel en ingetogen. Publieke gebouwen zijn juist monumentaal.
expressionistische architectuur zie Amsterdamse school
functionalisme zie nieuwe zakelijkheid
high tech stroming uit laatste kwart van de 20e eeuw, waarbij innovatie in productietechnieken en bouwmaterialen centraal staat. Installaties en constructies nemen een prominente plaats in bij de vormgeving, evenals felle kleuren. In de gebouwen worden grote flexibele ruimten gecreëerd. De gebruikte materialen zijn vooral staal en glas.
jugendstil Duitse benaming voor een stijlvernieuwing rond 1900. De stijl kenmerkt zich vooral door asymmetrie en uitbundige sierlijke, beweeglijke lijnen. Vormen zijn dikwijls ontleend aan de natuur, zoals bladeren, bloemen en vogels en in hoge kleurcontrasten weergegeven.
modernisme (1925-1960) internationale stijl die voortkomt uit het Bauhaus; betreft niet alleen architectuur maar ook andere kunstvormen. Net als in het Bauhaus is de functie van een product of gebouw zeer belangrijk voor het ontwerp. Een gebouw is minimalistisch in zijn vormgeving. In de architectuur wordt vaak gebruik gemaakt van glaswanden, platte daken en cilindrische vormen.
neoclassicisme (1775-heden) stijl die vanuit verschillende motieven en in verschillende verschijningsvormen telkens weer opduikt. Centraal daarin staat de bouwkunst uit de klassieke tijd van de Grieken en Romeinen. De stijl is vooral geïnspireerd op de klassieke tempels en maakt gebruik van strakke, symmetrisch ingedeelde (witgepleisterde) gevels, (driehoekige) frontons en zuilorden.

La, Spilstraat. Schuin over Markt. Achter Stadhuis door, Mosae Forum **8**. Vóór Maas ra. La, Sint-Servaasbrug en rd, Wycker Brugstraat naar beginpunt.

> Vervolg van pag. 136

een vroeg voorbeeld van het nieuwe bouwen uit 1912, is een tentoonstellingsruimte van NAi M / Bureau Europa ingericht. Het is een deel van het vroegere ovengebouw waar het aardewerk werd gebakken.
In de tuin van het Natuurhistorisch Museum is voor de in 1998 gevonden fossiele resten van de Mosasaurus 'Bèr' (maashagedis) een glazen stolp **4** gebouwd ('Mosaleum', door N Architecten, 2001) met stalen frame en rvs 'glaspootjes'.
De bejaardenflat Aldenhof **5** (Huysmans, 1957) werd in 2007 op de lijst Beschermde monumenten van de wederopbouw geplaatst. De balkonversieringen en enkele gespaard gebleven hoge raampartijen geven het gebouw zijn jaren '50-karakter. De Academie voor Beeldende Kunsten op het Herdenkingsplein **6** dateert van 1994. Wiel Arets koos voor sobere materialen: beton en glasbouwstenen. Die laatste zijn ook in de vloer van de loopbrug verwerkt. Mecanoo maakte het stedenbouwkundig plan voor dit nieuwe plein en ontwierp de appartementen (1994) met de houten gevels. De grijze gevelwand werd door Boosten Rats ontworpen (1995). De doorlopende colonnade brengt harmonie in de gevelwanden. De lege binnenruimte is net iets te groot om het plein intiem te maken.
De Luikse architect Charles Vandenhove paste voor de bijna honderd huur-en koopwoningen van de Charles Voscour **7** zijn bekende op het classicisme geïnspireerde stijl toe met halfronde zinken daken (1994). Ook de bergingen kwamen achter een zuilenrijtje te liggen. Het ontbreken van privéterrein en dus ook van heggetjes, hekjes en schuttingen maakt de binnenruimte tot één collectief gebied.
Op een paar passen van het oude stadhuis op de Markt kwam in 2007 het Mosae Forum **8** gereed. Op straatniveau is het een drukbezocht winkelcentrum. Boven liggen de 637 flexwerkplekken van 855 ambtenaren van het stadskantoor plus hun uitzichtrijke kantine. Het complex vergroot het voetgangersgebied van de Markt tot aan de Maas. Daarmee wordt de rivier weer bij de binnenstad betrokken. Het masterplan en het witte, gebogen noordgebouw kwamen voor rekening van de neven Jo en Geert Coenen. Het strakkere zuidelijke deel is van de Luikse architect Bruno Albert. Het stadskantoor heeft een luxe afwerking, bijvoorbeeld in de lokethal. Het binnenplein in het rechterwinkelgedeelte (Albert) heeft een bijzonder houten parapludak. In de kelder is een aantal zaken met lekkernijen bijeengebracht onder de naam MosaeGusto.

1 Centre Céramique
Avenue Céramique 50
tel. 043 - 350 56 00
www.centreceramique.nl
bibliotheek, museum, leescafé
ma. en zo.mo. gesloten

3 Bonnefantenmuseum
Avenue Céramique 250
tel. 043 - 329 01 90
www.bonnefanten.nl
met museumcafé
di.-zo. 11-17 uur

8 MosaeGusto
delicatessenwinkels in kelder Mosae Forum

A Coffeelovers
Ruiterij 2
tel. 043 - 356 19 44
modern koffiehuis

B selexyz dominicanen
Dominicanerkerkstraat 1
tel. 043 - 321 08 25
www.selexyz.nl
boekhandel

PREMIÈRE PARTIE

ÉVASION SUR LE TOIT-DU-MONDE

INTERNEMENT ET TENTATIVES D'ÉVASION

A la fin du mois d'août 1939, nos reconnaissances au Nanga Parbat sont terminées. Nous avons découvert une nouvelle voie d'escalade et attendons, à Karachi, l'arrivée du cargo qui doit nous ramener en Europe. Le bateau est en retard sur son horaire, et les sombres nuages annonciateurs de la deuxième guerre mondiale se font chaque jour plus menaçants. Mes camarades Chicken, Lobenhoffer et moi décidons de nous glisser entre les mailles du filet que la police s'apprête à laisser retomber sur nous. Seul Aufschnaiter, chef de l'expédition, ancien combattant de la Grande Guerre, refuse de croire à l'imminence d'un nouveau conflit et s'obstine à rester à Karachi...

Le but de notre petite troupe est d'atteindre l'Iran, puis, de là, de nous frayer un chemin jusqu'en Allemagne. Après avoir réussi, sans grand mal, à « semer » nos anges gardiens et à mettre entre eux et nous plusieurs centaines de kilomètres de contrée désertique, nous arrivons à Las Beila, petite principauté située au nord-ouest de Karachi.

C'est là que le sort nous a donné rendez-vous : sous prétexte d'assurer notre sécurité, huit soldats nous encadrent. Autant dire qu'on nous arrête! Pourtant l'Allemagne et le Commonwealth ne sont pas en état de guerre.

Escortés de cette garde vigilante, nous ne tardons pas à nous retrouver à Karachi où nous revoyons Peter Aufschnaiter et apprenons deux jours plus tard que la guerre est déclarée. Les jeux sont faits : cinq minutes à peine se sont écoulées depuis la proclamation de l'état de belligérance que vingt-cinq soldats hindous, armés jusqu'aux dents, cernent le salon de thé où nous sommes attablés et nous emmènent. Une voiture de police nous conduit immédiatement dans un « camp », installé à notre intention. Ce n'est du reste qu'un camp provisoire. Quinze jours plus tard, nous sommes transférés au camp central d'Ahmednagar, près de Bombay.

Nous voici donc entassés sous les tentes ou dans les baraques de ce camp devenu le camp clos d'inévitables antagonismes entre compagnons de captivité. Décidément, cet univers diffère par trop de celui que j'ai connu dans l'Himalaya. Un homme épris de liberté ne saurait s'en accommoder. Je me porte volontaire à travailler à l'extérieur, dans l'espoir de trouver plus facilement une occasion de m'évader.

Je ne suis, bien entendu, pas le seul à nourrir ce projet, et nous avons tôt fait de nous procurer boussoles, argent et cartes, échappés à la fouille. Nous parvenons même à « rafler » des gants de cuir et des pinces coupantes. La disparition de ces dernières, subtilisées dans le dépôt de matériel des Anglais, provoque une fouille générale mais sans résultat.

Persuadés que la fin de la guerre est proche, nous remettons de jour en jour la réalisation de nos projets quand un beau matin à l'improviste, on nous transporte dans un nouveau camp. Un long convoi se forme, qui doit nous amener à Deolali; nous sommes à dix-huit par camion, sous la garde d'un soldat hindou. En tête, au centre et à la fin du convoi, roulent des voitures occupées par des sentinelles en armes.

Lobenhoffer et moi décidons de profiter de ce transfert pour mettre nos plans à exécution. Nous nous plaçons face à face à l'arrière d'un camion. La route est extrêmement sinueuse et les nuages de poussière qui enveloppent le convoi nous dissimulent aux regards du soldat. Nous devrions pouvoir sauter à terre sans attirer l'attention et disparaître dans la jungle. La petite enclave portugaise de Damao, territoire neutre, que nous avons pour objectif se trouve justement dans la direction exacte prise par le convoi.

Au moment le plus propice nous sautons; j'ai le temps de courir et de me cacher dans les broussailles à une vingtaine de mètres de la route. Mais à ma grande terreur, la caravane stoppe et des coups de sifflet stridents retentissent. Je vois les gardes se ruer dans la direction prise par Lobenhoffer. Le doute n'est plus permis; il est découvert. Malheureusement, c'est lui qui porte le sac contenant l'équipement et il ne reste plus qu'à me constituer prisonnier. Je profite de l'affolement général pour réintégrer ma place.

Bientôt Lobenhoffer apparaît, les mains en l'air, face à une rangée de baïonnettes. Comment s'y est-il pris? Je l'apprends bientôt : en sautant, le sac qu'il tenait à la main a rebondi sur le sol et alertée par le bruit, la sentinelle du camion a donné l'alarme. La leçon est amère et ma déception immense. De cette tentative ratée, nous tirons la conclusion qui s'impose : en vue d'une évasion à deux, chaque candidat à la liberté doit se munir d'un équipement complet.

Quelques mois plus tard, nouveau transfert. Cette fois, le train nous conduit au pied de l'Himalaya. Là, près de Dehra-Dun se trouve le plus grand camp d'internement établi sur le sol indien. Les sept vastes « blocs » dont il se compose sont isolés les uns des autres par une double haie de barbelés et leur ensemble entouré d'une seconde enceinte à deux rangs de barbelés également, entre lesquels les patrouilles circulent jour et nuit.

C'est pour moi un changement complet de situation. Les camps dans lesquels nous avons été auparavant internés se trouvaient dans la plaine et nos projets d'évasion visaient essentiellement l'une ou l'autre des enclaves portugaises réparties sur le littoral. Ici, l'Himalaya, est, pour ainsi dire, à portée de la main et derrière ses cols, le Tibet! Pour l'alpiniste que je suis la tentation est forte. Mais une aventure de ce genre nécessite une préparation minutieuse.

Pour commencer, j'apprends des rudiments d'hindoustani, de tibétain et de japonais qui me permettront de me faire comprendre, puis je dévore les livres consacrés à l'Asie Centrale que je trouve dans la bibliothèque. Les régions que traversera mon futur itinéraire m'intéressent entre autres au plus haut point. Je prends des notes et copie les cartes. Peter Aufschnaiter, interné lui aussi à Dehra-Dun, possède encore le journal et les cartes de l'expédition. Il travaille de son côté et met son matériel à ma disposition. Chaque croquis est copié en double exemplaire : l'un servira à l'évasion, l'autre restera en réserve au cas où l'original serait perdu ou découvert.

La seconde condition de réussite est le maintien de ma forme physique. Tous les jours, pendant plusieurs heures, je m'adonne au sport; quel que soit le temps, bon ou mauvais, je m'astreins à cette corvée quotidienne. Souvent, la nuit, je veille; j'étudie les habitudes des sentinelles et note les heures de relève.

Une troisième difficulté, la plus grave à mon sens, c'est que mon pécule est limité. Je vends ce qui m'appartient et ne me paraît pas indispensable, mais la modeste somme réunie est insuffisante pour couvrir mes besoins, même au Tibet, et puis il faut compter avec les « graissages de pattes » et les bakhchiches [1]. Sans me laisser abattre, j'active mes préparatifs et plusieurs camarades m'apportent leur concours.

Au début j'avais sciemment évité de prendre l'engagement de ne pas profiter des permissions hebdomadaires pour m'enfuir. Ainsi, je gardais mes coudées franches. Ici, à Dehra-Dun, mes scrupules s'envolent et je signe la déclaration. De toute manière, les permissions ne sont valables que pour les environs immédiats du camp.

Ma première intention était de tenter seul l'aventure; libre de ses mouvements, on utilise au maximum les chances qui vous sont offertes. Un jour cependant, mon ami Rolf Magener me signale qu'un général italien nourrit les mêmes desseins que moi. Son nom ne m'est pas inconnu et nous profitons d'une nuit sombre, Magener et moi, pour nous glisser à travers les barbelés jusqu'au bloc voisin du nôtre... occupé par quarante généraux italiens prisonniers.

Mon futur compagnon d'évasion s'appelle Marchese. Agé d'une quarantaine d'années, il est grand et mince; comparés aux nôtres, ses vêtements laissent une impression d'extrême élégance. C'est surtout son excellente forme physique qui m'en impose.

1. Pourboires.

Tant bien que mal, nous parvenons à nous comprendre. Si Marchese ne parle pas un mot d'allemand, j'ignore l'italien et nos connaissances d'anglais sont médiocres. Finalement nous conversons en français. Marchese me raconte qu'il a participé aux campagnes de Somalie et d'Abyssinie et qu'une fois déjà, il a tenté de s'évader.

La question d'argent ne se pose pas pour lui; il touche une solde égale à celle d'un général anglais. De plus, il a des facilités pour se procurer tous objets et équipements nécessaires à une fuite. Jamais les circonstances n'ont été plus favorables. Ce qui lui manque, c'est précisément un partenaire qui connaisse l'Himalaya. Nous tombons rapidement d'accord et convenons de nous partager la tâche : j'assumerai la préparation et l'exécution du plan d'évasion, lui se chargera du financement et de fournir le matériel. J'étudie avec Marchese le détail du projet. Mes passages répétés à travers les barbelés font de moi un véritable spécialiste. Je connais maintenant plusieurs procédés pour les traverser, mais l'un d'eux semble particulièrement indiqué. La double clôture circulaire qui entoure le camp est munie, tous les quatre-vingts mètres, d'un mirador couvert d'un toit de chaume de forme conique qui sert d'abri aux sentinelles. Prendre pied sur un de ces toits, c'est franchir du même coup les deux enceintes.

En mai 1943, les préparatifs sont terminés. Argent, provisions, boussole, montres, chaussures et même tente à deux places, rien ne manque.

Une nuit, enfin, traversant l'enceinte intérieure, je me glisse dans le bloc occupé par Marchese. Une petite échelle « escamotée » à la faveur d'un récent incendie, s'y trouve cachée. Nous la dressons contre le mur d'une baraque et nous nous dissimulons. Minuit approche; dans dix minutes les sentinelles seront relevées. Lentement mais déjà impatientes, elles vont et viennent le long des clôtures, se rapprochent puis se séparent. La lune se lève au-dessus des plantations de thé qui entourent le camp et les grosses lampes électriques projettent des ombres doubles.

Au moment où les deux sentinelles se trouvent le plus éloignées l'une de l'autre, je me redresse et cours vers les barbelés. Le temps d'appuyer l'échelle sur la partie supérieure de la clôture, je monte puis, avec la pince, sectionne les fils qui interdisent l'accès au toit du mirador. Pendant ce temps, armé d'une longue perche, Marchese maintient ouverte l'ouverture pratiquée, par laquelle je me glisse.

Nous avions convenu que Marchese m'emboîterait le pas et s'introduirait à ma suite dans le trou du treillage pendant que je tiendrais les fils de fer écartés. Or, il hésite et se demande s'il n'est pas trop tard. Les pas des sentinelles se rapprochent; leurs silhouettes convergent dans notre direction. Il n'y a plus de temps à perdre, j'empoigne Marchese sous les bras et le hisse sur le toit de chaume que nous traversons avant de sauter lourdement de l'autre côté de la clôture.

Nous avons nécessairement fait un bruit d'enfer et les gardes sont sur le qui-vive. Déjà, des coups de feu zèbrent la nuit; des lampes s'allument. Trop tard : nous atteignons la jungle.

Le premier geste de Marchese est de me serrer dans ses bras et de me donner l'accolade. Le moment est pourtant mal choisi pour de semblables démonstrations : des fusées s'élèvent et des coups de sifflet retentissent à proximité, preuve que l'on s'apprête à nous donner la chasse. Connaissant parfaitement la jungle qui entoure le camp pour l'avoir étudiée avec soin au cours de nos promenades, nous courons à perdre haleine. Nous évitons les routes et les chemins, ainsi que les villages. Nos sacs à dos nous paraissaient légers au début, mais, plus nous avançons, plus ils pèsent. Dans un village, les tambours sonnent et nous nous croyons déjà repérés. Mille difficultés restent à vaincre dont on a peine à imaginer la complexité. Celle-ci, par exemple : en Asie, jamais un Sahib blanc ne voyage sans escorte; des serviteurs l'accompagnent et portent ses bagages. Le spectacle de deux vagabonds errant, sac au dos, dans la campagne, suffit à les rendre immédiatement suspects!

D'un commun accord nous décidons de marcher seulement la nuit pour tirer avantage de la répugnance de l'Hindou à s'aventurer dans la jungle, après la chute du jour. Ceci ne signifie pas que nous soyons nous-mêmes sans appréhension; dernièrement, des articles de journaux mentionnaient encore la présence aux environs de tigres et de panthères mangeurs d'hommes...

Dès les premières lueurs de l'aube, nous nous endormons dans un ravin. La journée s'écoule, interminable; nous ne voyons personne, sinon, dans le lointain, un berger qui passe sans nous remarquer. Par malheur, nous ne possédons qu'une gourde pour deux, ce qui est peu par cette chaleur torride. Le soir venu, nos muscles trop longtemps immobilisés nous jouent des tours. N'importe, il faut marcher, accélérer encore l'allure, mettre le plus de distance possible entre nous et Dehra-Dun et atteindre le Tibet par le plus court chemin. Des semaines s'écouleront avant que nous soyons définitivement en sûreté.

Le soir suivant, nous nous arrêtons au sommet des premiers contreforts de l'Himalaya. Mille mètres plus bas, dans la plaine, le camp forme une tache lumineuse. A vingt-deux heures, tout à coup, les lumières s'éteignent; seuls les faisceaux des projecteurs qui jalonnent l'enceinte permettent de deviner son emplacement. Jamais dans toute mon existence, je n'ai compris comme ce soir le sens du mot liberté. Une vague d'optimisme nous transporte, que tempère une nuance de pitié à la pensée des deux mille prisonniers parqués là-bas, derrière les barbelés.

Mais le temps presse, trêve de considérations! L'important est d'atteindre le cours de la Dschamna [1]. Une vallée latérale terminée par une gorge en cul-de-sac nous contraint à rebrousser chemin et à attendre l'aube. L'endroit est désert et j'en profite pour teindre en noir ma barbe et mes cheveux. Mélangeant du permanganate avec un fard brun et de la

1. Affluent du Gange.

graisse, je donne à mon visage et à mes mains une couleur qui se rapproche du teint des Hindous. Si l'on vient à nous remarquer, nous nous ferons passer pour des pèlerins se rendant sur les rives du Gange. En principe, mon compagnon, au teint naturellement basané, a peu de risque d'être découvert mais, de toute façon, nous nous opposerons à un examen approfondi.

Cachés depuis le matin dans la gorge, nous la quittons sans attendre que l'obscurité soit complètement tombée. Nous n'allons pas tarder à le regretter! Au détour d'un sentier, nous nous trouvons face à un groupe de paysans qui repiquent du riz. Nus jusqu'à la ceinture, ils pataugent dans l'eau boueuse et paraissent ahuris de nous voir. De la main, ils désignent un village perché sur la hauteur. Sans doute ce geste signifie-t-il qu'il n'y a pas d'autre issue. Nous n'insistons pas et repartons dans la direction indiquée. Après des kilomètres de montées et de descentes incessantes, nous débouchons enfin dans la vallée de la Dschamna.

Depuis une demi-heure, la nuit est tombée. Notre plan prévoit qu'après avoir longé la rivière, nous remonterons le cours de son affluent, l'Aglar, jusqu'à la ligne de partage des eaux. Nous devons atteindre ainsi la vallée du Gange qui prend sa source dans l'Himalaya.

Jusqu'ici nous avons marché le long des rivières et des ruisseaux; les sentiers étaient rares. De temps en temps seulement, nous trouvions une piste frayée par des pêcheurs. Marchese s'en ressent et je lui prépare du porridge pour le remonter; mais je dois insister pour qu'il le mange. L'endroit où nous sommes est aussi défavorable que possible à l'établissement d'un bivouac; de grosses fourmis entreprennent de nous disputer la place. Leurs piqûres sont particulièrement douloureuses et nous empêchent de dormir, en dépit de notre fatigue.

Le soir, mon camarade semble avoir récupéré et j'ai l'espoir que sa robuste constitution lui permettra de tenir jusqu'au bout. Plus optimiste que ce matin, il se sent capable d'affronter une nouvelle marche nocturne. Malheureusement, dès minuit, ses forces l'abandonnent. En plus du mien, je prends son sac pour le soulager. Ces sacs sont identiques à ceux des indigènes, saine précaution! Des sacs à dos nous auraient fait immédiatement repérer!

Pendant deux nuits, nous remontons le cours de l'Aglar et pataugeons dans le lit de la rivière quand la jungle ou des éboulis nous empêchent d'emprunter le sentier qui la borde. Soudain, alors que nous faisons halte assis sur des rochers, des pêcheurs passent. Par chance ils ne nous aperçoivent pas. Un peu plus loin, nous tombons sur trois autres; cette fois, nous ne pouvons leur échapper. Je leur adresse la parole en hindoustani et leur achète des truites. Notre déguisement doit être parfait, l'attitude des inconnus le prouve! Non contents de nous vendre leur pêche, ils poussent la bonté jusqu'à la faire cuire. Tant bien que mal nous répondons à leurs questions sans soulever leur méfiance. Nos nouveaux amis fument des cigarettes indiennes âcres et fortes auxquelles un Européen a peine à s'habituer. Marchese, fumeur enragé, ne peut résister à la tentation et leur en demande. Mais à peine a-t-il tiré deux ou trois bouffées que, brusquement, il s'écroule, sans connaissance. Heureusement, son évanouissement est passager et nous repartons. Un peu plus loin nous croisons des paysans portant des charges de beurre. Enhardis, nous les hélons et les prions de nous en vendre. L'un d'eux s'arrête; il plonge la main dans son pot de beurre fondu et remplit le nôtre. Il y a de quoi vous dégoûter du beurre pour la vie!

Plus nous avançons, plus la vallée s'élargit. Le sentier longe maintenant des rizières et des champs d'orge. La contrée, plus peuplée, est pauvre en cachettes et nous cherchons longtemps avant d'en découvrir une. Des paysans nous aperçoivent et nous posent une foule de questions particulièrement indiscrètes. Sans répondre, nous reprenons nos sacs et nous nous hâtons de leur fausser compagnie.

A peine avons-nous découvert un nouvel abri que huit hommes nous interpellent et nous forcent à nous arrêter. L'alerte est sérieuse. La chance nous aurait-elle abandonnée? A leurs questions, je réponds que nous sommes des pèlerins, originaires d'une lointaine province. Sans doute ai-je réussi à donner le change car, au bout de quelques minutes, les inconnus s'en vont, rassurés. La chose est tellement extraordinaire que, longtemps après, nous nous imaginons encore entendre leurs cris et leurs appels.

L'idée que j'ai eue, la veille, de rafraîchir mon camouflage et de « refaire ma beauté » m'a porté bonheur. Toute la journée, du matin au soir, nous marchons; cependant nous avons l'impression de tourner sur place. Contrairement aux prévisions et bien que nous ayons franchi une ligne de crêtes, nous sommes toujours dans le bassin de la Dschamna : deux jours de retard sur l'horaire que nous nous étions fixé.

De nouveau, la pente s'accentue; les premières forêts de rhododendrons apparaissent. Enfin, nous allons pouvoir nous reposer sans avoir à redouter de fâcheuses rencontres. Illusion! A peine commençons-nous à nous installer que des gardiens de vaches nous forcent à déguerpir.

Les deux nuits suivantes, nous traversons des régions à population clairsemée; nous n'allions pas tarder à en connaître la raison : l'eau manque. Dévoré par la soif et apercevant une petite mare, je bois avidement sans prendre la peine d'examiner le liquide. Le matin venu, les écailles me tombent des yeux : la mare sert de bauge à des buffles qui s'y vautrent aux heures de grande chaleur; l'eau est polluée par l'urine des animaux. Écœuré, je suis pris de vomissements et il me faut plusieurs heures avant de recouvrer mon équilibre.

Pendant trois jours et trois nuits, nous traversons des forêts de conifères désertes; parfois un Hindou se montre et nous nous dissimulons derrière les troncs.

Douze jours après notre évasion, brusquement, nous débouchons sur la rive du Gange. La vue du fleuve sacré n'a jamais, j'en suis sûr, produit sur le plus pieux des Hindous plus forte impression. Désormais nous suivrons la route des pèlerinages; de ce fait, pensons-nous, plus de marches fatigantes à redouter. Aussi sommes-nous décidés à éviter tout risque inutile. Maintenant que nous sommes sur la bonne voie, plus que jamais nous marcherons exclusivement la nuit.

Nos provisions sont épuisées et le malheureux Marchese ressemble plus à un squelette ambulant qu'à un homme. Pourtant, refusant de se laisser abattre, il fait appel à ses dernières ressources de volonté. Pour moi, je me sens relativement en forme et capable d'affronter de nouvelles fatigues. Notre seul espoir, en ce qui concerne le ravitaillement, réside dans les boutiques qui jalonnent la voie des pèlerinnages. On y vend du thé et des produits alimentaires. Reconnaissables au lumignon allumé sur le seuil, certaines restent ouvertes tard dans la soirée. Après avoir vérifié mon déguisement, je me dirige vers l'une d'elles; le propriétaire me chasse en poussant les hauts cris. Sans doute m'a-t-il pris pour un voleur! Aussi désagréable que soit cette constatation, elle a son intérêt : mon travesti fait « vrai »!

Renouvelant ma tentative, j'entre dans une autre échoppe et m'empresse d'exhiber mon argent. L'effet est radical. Pour justifier les quantités inhabituelles de farine, de sucre candi et d'oignons que je m'apprête à acquérir, je raconte qu'un groupe de pèlerins m'a chargé de cet achat collectif.

Le marchand s'intéresse plus aux billets que je lui tends qu'à ma personne; enfournant les marchandises dans mon sac, je me hâte de le quitter et de rejoindre Marchese. Enfin, nous pouvons nous rassasier. Après les sentiers de montagne que nous avons parcourus, la route des pèlerinages nous fait l'effet d'un boulevard...

L'optimisme est chose fragile et les prochaines heures se chargent de nous ôter nos illusions. Le lendemain, alors que nous nous installons pour passer la journée sous le couvert des arbres, des chercheurs de bois nous découvrent. Souffrant de la chaleur, Marchese s'est allongé et s'est dévêtu jusqu'à la ceinture; il est si maigre que ses côtes saillent sous la peau. Vraiment, il fait pitié. Mais notre souci évident d'éviter les auberges réservées aux pèlerins paraît suspect. Compatissants néanmoins, les inconnus nous offrent le gîte, je refuse poliment. Les paysans s'éloignent.

Un quart d'heure plus tard ils reviennent. Cette fois, le doute n'est plus permis, nous sommes démasqués. Ils nous racontent qu'un officier anglais escorté de huit soldats recherche deux évadés dans la région; une récompense est promise à qui donnera une indication permettant de les retrouver. Toutefois, ajoutent-ils, ils se tairont si nous achetons leur silence... Tranquillement, je maintiens mon point de vue : je suis un honnête médecin originaire du Cachemire et non un prisonnier en rupture de barbelés. D'ailleurs, ma trousse à pharmacie le prouve!

Les soupirs et les gémissements que pousse Marchese ont-ils agi ou bien ai-je réussi à leur donner le change? Toujours est-il qu'ils s'en vont sans récriminer. Nous nous attendons à les voir réapparaître, accompagnés d'un soldat ou d'un fonctionnaire. Par bonheur, nous en sommes quittes pour la peur.

Fini le repos! Sans cesse nous sommes sur le qui-vive, l'oreille tendue et les sens aux aguets. Les journées sont encore plus éreintantes que les nuits. A la nuit tombante, admirable de constance, Marchese reprend son bâton de misère. Jusqu'à minuit, tout va bien; à ce moment il s'arrête, dort pendant deux heures et repart. A l'aube, nous cherchons une retraite d'où nous puissions observer la route et le fleuve de pèlerins qui la parcourent. Certains sont bizarrement accoutrés, mais ils ont sur nous l'avantage de ne pas avoir à se cacher.

Fatigues et vaines privations

Après avoir marché plusieurs heures d'affilée, nous atteignons vers minuit la ville sainte d'Uttar Kaschi et nous nous perdons dans le dédale des ruelles. Marchese s'assied sur son sac dans une encoignure pendant que je cherche à m'orienter. Par la porte ouverte des temples, j'aperçois des lampes qui brûlent devant les effigies des dieux; souvent, je dois me dissimuler pour éviter des moines qui effectuent leurs rondes. Une heure s'écoule avant que nous retrouvions la route, à l'autre extrémité de l'agglomération.

Si ce qu'on lit dans les récits d'exploration est vrai, nous devrions bientôt franchir la ligne dite « frontière intérieure ». Elle délimite une bande de territoire d'une centaine de kilomètres de largeur, parallèle aux frontières de l'Inde. Seuls peuvent y pénétrer les porteurs d'un passeport spécial. N'en possédant pas, et pour cause, nous devrons redoubler de vigilance pour éviter les patrouilles.

La vallée se dépeuple à mesure que l'altitude augmente; nous n'avons aucune difficulté à trouver des cachettes convenables et je prends même le risque d'allumer du feu et de préparer un repas chaud, le premier depuis quinze jours. Nous sommes à environ 2.000 mètres. Nous rencontrons fréquemment des campements de Bhutias; ces commerçants tibétains parcourent le Tibet méridional en été et, l'hiver, descendent sur le versant indien. Beaucoup passent la saison chaude dans des villages situés à 4.000 mètres où ils possèdent des champs d'orge. Leurs campements sont gardés par des molosses à longs poils, animaux parfaitement insociables, toujours prêts à se ruer sur le premier venu.

Une nuit, nous traversons un de ces villages bhutias, isolé et vide. Les maisons sont basses, les toits sont recouverts de pavillons maintenus par de grosses pierres. A peine avons-nous dépassé l'agglomération qu'une désagréable surprise nous attend : la région vient d'être dévastée par une inondation. Le torrent, cause de la catastrophe, a emporté les ponts et le courant est trop rapide pour que nous puissions traverser à gué. De guerre lasse, à force de chercher un passage, nous décidons de nous cacher et d'observer les allées et venues des pèlerins. Il est impossible qu'il n'y ait pas d'issue. De fait, dès l'aube, les premiers voyageurs traversent le torrent à l'endroit même, où, la veille, nous avons vainement essayé de passer. Malheureusement, un boqueteau qui s'interpose entre eux et nous, m'empêche de distinguer les détails. Vers midi, brusquement, la circulation s'arrête, sans raison apparente. Le soir, nous tentons de nouveau le franchissement. En vain! Nous battons en retraite précipitamment. A ce moment je commence à soupçonner la nature de l'obstacle : de même que nombre de torrents de montagne, ce ruisseau assure l'écoulement des eaux de glaciers. Dans la matinée, le soleil n'a pas eu le temps de fondre la glace et le niveau est au plus bas.

Mon raisonnement se révèle exact. Le lendemain, débouchant de bonne heure sur la rive, nous apercevons deux troncs d'arbre, au ras de l'eau, qui font office de passerelle. Mués en équilibristes, nous parvenons enfin sur la rive opposée. D'autres ruisseaux, grossis par la fonte, roulent des eaux laiteuses sur un lit de pierres et de graviers et nous barrent la route. Je viens de franchir le dernier lorsque, derrière moi, un cri retentit. Marchese a glissé et est tombé à l'eau. Trempé et transi, il refuse de continuer tant que ses vêtements ne seront pas secs. Sourd à mes objurgations, il s'obstine à faire du feu, sans même prendre la précaution de se cacher.

Pour la première fois, je regrette de ne pas l'avoir écouté lorsqu'il me suppliait de l'abandonner à son sort et de poursuivre seul mon équipée.

Trop tard..., un Hindou s'approche. Apercevant les objets d'origine européenne étalés devant nous, il commence à nous poser des questions. Marchese, soudain conscient de notre situation critique, rafle ses affaires, les enfourne pêle-mêle dans son sac et nous repartons. Une centaine de mètres plus loin, un second Hindou apparaît, suivi de dix solides gaillards. Dans un anglais impeccable, il demande à examiner nos passeports. Feignant de ne pas comprendre, nous lui déclarons être des pèlerins originaires du Cachemire. L'homme réfléchit un instant, puis nous invite à le suivre. Deux Cachemiriens, ajoute-t-il, habitent à proximité. S'ils nous reconnaissent comme des compatriotes, nous serons immédiatement autorisés à poursuivre notre chemin. Quel malencontreux hasard a conduit deux natifs du Cachemire dans cette contrée perdue! J'étais pourtant persuadé de l'infaillibilité de mon alibi!

Les intéressés sont deux ingénieurs chargés d'endiguer l'inondation. Au moment même où nous sommes confrontés, je devine que nous sommes démasqués. Ainsi que nous en avons convenu, Marchese et moi nous entretenons en français, persuadés que personne ne nous comprendra. Mal nous en prend; l'Hindou qui nous accompagne nous répond dans la même langue et nous invite à ouvrir nos sacs. Découvrant ma grammaire anglaise de tibétain, il déclare que la comédie a assez duré et que nous ferions mieux d'avouer.

Quelques temps après, toujours sous bonne garde, nous prenons le thé. Je suis désespéré; depuis dix-huit jours, nous battons la campagne. Fatigues et avatars de toutes sortes n'ont servi à rien.

aliment de base de la population tibétaine dont je devais plus tard si longtemps me nourrir. Mon estomac répugne à l'absorption de cette boison épaisse et écœurante et je vomis.

Deux jours durant, je reste au village; son nom est Nélang. Mais bien que je médite de nouveaux projets d'évasion et que l'occasion s'offre même de les réaliser, je suis si fatigué et si découragé que je finis par renoncer. Le retour, comparé aux difficultés de l'aller, est presque une promenade; je suis dispensé de porter mon sac et, partout où je passe, tout le monde est aux petits soins pour moi. Je retrouve Marchese, hôte et prisonnier de l'ingénieur des eaux et forêts, c'est chez lui que je logerai aussi provisoirement.

Quelle n'est pas notre stupéfaction à l'un et à l'autre, de voir apparaître trois jours plus tard, encadrés par des soldats, deux de mes anciens compagnons de captivité! Le premier est mon ancien chef d'expédition Peter Aufschnaiter, le second Pater Calenberg. Le courage me revient; décidément incorrigible, je forge de nouveaux plans d'évasion. Ayant noué des relations d'amitié avec un garde hindou chargé de notre surveillance, je lui confie mes cartes, ma boussole et l'argent qui me reste. L'homme paraît digne de confiance. De toute manière, je ne me fais aucune illusion : jamais je ne parviendrai à les réintroduire dans le camp. J'avertis mon nouvel ami qu'au printemps prochain je reviendrai les chercher et le prie de les conserver d'ici là. Il me donne sa parole. La tête basse, nous reprenons le chemin de Dehra-Dun, sous escorte cette fois. Seule la perspective d'une nouvelle évasion m'empêche de sombrer dans le désespoir.

Marchese, souffrant toujours, voyage à cheval. Dernier épisode avant que ne se referment sur nous les portes de la prison, le maharajah de Tehri-Gharwal nous invite à sa table lors de notre passage dans sa capitale.

Mon escapade a eu une conséquence désagréable. Un jour, passant près d'une source chaude, j'en profite pour prendre un bain.

Au moment où je me savonne la tête, des touffes de cheveux me restent dans la main. La teinture dont je me suis servi les a brûlés et la calvitie s'étend.

Plusieurs de mes anciens camarades ont peine à me reconnaître à mon arrivée au camp; l'épilation involontaire dont je suis victime et les fatigues endurées ont fait de moi un autre homme.

Mascarade risquée

L'officier anglais qui nous accueille déclare en nous voyant : « Vous avez tenté une courageuse évasion. Navré d'être obligé de vous punir de vingt-huit jours de cellule. »

J'ai joui de la liberté pendant trente-huit jours. Je vais à présent le payer. Vingt-huit jours de méditation dans une cellule individuelle! Heureusement nos geôliers font preuve d'esprit sportif et notre isolement n'est pas absolu.

A l'expiration de ma peine, j'apprends que Marchese a subi un châtiment analogue. Par la suite, nous trouvons l'occasion de reprendre contact et d'échanger nos impressions. Il me promet son aide au cas où je renouvellerais ma tentative, mais lui-même décide de s'abstenir. A peine sorti du local disciplinaire, je me remets au travail, copiant des cartes et tirant la leçon des expériences passées.

L'hiver tire à sa fin et je suis toujours plongé dans l'élaboration de mes projets. J'ai résolu de ne pas attendre l'été et de profiter de ce que le village de Nélang n'est pas encore habité pour forcer le passage. D'autre part, afin de ne pas lier mon sort à celui des instruments et du matériel confié à mon ancien gardien hindou, je me suis procuré de nouvelles cartes et une autre boussole. Grâce à une collecte organisée par mes camarades de captivité, les fonds nécessaires sont réunis. L'attention est d'autant plus touchante que chacun a un urgent besoin de son pécule.

D'autres prisonniers se préparent comme moi à tenter l'aventure. Ainsi, Rolf Magener et Heinz von Have. Tous deux parlent couramment anglais et ils ont pour objectif le front de Birmanie. Voici deux ans, lors d'une précédente tentative, Have et un de ses camarades étaient sur le point d'atteindre la frontière lorsqu'un hasard les avait fait découvrir; le camarade de Have avait été tué. Nous sommes sept en tout, qu'une communauté de but rapproche, et nous décidons de nous évader ensemble; des évasions successives entraîneraient en effet un renforcement de la surveillance et les derniers seraient dans l'impossibilité de fuir. Une fois notre évasion collective réussie, chaque participant sera ensuite libre d'aller où bon lui semblera. Peter Aufschnaiter, son ami Bruno Sattler et moi-même optons pour le Tibet. La date est fixée au 29 avril 1944, après le déjeuner. Les participants se camoufleront en ouvriers chargés de la réparation des réseaux barbelés. Les termites, en effet, rongent les poteaux qui supportent les fils de fer et les réparations se succèdent. Notre idée n'a donc rien d'insolite. Chaque équipe comprend un Anglais et cinq travailleurs hindous.

A l'heure dite, nous nous rassemblons dans l'une des cabanes installées entre les rangées de barbelés; nous avons vérifié qu'aucune sentinelle ne s'y trouve. Des camarades experts dans le maquillage nous transforment en authentiques citoyens de l'Inde, tandis que Have et Magener endossent des uniformes d'officiers anglais confectionnés à l'intérieur du camp. Le coiffeur nous rase la tête et nous coiffe de turbans. Aussi tendue que soit la situation, nous ne pouvons nous empêcher de rire : une bande de joyeux plaisantins s'apprêtent à fêter la mi-carême! Deux « Hindous » portent une échelle déposée la nuit précédente dans le corridor séparant les blocs; deux autres coltinent un rouleau de fil de fer barbelé dérobé dans le dépôt de matériel. Les objets personnels sont dissimulés dans les plis des tuniques blanches ou dans des paquets que nous tenons à la main. Personne ne saurait s'en étonner; tout bon Hindou porte invariablement un objet plus ou moins volumineux.

Nos gardiens, les « officiers anglais », sont criants de vérité. Un « bleu » d'architecte sous le bras, ils balancent nonchalamment leurs sticks. Par un passage ménagé entre les fils de fer, nous nous glissons dans le couloir. Trois cents mètres nous séparent de la porte du camp; nous les parcourons sans encombre. Nos « officiers » s'arrêtent et font mine d'inspecter la clôture, au moment où un adjudant anglais —

authentique celui-là — franchit le portail à bicyclette. Les sentinelles se mettent au garde-à-vous devant Have et Magener impassibles, mais ignorent les coolies qui les suivent. Un seul homme manque : Sattler. Nous venons de sortir du camp lorsque nous le voyons accourir noir comme Satan, balançant un seau de goudron.

Une fois hors de la vue des sentinelles, nous nous jetons dans les buissons et nous débarrassons de nos défroques qui dissimulent short et chemisette kaki, tenue obligatoire lors des sorties autorisées. Sans perdre de temps, nous prenons congé les uns des autres et nous souhaitons mutuellement bonne chance.

Have, Magener et moi faisons un bout de route ensemble, puis nous nous séparons. J'ai décidé de suivre le même itinéraire que la première fois et de rejoindre au plus vite la frontière tibétaine. Je force l'allure pour mettre entre le camp et moi le plus de kilomètres possible. J'ai pris la ferme résolution de m'en tenir au principe suivant : marcher la nuit, dormir le jour. Pas de risques inutiles! Contrairement à mes camarades qui veulent emprunter la route du Gange, j'opte de nouveau pour la vallée de la Dschamna et de l'Aglar. A quarante reprises différentes, je traverse à gué l'Aglar; le lendemain, j'établis mon bivouac à l'endroit exact où, quelques mois auparavant, j'ai campé avec Marchese. Au lieu de quatre jours comme jadis, je n'ai mis cette fois qu'une nuit, au prix il est vrai, d'une paire de chaussures de tennis neuves et de nombreuses égratignures.

Je me cache au milieu de la rivière, à l'abri de blocs de rochers. Mais à peine ai-je déballé mes affaires qu'une horde de singes me prend pour cible et me bombarde de mottes de terre. Préoccupé surtout de me protéger, je ne remarque pas une trentaine d'Hindous qui, attirés par le bruit, remontent la rivière, sautant de bloc en bloc. Je ne me rends compte de leur présence qu'au dernier moment. Je me demande encore s'il s'agissait de simples pêcheurs venus par hasard ou de rabatteurs lancés à ma poursuite. Le fait qu'ils ne m'aient pas vu est proprement miraculeux; ils sont passés à trois mètres à peine de l'endroit où je me suis dissimulé.

Ils s'éloignent et je pousse un soupir de soulagement... Rendu prudent, j'attends la nuit pour quitter ma cachette et me guide sur le cours de l'Aglar. La journée du lendemain s'écoule sans encombre : un bon somme me remet de mes fatigues nocturnes. Dans mon impatience, je me mets en route, plus tôt que de coutume, sans attendre le crépuscule. Mal m'en prend car, peu après, je tombe sur une femme indigène en train de puiser de l'eau à la rivière. Affolée, elle laisse choir son récipient, pousse un cri et détale en direction d'un village voisin. Prenant mes jambes à mon cou, je m'enfonce dans une petite vallée latérale, dont la pente se redresse en direction du Nag Tibba, à 3.000 mètres d'altitude; les crêtes sont couvertes de forêts inhabitées. Ce détour, je le sais, me fera perdre du temps, mais me permettra d'échapper à d'éventuels poursuivants.

A l'aube, traversant la forêt, je me trouve tout à coup devant une panthère. Accroupie sur une branche, cinq mètres plus haut, elle m'observe. Mon cœur cesse de battre; pour me défendre, je n'ai qu'un couteau. Matant ma peur, je me contrains à poursuivre mon chemin. L'animal ne me quitte des yeux ni ne bouge. Ouf! Longtemps après, rien que d'y penser, j'en ai froid dans le dos.

Longeant l'arête du Nag Tibba, je retrouve bientôt le chemin que j'ai quitté la veille; trois kilomètres plus loin, je tressaille. Au beau milieu du sentier, quatre hommes sont allongés et ronflent comme des bienheureux. Je m'approche et sursaute en reconnaissant Peter Aufschnaiter et trois de ses camarades! Je les réveille et nous cherchons ensemble une cachette. Tous sont en excellente forme physique et ne doutent pas de parvenir à la frontière tibétaine. Malgré le plaisir que me procure cette rencontre inopinée, je reste fidèle à ma tactique d'évasion séparée et je donne rendez-vous à mes camarades à la frontière.

Le soir même, le cinquième depuis mon évasion, j'atteins la haute vallée du Gange.

Une nouvelle épreuve m'attend devant les murs d'Uttar Kaschi que j'ai déjà traversée la fois précédente. Je viens de dépasser une maison lorsque, derrière moi, deux hommes sortent et se lancent à ma poursuite. Sans réfléchir, je prends mes jambes à mon cou, dévale la pente qui conduit au Gange et me cache entre les rochers qui parsèment son lit. Rien ne se produit mais, par mesure de prudence, j'attends deux heures avant de me risquer hors de mon abri. Connaissant le chemin, je force l'allure et, malgré mon sac qui me scie l'épaule, je progresse rapidement. Mes pieds sont couverts d'ampoules, mais je n'en ai cure : je récupérerai pendant la journée.

Je parviens sans autre incident à la ferme de l'Hindou auquel, l'été dernier, j'ai confié la garde de mes affaires. Nous avions convenu que je les reprendrais au mois de mai suivant, sur le coup de minuit. Avançant à pas de loup, j'inspecte les alentours et me débarrasse de mon sac; j'ai beau faire confiance à l'homme, une trahison est toujours possible.

La lune éclaire les bâtiments. Dissimulé dans une encoignure, par deux fois, j'appelle mon complice. La porte s'ouvre, une silhouette apparaît et court vers moi. Tout à la joie de me revoir, l'homme me prend la main et me fait entrer dans une pièce dont la porte est munie d'un énorme verrou. Allumant une torche, il se dirige vers un coffre, d'où il tire des sacs de coton renfermant les objets que je lui ai confiés. En gage de reconnaissance, je lui laisse l'argent, mais j'accepte le repas qu'il me propose; enfin je lui demande de me procurer une couverture et des provisions.

Je passe la journée du lendemain dans un bois voisin puis, à la nuit tombée, retrouve mon ami qui me remet, comme promis, couverture et provisions. Après un dernier repas, il m'accompagne quelques centaines de mètres. Puis, de nouveau, je suis seul.

Dix jours se sont écoulés depuis mon évasion lorsque j'atteins Nélang, le village qui m'a été fatal l'an passé. Cette fois, je suis en avance d'un mois sur les nomades : les maisons sont vides... sauf une seule, où, à ma vive surprise, je découvre Aufschnaiter et ses trois compagnons. Ils m'ont dépassé à la faveur du court séjour que j'ai fait chez mon ami, le fermier d'Uttar Kaschi. Tous sont optimistes, à l'exception de Sattler qui souffre de l'altitude. Son état de santé déficient le rend incapable de supporter les fatigues à venir; la mort dans l'âme, il décide de revenir sur ses pas. Toutefois, il est convenu qu'il se cachera pendant deux jours, de manière à ne pas mettre en péril notre entreprise. Kopp forme équipe avec moi.

Nous mettrons sept jours avant d'atteindre le col-frontière. En voici la raison. Au sortir de Tirpani, point de rencontre et de rassemblement des caravanes, désert à cette époque de l'année, trois vallées s'ouvrent devant nous. Nous choisissons celle de droite. Cinq heures plus tard, nous constatons que nous faisons fausse route. Aufschnaiter et moi gravissons un sommet d'où nous espérons jouir d'un vaste panorama. Le Tibet s'étend devant nous, succession de montagnes et de collines qui moutonnent à l'infini. L'altitude — 5.600 mètres — commence à se faire sentir et nous haletons en débouchant sur la cime. Il faut nous rendre à l'évidence : que nous le voulions ou non, nous devons faire machine arrière et revenir à Tirpani. Pourtant le col est là, sous nos pieds, à portée de la main, semble-t-il. Trois jours perdus! Notre enthousiasme s'en trouve singulièrement refroidi. La tête basse, nous rejoignons la vallée; nos provisions s'épuisent et nous demandons si le peu qui nous reste suffira jusqu'à ce que nous rencontrions un village ou un campement.

Revenus à Tirpani, nous obliquons vers la gauche, marchons à travers les pâturages, longeons un ruisseau, le Gange. Torrent mugissant l'avant-veille, ce n'est plus aujourd'hui qu'un modeste ru serpentant parmi les herbes et perdu dans un lit de rocaille. Dans quelques mois, les dernières plaques de neige auront fondu, un tapis vert s'étendra dans la combe et les caravanes venues des Indes ou du Tibet circuleront au pas lent des mulets.

Un troupeau de mouflons croise notre chemin, à bonne distance. Les bêtes s'arrêtent un moment, puis détalent; bondissant comme des chamois, elles disparaissent sans nous avoir remarqués. Cette vision fugitive est un supplice de Tantale pour les affamés que nous sommes. Mais, hélas! nous manquons d'armes à feu.

Au pied du col, nous établissons un dernier bivouac sur le sol indien; en guise de gigot de mouflon, nous nous contenterons d'un reste de farine. Pétrie en galettes, nous la faisons cuire sur des pierres chauffées. Le froid est vif et nous nous protégeons du vent qui remonte de la vallée en nous abritant derrière un muret.

Le 17 mai 1944, date mémorable entre toutes, nous foulons la terre tibétaine, au col de Tchangtchok, à 5.300 mètres d'altitude. Dorénavant, nous sommes à l'abri et une vague d'optimisme nous transporte. Nous ne pouvons naturellement présumer de l'attitude que le gouvernement tibétain adoptera à notre endroit; mais, le Tibet n'ayant pas déclaré la guerre à l'Allemagne, nous devrions normalement bénéficier du droit d'asile.

Cairns et mâts de prières flanquent le col, banderoles et oriflammes claquent au vent glacial qui souffle par rafales. Le moment est venu de faire le point. En fait, la situation n'est guère brillante : nos connaissances de tibétain sont rudimentaires, et nous manquons d'argent et de provisions. Rejoindre un village ou un campement s'impose de toute urgence. Aussi loin que porte la vue, ce ne sont que vallées et montagnes chauves; les cartes sont incomplètes et n'indiquent l'existence d'aucune agglomération.

Ainsi que je l'ai déjà dit, notre objectif lointain est la frontière japonaise, soit en Birmanie, soit en Chine, à des milliers de kilomètres de distance. L'itinéraire, tel que nous l'avons prévu, doit nous conduire d'abord au pied du Kailas, montagne sacrée, le long du cours du Brahmapoutre et, enfin, au Tibet oriental. A en croire notre camarade Kopp qui, un an plus tôt, a réussi à atteindre le Tibet — d'où il devait se faire expulser ensuite — les indications figurant sur les cartes sont relativement exactes.

Nous redescendons presque à pic au bord d'une rivière, l'Optchu, où nous faisons halte. Profondément encaissée, la vallée est déserte; seul, un mât à prières atteste le passage d'êtres humains dans les parages. Le versant opposé, que nous devons escalader pour atteindre le plateau, est fait de roches délitées. Il est tard; la nuit approche; par une température glaciale, nous établissons le bivouac. Les jours précédents, nous avons dû allumer le feu avec les quelques brindilles trouvées ça et là au hasard du chemin; ici, nous n'avons pas même cette ressource; tout est vide, rien que de la pierre, sans un brin d'herbe.

Xénophobie tibétaine

Le lendemain, en fin de matinée, nous atteignons le premier village tibétain, Kasapuling. Village est un bien grand mot pour désigner les six huttes apparemment abandonnées. Nous frappons aux portes; rien ne bouge. Plus tard seulement nous nous apercevons que les habitants sont tous occupés aux semailles, dans les champs des alentours. Courbés en deux, ils se baissent et se relèvent sans arrêt, creusant des trous à l'aide de bâtons pour y déposer des graines. En les regardant faire, nous éprouvons un sentiment analogue à celui que dut ressentir Christophe Colomb le jour où il rencontra le premier Indien. Quel sera leur accueil? Amical ou hostile? Pour l'instant, ou bien ils ne nous ont pas remarqués ou bien ils feignent de nous ignorer. Une vieille femme s'agite et pousse des cris pour chasser les nuées de pigeons sauvages qui s'abattent et déterrent les graines fraîchement plantées. Personne ne s'intéresse à nous. Il en est ainsi jusqu'au soir. En attendant que les habitants regagnent leurs masures, nous dressons notre tente. Puis les suivant jusqu'au village, nous leur offrons de l'argent en échange d'une chèvre ou d'un mouton. Mais leur attitude est, sinon hostile, du moins réservée et ils refusent de nous vendre quoi que ce soit.

Au Tibet, dont les frontières ne sont pas gardées, les populations des zones limitrophes sont prévenues contre l'étranger. Nous l'avons su plus tard : il est interdit de vendre du ravitaillement à un inconnu sous peine de châtiment sévère.

Tout cela est bel et bon, mais nous ne pouvons pas nous laisser mourir de faim! Là où la persuasion échoue, l'intimidation fait merveille; prenant les villageois à partie, nous les menaçons de leur prendre leur mouton s'ils refusent de nous le céder de bon gré. Notre attitude et notre carrure leur en imposent; ils s'inclinent mais de mauvaise grâce et comme la nuit est tombée, ils en profitent pour nous vendre un vieux bouc contre une somme scandaleusement disproportionnée.

Il est plus de minuit quand enfin rassasiés, nous nous endormons. Le lendemain nous examinons les lieux. Les maisons, construites en pierres, sont surmontées d'un toit plat qui sert au séchage des récoltes et des fagots. Les habitants de Kasapuling ne ressemblent guère à leurs compatriotes de l'intérieur; le commerce avec les Indes et le passage des caravanes, en été, leur ont donné des idées de lucre et appris la valeur de l'argent. Sales, le teint nettement plus foncé que leurs frères de race, ils ont une expression sournoise et inquiète. L'insouciance et la bonne humeur qui caractérisent le Tibétain sont inconnues ici. Du matin au soir, les habitants de Kasapuling travaillent comme des mulets; il est vrai que, pour choisir cette contrée perdue, il fallait qu'ils eussent une idée derrière la tête. Ils vivent de la vente des produits de leurs champs aux caravaniers de passage. On ne trouve aux environs pas la moindre trace de temple ou de monastère : Kasapuling est une exception.

Nous quittons le hameau; le repos nous a transformés et la bonne humeur de Kopp, vrai « titi » berlinois, fait plaisir. Traversant les champs, nous descendons dans une petite vallée. Quand nous remontons la pente de l'autre côté pour gagner le plateau, nos sacs nous semblent lourds. Réaction physique qui trahit notre lassitude après les expériences décevantes qui se sont succédé depuis le franchissement de la frontière. N'avons-nous pas fondé trop d'espoir sur le Tibet ? Nous passons la nuit dans un trou inconfortable où nous ne sommes pas même à l'abri du vent qui souffle en tempête.

Dès le début, nous nous sommes partagé les tâches, les uns vont chercher l'eau, des brindilles pour le feu, les autres font chauffer le thé et cuisent les aliments. Chaque soir, nous vidons nos sacs et nous les utilisons comme « chancelières ». Ce soir, en procédant à l'opération, une surprise m'attend. Ma provision d'allumettes s'enflamme spontanément au contact de l'air, conséquence de son extrême sécheresse sur ces hauts plateaux.

L'aube point à l'horizon et nous examinons le trou dans lequel nous avons passé la nuit; de forme circulaire, ses parois sont verticales, preuve qu'il a été creusé de main d'homme. Peut-être l'utilise-t-on comme piège pour capturer les bêtes sauvages ?

Derrière nous, à perte de vue, s'étend la longue chaîne de l'Himalaya occidental, dominée par la blanche pyramide du Kamet; devant, les montagnes se succèdent, ravinées et désertes. Continuant à cheminer à travers une contrée pelée tel un paysage lunaire, nous arrivons vers midi au village de Duchang. Il est à peine plus grand que Kasapuling, mais les habitants y sont tout aussi rébarbatifs. Ni l'argent, ni les bonnes paroles n'ont prise sur eux; ils refusent de nous vendre des provisions, en dépit des louables efforts d'Aufschnaiter qui mobilise le ban et l'arrière-ban de ses connaissances linguistiques. La menace elle-même reste sans effet.

Pour la première fois, nous voyons un monastère tibétain ou, plus exactement, ce qu'il en reste : trous béants dans les parois d'argile, ruines imposantes : c'est tout ce qui subsiste d'une lamaserie qui, jadis, dut abriter des centaines de moines. Seuls, aujourd'hui, quelques religieux occupent encore une maison de date récente. En vain essayons-nous de les apercevoir. Sur une terrasse, devant le monastère, des tombes alignées au cordeau sont enduites d'un crépi rouge...

Une fois de plus nous nous retirons déçus sous notre tente, petit havre accueillant et dérisoire dans cette immensité.

A Duchang comme à Kasapuling, aucune autorité civile ou religieuse à qui nous pourrions nous adresser pour obtenir un permis de séjour ou une autorisation de transit. Hélas! nous n'allions pas tarder à nous repentir de l'avoir regretté! A notre insu, les autorités se préoccupent de nous.

Le lendemain, quittant le village, nous avançons sur la piste qui se dirige vers l'intérieur des terres. Kopp et moi formons la tête de la caravane. Aufschnaiter et Treipel l'arrière-garde. Soudain un bruit de grelots. Deux cavaliers armés viennent à notre rencontre. Arrivés près de nous, ils nous invitent à faire demi-tour et à regagner par le même chemin la frontière indienne. Sachant que discuter ne servirait à rien, nous prenons un parti énergique et obligeons les cavaliers à nous céder la place. Surpris de cette résistance, ils nous laissent faire. Par bonheur, ils ne font pas usage de leurs armes, imaginant sans doute que nous en avons aussi. Après quelques molles tentatives pour nous arrêter, ils s'éloignent. Et sans être autrement inquiétés, nous atteignons Tsaparang, petite bourgade où, nous le savons, réside un chef de district.

Au milieu de cette contrée déserte et sans eau, Tsaparang fait figure d'oasis; elle n'est habitée que pendant les mois d'hiver. Lorsque nous nous présentons pour solliciter une audience, on nous informe que le gouverneur s'apprête à partir pour sa résidence d'été de Changtse. Néanmoins, il consent à nous recevoir. Surprise! Le gouverneur n'est autre que l'un des deux cavaliers rencontrés la veille. Son accueil s'en ressent et c'est à grand-peine que nous obtenons des provisions en échange de médicaments. La boîte à pharmacie que je transporte depuis Dehra-Dun nous sauve une fois de plus; par la suite, elle nous rendra encore bien des services.

Finalement, le gouverneur nous assigne une caverne pour logement et nous ordonne de quitter le territoire du district dans les délais les plus brefs. Si nous nous soumettons, il nous fournira gratuitement provisions et montures. Poliment mais avec fermeté, nous repoussons son offre et tentons de lui faire entendre que le Tibet, pays neutre, se doit d'accorder asile aux prisonniers évadés. Mais la matière dépasse visiblement sa compétence et il se refuse à prendre la moindre responsabilité. En désespoir de cause, nous lui proposons de soumettre notre cas à un fonctionnaire de rang supérieur au sien, un moine qui réside à Thuling, à huit kilomètres de là.

Tsaparang est une curieuse localité. A Dehra-Dun, j'ai lu qu'en 1624 un jésuite portugais, Antonio de Andrade, y a établi la première mission catholique et construit un oratoire. Fort de cette précision, je fouille village et alentours : mais sans succès. En revanche, nous découvrons creusées à même les parois argileuses qui flanquent la vallée, des centaines de grottes, témoins d'un passé glorieux. A en juger par nos propres difficultés et par l'accueil inamical de la population, le malheureux missionnaire à dû avoir quelque mal à s'imposer!

Au cours de nos pérégrinations, nous tombons en arrêt devant une porte massive qui ferme une grotte. Elle nous intrigue et nous l'ouvrons; au fond, dans la pénombre, luisent les yeux d'un énorme Bouddha. La statue est revêtue de plaques d'or et son aspect est fantastique. Mon peu de connaissances en fait d'archéologie tibétaine, ne me permet pas de préciser l'âge du dieu, mais la statue est certainement vieille de plusieurs siècles. Jadis, capitale d'une province, Tsaparang était bien différente de la bourgade grise et misérable qu'elle est devenue.

Le lendemain, nous repartons pour Thuling, anxieux de nous présenter devant le haut personnage qui décidera de notre sort. A peine arrivés, nous demandons audience et on nous conduit devant l'abbé du monastère. De même que le gouverneur de Tsaparang, il fait la sourde oreille et refuse de nous laisser poursuivre en direction de l'est. Il consent tout au plus à nous fournir de la tsampa et du thé, mais à condition que nous mettions le cap sur Changtse, relais de caravanes... sur la route de l'Inde. Réduits à la dernière extrémité, nous ne pouvons qu'accepter sa proposition. Nous nous réservons toutefois d'aller consulter un autre haut fonctionnaire, civil celui-là, qui réside à Thuling.

Mal nous en prend; non content de nous refuser audience, il s'ingénie à soulever la population contre nous. Pour une livre de beurre rance ou de viande avariée, on exige de nous des sommes fabuleuses; une poignée de brindilles nous est vendue une roupie. Le seul bon souvenir que nous emportions de Thuling est celui de son monastère; construit sur une terrasse surplombant la vallée du Sutlej, ses toits dorés scintillent au soleil. C'est, paraît-il, la plus grande lamaserie du Tibet occidental, mais, présentement, elle semble vide, l'effectif habituel de 250 moines se trouvant réduit à une vingtaine de religieux.

Sur la promesse que nous nous dirigerons vers Changtse, les deux gouverneurs mettent à notre disposition quatre ânes qui porteront nos bagages. Pas question d'escorte : un simple caravanier nous convoiera. Cela nous étonne d'abord, mais bientôt, nous en découvrons la raison. Sans recommandation expresse et revêtue du sceau officiel, aucun Tibétain n'est autorisé à céder quoi que ce soit à un étranger; le système est à la fois simple et efficace. Voyager en compagnie de quatre ânes n'a rien d'une partie de plaisir; d'autant que les nôtres se montrent singulièrement rétifs. La seule traversée de la rivière Sutlej exige une bonne heure. Si nous voulons atteindre une agglomération avant la tombée de la nuit, nous n'avons plus une minute à perdre. Le prochain village, Phywang, est vide, mais, tout autour, de même qu'à Tsaparang, les pentes sont trouées de centaines de cavernes et de grottes. Le lendemain, nous repartons pour Changtse, à un jour de marche. Le paysage est toujours aussi monotone, éternellement semblable à lui-même : étendues grises coupées de collines érodées. Aujourd'hui, pour la première fois, nous apercevons des hémiones, curieux animaux tenant à la fois de l'âne et du mulet dont ils ont la taille; ils s'approchent de nous, puis, faisant brusquement volte-face, disparaissent au galop. L'homme les laisse en paix et seuls les loups leur font la chasse. Pour nous, les hémiones incarnent la liberté.

Changtse n'est qu'un hameau; six maisons construites en mottes de gazon et couvertes de tuiles grossières. L'accueil des habitants est toujours aussi réservé. Nous retrouvons une vieille connaissance, le gouverneur de Tsaparang, qui y a sa résidence d'été. Une nouvelle fois, nous faisons appel à sa compréhension, mais il reste sur ses positions : « Retournez à la frontière via Tsaparang, ou en obliquant vers l'ouest, en direction du col de Chipki [1]. » A cette seule condition nous serons approvisionnés en vivres.

Nous optons pour le col; deux raisons nous y poussent : d'une part, la contrée nous est inconnue, de l'autre, nous conservons l'espoir de trouver un biais. Notre moral est au plus bas : la perspective de nous retrouver derrière les barbelés d'un camp n'a rien d'enthousiasmant. Dégoûté, Treipel parle déjà d'abandonner et de se constituer prisonnier à la frontière.

Puisqu'il en est ainsi, autant profiter des derniers jours de liberté qui nous restent; je mets à jour mon carnet de route

1. Voir carte en fin de volume.

que j'ai négligé ces derniers temps et soigne un début d'épanchement de synovie qui commence à me faire souffrir.

Soudain ma décision est prise : n'importe quoi plutôt que la captivité. Aufschnaiter est du même avis. Je tente une ultime démarche auprès du gouverneur. La veille, Aufschnaiter a fait cuire de la viande dans une marmite de cuivre et, ce matin, il est souffrant. J'en profite pour solliciter un délai et demande au gouverneur de prolonger de quarante-huit heures le permis de transit qu'il nous a accordé. Non seulement il n'y consent pas, mais il entre dans une colère terrible; de mon côté, je prends la mouche et une vive discussion s'engage. Pour finir, j'obtiens qu'en plus des deux yaks qui transportent nos bagages, un troisième soit mis à la disposition d'Aufschnaiter. En revanche, je ne puis éviter qu'un soldat nous accompagne; c'est lui qui sera porteur du passeport collectif sur le vu duquel chefs de village et paysans nous vendront les victuailles dont nous aurons besoin.

Nous repartons. Dans la journée, le soleil brille et la température est agréable; la nuit il fait un froid glacial. Les villages se succèdent, et leurs habitants se terrent dans des grottes creusées à flanc de coteau.

Le soldat qui nous accompagne, Dachampa, est originaire de Lhassa; le hasard seul a fait qu'il se soit trouvé à Changtse au moment de notre passage. Il adopte tout de suite une attitude amicale; à chaque halte, muni de l'autorisation officielle dont il est porteur, il joue au potentat. Partout, effet et résultats sont concluants.

Pendant la traversée de district de Rongchouk, j'ai une pensée pour notre illustre devancier, Sven Hedin, et ses récits me reviennent à la mémoire. Le paysage est bien tel qu'il le décrit : plateaux monotones, coupés de gorges et de ravins. Certains sont étroits et ressemblent à des cañons; on croirait pouvoir les traverser en quelques minutes; en réalité, plusieurs heures d'escalade sont nécessaires pour parvenir sur le versant opposé. Cette succession de montées et de descentes produit un effet déprimant et nous avançons sans plus desserrer les lèvres. Un après-midi, désireux de varier notre ordinaire, nous faisons halte près d'une petite rivière et tentons notre chance à la pêche. Les poissons refusent de mordre à l'hameçon et de se laisser capturer à la main; nous nous rabattons sur les sempiternelles tsampa et viande séchée.

Chaque pas nous rapproche de l'Himalaya que nous apercevons dans la lointain et, en même temps, de la frontière indienne. La température est plus douce et les nuits sont plus chaudes, surtout dans la vallée du Sutlej; les villages ressemblent à de petites oasis et les maisons sont entourées de jardins plantés d'abricotiers.

Le 9 juin, douze jours après avoir quitté Changtse, nous atteignons le village frontière de Chipki; voilà trois semaines que nous errons sur le territoire tibétain. Si nous sommes plus riches d'expérience, nous devons aussi nous rendre à l'évidence : sans permis régulier délivré par les hautes autorités civiles ou religieuses, autant renoncer à séjourner au Tibet.

Nous passons notre dernière nuit sous la tente, à l'ombre d'un abricotier. Le lendemain, pour quatre-vingts roupies, j'achète un âne sous prétexte que l'animal est indispensable au transport des bagages. En réalité, je rumine de nouveaux projets et la possession d'un bourricot conditionne leur réalisation.

Dachampa, sa mission terminée, récupère ses bêtes. En nous quittant, il ajoute avec un bon sourire :

« Qui sait? Peut-être nous reverrons-nous un jour, à Lhassa? Les filles y sont belles et le chang (bière) meilleur que partout ailleurs. »

Un chemin en lacet monte vers le col frontière. Pas de gardes, ni du côté indien, ni sur le versant tibétain; deux cairns s'élèvent surmontés de mâts à prières, près d'une borne où nous lisons : « Simla 200 milles. » C'est tout!

Nous sommes maintenant tous décidés à ne pas nous attarder sur le territoire indien; la perspective d'un séjour prolongé derrière les barbelés ne nous tente décidément pas du tout.

Nouveau passage clandestin

Mon camarade Kopp et moi entendons sauter sur la première occasion favorable et rebrousser chemin, persuadés que le gouverneur auquel nous avons eu affaire est un personnage de second ordre, incapable de prendre une décision de son propre chef. Quitte à renouveler la tentative, autant s'adresser directement en haut lieu, c'est-à-dire à Gartok, capitale du Tibet occidental et résidence d'un gouverneur de province.

Empruntant la grande route des caravanes, nous descendons jusqu'au premier village indien, Namgya, où nous nous présentons comme des soldats américains. Personne n'en doute : nous arrivons du Tibet! Nous en profitons pour faire le plein de provisions. Après avoir passé la nuit dans le gîte d'étape aménagé par le gouvernement des Indes, nous nous séparons le lendemain, en deux groupes. Aufschnaiter et Treipel suivront la route qui longe le cours du Sutlej. Kopp et moi emprunterons une vallée latérale — celle du Spiti — qui, d'après la carte, remonte en direction nord et aboutit à un col frontière. Deux jours durant nous suivons la rivière, puis obliquons dans une gorge. A en juger par son orientation, celle-ci doit s'enfoncer en plein Himalaya. Mais nos cartes sont muettes à ce sujet. Des indigènes que nous rencontrons nous renseignent; stupéfaits, nous apprenons que nous avons franchi la frontière un peu plus bas, près d'un pont. Pourtant, à notre gauche, s'élève la magnifique pyramide du Riwo Phargyul (7.000 m) et cette montagne se trouve incontestablement sur le territoire indien. L'explication est toute simple : la frontière pour une fois ne suit pas la ligne des crêtes et le territoire tibétain forme saillant.

Le premier « village » que nous traversons, Kyurik, comprend deux maisons; le second, Dotso, fait déjà figure de bourgade. Nous y rencontrons des moines occupés à abattre des peupliers qu'ils destinent à la construction d'un monastère. Ces religieux viennent de Trachigang, de l'autre côté des cols, siège de la principale lamaserie de la province de Tsurubjin; leur supérieur est en même temps la plus haute autorité civile de la région. Il se trouve qu'il a accompagné ses moines et il manifeste l'intention de nous voir; autant dire que notre sort est scellé d'avance. Et puis, non. Mentant effrontément, nous racontons que nous précédons un haut personnage européen qui se rend à Lhassa en mission officielle et possède, bien entendu, l'autorisation nécessaire. L'entretien se termine sans complication et nous poussons un double soupir de soulagement.

La pente qui monte vers le col — le Bud-Bud-La — est escarpée et aride; l'altitude est voisine de 5.700 mètres et l'air raréfié rend l'ascension pénible; sur la gauche, la langue terminale d'un glacier pousse une pointe. En chemin, nous rencontrons des Bhutias. Particulièrement aimables, ils nous invitent à partager avec eux le thé au beurre et la chaleur de leur feu. Nous plantons la tente près de leur campement.

La contrée est déserte; au cours des jours suivants, nous ne croisons que de rares convois. Le conducteur de l'un d'eux, jeune homme vêtu d'une houppelande en mouton et portant nattes comme tous les laïcs tibétains, nous fait signe au passage. Il nous propose de l'accompagner jusqu'à sa tente. Sa femme reflète la joie de vivre et rit à tout propos; pénétrant dans l'abri, nous y découvrons un magnifique cuissot de chevreuil, qui nous met l'eau à la bouche. L'inconnu nous en cède un morceau pour un prix dérisoire, mais à condition que nous ne soufflions mot de la façon dont il se l'est procuré. Conformément aux préceptes bouddhiques, la chasse est interdite, sous peine de châtiment sévère.

Faisant appel à mes connaissances rudimentaires de tibétain, j'entame la conversation et constate avec ravissement que l'inconnu et moi nous nous comprenons parfaitement. Nous convenons d'entreprendre, le lendemain, une partie de chasse et, à l'invitation de nos hôtes, nous nous installons pour la nuit sous leur tente. C'est bien la première fois que nous avons affaire à des Tibétains aimables et hospitaliers!

Nous nous levons dès l'aube; le jeune Tibétain porte un vieux fusil qui se charge par le canon. Dans sa poche il a glissé des balles, de la poudre et une mèche. Apercevant une harde de boucs bleus, il bat le briquet et allume l'amadou. Kopp et moi nous demandons avec effroi comment va réagir le tromblon. Une détonation retentit, suivie d'un nuage de fumée, mais avant même que celle-ci ne se soit dissipée, les boucs au complet détalent. Soucieux de ne pas rentrer les mains vides, nous ramassons des oignons sauvages qui poussent à profusion sur les pentes; ils relèveront agréablement le fumet du gigot de chevreuil.

Du plus loin qu'elle nous aperçoit, l'épouse de notre nouvel ami éclate d'un rire strident; c'est tout juste si l'on aperçoit encore ses yeux. Instruite sans doute par l'expérience, elle n'a pas attendu le résultat de la chasse et le repas mijote. Pour cuisiner, elle a rejeté la peau de mouton qui lui recouvrait le buste et gênait ses mouvements et, demi-nue, surveille le fricot. C'est là, nous l'avons su plus tard, un usage courant; rien n'est plus naturel, même à Lhassa, citadelle du bouddhisme.

C'est avec regret que nous disons adieu au jeune couple. Puis, emboîtant le pas à notre âne qui trottine tranquillement sur le chemin des caravanes, nous nous éloignons. Parfois, nous apercevons des troupes de yaks sauvages en train de paître l'herbe rase. Est-ce ce spectacle ou une autre raison qui l'y pousse? Notre âne devient de plus en plus capricieux et indocile. D'une ruade au beau milieu d'un ruisseau, il se débarrasse de son chargement qui tombe à l'eau. Nous parvenons à éviter un désastre et à remettre la main sur le récalcitrant. Puis, profitant d'un rayon de soleil, nous faisons sécher nos affaires. Soudain, dans le lointain, deux silhouettes! Elles approchent. Chose curieuse, l'un des arrivants marche du pas caractéristique des montagnards. Serait-ce possible...! Mais oui, c'est bien Aufschnaiter! Un porteur hindou l'accompagne. Aussi incroyable qu'elle paraisse, cette rencontre dans ces régions désolées était inévitable. Depuis des siècles, les voyageurs allant des Indes au Tibet et vice-versa empruntent toujours les mêmes cols. Sans le savoir, Aufschnaiter a suivi la même route que Kopp et moi.

Il est aussi surpris que nous. Il nous raconte qu'après plusieurs jours passés aux Indes, Treipel l'a quitté, le 17 juin. Avec l'argent qui lui restait, ce dernier s'est acheté un cheval et est redescendu dans la plaine où il s'est fait passer pour un fonctionnaire anglais. Lui-même a rebroussé chemin et marché sur nos traces. Dans un village indien, il a appris d'étranges choses sur l'Allemagne; on lui a dit que toutes les villes avaient été rasées et que des milliers d'avions américains débarquaient des troupes en France. Enfin, passant à l'offensive, l'Armée Rouge aurait chassé les Allemands de Russie. Imagination orientale.

Si tout va bien, dans cinq jours nous atteindrons Gartok. Mais Aufschnaiter, craignant que le permis de séjour ne nous soit une fois de plus refusé, propose de gagner directement le Tibet central et les steppes nomades. Au dernier moment toutefois il se ravise et nous partons tous les trois. A dater de ce jour, et durant les années qui suivirent, Aufschnaiter et moi ne devions plus nous quitter.

La route franchit un nouveau col, le Bongru-La, à plus de 5.000 mètres d'altitude; les nuits sont glaciales et bivouaquer en plein air est une rude épreuve. De temps à autre, un épisode imprévu vient rompre la monotonie de notre marche. Une fois, Kopp, qui a retiré ses chaussures et son pantalon pour traverser une rivière, perd un soulier. Notre ami se précipite à sa recherche; en vain, la chaussure reste introuvable. Par bonheur, en plus de mes propres chaussures, je possède une paire de souliers tibétains, légèrement trop petits pour moi du reste, car il est presque impossible de trouver là-bas les tailles qui nous sont habituelles. Hélas! Kopp a des pieds encore plus forts que les miens. Si bien que pour finir je lui cède ma chaussure gauche — une chaussure de l'armée — et poursuis moi-même, un pied en Europe si je puis dire et l'autre au Tibet.

Une autre fois, nous assistons de loin à un combat que se livrent deux étalons kyang pour gagner la faveur des femelles. Les deux bêtes font voler des mottes de terre et cherchent à se mordre; dans leur acharnement, elles ne nous remarquent même pas. Pendant ce temps, les juments hémiones, frémissantes, virevoltent autour des combattants et soulèvent des nuages de poussière qui cachent par moments toute la scène à nos yeux.

Nous avançons face au nord en direction de la haute vallée de l'Indus; à mesure que nous allons, les caravanes se font plus nombreuses. Des centaines de yaks descendent en longues files, balançant sur leurs dos d'énormes charges de laine. Les caravaniers, torse nu, sont armés de frondes dont ils se servent pour amener dans le droit chemin les animaux qui s'échappent. C'est à peine s'ils prêtent attention à nous et nous nous en félicitons.

Le paysage est féerique; c'est le printemps et les étendues vertes alternent avec les taches jaunâtres des gisements de borax qui jalonnent la vallée de l'Indus. A l'horizon, une succession de cimes neigeuses semble flotter dans le firmament zébré d'arcs-en-ciel.

Bientôt une cinquantaine de maisons apparaissent : elles sont groupées au pied d'un monastère-forteresse qu'entoure un large fossé : c'est Trachigang. L'accueil de la population est nettement inamical; nous y sommes maintenant habitués. A cette époque de l'année, la ville héberge des marchands hindous venus acheter la laine des troupeaux. Tandis que nous nous procurons des provisions par leur intermédiaire, des Tibétains nous arrêtent, nous demandant quelles marchandises nous transportons. A deux étapes de Gartok, nous atteignons, le cœur battant, la bourgade de Gargünsa, résidence d'été du gouverneur du Tibet occidental. Nous avons beau savoir que le haut personnage n'a pas encore quitté sa capitale, nous traversons les rues du village avec une certaine appréhension.

Parfois, et parfois quelques heures seulement, nous nous joignons à des caravanes : elles transportent à Lhassa des abricots séchés en provenance de la province indienne de Ladak; le voyage dure des mois. La plupart des jeunes caravaniers sont originaires de Lhassa. Étant à la solde du gouvernement et, par conséquent, en mission officielle, ils portent fusils et épées. Leurs passeports spéciaux les autorisent à réquisitionner chevaux et yaks de transport. Je ne sais si notre âne est impressionné par le spectacle des longs convois mais il se montre de plus en plus rétif et capricieux. Parfois, il se couche en travers de la piste et refuse de se relever, sourd à nos protestations, insensible aux coups. Puis il repart, n'écoutant toujours que sa fantaisie. Parfois encore, il envoie promener sa charge d'un coup de reins, prend le galop, gambade, rue et joue à cache-cache lorsque nous tentons de le rattraper.

Peu avant Gartok, nous réussissons à passer la soirée dans la tente de voyageurs se rendant à Lhassa. Kopp, expert en tours de cartes, devient le point de mire de la société et ses talents nous valent une invitation à dîner. Encore des caravanes. Je ne puis m'empêcher de songer à l'aventure de notre prédécesseur, l'Italien Desideri qui, trois siècles avant nous, est parvenu jusqu'à Lhassa en se glissant parmi elles. Heureux homme! Au XXe siècle, le problème est autrement compliqué!

Gartok, résidence du vice-roi

Gartok, « capitale du Tibet occidental, résidence d'un vice-roi »; Gartok, « la ville la plus élevée du monde ». Voilà ce que j'ai lu dans tous les livres. Cependant, en la voyant, je ne puis réprimer un sourire. Vingt tentes dispersées dans l'immense plaine, cinquante huttes construites en mottes de terre et recouvertes de plaques de gazon, voilà en réalité Gartok. Et à part les chiens errants qui rôdent, nulle âme qui vive, au moment où nous arrivons.

Nous plantons la tente au bord de la rivière Gartang, affluent de l'Indus, quand enfin des curieux s'approchent. Les hauts fonctionnaires sont tous absents, mais, nous dit-on, le remplaçant du Garpön nous recevra. Sans tarder, nous sollicitons son audience. Pour franchir le seuil du « palais », nous sommes obligés de nous baisser. Il n'y a pas de porte. Une ouverture basse, simplement fermée par un rideau graisseux, donne accès à une pièce obscure aux fenêtres obturées de papier huilé. Peu à peu, nos yeux s'habituent à la pénombre et nous distinguons la silhouette d'un homme accroupi. Il porte à l'oreille gauche un gros anneau d'or d'une quinzaine de centimètres de diamètre, insigne de son rang. Près de lui se tient une femme, laquelle n'est autre, nous l'apprendrons par la suite, que l'épouse du vice-roi. Derrière nous, des serviteurs et des enfants se pressent.

Très aimablement, le remplaçant du Garpön nous invite à prendre place et fait apporter du thé, du beurre, du fromage et de la viande séchée. La glace est rompue et la conversation s'engage avec l'aide de mon dictionnaire anglais-tibétain et à grand renfort de gestes. Nous nous contentons pour cette première entrevue d'explications sommaires et laissons entendre que nous nous apprêtons à demander au gouvernement de nous accorder le droit d'asile.

Le lendemain, nouvelle visite, au cours de laquelle, en guise de cadeau, je remets au haut fonctionnaire des médicaments. Agréablement surpris, il nous interroge sur leur mode d'emploi et consigne soigneusement les indications que je lui donne. Je profite de l'occasion pour aborder la question décisive, celle de la délivrance d'un permis de transit. Il ne repousse pas *a priori* ma requête, mais se retranche derrière son supérieur, absent, lequel fait retraite au pied du Kailas. Nous voyant dépités, il nous console et déclare que le retour du Garpön est imminent.

Nous cherchons à resserrer encore ces premiers liens d'amitié et lui faisons cadeau d'une loupe, objet rare au Tibet. Deux jours plus tard, des porteurs arrivent, chargés de beurre, de farine et de viande séchée. Ils précèdent le haut fonctionnaire qui s'est spécialement dérangé pour nous rendre visite. En examinant l'intérieur de nos tentes, il ne peut s'empêcher d'exprimer son étonnement; jamais, nous dit-il, il n'aurait cru que des Européens pussent vivre dans un tel inconfort. Cependant, plus la date du retour de son supérieur approche, plus son amabilité et ses attentions se font discrètes : c'est tout juste à présent s'il ne nous ignore pas. La prudence lui commande d'espacer les relations; un jour même il refuse de nous autoriser à acheter des victuailles. Par chance, les marchands hindous de passage à Gartok sont nombreux et ils se laissent attendrir, au prix fort il est vrai.

Un matin, le bruit de centaines de sonnailles nous tire de nos tentes; une longue file de mulets approche de la ville. En avant, marchent des soldats en armes; derrière, viennent serviteurs et servantes, précédant un groupe de nobles tibétains, les premiers que nous voyons. Le Garpön est accompagné de sa femme; tous deux sont vêtus de riches soieries et portent des pistolets à la ceinture. La population se rassemble pour ne rien perdre du spectacle. A peine a-t-il pénétré dans sa bonne ville que le haut personnage se rend au monastère afin de remercier les dieux de l'avoir assisté pendant son pèlerinage.

Le « palais » du gouverneur, de même aspect que celui de son « lieutenant », s'en distingue néanmoins par un ameublement plus riche et par un confort supérieur.

Sans attendre, Aufschnaiter rédige une lettre et prie « Son Excellence » de bien vouloir nous accorder un entretien. L'après-midi se passe sans réponse; le soir, n'y tenant plus, nous prenons les devants.

Noble du quatrième rang, le gouverneur le restera tant qu'il occupera des fonctions officielles. Il administre cinq districts placés sous la surveillance d'autres nobles du cinquième, sixième ou septième rang. Lorsqu'il réside à Gartok, le Garpön porte dans ses cheveux nattés et ramenés sur le sommet de son crâne une amulette d'or, insigne de son grade.

Nous voici devant « Son Excellence »; nous exposons notre cas, sans omettre le moindre détail; le Garpön nous écoute avec attention. Parfois, un sourire furtif lui échappe quand nous commettons quelque erreur de vocabulaire manifeste, tandis que sa suite s'esclaffe. Cette hilarité contribue à créer une ambiance amicale. Notre exposé terminé, le gouverneur nous assure de sa compréhension et promet d'examiner notre cas et d'en conférer avec son second. Puis il nous invite à prendre le thé, préparé à l'hindoue et non à la tibétaine. Dès le lendemain, il nous fait adresser des cadeaux, ce que nous interprétons comme un heureux présage.

Mais la réception suivante est déjà moins cordiale, il se montre plus évasif, plus protocolaire. Nous le trouvons assis auprès de son adjoint, sur un trône surélevé. Des lettres et des liasses de papier tibétain s'amoncellent sur une table. Sans préambule, il nous annonce qu'il ne peut nous délivrer qu'un permis de transit pour sa province, celle de Ngari; en aucun cas, nous ne serons autorisés à pénétrer dans les provinces centrales du Tibet. Mes camarades et moi examinons rapidement la nouvelle situation et proposons au Garpön de nous délivrer un passeport collectif qui nous permettra d'atteindre la frontière népalaise. Il paraît hésiter, accepte, puis déclare qu'il va demander des directives au gouvernement de Lhassa. Cependant, il attire notre attention sur le fait que la réponse ne lui parviendra pas avant plusieurs mois.

Autant accepter la première proposition; nous n'avons d'ailleurs pas abandonné notre projet initial d'atteindre le Tibet oriental; le Népal se trouve précisément dans cette direction. Nous nous estimons donc assez satisfaits du résultat de ces négociations.

Pour finir, le Garpön nous prie d'être ses hôtes pendant quelques jours, le temps de rédiger le document, de rassembler les yaks de bât nécessaires et de trouver quelqu'un pour nous escorter. Trois jours après, nous recevons le passeport. Notre itinéraire y est exactement indiqué avec les localités que nous devons traverser : Ngakyü, Sersok, Möntche, Barga, Toktchen, Lhölung, Chamtchang, Truksum, Gyabnak. Une clause spécifie que nous sommes autorisés à réquisitionner deux yaks et que la population doit nous vendre, au prix courant, les victuailles dont nous aurons besoin. De même, nous sommes autorisés à nous procurer gratuitement le bois de chauffage nécessaire à la cuisson des aliments.

La veille de notre départ, le Garpön organise un banquet en notre honneur, à l'issue duquel je réussis à lui vendre ma montre-bracelet. Le moment des adieux arrivé, il nous fait promettre qu'en aucun cas nous ne chercherons à atteindre Lhassa.

Le 14 juillet, notre caravane s'ébranle; elle comprend deux yaks transportant nos bagages et mon âne : celui-ci a eu largement le temps de « récupérer »; il trottine, chargé seulement de notre samovar. Un jeune Tibétain, monté sur un petit cheval, nous escorte; son nom est Porbu. Mes camarades et moi marchons à pied, modestement, en vagabonds que nous sommes.

Pendant un mois, nous ne rencontrerons en fait d'agglomérations que des tentes de nomades et, de temps à autre, un relais de caravanes où l'on trouve des yaks de rechange et un toit pour la nuit.

Dans l'un de ces derniers, je troque mon âne pour un yak; à première vue, l'affaire paraît avantageuse. Mais ma joie est de courte durée : mon yak se révèle intraitable et je m'en séparerais volontiers. Une semaine plus tard, je l'échange contre une bête plus jeune et surtout plus souple; on lui a troué la cloison nasale pour y passer un anneau d'osier auquel on attache la corde. Excellent moyen pour modérer ses ardeurs. Nous le baptisons Armin.

La contrée est extraordinairement variée. Les plaines alternent avec les collines, les pentes avec les cols; souvent, des ruisseaux et des torrents nous barrent la route, dévalant des montagnes. A Gartok, nous avions subi plusieurs tempêtes de grêle; depuis, le temps se maintient au beau fixe. Aufschnaiter, Kopp et moi, avons laissé pousser nos barbes pour éviter les brûlures du soleil. En arrivant à proximité du relais de Barka, nous apercevons une magnifique chaîne de montagnes enneigées. Le Gurla Mandhata domine le paysage de ses 7.730 mètres. Moins haute mais plus imposante, la pyramide du Kailas, montagne sacrée du Tibet occidental, se dresse d'un seul jet à 6.700 mètres, gigantesque et solitaire. Pour les bouddhistes, cette montagne est le trône des dieux, la montagne sainte des légendes; il n'est pas un Tibétain qui ne rêve de la contempler. Les vrais croyants n'hésitent pas à parcourir deux ou trois mille kilomètres pour y faire pèlerinage. Certains vont même jusqu'à mesurer de leur corps la distance qui les en sépare. Sans relâche, pendant deux ou trois ans, ils se couchent et se relèvent sur le sol, en proie au délire religieux. Vivant d'aumônes, ils s'attirent de cette façon la bénédiction divine et s'assurent une réincarnation plus élevée dans l'autre monde. Des sentiers, tracés par les pèlerins, convergent vers le Kailas, de tous les points de l'horizon; d'immenses cairns, surmontés de mâts à prières, les jalonnent de leurs pierres accumulées par des dizaines de générations. Nous aimerions faire le tour de la montagne, mais le gardien du relais de Garka, situé dans le voisinage, nous en dissuade; il prétend ne pouvoir nous garantir l'échange de nos yaks si nous nous attardons.

Deux jours durant, nous longeons les glaciers du Kailas et du Gurla Mandhata; cette dernière cime, qui se reflète dans les eaux du lac de Manasarovar, n'a jamais été escaladée. La tentation est forte pour des alpinistes. D'innombrables monastères occupent les rives du lac; les pèlerins de passage y trouvent gîte et couvert. Le lac lui aussi est sacré; les dévots qui en font le tour en rampant s'assurent de la bénédiction céleste et son eau passe pour miraculeuse. Aussi, chaque pèlerin s'y plonge-t-il, malgré la température glaciale. Nous en faisons autant pour des raisons de simple hygiène. Il est encore trop tôt dans la saison pour les pèlerins; les seuls visiteurs sont des marchands qui se dirigent vers Gyanima, le grand marché de la région. Parfois, nous croisons des individus à mine patibulaire, attirés par la perspective de quelque coup de main.

Pendant des heures, nous longeons la berge du lac; il s'étend à perte de vue, semblable à une véritable mer intérieure. N'étaient les moustiques, le paysage serait idyllique; les bestioles ne nous font grâce que passé l'extrémité du plan d'eau.

Entre Gyanima et Chotkche, une grande caravane nous croise, celle du nouveau gouverneur de district en route vers Tsaparang. Venu de Lhassa, il rejoint sa résidence, suivi de ses nombreux serviteurs. En l'apercevant, ébloui par tant de majesté, notre compagnon tibétain s'arrête, s'incline profondément, enlève son chapeau et tire la langue en signe de respect et de soumission. Il s'approche du haut fonctionnaire et lui explique ce qui nous amène dans ces parages; les soldats de la garde rengainent leurs armes et leur maître nous distribue généreusement des fruits secs et des noix qu'il prend dans sa sacoche.

Notre aspect, à vrai dire, n'a plus rien de civilisé; depuis trois mois, nous vivons l'existence des nomades et couchons à la belle étoile. Notre standard de vie est inférieur à celui de la population indigène; nos petites tentes ne constituent qu'un abri précaire et nous faisons la cuisine dehors par tous les temps.

En dépit de notre pénible délabrement, nous restons frais et dispos. Conscients d'être parmi les rares Européens qui aient traversé ces contrées, nous ne perdons rien du spectacle qui s'offre à nos yeux. Qui sait si, plus tard, lorsque nous aurons repris contact avec nos semblables, nos observations n'acquerront pas quelque valeur inédite? A force de vivre ensemble, nous apprenons à connaître nos défauts et nos faiblesses respectifs et nous nous aidons réciproquement à chasser le cafard.

Une succession de cols peu élevés nous mène dans la région des sources du Tsangpo [1]. L'Indus, le Sutlej et le Karnali y prennent également naissance. A ces quatre fleuves les Tibétains associent les noms de quatre animaux : le lion, l'éléphant, le paon et le cheval, ce dernier s'appliquant au Tsangpo.

Durant deux semaines, le Tsangpo nous servira de repère; alimenté par une multitude de ruisseaux et de torrents descendus de l'Himalaya et du Transhimalaya, son volume d'eau s'accroît à vue d'œil; d'abord ruisseau puis torrent, il s'assagit et très rapidement devient fleuve.

Le temps jusqu'ici clément ne cesse d'empirer; en quelques minutes on passe du froid polaire à la touffeur équatoriale; aux averses de grêle succède un soleil de plomb, bientôt relayé par la pluie. Un matin, au réveil, nous trouvons le sol recouvert d'une mince pellicule de neige fraîche. Mal protégés par nos vêtements, nous envions les Tibétains et leurs longues pèlerines de peau de mouton.

Malgré tout, notre allure ne ralentit pas. De relais en relais, nous avançons le long de la piste. Parfois, dans l'échancrure d'une vallée, apparaissent au loin des cimes himalayennes, spectacle grandiose et majestueux. Désormais, plus de nomades, mais des gazelles et des hémiones qui gambadent paisiblement de l'autre côté du Tsangpo.

1. Nom tibétain du Brahmapoutre.

Nous approchons de Gyabnak, dernière localité mentionnée sur notre passeport; là finit la zone de juridiction du gouverneur de la province de Gartok.

A peine sommes-nous installés depuis trois jours dans le hameau qu'un messager arrive, ventre à terre; sautant à bas de sa monture, il nous annonce que deux hauts personnages venus de Lhassa et séjournant à Tradün manifestent l'intention de nous rencontrer.

L'occasion est inespérée et nous repartons sans perdre de temps. Après une nuit passée sur un plateau peuplé d'hémiones, nous découvrons le lendemain un des plus beaux panoramas du monde. Au-dessus des toits et des clochers de Tradün dont les ors resplendissent au soleil, des montagnes de glace s'élèvent hautes de 8.000 mètres, sommets prestigieux qui portent les noms de Dhaulagiri, d'Annapurna et de Manaslu. Tradün se trouve à l'autre extrémité de la plaine où nous débouchons et, plusieurs heures durant, nous avons devant nous le spectacle de ces géants encapuchonnés de glace et de neige. Kopp lui-même, le seul de nous trois qui ne soit pas alpiniste, est subjugué.

Tradün, monastère rouge aux toits dorés

En fin de journée, nous faisons notre entrée à Tradün; le village est dominé par la masse de sa lamaserie que le soleil couchant teinte de pourpre. Derrière le mamelon qui la supporte, les maisons du village se pressent. Comme partout dans cette partie du Tibet, elles sont construites en mottes de terre et recouvertes de tuiles crues. La population s'est rassemblée et nous regarde en silence. Immédiatement, on nous conduit dans une maison préparée à notre intention. Le temps de décharger nos bêtes, déjà des serviteurs apparaissent et nous prient de les accompagner.

Traversant une foule d'employés et de subalternes, nous pénétrons dans une grande pièce. Un moine souriant et ventripotent est assis sur un trône surélevé; près de lui, à la même hauteur, se tient son collègue laïc. Un peu plus bas ont pris place le prieur du monastère de Gyabnak et un commerçant népalais. Ce dernier parle l'anglais et sert d'interprète. Un divan fait de coussins nous est réservé et nous dispense de nous asseoir « en tailleur » à la tibétaine. D'un geste poli, on nous invite à prendre du thé et des gâteaux, avant d'aborder les questions épineuses. Plus tard, leurs Excellences demandent à examiner notre passeport qui fait l'objet d'un examen attentif. La salle est plongée dans un silence opaque. Enfin, le moine et son collègue nous font part des doutes qu'ils éprouvent à notre endroit. Est-il bien vrai que nous soyons Allemands ? Le fait que nous ayons réussi à nous évader et à fausser compagnie aux Anglais les stupéfie et ils suspectent notre identité. Russes ou Anglais ? Toujours sceptiques, ils nous prient d'apporter nos bagages; leur contenu, étalé dans la cour, est l'objet d'une fouille minutieuse. Un point surtout les tracasse : sommes-nous ou non en possession d'armes ou d'un poste émetteur ? Rien n'est plus simple que de leur prouver le contraire, mais ma grammaire tibétaine et un livre d'histoire que je transporte dans mon sac les font sourciller.

Notre laissez-passer précise que nous nous dirigeons vers le Népal. Cette stipulation est sans doute la bienvenue, car les hauts fonctionnaires nous assurent de tout leur appui. Ils nous conseillent même de partir dès le lendemain. Deux jours de marche seulement et le col de Koré-La nous séparent de la frontière. Pareille hâte ne cadre nullement, cela va sans dire, avec nos intentions; le Népal n'est pour nous qu'un prétexte et nous sommes décidés à obtenir coûte que coûte l'autorisation de rester au Tibet.

Faisant feu de tout bois, nous supplions les deux hauts fonctionnaires de nous accorder le droit d'asile, arguant des usages internationaux et comparant la position du Tibet à celle de la Suisse. Peine perdue! Nos interlocuteurs s'en tiennent aux indications portées sur nos passeports et se montrent intraitables. Qu'à cela ne tienne! Depuis plusieurs mois que nous sommes dans ce pays, nous commençons à nous familiariser avec la mentalité asiatique : jamais, on ne doit jeter le manche après la cognée. La conversation se poursuit, toujours sur le mode courtois. Les deux fonctionnaires nous expliquent qu'ils procèdent actuellement à la collecte des impôts et nous avouent que leur véritable rang n'est pas aussi élevé que le nombre de serviteurs et la pompe qui les entourent le laissent supposer.

L'entretien prend fin. De nous-mêmes nous décidons de prolonger de quelques jours notre séjour à Tradün. Dès le lendemain, des serviteurs apportent une nouvelle invitation des « bönpos » : cette fois, nous sommes priés à déjeuner. A en juger par les quantités de pâtes à la chinoise que l'on nous sert, nous devons inspirer pitié! Quand, rassasiés, nous faisons mine de repousser nos assiettes, c'est un concert de protestations. Les convives nous encouragent à continuer et nous en concluons qu'au Tibet il est de bon ton de remercier l'hôte avant d'avoir calmé sa faim.

L'habileté consommée avec laquelle nos commensaux se servent de leurs baguettes nous stupéfie; notre admiration ne connaît plus de bornes lorsque nous les voyons prendre leur riz, grain par grain, comme en se jouant. De leur côté, ils admirent, non sans amusement, notre dextérité à nous servir de nos fourchettes. A plusieurs reprises des éclats de rire fusent. En fin de repas, le chang fait son apparition et l'ambiance devient euphorique.

Peu à peu, de cérémonieuse qu'elle était, la conversation prend un tour plus personnel; les deux maîtres de maison nous révèlent qu'après réflexion, ils consentent à transmettre notre demande à Lhassa et ils nous invitent à rédiger sur-le-champ, en anglais, un mémoire qu'ils joindront au pli officiel. C'est plus que nous n'espérions. En notre présence, la lettre scellée est remise à un messager qui se met immédiatement en route pour la capitale.

Enfin, comble de bonheur, ils nous autorisent à résider à Tradün dans l'attente de la réponse. Mais, instruits par les expériences précédentes, nous demandons confirmation écrite de cette permission; là encore nous obtenons satisfaction. Cette fois, nous sommes aux anges et, nous confondant en remerciements, nous nous retirons dans la maison qui nous est assignée. A peine venons-nous d'y pénétrer que la porte s'ouvre, livrant passage à des serviteurs porteurs de sacs de farine, de riz, de tsampa et de quatre moutons fraîchement tués. Derrière eux se présente le notable du village; il déclare cérémonieusement que ces cadeaux nous sont envoyés, en gage d'amitié, par leurs Excellences. Avant de prendre congé, le notable nous adresse quelques mots dont nous mesurerons plus tard l'importance :

« Au Tibet, la hâte de l'Européen est déplacée. Apprenez la vertu du temps et de la patience; ainsi vous parviendrez plus tôt au but! »

De nouveau seuls, mes camarades et moi nous nous demandons si tout cela n'est pas un rêve. Comment expliquer cette chance subite? D'un côté, notre requête est en route pour Lhassa; de l'autre, nous avons des provisions pour plusieurs mois. Enfin, nous avons un toit, un vrai et une servante — ni jeune, ni jolie, malheureusement — qui allume le feu et va chercher de l'eau. Une question nous préoccupe : comment remercier les bönpos? Nous n'avons rien, à part les médicaments.

Vraisemblablement, nous devons attendre trois mois au moins la réponse du gouvernement et, déjà, nous dressons des projets pour tuer le temps : excursions dans la région de l'Annapurna et du Dhaulagiri, randonnées dans les hautes plaines du Changtang, au nord. Un beau jour, à la demande du notable de Tradün, le prieur du monastère nous fait appeler et nous explique que l'autorisation de résider à Tradün implique que nous ne pouvons nous éloigner à plus d'un jour de marche de cette localité. Nous sommes libres de nous promener où bon nous semble à la condition que, le soir, nous soyons de retour. Au cas où ces prescriptions seraient transgressées, lui-même serait obligé d'en informer ses supérieurs et cela, bien entendu, risquerait d'avoir de fâcheuses répercussions sur la décision finale de Lhassa.

Dûment avertis, nous nous contentons de petites excursions dans les montagnes des alentours. Une cime, en particulier, nous attire, un cône isolé, haut de 7.065 mètres, le Lungpo Kangri. Fréquemment, nous nous dirigeons vers cette montagne pour dessiner ses formes étranges. De même que le Kailas, le Lungpo Kangri se dresse en sentinelle avancée devant la chaîne du Transhimalaya et domine le haut plateau environnant.

En regardant vers le sud, nous apercevons les cimes géantes de l'Himalaya, distantes de plus de cent kilomètres. Un beau jour, ne pouvant plus résister, Aufschnaiter et moi décidons de les examiner de plus près; le Tarsangri est notre objectif. Toutefois, il faut d'abord franchir le Tsangpo, très large en cet endroit, et les bateliers ont l'ordre de nous refuser le passage. En désespoir de cause, nous nous jetons à l'eau, dans l'intention d'atteindre l'autre rive à la nage. Aufschnaiter tient au-dessus de sa tête ses vêtements soigneusement roulés. Soudain le paquet lui échappe, le courant l'emporte, mais je réussis à le rattraper à temps. Une fois sur la berge opposée, nous commençons l'escalade et parvenons au sommet du Tarsangri. Le panorama est unique; de notre observatoire nous découvrons des centaines de cimes dont beaucoup sont anonymes. Nous en dessinons les contours, puis reprenons le chemin de Tradün. Personne ne nous tient rigueur de notre escapade. Le prieur du monastère et le notable paraissent même se féliciter de ce que nous ne nous soyons pas évadés.

Tradün ressemble à un vaste entrepôt. Des caravanes y apportent du sel, du thé, de la laine, des abricots séchés et quantité de produits que deux, trois jours plus tard, d'autres caravanes acheminent vers le Tibet central ou vers le Népal à dos de yaks, de mulets, de moutons. Le trafic est intense et ce défilé ininterrompu de nouveaux visages enlève à notre séjour toute monotonie.

Parfois, Tradün reçoit la visite de hauts personnages. Nous assistons entre autres au passage du second Garpön de Gartok en route vers sa capitale. Le cortège officiel est précédé de loin par un détachement de soldats. Puis le lendemain, vient le cuisinier qui installe ses fourneaux. Le surlendemain, enfin, le Garpön apparaît, suivi de ses trente valets et servantes. Tous les habitants, nous compris, se sont rassemblés pour l'accueillir. Le haut personnage et sa famille montent des mulets richement harnachés; le chef du village et ses serviteurs les guident jusqu'au local aménagé à l'intention du Garpön et de sa cour. Plus encore que son père, la fille du gouverneur fait impression sur moi. Depuis 1939, c'est la première fois que nous voyons une jeune femme non seulement agréable à regarder, mais propre. Habillée de soie des pieds à la tête, elle a les ongles vernis et respire la santé. Le seul reproche que l'on puisse lui adresser c'est d'abuser du rouge à lèvres, de la poudre de riz et du rouge à joues. En réponse à ma question : « Etes-vous la plus jolie femme de Lhassa ? » elle éclate de rire et déclare qu'il en est d'autres infiniment plus belles. Hélas ! dès le lendemain, la caravane repart.

Quelques jours plus tard, nous recevons une visite inattendue; un envoyé du gouvernement du Népal arrive à Tradün sous prétexte d'un pèlerinage. En réalité, c'est nous qu'il vient voir. Il laisse entendre que rien ne s'oppose à ce que nous trouvions du travail à Katmandu [1]; si nous le désirons, son gouvernement est prêt à assumer les frais de voyage et à mettre, dès maintenant, trois cents roupies à notre disposition. Tout cela est bel et beau, trop beau même, et nous soupçonnons fort les Anglais d'être les instigateurs de cette manœuvre !

Voilà trois mois que nous attendons. Mon humeur et celle de mes deux camarades s'en ressentent; les accrochages sont de plus en plus fréquents entre nous. A plusieurs reprises, Kopp déclare qu'il ne voit pas pourquoi nous n'accepterions pas l'offre du gouvernement du Népal, que c'est la seule solution logique, etc. Aufschnaiter, lui, médite un autre projet; il achète quatre moutons et manifeste l'intention de nomadiser dans les plaines du Changtang. Besoin de solitude. Tout cela est en contradiction formelle avec notre plan initial mais, plus les jours passent, plus nous doutons d'une réponse favorable.

Un bel après-midi, Aufschnaiter quitte Tradün avec ses quatre moutons et va planter sa tente à trois kilomètres du village. Kopp et moi l'aidons à s'installer. Puis, un matin Kopp boucle son sac; il m'explique que les autorités lui ont promis d'assurer son voyage jusqu'à la frontière népalaise et

1. Capitale du Népal.

que, las d'attendre, il a accepté. Tandis qu'il s'apprête, Aufschnaiter réapparaît; il est seul. La nuit, les loups ont dévoré ses bêtes et, tout contrit, il vient nous demander asile.

Le surlendemain, Kopp se met en route, accompagné par la population de Tradün qui lui fait escorte. Nous nous sommes échappés, à sept, du camp de Dehra-Dun. Seuls Aufschnaiter et moi nous nous maintiendrons en liberté. Montagnards de naissance et alpinistes, nous sommes plus endurcis que les autres, plus aptes à supporter les fatigues et les hasards de l'aventure.

La fin novembre approche; le va-et-vient des caravanes s'arrête. Pour nous aider à affronter les rigueurs de l'hiver, le prieur du monastère de Gyabnak nous envoie quatre moutons et douze charges de bouses de yak séchées qui remplaceront le bois et nous serviront de combustible. Déjà la température est descendue à douze degrés au-dessous de zéro.

On nous invite a partir...

Malgré l'hiver, nous sommes décidés à quitter Tradün, avec ou sans réponse de Lhassa. Nous achetons un yak et constituons un fond de provisions. Mais au beau milieu des préparatifs, le prieur du monastère arrive et nous annonce qu'il vient de recevoir des nouvelles de la capitale. Ce que nous redoutions est maintenant devenu réalité : le gouvernement refuse de nous laisser poursuivre vers l'intérieur. Nous devons quitter sans délai le territoire tibétain non pas par la voie la plus courte, mais par un itinéraire aboutissant au village de Kyirong. Douze kilomètres séparent Kyirong de la frontière népalaise et sept jours de marche de Katmandu. Yaks et serviteurs sont mis à notre disposition.

La nouvelle, malgré tout, a son bon côté : nous allons pousser plus avant en territoire tibétain et, qui sait? une nouvelle possibilité s'offrira peut-être en route.

Le 17 décembre, nous quittons Tradün où nous séjournions depuis quatre mois. Cette interdiction de nous rendre à

Lhassa ne suscite en nous aucun sentiment contre les Tibétains. Nous avons appris à nos dépens combien il est difficile pour un étranger de s'établir dans un pays sans posséder de passeport ou de papiers en règle. En mettant à notre disposition des moyens de transport et en nous permettant de subsister, le Tibet nous a suffisamment prouvé son caractère hospitalier. Aufschnaiter et moi lui sommes reconnaissants de nous avoir épargné huit mois de captivité.

Deux Tibétains nous escortent. L'un porte notre bien le plus précieux : la lettre adressée par le gouvernement de Lhassa au gouverneur du district de Kyirong. Un caravanier conduit les deux yaks qui portent nos bagages. Nous ne sommes déjà plus de vulgaires vagabonds, mais des personnages jouissant de la protection des autorités.

Obliquant vers le sud-est, nous repassons la ligne de partage des eaux. Le Tsangpo est gelé et les nuits sont glaciales. Huit jours plus tard, nous atteignons Dzongka, identifiable au nuage de poussière qui flotte au-dessus de l'agglomération. Enfin un village digne de ce nom! Autour du monastère, une centaine de maisons se pressent, entourées de champs.

Dzongka est situé au confluent de deux ruisseaux qui forment la rivière Kosi, laquelle traverse les montagnes et descend vers le Népal. Au loin, derrière le haut rempart qui entoure l'agglomération se dresse la masse du Tchogulhari, dominant le paysage.

Le 25 décembre la caravane fait son entrée dans le bourg; c'est notre premier Noël en liberté. Le gîte qui nous est destiné est particulièrement confortable. Ici, la forêt est proche (deux jours de marche seulement) et un feu de bois brûle dans un vieux bidon à essence transformé en brasero. Nous allumons des lampes à beurre et réveillonnons avec un gigot de mouton.

Au Tibet, à l'est comme à l'ouest, caravansérails et hôtelleries sont inconnus; le voyageur loge chez l'habitant. Chacun, à tour de rôle, est prié d'héberger les étrangers et personne ne s'en plaint. C'est une manière commode de s'acquitter de ses impôts.

Les fortes chutes de neige nous obligent à prolonger de trois semaines notre séjour à Dzongka; cols et pistes sont impraticables. Nous en profitons pour nouer plus ample connaissance avec la population de ce village sympathique et assistons à des cérémonies religieuses ainsi qu'aux exhibitions d'un groupe de danseurs venus de Nyenam.

De nombreux fonctionnaires nobles résident à Dzongka et plusieurs deviennent nos amis; nous parlons maintenant suffisamment tibétain pour soutenir une conversation et, peu à peu, nous nous initions aux coutumes du pays.

Chaque fois que le temps le permet, nous faisons des excursions aux environs. Dans les falaises de grès, s'ouvrent des grottes où nous découvrons de vieilles statues de bois et de terre cuite, de vieux parchemins qui feraient le bonheur des collectionneurs et des amateurs d'art tibétain.

Le 19 janvier 1945, le temps est assez beau pour que nous puissions continuer et nous nous joignons à une grosse caravane. En avant, des yaks non chargés font la piste; ils piétinent la neige et s'en donnent à cœur joie; cela vaut tous les chasse-neige. Au bout d'une dizaine de kilomètres, la vallée se resserre encore en gorge et les ponts se succèdent, enjambant les torrents.

Armin, mon yak, natif des hauts plateaux du Changtang [1], manifeste une vive répugnance à l'égard des ponts et des passerelles et refuse de s'y aventurer. Avec l'aide des caravaniers, nous parvenons tant bien que mal à lui faire franchir l'obstacle; les uns poussent, les autres tirent pour venir à bout de sa résistance. A plusieurs reprises, on m'a déconseillé de l'emmener à Kyirong dont il supporterait difficilement le climat, me dit-on, plus chaud que celui de son plateau natal. Cependant, pour rien au monde je ne consentirais à m'en séparer.

S'il n'y a plus d'autre issue que les steppes du Tibet central, que ferais-je sans lui? La température se maintient aux environs de moins 30°; d'ailleurs, mon thermomètre ne descend pas plus bas.

1. Vastes plateaux désertiques situés à l'ouest et au centre du Tibet.

Au pied d'une paroi rocheuse, j'ai la surprise d'apercevoir, gravée dans la pierre, une inscription chinoise, vestige de la campagne militaire entreprise, en 1792, par l'empereur de Chine contre le Népal. A l'époque, une immense armée chinoise est venue dicter ses conditions à Katmandu, après avoir couvert plusieurs milliers de kilomètres.

Un peu plus loin, à proximité du village de Longda, nous découvrons un monastère : il a été entièrement creusé dans la roche. Des temples et des milliers de cellules distinctes s'accrochent au flanc de la montagne comme des nids d'hirondelles, à deux cents mètres au-dessus du thalweg. La tentation est trop forte et Aufschnaiter et moi entreprenons l'escalade. Moines et religieuses accourent sur la terrasse du monastère d'où l'on découvre les cimes enneigées de l'Himalaya. Nous apprenons qu'il s'agit de la lamaserie du célèbre ermite et poète tibétain Milarepa qui y vécut au XIe siècle de notre ère. Le monastère est connu sous le nom de Trakar Taso.

Nous nous hâtons de rejoindre la caravane, nous promettant de revenir à la prochaine occasion.

Plus nous descendons vers le sud, moins les chutes de neige sont abondantes. Quelques jours plus tard, nous atteignons la limite des arbres; la température s'adoucit et les vêtements chauds deviennent inutiles. Drothang, dernier village avant Kyirong, nous frappe par une curieuse particularité : tous ses habitants sont affligés d'un goitre.

Pour atteindre Kyirong nous avons mis une semaine, alors qu'en temps normal trois jours suffisent à une caravane et un jour seulement à un messager.

Kyirong, le village de la béatitude

Kyirong signifie en tibétain « village de la béatitude ». Et jamais, en vérité, je n'oublierai les mois que j'y ai passés. Si j'avais le choix et qu'on me demandât où j'aimerais finir mes jours, sans hésiter, je répondrais : à Kyirong. Je ferais construire un chalet en bois de cèdre rouge et détournerais l'eau d'un des innombrables ruisseaux qui descendent de la montagne pour irriguer mon jardin. Tous les fruits, toutes les fleurs poussent à Kyirong qui malgré son altitude de 2.770 mètres n'en est pas moins situé sur le 28e degré de latitude.

Nous sommes à la mi-janvier et la température est voisine de zéro degré. Jamais le thermomètre ne descend plus bas que dix degrés en dessous de zéro. Si la longueur des saisons est sensiblement la même que dans nos Alpes, la végétation accuse un caractère nettement tropical. Kyirong serait un centre idéal de sports d'hiver : de la neige toute l'année pour les skieurs et des cimes de 6.000 et 7.000 mètres pour les alpinistes.

L'agglomération, qui comprend quatre-vingts maisons, est d'autre part la résidence de deux gouverneurs de district dont l'autorité s'étend à une trentaine de bourgs environnants. Nous sommes les premiers Européens à pénétrer dans Kyirong et la population nous regarde avec stupeur. Ainsi qu'il est de règle, sur le vu de notre passeport, le notable nous assigne un logis dans la maison d'un propriétaire terrien. Le soubassement est en pierre et la partie supérieure en troncs d'arbres assemblés; le toit est recouvert de bardeaux maintenus par de grosses pierres. Transporté au Tyrol ou en Suisse, Kyirong y ferait figure de village indigène. La seule différence c'est qu'au lieu des hautes cheminées qui surmontent les chalets alpestres, ici, des mâts de prières ornent les pignons des maisons. Les oriflammes qui claquent au vent sont de différentes couleurs, chacune correspondant à un symbole bien défini.

Au rez-de-chaussée des chalets se trouvent étables et écuries; au premier étage, les pièces d'habitation. On y pénètre de l'extérieur par une échelle, depuis la cour. Matelas, coussins bourrés de paille, tables basses, armoires peintes et, bien entendu, l'autel familial et ses lampes à beurre constituent le mobilier. En hiver, la grande cheminée où brûlent des bûches de chêne rassemble toute la maisonnée. Autour, assis sur le sol, hommes, femmes et enfants font cercle et boivent du thé.

La chambre qui nous est assignée est trop petite pour nous deux; aussi, m'empressé-je d'annexer la grange voisine.

Pendant qu'Aufschnaiter livre combat aux rats et aux poux, j'engage une lutte acharnée contre les souris et les puces. Il nous faudra renoncer à rester seuls maîtres du terrain. Au moins, l'admirable panorama qui s'étend devant la maison nous dédommage-t-il largement de ces petits ennuis : forêts de rhododendrons géants, coulées bleuâtres des glaciers tout proches alternent au pied des hautes cimes éblouissantes de neige.

Nous cuisinons nous-mêmes; le bois abonde et ne coûte rien. Nos dépenses sont réduites au minimum et l'argent qui nous reste sert à des fantaisies.

La base de la nourriture est la sempiternelle tsampa. Depuis longtemps, Aufschnaiter et moi y sommes habitués; en revanche, nous apprécions moins l'inévitable thé au beurre. Le thé pressé qui vient de Chine sous forme de briquettes comprend plus de tiges séchées que de feuilles. Les Tibétains le font bouillir pendant des heures et obtiennent une décoction noirâtre à laquelle ils mélangent du beurre, la transformant en émulsion plus ou moins épaisse, selon le goût de chacun. Jusqu'ici rien d'extraordinaire; malheureusement, le beurre, conservé depuis des mois dans des outres en peau de yak, est abominablement rance. Au début, j'étais malade à la perspective d'avaler une tasse de ce mélange, mais l'homme est ainsi fait : il s'habitue à tout. Il n'est pas rare de voir un Tibétain vider cinquante tasses de thé au beurre dans une même journée. En dehors de la tsampa et du thé, la population consomme du riz, de la farine de blé, des pommes de terre, des betteraves, des oignons, des haricots et du raifort. Par contre, la viande est une rareté. A Kyirong, lieu de pèlerinage, tuer un animal serait un crime. La viande que mangent les habitants provient d'un autre district ou encore de bêtes abattues par les ours et les panthères; cas d'autant plus fréquent que, chaque automne, un flot de quinze mille moutons destinés aux abattoirs du Népal, traverse la région.

Notre première visite, une fois installés, est pour les deux gouverneurs. Notre passeport les incite d'abord à penser que nous nous apprêtons à franchir la frontière. Mais notre intention est bien différente et nous sollicitons l'autorisation de demeurer quelque temps à Kyirong. Sans prendre position, les bönpos se contentent d'enregistrer notre déclaration et promettent de demander des instructions à Lhassa. Notre seconde visite est destinée au consul du Népal, chargé de veiller sur les intérêts de ses compatriotes de passage; il nous reçoit aimablement et nous fait miroiter les avantages que nous retirerions si nous nous établissions dans son pays. Mais nous savons à quoi nous en tenir là-dessus. Quelques jours plus tôt, en effet, nous avons appris de la bouche d'un caravanier népalais que notre camarade Kopp, arrêté, après un court séjour à Katmandu, a été refoulé aux Indes.

Les habitants de la région de Kyirong entretiennent des relations commerciales suivies avec le Népal et se servent dans leurs échanges de la monnaie népalaise, le Khotrang. La population est fortement mêlée et les métis, les Katsaras, sont nombreux. Ils n'ont pas l'humeur joyeuse et le tempérament insouciant du Tibétain de pure race et sont mal vus tant des Népalais que des Tibétains de l'intérieur.

Sachant bien que nous ne recevrons pas de Lhassa l'autorisation souhaitée et certains que nous serons extradés si nous mettons les pieds au Népal, nous décidons de profiter de ce répit pour nous refaire et échafauder un nouveau projet de fuite. A ce moment, jamais nous n'aurions pensé que nous resterions neuf mois dans ce village de l'Himalaya.

Nous passons nos journées à consigner dans notre journal nos observations sur les mœurs et les coutumes de la population et entreprenons des excursions dans les environs. Aufschnaiter met à profit ses dons de dessinateur et dresse le plan topographique de la région. Trois localités seulement sont portées sur la carte : nous en dénombrons plus de deux cents dans un rayon de vingt kilomètres. Avec le temps nous nous risquons de plus en plus loin de Kyirong; les gens des environs se sont habitués à nous et nous laissent faire à notre guise. Deux choses surtout attirent notre curiosité : les montagnes et les sources chaudes qui jaillissent à leur pied. La plus abondante coule au milieu d'un bosquet de bambous, proche de la rivière Kosi aux flots glacials. Sortant à une température voisine de cent degrés, l'eau est conduite dans un bassin artificiel où elle se refroidit puis, par l'intermédiaire d'un canal, elle rejoint le torrent.

Au printemps s'ouvre la « saison thermale ». L'expression n'est nullement exagérée; les Tibétains se groupent autour des sources, édifient des huttes de bambou et animent ce lieu solitaire, situé à deux heures de marche de Kyirong, de leurs cris et de leurs rires. Hommes, femmes et enfants se baignent nus, sans aucune gêne. Du village, des commerçants apportent du chang et des provisions et le séjour se prolonge durant une quinzaine de jours. Les nobles, qui y viennent faire leur cure, accompagnés de leur suite, s'installent dans des tentes. Vers la fin avril, la saison est terminée; le Kosi, gonflé par la fonte des neiges, déborde et noie la source.

Entre temps, je fais la connaissance d'un moine. Ancien élève du collège de médecine de Lhassa, il jouit d'une grande réputation et les dons qu'il reçoit à titre d'honoraires suffisent à lui assurer l'aisance. Sa thérapeutique est variée et originale. Pour guérir les maladies nerveuses, il pratique l'imposition d'un sceau sacré. En cas de maladies graves, il cautérise l'épiderme du patient à l'aide d'un fer rouge. J'ai été une fois le témoin d'une semblable opération; il s'agissait de ramener un moribond à la vie. L'effet fut radical, mais il est douteux que tous les malades résistent à cette « cure » de cheval. Le même procédé sert d'ailleurs pour guérir les bêtes sauvages. C'est tout dire!

Tout ce qui touche à la médecine m'a toujours intéressé et j'entame de longues discussions avec le moine-médecin. Un jour, en confidence, il me révèle qu'il connaît exactement les limites de son pouvoir. Aussi pour ne pas encourir la responsabilité d'accidents « possibles » préfère-t-il changer fréquemment de village et de région...

Saint-Sylvestre tibétaine

Au Tibet, la division du temps est déterminée par les phases lunaires et les années sont caractérisées par une double dénomination combinant les « Douze animaux » et les « Cinq éléments » [1].

Nous sommes à la veille du 15 février, qui correspond ici au premier jour de l'année. C'est la fête par excellence, les autres étant le jour anniversaire de la naissance et celui de la mort du Bouddha. Dès la nuit, nous sommes réveillés par les chants des mendiants et des moines errants qui vont de maison en maison solliciter les offrandes des âmes pieuses. Le lendemain, à l'aube, on fixe sur les toits de jeunes sapins, ornés de drapeaux à prières; les litanies succèdent aux cantiques et la population se dirige vers les temples pour offrir aux dieux de la tsampa et du beurre dont on remplit à pleins bords d'immenses chaudrons de cuivre. Après avoir ainsi satisfait les dieux, chacun implore leur bénédiction tandis que des écharpes blanches viennent orner les statues devant lesquelles ils se prosternent.

Jeunes ou vieux, riches ou pauvres font preuve de la même ferveur religieuse. Aucun peuple ne peut rivaliser avec les Tibétains sur le chapitre de la dévotion; aucun ne conforme aussi étroitement son mode de vie, son comportement aux prescriptions de la foi. Oraisons et prières ne sont pas les seules manifestations du Nouvel An lamaïste. Sept jours durant, sous le regard attendri des moines, la population danse, chante et boit. Dans chaque maison, la famille se réunit pour un festin solennel.

Les réjouissances battent encore leur plein quand, brusquement, le paysan qui nous héberge demande à me voir. Sa sœur cadette vient de tomber malade et il me mène jusqu'à sa chambre. La pauvre fille me tend des mains brûlantes de fièvre. Quand mes yeux se sont habitués à la pénombre, le spectacle que je découvre me fait reculer précipitamment; la jeune femme, en excellente santé quarante-huit heures plus

1. Cf. Maraini. *Tibet secret.* (Arthaud, éditeur.)

tôt, est méconnaissable. J'ai beau n'être pas médecin, un coup d'œil me suffit : c'est la variole. Le mal a gagné la langue et la gorge et c'est à peine si la malade parvient encore à articuler. Trop tard! Je ne puis que la consoler de mon mieux avant de sortir de la pièce et de me laver à grande eau, en espérant que l'épidémie ne gagnera pas le village. Aufschnaiter, appelé lui aussi en « consultation », confirme mon « diagnostic ». Deux jours plus tard, la jeune fille meurt et nous avons le triste privilège d'assister à ses funérailles.

Le sapin qui orne le faîte du toit est descendu et, le lendemain, dans l'aube grise, un fossoyeur vient chercher le cadavre enveloppé dans un linceul blanc, puis le charge sur ses épaules. Trois hommes forment le cortège funèbre. Aufschnaiter et moi venons ensuite. A cinq cents mètres du village, le fossoyeur s'arrête et dépose son fardeau sur un tertre; des corbeaux et des vautours gîtent sur les branches des arbres. Que va-t-il se passer? Un homme armé d'une hache commence à dépecer le cadavre; un second, accroupi, marmonne des prières, cependant qu'un troisième chasse les oiseaux. Enfin, l'opération terminée, le fossoyeur broie les os pour qu'eux aussi puissent disparaître dans le bec des vautours. Deux heures plus tard, il ne restera rien de la dépouille mortelle.

Cette pratique, barbare en apparence, s'explique par des mobiles religieux; pour le Tibétain, un corps sans âme n'est qu'une enveloppe, un vulgaire objet; plus tôt il disparaît et mieux le défunt s'en trouve. Seuls les cadavres des nobles et des grands lamas sont incinérés; les autres sont dépecés à la hache et au couteau. Quant aux pauvres et aux mendiants leurs dépouilles sont jetées en pâture aux poissons qui, en l'occurence, remplacent vautours et corbeaux. Si quelqu'un meurt d'une maladie suspecte, des fossoyeurs spécialement appointés par le gouvernement se chargent de l'inhumer.

Au-dessus de notre maison, pendant quarante-neuf jours, le toit reste vide, en signe de deuil; c'est seulement à l'expiration de ce délai que le propriétaire hisse de nouveau un sapin orné de banderoles, en présence de moines qui prononcent des prières, soufflent dans leurs trompes et battent du tambour. Tout cela, bien entendu, coûte fort cher; aussi, le produit de la vente des bijoux ou des biens du défunt sert-il au financement de la cérémonie et à l'achat du beurre nécessaire à l'alimentation des lampes qui brûlent sans interruption.

Nous reprenons nos courses quotidiennes dans les environs. La neige qui recouvre les pentes alentour nous donne l'idée de façonner des skis et de nous exercer. Aufschnaiter coupe deux jeunes bouleaux que nous faisons dégrossir par le menuisier du village avant de les faire sécher au feu. De mon côté, je confectionne deux bâtons et des courroies. Aidés du menuisier, nous parvenons à fabriquer deux paires de « planches », sinon élégantes, du moins utilisables. Enfin, nous formons les spatules, en nous servant de grosses pierres en guise de presses.

Fièvreusement, nous nous apprêtons à faire nos premiers essais lorsqu'un messager des bönpos se présente et nous invite à le suivre auprès de ses maîtres. Ceux-ci nous enjoignent de limiter nos promenades aux environs immédiats de Kyirong. Nous avons beau protester, on nous objecte que, s'il devait nous arriver malheur, Lhassa ne manquerait pas de rejeter la responsabilité sur les autorités du district. L'argument est spécieux et les bönpos jugent utile de le renforcer en déclarant que, soucieux de notre bien-être, ils nous mettent en garde contre les loups, les panthères et les chiens sauvages qui errent dans la contrée. Nous ne sommes toujours pas convaincus; ce prétexte cache une autre raison : la crainte que nos excursions dans les montagnes ne suscitent la colère des dieux qui les habitent. Pour l'instant, nous ne pouvons faire autrement que de nous soumettre.

Pendant trois semaines, nous observons strictement les prescriptions, puis un jour la tentation l'emporte. Toutefois, nous décidons de recourir à un stratagème. Nous installons un campement dans le voisinage des sources d'eau chaude, à une demi-heure de marche du village et faisons des navettes. Peu à peu, les habitants s'habituent à ne pas me voir rentrer; une nuit, j'en profite, pour prendre les skis et les transporter au camp. Le lendemain matin, dès l'aube, Aufschnaiter et moi montons au-dessus de la limite des arbres et nous livrons avec allégresse aux joies du ski. Nous avons beau manquer de pratique, nous n'en sommes pas moins étonnés des résultats. Personne ne nous voit et nous recommençons quelques jours plus tard. Malheureusement, nous cassons nos spatules et enterrons les restes des skis pour ne pas éveiller la méfiance. Jamais les habitants de Kyirong ne se sont doutés que nous avons « chevauché la neige », locution tibétaine qui traduit le verbe « skier ».

Au début du printemps, aussitôt que la neige fond, la population se rend dans les champs et commence les semailles. Une fête analogue à notre fête des Rogations se déroule; moines et lamas se rendent en procession dans la campagne, suivis des habitants qui portent les cent huit livres composant le Kangyur [1].

Plus la température se fait clémente, moins Armin, mon yak, la supporte. Je fais appel au « vétérinaire » local qui prescrit l'absorption de « rate d'ours ». Pour lui faire plaisir mais sans grande conviction, je fais l'achat du précieux remède; ainsi qu'il fallait s'y attendre, l'effet est nul. Mon fidèle compagnon dépérit de jour en jour et je dois me rendre à l'évidence : si je tiens à conserver sa viande, autant le faire abattre sans délai. Je m'adresse au boucher; il vit à l'écart, en compagnie des forgerons dont le métier est le plus méprisé de tous. A titre de rémunération il recevra la tête, les pieds et les intestins d'Armin. J'assiste à l'opération et constate qu'en cette matière les tueurs tibétains sont plus humains que leurs collègues européens. On attache les pattes de l'animal puis, une fois qu'il est sur le flanc, d'un geste brusque le boucher l'éventre et arrache l'aorte. La mort est instantanée. Grands seigneurs, nous effectuons une distribution générale de côtelettes et de filets et faisons fumer les morceaux; ils nous serviront lors de la fuite que nous projetons.

1. Ecritures bouddhiques tibétaines.

Derniers jours a Kyirong

Dans le courant de l'été, les bönpos nous convoquent une nouvelle fois et nous invitent énergiquement à abréger notre séjour.

Quelques jours auparavant, des commerçants népalais de passage à Kyirong nous avaient confirmé que la guerre en Europe était terminée. Cependant, je n'ai pas oublié qu'après la première guerre mondiale deux ans se sont écoulés entre l'armistice et la libération des prisonniers détenus aux Indes. En ce qui nous concerne, la situation ne se trouve en rien modifiée; il suffirait que nous franchissions la frontière pour nous retrouver, dans un délai plus ou moins bref, derrière les barbelés d'un camp d'internement.

Or, maintenant que nous parlons à peu près couramment la langue et que nous disposons de l'expérience nécessaire, pourquoi ne pas en profiter pour explorer les hauts plateaux et les steppes habitées par les nomades? Si nous avons abandonné l'espoir de rentrer rapidement en Allemagne, la chance aidant, peut-être pourrons-nous rejoindre le territoire chinois?

Afin d'apaiser les bönpos, nous leur promettons de quitter Kyirong au début de l'automne mais à condition qu'eux-mêmes nous laissent une grande liberté de mouvements. Ils nous l'accordent sans difficulté. A dater de ce jour, les excursions que nous faisons n'ont plus qu'un seul but : découvrir un col permettant d'atteindre le plateau sans avoir à effectuer le détour par Dzongka.

Au cours de ces randonnées, nous faisons plus ample connaissance avec la faune de la région; elle comprend entre autres des singes, qui, venus du Népal, ont remonté les gorges du Kosi et se sont fixés aux alentours de Kyirong et dans les forêts avoisinantes. Pendant un mois, chaque nuit, des yaks ont été emportés par une panthère que les chasseurs ont cherché en vain à capturer. A titre de précaution, chaque fois que nous nous aventurons dans la montagne, nous emportons une boîte de poivre en poudre; ceci pour les ours. Ces animaux s'attaquent en effet à l'homme pendant le jour. A plusieurs reprises, j'ai vu des bûcherons dont le visage portait de profondes cicatrices causées par leurs griffes. En revanche, la nuit, il suffit de menacer l'animal d'une torche allumée pour le faire fuir.

Désireux d'entretenir ma force physique, j'aide les paysans à battre leur grain et à labourer leurs champs ou bien j'abats des arbres et coupe le petit bois. Aguerris par le climat et la nature hostile, les habitants de Kyirong sont d'une résistance exceptionnelle. Non contents de travailler du matin au soir, ils adorent se mesurer entre eux aux jeux de force et d'adresse. Chaque année a lieu un concours sportif qui se prolonge pendant plusieurs jours. Courses de chevaux, tir à l'arc, sur cible et en hauteur et sauts en sont les principales épreuves. Les individus les plus forts s'essaient à soulever une lourde pierre qu'ils doivent ensuite transporter sur une distance donnée.

Au grand amusement des spectateurs, je participe aux différentes épreuves. Il s'en faut de peu que je remporte la course à pied. Dès le début, je prends la tête, mais au moment où je m'apprête à fournir un dernier effort, mon concurrent le plus proche m'attrape soudain par mon fond de pantalon. Abasourdi par ce comportement insolite, je reste cloué sur place, incapable d'avancer. Profitant de ma stupeur, l'individu démarre et s'empresse de toucher le but. Les Tibétains ont une curieuse conception du sport en général : toutes les ruses sont bonnes. Je venais d'en avoir la preuve! Des rires bruyants saluent le moment où l'on me remet l'écharpe réservée au second vainqueur.

En dehors même de ces festivités, la vie n'est nullement monotone; en été, la circulation des caravanes est incessante. La récolte terminée, Népalais et Népalaises montent à Kyirong pour échanger leur riz contre des barres de sel. Le sel tibétain recueilli sur les rives des lacs saumâtres du plateau de Changtang fait l'objet d'un important commerce d'exportation et des caravanes de yaks l'amènent à Kyirong. Entre cette localité et le Népal le transport se fait uniquement à dos d'homme, par des sentiers qui serpentent au fond des gorges et des ravins; souvent, des marches taillées dans le roc constituent le seul passage. La plupart des portefaix sont des Népalaises, robustes montagnardes qui parcourent les pistes, courbées sous leurs charges et se glissent à la file à travers l'Himalaya.

Mais les Népalais ne le leur cèdent en rien, témoin le curieux spectacle auquel il me fut un jour donné d'assister. La religion tibétaine interdit le ramassage du miel et de la cire dont se nourissent les abeilles. Mais qu'à cela ne tienne : ici comme ailleurs, les lois sont faites pour être tournées; au lieu de récolter eux-mêmes, les Tibétains laissent donc les Népalais la faire à leur place et leur achètent ensuite le produit de leur cueillette.

Voici comment procèdent ces « chasseurs de miel ».

A l'aide de cordes dont certaines mesurent jusqu'à soixante mètres, ils se font descendre, au péril de leur vie, dans les gorges. D'une main, l'homme tient une torche dont la fumée éloigne les abeilles de leur nid; de l'autre il se saisit des rayons et les dépose dans un seau attaché à un filin. La réussite est fonction de la parfaite coordination des mouvements de celui qui fouille le rocher et de ceux qui le maintiennent au-dessus du vide car le bruit des torrents étouffe les appels et les cris. Une fois de plus je déplore de ne pas avoir de caméra pour filmer cet exercice périlleux et unique en son genre!

Cependant la saison des pluies touche à sa fin. Aufschnaiter et moi reprenons nos recherches dans la région voisine de Kyirong, explorant systématiquement chaque vallée en quête d'un passage donnant directement accès sur le plateau.

Chemin faisant nous trouvons partout des fraises; malheureusement, les plus belles et les plus grosses sont toujours cachées dans les taillis où abondent les sangsues. Les bestioles s'introduisent par tous les interstices de nos vêtements. Elles parviennent même à se glisser dans les chaussures en se faufilant à travers les œillets. Une fois gavées, elles lâchent prise d'elles-mêmes, laissant une plaie qui continue à saigner et s'infecte. Ces sangsues sont un véritable fléau : dans certaines vallées les mammifères en sont couverts. Je ne connais qu'un moyen de s'en protéger : tremper chaussettes et bas de pantalon dans de l'eau salée et les enfiler tels quels.

Le bilan de notre exploration est maigre : de nombreux croquis mais toujours pas de col susceptible de favoriser notre fuite. Ceux que nous découvrons seraient impraticables sans matériel d'alpinisme; or, nous n'en possédons pas. Découragés, nous adressons une requête au gouvernement du Népal et lui demandons l'assurance que nous ne serons pas livrés aux Anglais. Nous ne recevons bien entendu aucune réponse. Deux mois nous séparent de l'automne, nous accélérons nos préparatifs. Afin de grossir le capital dont nous disposons, je confie notre cagnotte à un banquier au taux habituel d'intérêt — c'est-à-dire 33 %. Je n'allais pas tarder à le regretter, mon débiteur ne respectant pas ses engagements et mettant en péril nos plans d'évasion.

Depuis sept mois que nous séjournons à Kyirong, nous avons lié de solides liens d'amitié avec la population; paisibles et travailleurs, les habitants de Kyirong sont aux champs du matin à la tombée de la nuit. La main-d'œuvre est rare dans la contrée; aussi la misère y est-elle inconnue bien que de nombreux moines vivent en parasites aux crochets de la population. Cependant, les paysans sont riches et il n'est que d'examiner les coffres contenant les habits de fête pour s'en convaincre.

La domination qu'exercent les moines au Tibet est absolue; c'est l'exemple type de la dictature cléricale. Ils tiennent le pays à l'écart de toute influence extérieure qui risquerait de saper la leur propre. Eux-mêmes connaissent parfaitement les limites de leur pouvoir, mais quiconque émettrait des doutes à ce propos encourrait leur vindicte. Aussi certains moines voient-ils d'un mauvais œil les bonnes relations que nous entretenons avec la population. Notre attitude et nos actes sont la négation de leurs superstitions et de leurs pratiques religieuses : nous errons la nuit dans la forêt et les esprits nous laissent en paix, nous escaladons impunément les sommets sans faire au préalable les offrandes rituelles. Bref, ils se méfient de nous et nous attribuent une puissance surnaturelle; à leurs yeux, nos promenades ont une signification cachée. Sans aucun doute nous cherchons à nous isoler pour nous entretenir avec les génies.

Départ mouvementé

Voici l'automne : l'heure a sonné de prendre une décision lourde de conséquence. Dix-huit mois se sont écoulés depuis notre départ de Dehra-Dun et, bien que la guerre ait pris fin en Europe, notre situation, elle, n'a pas changé. Nous en sommes toujours à attendre un permis de séjour. Pour atteindre Kyirong, nous avons couvert une distance approximative de huit cents kilomètres.

Instruits par l'expérience, nous avons définitivement renoncé à gagner le Népal, et prudents — ce dont nous nous féliciterons — nous avons établi un dépôt de vivres à une vingtaine de kilomètres de Kyirong, sur la piste menant à Dzongka. Déjà, des chutes de neige annoncent un hiver précoce; la saison est on ne peut moins favorable à la réalisation de notre plan qui prévoit la traversé des hauts plateaux en direction de la Chine, mais nous n'avons pas le choix : quitter Kyirong s'impose sans délai.

L'installation de notre dépôt terminée, nous entreprenons de fabriquer une lanterne. Nos allées et venues ont sans doute été jugées suspectes et nous sommes soumis à une surveillance de tous les instants. Des « mouchards » observent nos faits et gestes; pour fabriquer en paix notre lumignon, nous escaladons une montagne des environs. Avec une couverture de livre et du papier tibétain, nous confectionnons une sorte de lampion; le godet est remplacé par une petite boîte métallique remplie de beurre. Ce lampion est indispensable; comme jadis, nous marcherons la nuit et nous nous cacherons le jour aussi longtemps que nous traverserons des régions habitées.

Aufschnaiter partira le premier pour donner l'impression qu'il s'agit d'une simple excursion. Le 6 novembre 1945, il quitte le village en plein jour, son sac sur le dos, emmenant avec lui mon chien, cadeau d'un noble de Lhassa dont j'ai fait la connaissance à Kyirong.

Mais l'argent confié à mon marchand ne m'a toujours pas été rendu et je soupçonne une intervention des gouverneurs. Sommé de s'exécuter, mon débiteur déclare qu'il me rendra mon dû, mais seulement au retour d'Aufschnaiter. Notre attitude, je l'avoue, autorise tous les soupçons. Si nous avions réellement l'intention de gagner le Népal, nous ne prendrions pas tant de précautions. Les deux bönpos se sentent responsables à l'égard de Lhassa. Malheur à eux si nous réussissons à atteindre le Tibet central! Aussi est-il compréhensible qu'ils cherchent à monter la population contre nous.

A l'instigation des gouverneurs, des colonnes se lancent à la recherche d'Aufschnaiter et je dois me prêter à plusieurs interrogatoires. Tous mes efforts pour présenter son escapade comme une vulgaire promenade restent sans écho. Si je parviens enfin à récupérer une partie de mon argent, je dois malheureusement renoncer au reste, Aufschnaiter s'obstinant, et pour cause, à rester introuvable.

Le 8 novembre, au soir, la surveillance ne cessant de se resserrer, je prends la décision de partir à mon tour. Autour et dans la maison, des espions veillent et ne me quittent pas des yeux. J'attends dix heures du soir. Peut-être, la fatigue aidant, mes cerbères iront-ils dormir. Non! Ils continuent leur faction. Prenant alors les « mouchards » à partie, je les accuse de m'empêcher de me reposer et manifeste l'intention d'aller dormir dans la forêt. Ostensiblement, je boucle mon sac et roule mes couvertures. Alertée par les cris, la paysanne chez qui je loge arrive, suivie de sa mère. Consternées, les deux femmes se jettent à mes genoux et me conjurent de renoncer à mon projet. Tenues pour responsables, elles seront fouettées et perdront leur maison et leurs biens si je m'enfuis. La vieille femme me tend une écharpe blanche en signe de soumission, puis, voyant que cette attention ne suffit pas à m'attendrir, elle me propose de l'argent. Rien d'insolite à cela au Tibet. Les deux femmes me font pitié et je les console de mon mieux en déclarant qu'elles n'ont rien à craindre. Mais tout le village est déjà en émoi. Il faut agir.

Éclairés par des torches, des hommes se rassemblent sous la fenêtre de ma chambre, puis les notables arrivent, porteurs d'un message. Les bönpos m'invitent à attendre le lendemain, auquel cas je serai libre d'aller où bon me semblera. Sachant à quoi m'en tenir sur cette proposition de dernière heure, je fais la sourde oreille. Affolés, les notables courent chercher leurs supérieurs. Mes hôtes reviennent à la charge et me conjurent de nouveau de renoncer à mes projets; ils n'ont, disent-ils, cessé de me considérer comme leur propre fils et ils me supplient de leur épargner un châtiment inévitable.

Jamais je n'ai été si près de la crise de nerfs. Mais ma décision est irrévocable; jetant mon sac sur mes épaules, je sors de la maison. A ma grande surprise, la foule s'écarte. Un murmure s'élève : « Il s'en va, il s'en va! » Mais personne ne bouge. Sans doute lit-on ma détermination sur mon visage. Des cris retentissent; deux ou trois voix lancent : « Retenez-le », mais je continue à avancer en direction de la frontière népalaise pour dépister d'éventuels poursuivants. Parvenu à quelques kilomètres de Kyirong, je décris un cercle autour du village et, marchant sans arrêt, j'atteins, à l'aube, le point fixé pour le rendez-vous. Assis au bord de la piste, Aufschnaiter m'attend; mon chien se précipite à ma rencontre. Un peu plus loin, nous cherchons une cachette et nous nous dissimulons en attendant la nuit.

En direction du lac Pelgu-Cho

Pour la dernière fois, nous établissons notre bivouac dans les bois; pendant des années, nous n'allions plus revoir de forêts.

A la nuit tombée, reprenant nos sacs, nous quittons la limite des arbres et descendons dans la vallée. Nos excursions répétées nous ont familiarisés avec les sentiers, mais, même avec l'aide de notre « lampion », nous nous perdons à plusieurs reprises. Une fois même, Aufschnaiter glisse sur une plaque de glace, mais, par bonheur, il se relève, indemne. Les nombreux ponts de bois qui enjambent le Kuri sont une perpétuelle cause de soucis; les troncs d'arbres qui les forment sont recouverts de verglas et, chaque fois, nous devons nous transformer en équilibristes, d'autant plus que nous avons chacun quarante kilos sur le dos. Trouver des abris et des cachettes est relativement simple, mais rester immobile pendant dix heures consécutives n'a rien d'une partie de plaisir, car le froid est vif. En outre, la vallée est étroite et le soleil n'y pénètre jamais; aussi est-ce avec un soupir de délivrance que nous voyons la nuit approcher.

Trois jours après notre départ de Kyirong, nous nous trouvons devant une paroi rocheuse sans une saillie, qui défie l'escalade. Que faire? Risquer l'ascension, chargés comme nous le sommes, équivaut à tenter le diable. Vaincus, nous faisons demi-tour et entreprenons de traverser le Kuri qui se sépare en plusieurs bras. La saison n'est guère propice aux bains de pied et la température moins encore : quinze degrés en dessous de zéro! Le temps de sortir de l'eau et de remettre ses chaussettes, une pellicule de glace se forme sur les pieds et les chevilles. Après un premier bras, un autre, puis un troisième. Ne faisons-nous pas fausse route? Indécis, nous décidons de nous cacher sur place et d'attendre le passage d'une caravane qui nous montrera le chemin. Le lendemain, peu après l'aube, dissimulés derrière un bloc, nous voyons une troupe de yaks se diriger vers la paroi qui ferme le fond de la vallée. Caravaniers et animaux s'engagent à la file indienne sur une étroite vire serpentant à flanc de rocher, minuscule sentier invisible à l'œil nu. Pour traverser les ruisseaux, les hommes sautent sur le dos des yaks et se laissent porter sur l'autre rive. Malgré notre désir de les imiter, nous attendons la tombée de la nuit. La lune se lève et facilite notre ascension mieux que n'aurait pu le faire notre lanterne. Aufschnaiter et moi sommes de vieux montagnards, experts dans l'art de la varappe, pourtant si nous n'avions pas vu les caravaniers et leurs yaks emprunter le passage vertigineux, jamais, je crois, nous n'aurions eu le courage de le gravir à notre tour.

A partir du haut, la route est facile. Nous évitons seulement les caravanes et les relais aménagés pour les voyageurs. Après deux autres marches de nuit, nous atteignons Dzongka et quittons la région que nous avions traversée neuf mois plus tôt. Notre premier objectif est le Tsangpo, mais une question se pose : comment le franchir? En principe, à cette époque de l'année, le fleuve devrait être gelé : en ce cas pas de difficulté.

Dès que l'aube se précise, nous cherchons une grotte où nous dissimuler; nous en découvrons par centaines. Ce sont d'anciens ermitages abandonnés. Chacun contient une statue de Bouddha grossièrement façonnée. Le lendemain, nous suivons une piste qui s'élève graduellement en direction d'un col.

Mais fatigués, éprouvés par l'altitude, voisine de 5.000 mètres, nous devons nous arrêter.

Le col est annoncé par les inévitables cairns et les mâts à prières. Un chörten funéraire, visible de loin, dresse sa masse sombre sur l'étendue enneigée. Nous sommes certainement les premiers Européens à franchir cette passe dont le nom tibétain est Chakyung-La. Malheureusement, le froid est si intense que nous n'avons guère envie d'admirer le paysage.

Maintenant que nous avons dépassé la ligne de partage des eaux et redescendons vers le bassin du Tsangpo, rien ne s'oppose à ce que nous marchions pendant la journée; il est peu probable que nous rencontrions une caravane dans cette région située à l'écart des itinéraires habituels. Notre progression devient plus rapide et le matin suivant, au réveil, un spectacle fantastique se découvre à nos yeux. L'immense nappe du lac Pelgu-Cho s'étale devant nous, bordée de montagnes rougeâtres. Un véritable cirque de glaciers l'entoure dominé par les cimes du Gosainthan (8.013 mètres) et du Lapchikang. Comme tant d'autres géants de l'Himalaya, ces deux sommets sont encore vierges. En dépit du froid intense, tirant nos cahiers de nos sacs nous traçons la silhouette des deux montagnes et établissons un croquis à l'échelle. En longeant les rives du lac gelé, nous découvrons un ancien relais de caravanes à demi-écroulé dans lequel nous passons la nuit.

Nous sommes étonnés de la facilité avec laquelle nous supportons l'altitude, en dépit de nos charges. Il n'en va pas de même de notre chien; la pauvre bête continue à nous suivre, bien qu'elle n'ait plus que la peau sur les os. La nuit, l'animal se couche à nos pieds et nous réchauffe; l'avantage est réciproque, le thermomètre marquant vingt-deux degrés au-dessous de zéro.

Le lendemain, nous ne pouvons retenir un cri de joie en apercevant dans ces étendues mortes un troupeau de moutons qui se dirige vers nous, escorté de trois bergers enfouis dans leurs longs manteaux. Ils nous indiquent le chemin et nous signalent la présence, à quelques kilomètres, d'un village, Trakchen, construit à l'écart de la piste caravanière. Il est temps de reprendre contact avec nos semblables, nos provisions touchent à leur fin.

L'agglomération comprend une quarantaine de maisons blotties au pied d'une colline supportant un monastère. Ce village est sans doute le plus élevé du monde : près de 5.000 mètres. Les habitants nous prennent pour des Hindous et nous cèdent volontiers des provisions. L'un d'eux nous invite même à passer la nuit sous son toit. Nous demeurons à Trakchen jusqu'au lendemain soir et profitons de cette halte pour « récupérer », pour compléter notre habillement insuffisant pour résister aux rigueurs de la température et, enfin, pour faire l'acquisition d'un yak. Nous le baptisons Armin II, car il ressemble comme un frère à son prédécesseur.

Partant de la dépression du Pelgu-Cho, nous remontons vers le col de Yagu. Trois jours après, nous apercevons des champs et un nouveau village, Menkhap-Me. Comme à Trakchen, nous nous faisons passer pour des commerçants hindous et renouvelons nos provisions de tsampa et de paille; celle-ci est destinée à Armin. La vie que mènent les habitants de ces villages perdus est extrêmement primitive; leurs champs où ils cultivent orge et haricots sont de véritables carrières de pierres et le produit qu'ils en tirent ne mérite même pas le nom de récolte. Leur bonne humeur et leur hospitalité sont d'autant plus remarquables.

Autour du village, les pentes sont parsemées de petits ermitages dont les occupants sont à la charge des villageois... en échange de bénédictions célestes. La présence, aux environs, de ruines grandioses atteste un glorieux passé. Quelle raison à ce déclin? Assèchement progressif?

Un spectacle inoubliable : l'Everest

Une heure après notre départ de Menkhap, nous découvrons l'immense plaine de Tingri et, au loin, se découpant sur l'écran du ciel, les contours du mont Everest, la plus haute cime du monde. Ce spectacle nous coupe momentanément le souffle. Nous faisons un rapide croquis, le premier, croyons-nous, qui ait été pris sous cet angle.

Nous nous dirigeons vers le nord en direction du col de Köra, à 5.600 mètres d'altitude. Avant de commencer la montée, nous passons la nuit dans le village de Khargyu, situé au bas de la pente. Cette fois, nous avons de la peine à nous faire passer pour Hindous, les habitants ayant déjà vu des Européens. On nous observe avec méfiance et l'on nous demande si nous avons rendu visite au bönpo de Sutso. Ce haut fonctionnaire habite une vaste demeure que nous avons remarquée avant d'arriver à Khargyu. Bâtie au sommet d'un mamelon, elle s'aperçoit de loin. Heureusement pour nous, personne ne nous a vus passer!

Nous nous trouvons dorénavant sur nos gardes; il faut renoncer à notre fable, celle de commerçants hindous en route pour Lhassa; mieux vaut nous présenter comme de simples pèlerins.

En fin d'après-midi, nous repartons en direction du col d'où, nous dit-on, il suffit de se « laisser descendre » pour atteindre le cours du Tsangpo. Rien ne saurait nous faire plus de plaisir, car nous en avons assez d'escalader sans cesse de nouvelles montagnes. Malheureusement, Armin ne partage pas notre enthousiasme; parvenu au sommet du col, il tourne bride et repart au galop, en sens inverse. Nous lui emboîtons le pas et tentons de le ramener à une plus juste compréhension des choses. En vain! D'autant qu'à cette altitude nous sommes vite essoufflés. Armin, lui, en dépit des quatre-vingts kilos de bagages qu'il coltine, galope comme un forcené. Enfin il s'arrête, à mi-pente. Alors, me parant des attributs de la séduction, en l'occurrence une botte de paille, j'entreprends de reconquérir Armin. Armin se laisse tenter, remonte, mais arrivé à quelques mètres du col, il s'arrête de nouveau et refuse d'avancer. Que faire? En pareil cas on n'a pas le choix : Armin commande, nous obéissons et nous nous installons pour la nuit à l'abri du rocher. Le vent qui souffle en rafales nous interdit d'allumer du feu; nous nous contenterons donc de tsampa et viande crue. Notre seule consolation est le spectacle du mont Everest qui resplendit à l'horizon, illuminé par le soleil couchant.

Le lendemain matin, Armin renouvelle ses frasques; pour lui ôter l'envie de recommencer ses exercices de la veille, nous lui attachons une corde autour du col. Au début, il joue les enfants sages, mais aussitôt que nous lui laisons un semblant de liberté, il en profite pour foncer et nous renverser. Armin II est décidément incorrigible et j'envisage de l'échanger pour un autre yak, plus docile.

Au village suivant, je le troque contre un cheval. Malheureusement, l'animal est légèrement cagneux, contrairement aux dires du vendeur. Dans la même journée nous atteignons la vallée du Brahmapoutre; le fleuve n'est pas gelé, mais charrie d'énormes glaçons. Comment faire pour le traverser? Apercevant des maisons et un monastère sur la rive opposée, nous en concluons à l'existence d'un bac dans les environs. Comme nous longeons la berge, nous avons la surprise de découvrir un pont suspendu. Construit pour les piétons, jamais il ne l'a été pour les animaux. Pendant que leur propriétaire emprunte la passerelle, les bêtes rejoignent l'autre rive à la nage; ainsi font les mulets et les yaks. Notre cheval, lui, renâcle; rien n'y fait, ni les bonnes paroles, ni les coups. Il est vrai que nous avons l'habitude! Devant l'obstination de la bête, je me vois contraint de décharger les bagages et de revenir sur mes pas pour tâcher de convaincre mon marchand d'annuler l'échange que nous avons fait deux heures plus tôt. Là, encore, je me heurte à une résistance imprévue; finalement, devant mon attitude menaçante, l'homme consent à restituer Armin II. Je ne saurai jamais si Armin est ou non heureux de retrouver son ancien maître.

A la nuit tombée, je rejoins Aufschnaiter, resté près du pont; il est trop tard pour traverser le fleuve. J'attache Armin à un poteau à proximité de la hutte dans laquelle nous passons la nuit. Personne ne se soucie de nous; ici, il est vrai, pèlerins et marchands ont coutume de faire halte avant de reprendre leur voyage interrompu.

Le lendemain matin, je dois me rendre à l'évidence : mes craintes au sujet d'Armin étaient vaines. Il se révèle excellent nageur. Des vagues le submergent, le courant l'entraîne, mais rien ne saurait lui faire perdre son flegme. Nous le voyons accoster sur la rive opposée et se secouer comme un barbet. Dire qu'hier je le vouais aux cinq cents diables!

De l'autre côté du pont se trouve la localité de Tchung Rivoche, qui s'enorgueillit de posséder de splendides monuments religieux. Accroché au flanc de la montagne, un monastère se mire dans le fleuve; des temples au fronton orné d'inscriptions chinoises s'élèvent sur la rive. Village et monastère sont entourés de solides remparts. Autre particularité, un chörten plus grand que d'habitude — il mesure vingt mètres de haut — indique le caractère sacré du lieu. Autour du monument, huit cents moulins à prières tournent inlassablement; ils proclament la sagesse des dieux et leur transmettent les souhaits des fidèles. Un moine est spécialement chargé de huiler les axes des moulins. Plus loin, d'immenses tambours renfermant les formules rituelles tournent lentement, actionnés par des hommes et des femmes, désireux de s'assurer une avantageuse réincarnation. D'autres fidèles vont et viennent agitant de petits moulins portatifs, tandis que sur les toits d'immenses moulins munis d'ailes sont entraînés par le vent, mobilisé, lui aussi, au service des divinités du lamaïste.

Ayant découvert un logement pour la nuit, nous décidons de nous arrêter dans ce village hospitalier. Nous n'en repartirons que le surlendemain. Nous nous en félicitons, car nous y faisons la connaissance d'un Tibétain qui a vécu vingt-deux ans aux Indes où il était au service d'une mission chrétienne. Le mal du pays le fait rentrer chez lui pour y finir ses jours. Comme nous, il voyage malgré l'hiver; quand il pleut, il se joint aux caravanes. Il nous montre des périodiques anglais; pour la première fois, nous voyons des photos de villes allemandes bombardées et apprenons des détails sur la fin de la guerre en Europe. Bien que les nouvelles soient désastreuses, cette rencontre inopinée nous permet de reprendre contact avec le monde extérieur. Ce que nous savons fortifie notre résolution de demeurer en Asie. Un instant nous pensons demander à l'inconnu de se joindre à nous, mais, nous sachant incapables de lui assurer la moindre protection, nous nous abstenons. Avant de prendre congé, nous lui achetons des crayons et du papier dont il possède une petite provision.

Gagner Lhassa, entreprise risquée

La route que nous nous apprêtons à suivre s'écarte du Tsangpo. Deux jours de marche nous mènent à Sangsang Gewu où nous rattrapons la piste des caravanes venant du Tibet occidental; il y a un an, nous l'avons quittée à Tradün. Le village est administré par un moine, mais, au moment où nous y arrivons, il fait retraite dans un monastère voisin. Son remplaçant nous pose une foule de questions. La nouvelle de l'accueil dont nous avons été l'objet, l'an passé, de la part des bönpos rencontrés à Tradün lui est venue aux oreilles et il se laisse convaincre sans difficulté. Heureusement, il ignore que nous voyageons « illégalement »!

Mais nous avons d'autres soucis. Avec les quatre-vingts roupies et la pièce d'or qui nous restent, nous ne pouvons plus espérer atteindre la frontière chinoise; en revanche, elles suffisent si, renonçant à notre projet initial, nous mettons le cap sur Lhassa.

Nous connaissons le but, non le chemin qui y mène. Le plus simple serait de suivre la route des caravanes, bordée de relais où nous savons trouver le gîte et les provisions nécessaires; en quelques semaines nous atteindrions la capitale. Mais ne risquerions-nous pas à tout moment d'être démasqués? Même si nous contournons Chigatsé, la deuxième ville du Tibet, nous rencontrerons de multiples agglomérations, résidences de gouverneurs de districts. Le risque est décidément trop grand; mieux vaut tenter de rejoindre Lhassa en traversant les hauts plateaux du Changtang.

Malheureusement, sur cette région nous n'avons ni cartes, ni renseignements. Nous devrons nous fier aux indications des nomades que nous rencontrerons.

Le 2 décembre 1945, accompagnés d'Armin qui porte nos bagages, nous repartons et franchissons le cours gelé du Raga Tsangpo. Toute la journée, nous remontons une vallée qui s'élève lentement en direction des hauts plateaux. Le soir, à la tombée de la nuit, nous avons la chance d'apercevoir une tente derrière un muret de pierre qui la protège du vent. Dans tout le Tibet on trouve des milliers d'enclos semblables aménagés par les nomades.

Au moment, où nous arrivons près de la tente, deux chiens se précipitent vers nous en aboyant furieusement. Attiré par le bruit, un homme sort de l'abri et se dirige vers nous. Nous lui demandons asile pour la nuit; il refuse et consent seulement à nous donner de la bouse de yak séchée pour faire du feu. Heureusement, sur les pentes environnantes, nous trouvons des brindilles de genièvre qui nous permettent d'entretenir le foyer jusqu'au matin...

Notre bivouac est relativement confortable, mais je ne puis fermer l'œil de la nuit; j'ai un poids sur l'estomac. Jadis, lorsque je me suis trouvé pour la première fois au pied de l'Eiger et du Nanga Parbat, j'ai connu une sensation analogue. L'aventure n'est-elle pas d'avance vouée à l'échec? Mieux vaut ignorer ce qui vous attend. En ce qui nous concerne, si nous avions pu prévoir les épreuves que nous aurions à surmonter, nous aurions immédiatement rebroussé chemin. Personne avant nous ne s'était risqué dans ces régions qui figurent en blanc sur les cartes.

Le lendemain, après avoir gravi la pente menant au col, nous atteignons le Toit-du-Monde, immense plaine sans limite, recouverte de neige et balayée par un vent glacial. Nous sommes sur le fameux Changtang, patrie des nomades et des brigands.

Quelques jours plus tard, nous apercevons une tente occupée par une jeune femme. Elle accepte de nous donner asile et nous offre une tasse de thé au beurre; pour la première fois, je l'avale sans répugnance. Notre hôtesse est vêtue d'un long manteau en peau de mouton qu'elle porte à même le corps; dans ses cheveux nattés brillent des pièces d'argent et des bijoux bon marché de fabrication étrangère. Elle nous raconte que ses deux maris sont absents pour la journée; ils rassemblent les 1.500 moutons et les quelques centaines de yaks qui composent la fortune du ménage. La polyandrie se pratique donc aussi chez les nomades.

Le soir, les maris rentrent et nous réservent un chaleureux accueil. Il fait chaud sous la tente et nous mangeons de bon appétit. Après quoi nous nous endormons dans un coin du campement.

Le lendemain, reposés, nous prenons congé de nos hôtes et nous nous remettons en marche. A la différence des régions que nous avons traversées les jours précédents, la contrée est libre de neige et les traces de vie animale se multiplient. A plusieurs reprises, des troupeaux d'antilopes défilent sur les pentes; nullement craintives, les bêtes s'approchent de nous et nous regrettons de ne posséder ni fusil, ni pistolet qui nous permettraient d'améliorer notre ordinaire.

Parvenus en haut d'un col, nous apercevons d'immenses glaciers à la limite du haut plateau; le vent qui souffle en tempête nous ôte toute envie de prolonger notre halte et nous nous empressons de redescendre sur l'autre versant.

Une nouvelle fois la chance nous favorise; vers le soir, nous rencontrons une tente occupée par un couple et ses quatre enfants. Bien qu'elle soit déjà trop petite pour contenir toute la famille, on nous fait une place auprès du feu. Nous passons la journée du lendemain à étudier les mœurs et les coutumes des nomades.

En hiver, les hommes sont pratiquement désœuvrés; ils taillent des courroies, cousent des chaussures et des bottes et s'occupent à de menus travaux domestiques. Pendant ce temps, les femmes recueillent les bouses de yak, portant sur leur dos leur dernier-né emmitouflé dans un manteau. Chaque soir, on rassemble le troupeau et l'on trait les bêtes. En hiver, le nomade mange de la viande, accommodée à la graisse. La farine d'orge, aliment de base des habitants des plaines et des populations rurales, est inconnue des pasteurs des hauts plateaux.

Ces nomades pour subsister doivent utiliser sans en négliger aucune les rares ressources que la nature met à leur portée. Ils tirent parti de tout; pour dormir, ils se couchent côte à côte sur des peaux de mouton disposées sur le sol, retirent leurs vêtements et les étendent sur eux en guise de couvertures afin de ne rien perdre de la chaleur emmagasinée pendant la journée. Au petit matin, leur premier geste est pour ranimer le feu avec un soufflet et faire chauffer le thé. Le foyer est le centre de la vie familiale; jamais le feu ne s'éteint et la fumée sort par une ouverture ménagée au faîte de la tente. De même que dans les maisons paysannes, un autel occupe la place d'honneur; en général, c'est une petite caisse supportant une amulette ou une statue de Bouddha et le portrait du Dalaï Lama. La flamme de la lampe à beurre qui brûle devant les images est à peine visible dans cet air glacial et raréfié. Le seul événement de cette vie monotone est la foire qui se tient chaque année à Gyanyima. Les pasteurs rassemblent leurs troupeaux et les conduisent vers le village; ils échangent leurs bêtes contre des provisions, des ustensiles de cuisine, des aiguilles, du fil et des bijoux pour leurs épouses. L'argent n'a pas cours dans ce pays perdu et le négoce se fait exclusivement au moyen du troc.

A regret nous prenons congé de la famille qui nous a donné asile et, pour témoigner notre reconnaissance à ces braves gens, nous leur donnons du fil et une boîte de poivre.

Nous couvrons chaque jour une moyenne de vingt à trente kilomètres, selon que nous rencontrons ou non des campements. La plupart du temps, nous bivouaquons à la belle étoile. Le simple effort de ramasser des bouses de yaks et de faire fondre la neige nous épuise. Afin de ne rien perdre de notre énergie, nous évitons même de parler. Nous n'avons pas de gants, mais avons passé, pour les remplacer, des chaussettes de laine. Une fois par jour, nous faisons bouillir de la viande et nous mangeons à même la marmite. A l'altitude à laquelle nous nous trouvons, l'eau bout rapidement, mais la température est si basse que la graisse fige presque instantanément. Le matin, avant le départ, nous faisons réchauffer le bouillon de la veille et marchons ensuite jusqu'au soir.

Jamais de ma vie je n'oublierai les nuits que nous avons passées sur le plateau du Changtang. Incapables de dormir, enroulés dans nos couvertures, nous nous serrions l'un contre l'autre pour résister au froid. Souvent, le vent soufflait avec une telle violence que nous devions renoncer à planter la tente; la toile nous servait alors de couverture supplémentaire. Seul, Armin, cuirassé contre le froid, paissait tranquillement les mousses et les lichens. Aussitôt que nous commencions à nous réchauffer, les poux se mettaient de la partie. Faute de pouvoir nous déshabiller, nous ne pouvions nous en débarrasser. Nos locataires commençaient par se gorger de sang et ce n'est qu'une fois rassasiés qu'ils consentaient à nous laisser en paix. A ce moment seulement, nous pouvions songer à fermer l'œil; de nouveau, le froid de l'aube pénétrant à travers nos couvertures se chargeait de nous réveiller. Frissonnant et claquant des dents, nous attendions avec angoisse le premier rayon de soleil, signe de délivrance.

Le 13 décembre, nous atteignons Labrang Trova; simple bâtisse, perdue dans l'immensité du Changtang. La famille à laquelle elle appartient l'utilise comme entrepôt; elle-même vit sous une tente, à proximité. Comme nous nous en étonnons, les nomades nous déclarent que la tente est beaucoup plus chaude. Nous sommes chez un représentant de l'autorité; le chef de famille est absent, mais son frère cadet le remplace. A toutes ses questions, nous répondons invariablement que nous sommes des pèlerins en route pour Lhassa. L'homme paraît surpris et objecte que la meilleure piste passe par Chigatsé.

J'explique que, si nous avons choisi de traverser le Changtang c'est afin de rendre notre pèlerinage plus méritoire. L'impression produite est excellente.

Deux itinéraires s'offrent à nous; le premier coupe droit par une région montagneuse et entièrement déserte; l'autre, plus facile, passe malheureusement à travers la région habitée par les « Khampas ». Nous avons déjà entendu ce mot dans la bouche des nomades. Il désigne les habitants de la province orientale de Kham; mais il est devenu synonyme de « brigand », et on ne le prononce qu'à voix basse.

Sans tenir compte des avertissements de nos hôtes, nous optons pour la voie facile.

Nous passons une deuxième nuit à Labrang Trova bien que, jugés indignes de partager la tente familiale — les « Hindous » que nous sommes n'ont pas droit à un tel honneur — nous couchions dehors. Ces nomades sont assez différents de ceux que nous avons rencontrés jusqu'ici. Le frère du bönpo fait sur nous grande impression; avare de mots, il ne parle qu'à bon escient. Il partage sa femme avec son aîné et vit de la vente de ses bêtes. Il s'agit de nomades riches, à en juger par les dimensions de leur tente, plus grande que toutes celles que nous ayons vues.

Nous profitons de cette halte pour compléter nos provisions; contrairement à l'habitude, nos hôtes ne font aucune difficulté pour accepter les roupies que nous leur offrons en échange.

Rencontre avec les Khampas

A quelques kilomètres de Labrang Trova, nous apercevons un homme qui se dirige vers nous. Ses vêtements sont différents de ceux des Tibétains; il nous aborde et nous constatons qu'il parle un dialecte qui n'est pas celui des nomades.

Il nous demande d'où nous venons, où nous allons; nous lui racontons notre sempiternelle histoire, celle du pèlerinage à Lhassa. Satisfait sans doute, il s'éloigne. C'est le premier Khampa que nous rencontrons, mais nous ne nous en rendons compte qu'après son départ. Trois heures plus tard, deux cavaliers apparaissent dans le lointain. Nous commençons à être sérieusement inquiets.

Longtemps après la tombée de la nuit, nous repérons enfin une tente. Ses occupants nous invitent à entrer et allument un feu supplémentaire car un étranger ne saurait selon leurs croyances préparer ses aliments sur le feu de ceux qui l'hébergent. De même la viande qu'il mange doit obligatoirement provenir d'une bête appartenant au troupeau de l'hôte. Naturellement, la conversation roule sur les exploits des Khampas. Le nomade qui nous offre asile a toujours vécu dans la région et sait exactement à quoi s'en tenir sur le compte des brigands; il nous montre un fusil qu'il a acheté à un Khampa en échange de cinq cents moutons : les pillards considèrent le prix versé comme une sorte de tribut et, depuis, il est sous leur protection.

Les Khampas vivent toujours groupés, à raison de trois ou quatre familles. Armés de fusils et d'épées, les hommes se livrent fréquemment au pillage : après avoir jeté leur dévolu sur une tente de nomades, ils y pénètrent et exigent qu'on leur serve un repas. Apeuré, le propriétaire de la tente s'empresse de les satisfaire; une fois repus, ils s'en vont, emmenant une ou deux têtes de bétail après avoir fait main basse sur les objets personnels de la victime. Puis, ils renouvellent l'opération jusqu'à ce que la région ait été vidée de sa substance. A ce moment, ils plient bagage, plantent leurs tentes ailleurs et recommencent. Les nomades ne peuvent s'opposer aux entreprises des Khampas, d'autant que ceux-ci attaquent en force. De plus, dans ces régions écartées, le gouvernement est impuisant contre ces bandes.

Si, néanmoins le hasard veut qu'un gouverneur de district réussisse à mettre une tribu hors d'état de nuire, le butin lui appartient. Le châtiment infligé aux bandits est particulièrement horrible; on leur coupe les bras. Mais cette cruelle perspective n'a pas, jusqu'ici, empêché les Khampas de poursuivre leur funeste activité.

Le lendemain, en quittant le campement nomade, nous ne sommes guère à notre aise; en fait d'armes, nous ne possédons que des piquets et des bâtons.

Au soir, nous nous arrêtons près d'un groupe de tentes. Les nomades qui en sortent s'opposent à ce que nous nous installions dans leur campement; ils désignent trois autres tentes, à une centaine de mètres de distance. Contraints et forcés, nous nous dirigeons vers elle. Quelle n'est pas notre surprise de voir les occupants venir à notre rencontre. Non contents de nous accueillir avec des transports de joie, ils nous aident à décharger Armin, examinant attentivement nos affaires et les déposent à l'abri. A ce moment, la lumière se fait dans notre esprit : nous sommes dans la gueule du loup! Faisant contre mauvaise fortune bon cœur, nous gardons l'espoir de nous tirer de notre fâcheuse situation en redoublant d'amabilité et en usant de diplomatie envers les Khampas.

A peine sommes-nous assis près du foyer que la tente commence à se remplir; les voisins arrivent pour voir les étrangers. Hommes, femmes, enfants et chiens font cercle autour de nous et nous devons ouvrir l'œil sinon nos bagages auraient tôt fait de disparaître.

Curieux, les Khampas nous posent questions sur questions : « D'où venez-vous? Où allez-vous? Qui êtes-vous? »

Quand ils apprennent que nous sommes des pèlerins, ils nous conseillent de nous adjoindre l'un d'entre eux, guide sûr, qui se fait fort de nous conduire à Lhassa sans encombre. Aufschnaiter et moi nous nous regardons à la dérobée. L'homme, un géant, porte une énorme épée à sa ceinture. Son aspect n'est guère rassurant, mais dans la situation présente, nous ne pouvons qu'accepter la proposition des Khampas et nous convenons d'un salaire. S'ils ont décidé de nous égorger, personne ne peut nous sauver.

L'un après l'autre, les visiteurs s'en vont et nous nous préparons pour la nuit. Le propriétaire de la tente s'obstine à vouloir utiliser mon sac en guise d'oreiller et j'ai toutes les peines du monde à l'en dissuader. Sans doute s'imagine-t-il que le sac contient un revolver? Hélas! ce n'est pas le cas! Du moins avons-nous avantage à le laisser croire à nos compagnons et à agir en conséquence. J'entreprends de récupérer mon bien; l'homme me jette un œil noir, puis se calme. Mais l'alerte a été chaude et, toute la nuit, nous nous relayons pour faire le guet.

Le lendemain matin, nous nous préparons à partir; nos compagnons ne perdent rien de nos faits et gestes et font mine de s'interposer lorsque, sortant de la tente avec les bagages, je les tends à Aufschnaiter pour qu'il les fixe sur l'échine d'Armin. Feignant de n'avoir rien remarqué, nous continuons à seller notre yak. Un double soupir de soulagement nous échappe lorsque nous constatons que le guide engagé la veille n'est pas au rendez-vous.

Avant le départ, les Khampas nous conseillent d'obliquer vers le sud-est où, disent-ils, nous avons des chances de rencontrer une caravane à laquelle nous pourrons nous joindre. Si, en apparence, nous nous déclarons partisans de cette solution, en fait nous sommes décidés à faire exactement le contraire.

Nous marchons depuis cinq minutes, lorsque je m'aperçois de l'absence de notre chien. Me retournant, je remarque trois hommes qui nous emboîtent le pas; ils marchent dans la même direction que nous et, bientôt, nous rejoignent. Cette fois, il va falloir jouer serré, il y va de notre vie! De la main, ils désignent une colonne de fumée qui s'élève au loin; c'est, disent-ils, le campement de pèlerins vers lequel ils se rendent. Le passage de pèlerins dans ces parages nous paraît pour le moins insolite. Comme nous nous renseignons sur le sort de mon chien, les Khampas déclarent que la bête est restée en arrière où l'un de nous peut aller la chercher. Cette fois ils montrent le bout de l'oreille; se figurant que nous possédons des armes, ils cherchent à nous séparer. Sans doute, des complices ont-ils tendu une embuscade et s'apprêtent-ils à nous dépouiller.

Si tel doit être notre sort, personne ne saura jamais ce que nous sommes devenus. Que n'avons-nous écouté les conseils des nomades de Labrang Trova! Feignant l'indifférence, nous continuons à avancer dans la même direction et convenons d'une ruse destinée à tromper les bandits qui nous encadrent. Sans cesser de parler nous faisons brusquement demi-tour. Désorientés, les Khampas s'arrêtent, mais bientôt, ils nous rattrapent et s'enquièrent de nos projets. Je leur réponds d'un ton rogue que nous avons décidé d'aller rechercher mon chien. Notre attitude résolue leur en impose et nous les voyons hésiter; ils complotent sans cesser de nous regarder, puis repartent en direction de la colonne de fumée, se retournant de temps à autre.

A proximité des tentes, une femme, selon la tactique habituelle, vient à notre rencontre. Elle tient en laisse notre chien. Elle nous accueille le sourire aux lèvres et nous invite à pénétrer dans sa tente. Il n'en est, bien entendu, pas question. Tournant le dos au campement, nous nous hâtons de refaire en sens inverse le chemin parcouru la veille. Sans armes, braver le sort serait une folie. Autant revenir en arrière et chercher une autre route. A la tombée du jour, nous retrouvons les nomades auprès desquels nous avons dormi l'avant-veille. Le récit de nos aventures ne les étonne nullement et ils se bornent à nous rappeler qu'ils nous avaient mis en garde. Après ces émotions, nous sachant cette fois en sécurité, nous nous endormons l'un et l'autre du sommeil du juste.

Le lendemain, nous décidons de rejoinbre Lhassa par la piste que le bönpo a qualifiée de pénible et de longue. Trois heures après notre départ, alors que nous gravissons une pente raide, Aufschnaiter se retourne et pousse un cri : deux hommes nous suivent, des Khampas sans aucun doute. Ils ont dû se renseigner auprès des nomades dont nous avons partagé la tente. Que faire? Ni Aufschnaiter, ni moi ne parlons. C'est inutile, car notre résolution est prise : nous vendrons notre peau le plus cher possible!

Pour commencer, nous essayons de forcer l'allure; celle-ci, malheureusement, n'est pas déterminée par nous mais par Armin. Depuis des semaines, il n'a rien mangé ou presque et il traîne malgré tous les encouragements que nous lui prodiguons. De temps en temps, nous jetons un coup d'œil en arrière et nous nous alarmons de voir que la distance entre nous et nos poursuivants diminue. Arrivés sur une crête, le cœur battant et la tête vide, nous constatons que les deux Khampas ont abandonné la poursuite. Peut-être la contrée dans laquelle nous nous apprêtons à pénétrer leur paraît-elle trop sauvage et trop déserte pour que des hommes s'y aventurent sans provisions? Le paysage à vrai dire est d'une indicible tristesse;

aussi loin que porte le regard, ce ne sont que cimes enneigées, successions de collines basses, champs de neige interminables, sans un arbre, sans une herbe... Très loin, derrière nous, se dresse la haute barrière du Transhimalaya, percée en son milieu d'une large coupure, celle du col de Sela-La, découvert par Sven Hedin, où passe la piste des caravanes qui mène à Chigatsé.

Par mesure de sécurité et de crainte que les Khampas ne soient revenus sur leur décision, nous continuons à avancer, même à la nuit tombée. Par bonheur, c'est la pleine lune et le ciel est si clair que les contours des montagnes restent visibles dans le lointain.

Le froid, la faim...

Jamais, je crois, je n'oublierai cette marche de nuit. Je comprends les Khampas qui ont renoncé à nous suivre. Heureusement, mon thermomètre est cassé, mais il fait, j'en jurerais, trente degrés en dessous de zéro.

Vers minuit, nous faisons halte. Impossible de faire du feu, la neige recouvre tout. Nous déchargeons Armin et nous nous empressons de nous blottir sous nos couvertures; nous essayons de manger, mais un double cri de douleur nous échappe. La cuiller colle aux lèvres et à la langue, tant le froid est intense. Découragés, terrassés par la fatigue et les émotions, nous nous endormons comme deux pierres.

Le lendemain matin, derrière Armin qui fraie la trace nous repartons, la tête basse, le ventre creux et la tête vide. Quand, dans le courant de l'après-midi, nous distinguons des silhouettes sombres se profilant à l'horizon, nous croyons d'abord à un mirage. Pourtant, ce sont bien des files de yaks qui cheminent dans la neige. Ce spectacle nous redonne courage. Plus nous avançons, plus les détails se précisent : il s'agit bien d'une caravane. Trois heures plus tard, nous la rattrapons. Quinze hommes sont là. Déjà ils ont planté leurs tentes pour la nuit. Ahuris de cette rencontre insolite, ils nous accueillent avec cordialité et nous invitent à prendre place près du feu qu'ils viennent d'allumer. Certains des caravaniers reviennent d'un pèlerinage, d'autres ont accompagné un transport en direction du Kailas et rejoignent leur village situé sur les bords du lac Tengri Nor. Ils nous racontent que les gouverneurs des districts qu'ils ont traversés leur ont conseillé de choisir cet itinéraire difficile plutôt que de risquer la traversée de la contrée infestée par les Khampas. Cinquante yaks et deux cents moutons, sans compter les marchandises qu'ils transportent, sont une proie tentante pour des brigands! Pèlerins et négociants ont résolu de ne former qu'un seul convoi et ils nous proposent de nous joindre à eux; c'est à la fois leur avantage et le nôtre et nous acceptons avec enthousiasme.

Quelle joie de pouvoir, enfin, trouver un feu et manger chaud à chaque étape! Cette rencontre inespérée nous a vraisemblablement sauvé la vie ainsi qu'à notre brave Armin. Lui aussi a droit à un peu de repos : moyennant une légère redevance, nous nous mettons d'accord avec le chef de la caravane pour qu'il charge nos bagages sur le dos d'un de ses yaks. Pendant ce temps-là, Armin va pouvoir refaire sa graisse.

Nous marchons désormais au rythme de la caravane, plantant notre tente à côté de celles de nos compagnons. A chaque étape, les mêmes difficultés se reproduisent; le vent nous arrache la toile des mains ou bien les haubans cassent au beau milieu de la nuit. Seules les tentes en poil de yak résistent à la tempête, mais elles sont si lourdes qu'à elles seules elles constituent une charge complète. Si, un jour, nous devons retraverser le Changtang nous emmènerons trois yaks, un conducteur, une tente de nomades et un bon fusil... Mais pour l'instant, nous devons nous accommoder de la réalité telle qu'elle est. Certes, nous remercions le Ciel de nous avoir fait rencontrer cette caravane, mais nous sommes un peu ahuris de sa cadence de marche incroyablement lente. Après un départ pris de bonne heure, les nomades progressent d'une dizaine de kilomètres, puis ils dressent leurs tentes et laissent paître leurs bêtes. A la nuit, par crainte des loups, on attache les yaks et on parque les moutons dans des enclos, à proximité immédiate. Nous mettrons à cette allure quinze longs jours à atteindre la première piste. Elle a été tracée jadis par le gouvernement pour faciliter le transport de l'or depuis le Tibet occidental. Elle est déserte; rien, en apparence, ne distingue la contrée qu'elle traverse de celles que nous venons de parcourir. Le vent chasse des tourbillons de neige et des nappes de brouillard; par bonheur, nous l'avons dans le dos et il nous aide à marcher.

Je retrouve dans mon journal ces notes, prises le dernier jour de cette mémorable traversée :

« 31 décembre 1945. Forte tempête de neige, brouillard (le premier depuis que nous sommes au Tibet). Température : 25° en dessous de zéro... C'est notre journée la plus pénible. La charge glisse sans cesse et nos mains gelées nous empêchent de serrer les courroies. Nous nous sommes perdus puis, au bout de deux kilomètres, nous apercevant de notre erreur, nous avons rebroussé chemin. Vers le soir, nous atteignons la halte de Nyatsang. Huit tentes dont celle du chef de relais. Accueil cordial. »

Le sauf-conduit

Déjà, nous avons fêté une première Saint-Sylvestre au Tibet : nous voici au seuil d'une nouvelle année. A ne considérer que les résultats obtenus, le bilan des douze derniers mois est bien maigre. Misérables vagabonds à demi-morts de faim, nous devons nous dissimuler pour éviter le contact avec les autorités; et pour nous, Lhassa, objectif illusoire, est toujours la « Ville interdite ».

Nous fêtons à notre façon l'avènement de l'an 1946 en faisant la grasse matinée. Le vieux passeport que nous traînons depuis Tradün fait toujours merveille auprès des humbles : la vue du sceau officiel inspire crainte et respect à ceux auxquels nous le montrons. Par bonheur, ils ne savent pas lire! Ici aussi, le tenancier du relais de caravanes se laisse convaincre et nous donne de quoi allumer du feu.

En fin de matinée, devant les tentes, grand remue-ménage! Le cuisinier d'un bönpo vient d'arriver pour préparer le gîte de son maître. Qui sait si cette rencontre ne servira pas nos desseins ? Mais depuis que nous sommes au Tibet nous savons que le mot « bönpo », c'est-à-dire « haut personnage », est un qualificatif des plus vagues...

Deux heures plus tard, entouré de ses serviteurs, le bönpo arrive, montant un cheval; ce n'est qu'un simple commerçant en mission officielle qui accompagne à Lhassa un chargement de sucre candi et de cotonnades. Son premier soin est de nous interroger et nous lui tendons notre passeport, non sans appréhension. Une fois de plus, le sauf-conduit produit son effet; le bönpo nous le rend avec un sourire et nous invite à nous joindre au convoi.

La proposition est tentante et nous acceptons d'emblée. Sans perdre une seconde, nous ficelons nos affaires, le départ étant prévu dans une demi-heure.

Apercevant notre pauvre Armin, décharné et à bout de forces, un caravanier hausse les épaules puis il nous propose, contre un pourboire, de charger nos sacs sur l'échine d'un yak de louage, de manière à permettre à Armin de trotter librement. Le malheureux mérite bien cette compensation et nous acceptons.

Faisant désormais partie de la caravane, nous avançons rapidement et bénéficions du prestige du bönpo auquel elle appartient; on ne fait plus aucune difficulté pour nous accueillir. Seul, le gardien du relais de Lhölam suspecte notre identité; il refuse de nous céder de quoi allumer le feu et exige un sauf-conduit délivré par Lhassa. Dieu sait pourtant si nous aimerions lui donner satisfaction!

A défaut de bouse de yak, nous avons au moins un toit au-dessus la tête et cela nous suffit. Peu après notre arrivée, nous remarquons des individus à mine patibulaire qui rôdent autour des tentes. Nous les reconnaissons immédiatement : ce sont des Khampas.

Pour le moment, nous sommes trop las pour nous faire du souci à leur sujet; nos sacs ne contiennent vraiment rien qui puisse tenter un voleur.

Le lendemain, au réveil, Aufschnaiter poussse un cri : Armin a disparu. Pourtant, nous l'avions solidement attaché à un pieu. Nous avons beau chercher et fouiller le campement, la bête reste introuvable; les Khampas également ont disparu. Nous sommes atterrés par ce nouveau coup du sort.

Courant vers la tente du chef du relais, je l'interpelle rudement; pris de fureur, je lui jette à la tête la selle du malheureux Armin et le rends responsable de la perte de notre bête de somme. Il nous était d'autant plus précieux que, grâce à lui, nous avons pu franchir le parcours le plus difficile et nous lui savons gré de l'aide qu'il nous a fournie. Il est vrai qu'Armin est mieux partagé que ses anciens maîtres; il va enfin pouvoir paître paisiblement reprendre des forces et il aura bientôt oublié fatigues et tracas.

Dès l'aube, la caravane repart pour une nouvelle étape. Nos bagages nous devancent et nous n'avons plus à nous soucier de redresser la charge à chaque instant.

Depuis trois jours, le convoi progresse en direction d'une chaîne de montagnes qui porte le nom de Nien-Tchen-Tang-La; un seul col donne accès au versant opposé et c'est là que passe la piste menant à Lhassa. Le temps est beau et l'air est si pur qu'un objet distant de plusieurs kilomètres paraît tout proche.

En revanche, nous sommes à bout de forces et nous vivons exclusivement sur nos nerfs. Le soir, en arrivant au relais de Tokar, nous nous laissons choir sur place, terrassés par la fatigue. Tokar est situé au bas de la montée menant au col; la prochaine station se trouve de l'autre côté, à cinq jours de marche et nous osons à peine nous demander comment nous ferons pour y parvenir.

Les jours et les nuits passent, monotones; la contrée est particulièrement belle et nous débouchons bientôt sur la rive d'un immense lac, l'un des plus grands du Tibet, le Tengri Nor. Nos compagnons nous racontent qu'il faut marcher pendant onze jours pour en faire le tour. Dieu sait si, jadis, nous avons souhaité contempler un jour cette mer intérieure! Maintenant que nous voilà à pied d'œuvre, elle nous laisse indifférents.

L'altitude, voisine de 6.000 mètres, exerce sur nous un effet déprimant et anéantit nos réflexes. C'est à peine si, de temps en temps, nous relevons la tête pour regarder une cime dont le sommet dépasse tous ceux qui l'environnent. Après une montée interminable, nous parvenons au col de Guring, situé à 5.972 mètres au-dessus du niveau de la mer. Il a été découvert en 1895 par l'Anglais Littledale et Sven Hedin l'a porté ensuite sur les cartes de l'Asie centrale et l'a désigné comme « le col le plus élevé de la chaîne du Transhimalaya ».

DES MÂTS A PRIÈRES BORDENT LE CHEMIN

Ce passage, comme tous les autres, est flanqué de cairns au-dessus desquels flottent des drapeaux et des chiffons multicolores. Non loin de là, un mur montre, sculptées dans la pierre, des inscriptions et des formules sacrées; elles expriment la joie des pèlerins qui parviennent au faîte du dernier obstacle placé sur le chemin de la ville sainte.

A partir de Guring, les caravanes et les pèlerinages se succèdent; les uns se dirigent vers Lhassa, les autres en reviennent et retournent dans leurs lointains villages. Les fidèles passent, marmonnant le sempiternel « Om mani padmé hum » [1] dans l'espoir que les dieux leur viendront en aide et les protégeront des « gaz néfastes »; c'est ainsi que les Tibétains baptisent le manque d'oxygène en altitude. A mon humble avis, plutôt que de débiter des litanies, ils obtiendraient de meilleurs résultats s'ils fermaient la bouche! Un peu partout, au fond des ravins, des carcasses d'animaux attestent que la traversée du col n'est pas sans danger et les caravaniers nous racontent que, chaque hiver, des voyageurs trouvent la mort dans les tempêtes de neige.

La brèche de Guring passée, le paysage change radicalement : finies les dénivellations du Changtang. La montagne austère et aride surplombe la plaine où se trouve Lhassa; au fond de gorges sauvages, des torrents se ruent vers la vallée. Nos compagnons de marche précisent même que, d'un endroit voisin des portes de la capitale, l'on aperçoit, par temps clair, les cimes au pied desquelles nous passons.

1. O joyau dans la fleur de lotus, salut.

La première partie de la descente s'effectue sur un glacier; j'admire une fois de plus la sûreté des yaks qui, sans le moindre faux pas, progressent sur la surface glissante. Autour de nous des sommets de 6.000 mètres se dressent, enrobés de neige fraîche.

En cours de route, nous rencontrons un jeune couple. L'homme et la femme viennent de très loin; ils se dirigent, eux aussi, vers la ville interdite et nous lions conversation. Nous en arrivons bientôt aux confidences et l'histoire qu'ils nous racontent nous plonge dans le ravissement. La voici :

La femme, dont le visage poupin s'encadre de tresses noires, vivait dans une tente nomade du Changtang avec ses trois maris — trois frères — dont elle tenait le ménage. Un beau soir, un inconnu vint leur demander l'hospitalité. Coup de foudre réciproque! En secret, les amoureux prirent leurs dispositions et le lendemain, à l'aube, ils s'enfuirent, décidés à gagner Lhassa et à y fonder un foyer.

Solide et endurante, la jeune femme porte son sac, sans une plainte; toujours souriante, elle marche à bonne allure. Une fois arrivée dans la capitale, elle n'aura, sans doute, aucune peine à trouver un emploi.

Depuis trois jours nous n'avons pas vu une seule tente; tout à coup, nous apercevons à l'horizon un énorme panache de fumée qui ne vient ni d'un campement, ni même d'un incendie. En approchant, nous comprenons la nature du phénomène : des sources chaudes jaillissent du sol et un geyser, haut de quatre mètres, dresse sa colonne d'eau bouillante. Immédiatement, Aufschnaiter et moi décidons de prendre un bain. La jeune femme, à qui nous nous ouvrons de notre projet, pousse les hauts cris, imitée en cela par son compagnon et par les caravaniers. Nous espérons que refroidie par la température ambiante, l'eau sera supportable et nous entreprenons d'agrandir le bassin naturel où elle se déverse. Depuis Kyirong, c'est la première fois que nous pouvons nous baigner et nous apprécions d'autant plus cette aubaine.

Le quatrième jour qui suit le passage du col, au sortir d'une vallée encaissée, nous débouchons dans la plaine; vers le soir, le convoi atteint le relais de Samsar. Enfin, de nouveau, un village, un monastère, de vraies maisons! Samsar est situé au point d'intersection des cinq principales routes de caravanes du Tibet et la circulation y est intense d'un bout de l'année à l'autre. Les caravansérails ne désemplissent pas et d'immenses troupeaux de yaks et de chevaux pourvoient au remplacement des animaux de bât.

Le bönpo, chef du convoi, est arrivé depuis quarante-huit heures et se charge de nous procurer un logement, un serviteur pour allumer le feu et du combustible. Nous avons ainsi le loisir de visiter Samsar, plaque tournante du commerce tibétain. Des caravanes arrivent; on décharge les yaks, on en charge d'autres qui repartent aussitôt en direction du prochain relais. Jamais les bêtes de rechange ne font défaut et les voyageurs trouvent toujours un toit pour la nuit.

Nous-mêmes profitons de cette halte pour prendre un jour de repos; de toute manière nous ne pouvons repartir seuls, car nous n'avons plus de yak pour porter nos bagages et nous sautons sur l'occasion de visiter les environs de Samsar. Ici aussi, nous a-t-on dit, se trouvent des eaux thermales et c'est vers elles que nous nous dirigeons. Partout se voient des champs et des cultures en friches : la population, naguère essentiellement rurale, s'est tournée maintenant vers le commerce et se consacre au transport des marchandises.

Les sources chaudes nous plongent dans l'étonnement; elles constituent une véritable merveille de la nature. Un étang s'est formé dont le centre écume et bouillonne; il se déverse dans un ruisseau. Il suffit d'en remonter le cours pour trouver la température désirée qui est plus ou moins élevée selon la distance à laquelle on se trouve de la source. Aufschnaiter et moi longeons la petite rivière, mais, bientôt, mon camarade s'arrête, estimant l'eau suffisamment chaude; moi-même, je continue à avancer de quelques mètres et me baigne à mon tour. J'ai conservé un morceau de savon que je pose dans l'herbe, à portée de ma main. Une corneille m'observe et se rapproche par petits bonds, sans me quitter de l'œil; soudain, elle se rue en avant, saisit dans son bec le morceau de savon et s'envole, emportant l'ultime symbole de confort et de propreté qui me restait.

Sur le chemin du retour, pour la première fois, nous apercevons des troupes tibétaines en manœuvres. La population est médiocrement enchantée de ce voisinage; l'armée a, dit-on, la main leste et les réquisitions sont mal vues. Les soldats campent dans des tentes, alignées au cordeau; toutefois, si l'habitant n'est pas tenu de loger la troupe, il est obligé de leur fournir yaks de bât et chevaux.

Une compagnie inattendue...

Une surprise nous est réservée : un homme s'est installé en notre absence dans la maison où nous avons déposé nos affaires. Il a les pieds entravés et marche à petites enjambées. Le sourire aux lèvres, comme s'il s'agissait de la chose la plus naturelle du monde, il nous raconte qu'on l'a condamné pour meurtre à recevoir deux cents coups de fouet et à porter, sa vie durant, une chaîne rivée à ses chevilles. A la perspective de passer la nuit en compagnie d'un criminel, nous sursautons. Nous mettrait-on sur le même plan que lui? Nous nous inquiétons bien à tort; au Tibet, un condamné jouit de la considération générale. Il n'est nullement exclu de la société, prend part aux conversations et aux réjouissances; dispensé de travailler, il vit d'aumônes. A en juger par l'embonpoint de notre « invité », celles-ci doivent être généreuses. Sans cesse, il marmonne des prières, moins, je suppose, par repentir que pour attendrir les passants.

La nouvelle que des Européens sont arrivés à Samsar s'est répandue comme une traînée de poudre et les curieux affluent. Parmi eux, un jeune moine se montre particulièrement affable; il conduit une caravane qui se rend au monastère de Drebung et dont le départ est prévu pour le lendemain. Apprenant que nous avons perdu notre yak, il nous propose de charger nos bagages sur l'un des siens sans même nous demander si nous possédons l'autorisation de nous rendre à Lhassa. En fait, plus nous approchons de la capitale, moins les obstacles sont nombreux. « Deux étrangers n'auraient pu parvenir si près de la ville interdite s'ils n'étaient munis d'un passeport en règle », semblent se dire les Tibétains. Malgré cela, chaque fois que nous faisons halte dans une localité, nous évitons de trop nous montrer.

Nous confondant en remerciements, nous prenons congé du bönpo qui nous a généreusement admis dans sa caravane et nous acceptons la proposition du jeune moine. En pleine nuit, nous traversons la région de Yangpaschen et nous enfonçons dans une petite vallée, celle de Tölung, qui débouche dans la plaine de Lhassa. D'ici une chevauchée d'une journée suffit pour atteindre la capitale.

Cette seule pensée nous fait oublier les fatigues et les dangers encourus. Cependant, à pied, nous sommes encore à cinq jours de la ville sainte et nous ignorons s'il nous sera possible d'y pénétrer.

Le lendemain matin, le convoi s'arrête à Detchen et notre compagnon décide d' attendre vingt-quatre heures avant de reprendre la route. Cette solution ne nous sourit guère; deux gouverneurs de district résident dans cette localité et nous craignons qu'ils refusent de se laisser berner par notre passeport.

Prudemment, nous nous mettons à la recherche d'un abri quand, une fois de plus, le hasard nous tire d'embarras. Un jeune lieutenant que nous rencontrons nous offre la maison qu'il habite; il s'apprête à partir avec le chargement d'argent qu'il convoie. Timidement, nous lui demandons de nous inclure, nous et nos bagages, dans sa caravane et lui promettons de le dédommager. Sans l'ombre d'un soupçon il accepte, si bien que, deux heures plus tard, nous reprenons la piste.

Au moment où nous poussons un soupir de soulagement, quelqu'un nous hèle; nous nous retournons et apercevons un personnage richement habillé de soie jaune, un bönpo. Poliment, il nous interroge, nous demande d'où nous venons, où nous allons. Nous sommes perdus, à moins d'une change extraordinaire! Nous lui expliquons que, faisant une simple promenade dans les environs de Detchen, nous n'avons pas cru devoir emporter notre passeport; nous lui promettons de lui apporter dès le lendemain. Notre mensonge nous sauve et nous nous hâtons de rejoindre le convoi.

Plus nous approchons de Lhassa, plus le printemps se manifeste; les champ sont couverts de pousses vertes, des oiseaux chantent et nos manteaux de mouton sont trop chauds dans la journée. Pourtant, nous sommes encore dans la première quinzaine de janvier.

Sans cesse, nous croisons des caravanes d'ânes, de chevaux, de mulets; les yaks se font plus rares, ce qui s'explique par l'absence de pâturages. Partout, des paysans s'affairent et irriguent leurs terres; sans cela le vent emporterait la mince couche végétale au moment des tempêtes de printemps. Ici, dans la vallée de Tölung, à 4.000 mètres d'altitude, l'orge, la pomme de terre, la betterave et la moutarde poussent sans difficulté.

Nous passons notre dernière nuit dans la chaumière d'un paysan. Hélas! elle ne ressemble en rien aux ravissants chalets de Kyirong. Ici, le bois est rare, aussi les murs sont-ils faits de mottes de terre ou de gazon; les seules ouvertures sont la porte et le trou par lequel s'échappe la fumée du foyer. Quant à l'ameublement, il est réduit à sa plus simple expression : tables basses et paillasses.

Notre hôte est l'un des paysans les plus riches de la localité bien qu'il ne possède pas la terre qu'il cultive, propriété d'un noble de Lhassa auquel il paie une redevance annuelle. Deux de ses fils l'aident et le troisième se prépare à entrer dans un monastère. Il a des vaches, des chevaux, quelques poules, et, chose rare au Tibet, deux porcs. Personne ne se soucie de les nourrir, aussi se contentent-ils de détritus ou de ce qu'ils trouvent en fouillant la terre.

Aufschnaiter et moi ne parvenons pas à dormir. Au moment de pénétrer dans la ville interdite, une question nous préoccupe : comment subsister sans argent? Nous laissera-t-on seulement franchir les portes de l'enceinte? En vérité, nous ressemblons plus à des Khampas qu'à des Européens. Nos habits sont déchirés et nos manteaux de mouton recouverts d'une épaisse carapace de graisse et de crasse; on voit qu'ils ont été mis à rude épreuve. Aux pieds, nous n'avons plus que des restes de chaussures. De plus, nos barbes incultes contribuent à nous faire remarquer : comme tous les Mongols, les Tibétains sont imberbes. Aussi nous prend-on souvent pour des Cosaques, originaires du Turkestan russe. Pendant la guerre, fuyant leur patrie, ils se sont réfugiés par milliers sur le Toit-du-Monde avec leurs troupeaux. Il fallut l'intervention de l'armée pour les refouler en direction des Indes et leur séjour en territoire tibétain fut marqué par des pillages et des incidents sans nombre. Certains Cosaques ont le teint et les yeux clairs et portent la barbe, nous leur ressemblons donc et c'est ce qui explique que, parfois, on nous ait chassés lorsque nous avons demandé asile dans les villages ou campements de nomades.

Malgré notre désir, nous ne pouvons pas modifier notre mise et nous rendre présentables pour l'entrée à Lhassa. A vrai dire, nous avons échappé à tant de dangers et surmontés de si nombreux obstacles que nos soucis d'élégance sont plus que secondaires.

Avec le paysan qui nous donne asile, nous convenons d'un prix pour la location du bœuf qui transportera nos bagages; un valet nous accompagnera et ramènera ensuite l'animal. Maintenant, pour toute fortune, il nous reste une roupie et une pièce d'or cousue dans la doublure de mon manteau. Nos sacs, eux, ne contiennent aucun objet de prix, hormis nos croquis et nos dessins qui, d'ailleurs, n'ont de valeur que pour nous.

DEUXIÈME PARTIE

CINQ ANS A LHASSA

Les toits du Potala brillent au soleil

Le 15 janvier 1946, nous partons pour la dernière étape. Débouchant de la région de Tölung, nous pénétrons dans la large vallée du Kyitchu; tout à coup, à un détour du chemin, nous apercevons dans le lointain les toits dorés du Potala, palais d'hiver du Dalaï Lama et monument caractéristique de Lhassa. Ma joie est telle que j'ai grande envie de me jeter à genoux comme un pèlerin.

Depuis notre départ de Kyirong, nous avons couvert une distance de mille kilomètres; nous avons marché pendant soixante-dix jours, avec seulement cinq jours de repos intermédiaires, parcourant quotidiennement une moyenne de quinze kilomètres. La traversée des hauts plateaux du Changtang nous a pris, à elle seule, un mois et demi, mais la vue des toits du Potala qui luisent au soleil nous fait oublier les fatigues passées et les énormes ampoules que nous avons aux talons. Avant de franchir les derniers kilomètres, nous nous arrêtons au pied d'un tumulus élevé par des pèlerins, afin de permettre au caravanier qui nous accompagne de faire ses oraisons. En arrivant devant le dernier village avant Lhassa, Chingdonka, notre compagnon refuse catégoriquement d'aller plus loin et abandonne nos bagages au bord de la route. Usant alors d'un stratagème, nous déclarons au bönpo local que nous formons l'avant-garde de l'escorte d'un puissant personnage étranger dont l'arrivée est imminente. Chargés de prévoir le logement de la caravane à Lhassa, nous le prions instamment de mettre un âne et un conducteur à notre disposition. Le bönpo se laisse convaincre et nous donne satisfaction. Plus tard, à Lhassa, le récit de cet épisode, au cours de réceptions privées ou officielles et en présence des ministres eux-mêmes, déclenchait l'hilarité générale. Les Tibétains ont beau s'enorgueillir de l'isolement de leur pays, ils sont beaux joueurs et la façon dont nous avons trompé la vigilance des autorités les met en joie. Tant il est vrai qu'au Tibet, comme ailleurs, la loi n'existe que pour être tournée!

Aux abords de Lhassa, des caravanes nous croisent ou nous dépassent sans cesse. Un peu partout, aux endroits propices, des marchands ont dressé leurs éventaires et friandises et petits pains au beurre excitent notre convoitise. Je déplore plus que jamais d'être démuni d'argent tibétain, la dernière roupie que nous possédons étant destinée à rétribuer l'ânier qui nous escorte.

Plus nous approchons de la capitale, plus elle nous apparaît conforme aux descriptions qu'on en a faites. Face au palais du Dalaï Lama, se dresse le Chagpori, colline dont le sommet est occupé par les bâtiments d'une des deux écoles de médecine. Notre attention a beau être attirée par le Potala et le Chagpori, la masse du monastère de Drebung, à sept kilomètres de la métropole, nous fascine. Cette lamaserie, habitée par dix mille moines, constitue une véritable ville; construite en pierres, elle est dominée par des centaines de clochetons et d'aiguilles dorés qui surmontent sanctuaires et oratoires. Nous passons à deux kilomètres de cette cité sainte et, pendant une heure, nous ne cessons de la regarder, subjugués par son allure imposante et la majesté de son site.

Un peu plus bas, également édifié en terrasses, se dresse le couvent de Nechung, haut lieu du Tibet. Là, réside une réincarnation d'une divinité bouddhique qui, par ses prédictions, oriente le cours de la politique locale; fréquemment le gouvernement vient consulter l'oracle. Un peu plus loin s'étendent des prairies bordées de saules, pacages réservés aux chevaux du Dalaï Lama.

Une immense muraille en pierres de taille dissimule le palais d'été du souverain; nous la longeons pendant une heure. Peu après nous apercevons, en dehors de l'enceinte de Lhassa, les bâtiments de la mission commerciale britannique cachés derrière des bouquets de bouleaux. L'ânier qui accompagne nos bagages s'imagine que nous avons l'intention de nous y rendre et nous devons faire assaut d'éloquence pour le détromper. J'avoue que, dans nos moments de désarroi, nous avons envisagé à plusieurs reprises de faire appel aux Anglais; le désir de nous retremper dans une ambiance civilisée et de reprendre contact avec des Européens nous y poussait parfois. Mais, à la réflexion, nous avons préféré remettre notre sort entre les mains des vrais maîtres du pays et faire confiance à l'hospitalité tibétaine.

Plus nous approchons, moins on nous remarque; c'est à peine si, de temps à autre, un cavalier se retourne sur sa selle. Quelle différence entre les chevaux que nous croisons et ceux de l'ouest du Tibet; si ceux-là étaient chétifs, ceux-ci paraissent bien nourris et en excellente forme et leurs cavaliers se distinguent par leur aspect soigné et la richesse de leurs vêtements. Même si les passants s'aperçoivent qu'ils se trouvent en présence d'Européens, cela ne paraît nullement les surprendre. Pourtant, nous l'avons su plus tard, ils seraient tombés des nues s'ils avaient pu se douter que nous étions démunis du laissez-passer indispensable. Le fait que nous soyons parvenus aux portes mêmes de Lhassa impliquait que nous possédions l'autorisation de nous y rendre.

Si le Potala se détache, isolé sur un piton, la ville elle-même reste cachée. Une porte monumentale, flanquée de deux chörten, enjambe le thalweg entre les deux collines et donne accès à la cite sainte. Une vague d'appréhension nous envahit soudain : les livres que nous avons lus ne mentionnent-ils pas la présence de gardes armés ? Nous avons beau écarquiller les yeux, les seuls gardiens sont des mendiants qui quêtent une obole. Mêlés aux passants, nous franchissons le seuil; l'ânier désigne un groupe de maisons, à gauche de la route que nous suivons, et nous explique qu'il s'agit des premiers faubourgs. De nouvelles prairies leur font suite. Ni Aufschnaiter, ni moi ne soufflons mot; la pensée que nous foulons le sol de la ville interdite nous bouleverse.

Deux vagabonds en quête d'un gite

A notre gauche, le mur vertical du palais nous écrase de sa masse; arrivés près du pont de la Turquoise, nous apercevons enfin les clochetons dorés du grand temple. La nuit est proche et le froid vif. C'est le moment de chercher un gîte. Il ne s'agit plus, comme à Changtang, d'approcher d'une tente et de demander l'hospitalité. Cependant hôtels et caravansérails sont inconnus à Lhassa et nous devons nous attendre à ce que tout individu que nous accosterons s'empresse de nous dénoncer. A notre première tentative, nous tombons sur un serviteur qui feint de ne pas nous entendre; à la seconde, la porte d'une maison s'ouvre sur une servante. Ahurie, elle pousse un cri et appelle sa maîtresse. Nous lui demandons l'autorisation de passer la nuit sous son toit, mais, levant les mains, elle nous supplie de poursuivre notre chemin et justifie son refus en déclarant que, si elle cédait à nos instances, elle serait fouettée par ordre du gouvernement. Jamais nous n'aurions cru que les instructions fussent aussi strictes, mais pour rien au monde nous ne voudrions être cause d'un châtiment injuste. De ruelle en ruelle, nous parvenons presque à l'autre extrémité de la ville sans oser tenter une nouvelle fois la chance. Une maison devant laquelle nous nous arrêtons enfin donne une impression de richesse et, dans la cour, nous apercevons des étables et des chevaux. De nouveau, les domestiques refusent catégoriquement de nous laisser franchir le portail. Feignant de ne pas comprendre, nous déchargeons notre âne et passons outre. De son côté, l'ânier, qui commence à deviner l'irrégularité de notre situation, insiste pour nous quitter au plus vite. Le temps de recevoir son salaire et il disparaît sans demander son reste. Les serviteurs, découragés par notre attitude résolue, donnent libre cours à leur désespoir; ils nous implorent, se lamentent, nous invitent à vider les lieux, se retranchent derrière leur bönpo et arguent de la punition qui les attend si nous ne partons.

Nous avons beau compatir, la fatigue l'emporte sur nos scrupules et nous faisons la sourde oreille. Autour de nous, la foule se rassemble, attirée par les cris et les imprécations;

un cercle de curieux se forme et la vue de nos pieds couverts d'ampoules suscite la pitié. Certains se contentent de hocher la tête d'un air compréhensif, mais une femme prend l'initiative de nous apporter du thé au beurre. Son exemple fait merveille, et, bientôt, les cadeaux s'accumulent : tsampa, bois pour faire le feu. Les donateurs sont les mêmes personnes qui, tout à l'heure, nous refusaient l'hospitalité. Peut-être essayent-elles de nous faire oublier leur mauvais accueil ou expriment-elles ainsi leur satisfaction de nous voir installés ailleurs que chez eux. Nous commençons à nous restaurer quand, tout à coup, quelqu'un nous adresse la parole en un anglais impeccable. Malgré l'obscurité, nous reconnaissons un Tibétain et je lui demande si, par hasard, il ne serait pas l'un des quatre nobles qui ont fait leurs études à Rugby, en Angleterre. L'inconnu le dénie, mais nous dit qu'il a passé quelques années aux Indes, d'où ses connaissances linguistiques. Il offre de nous faire apporter des provisions par ses serviteurs, mais n'est pas moins catégorique que ses compatriotes en ce qui concerne le logement : sans la permission des autorités municipales, il ne peut prendre la responsabilité de nous héberger. Sur ces mots, il s'éloigne et nous apprenons de la bouche des curieux qui nous entourent que l'inconnu est un haut personnage, un certain Thangme.

Nous continuons à converser à la lueur du feu de bois quand, fendant le foule, des domestiques se présentent et nous invitent à les suivre. Sans même attendre notre réponse, ils se saississent de nos bagages et nous précèdent. En chemin, ils nous révèlent que leur maître, Thangme, est le « grand chef de l'électricité ». Chaque fois qu'ils font allusion à lui, ils le qualifient de « kungö », c'est-à-dire d'Excellence. C'est la formule de politesse la plus courtoise et nous décidons de l'employer aussi.

Dieu soit loué, Thangme habite dans le voisinage! A la tête d'une nombreuse escorte, nous parvenons bientôt devant sa maison. Il nous attend en haut de l'escalier, avec, à ses côtés, sa jeune femme, une jolie Tibétaine.

Notre premier geste consiste à nous débarrasser de nos manteaux de mouton, luisants de crasse et infestés de poux;

des serviteurs les emportent avec diligence. De la main, Thangme nous invite à prendre place.

« Le magistrat municipal m'a donné l'autorisation de vous loger, mais pour une seule nuit, nous annonce-t-il; ensuite, il appartiendra au conseil des ministres de prendre une décision définitive. »

Pour l'instant, cela nous suffit; le simple fait de nous savoir les hôtes, à Lhassa, d'une famille noble nous comble de joie. Dans la pièce où nous sommes on a dressé deux lits ou plutôt deux divans, recouverts de tapis, près desquels ronfle un poêle de fonte. Des fagots de genévrier l'alimentent : c'est là je le sais, un luxe et une faveur spéciale, car le combustible a dû être amené de très loin à dos de yak.

Notre hôte ne se lasse pas de nous poser des questions : « D'où venez-vous ?

— Du Changtang.

— Qui êtes-vous ?

— Deux prisonniers de guerre évadés des Indes. Deux Allemands.

— Et vous avez fait tout ce chemin à pied ! »

Sa stupéfaction est manifeste; de mémoire de Tibétain, les voyageurs qui ont réussi à traverser vivants les hauts plateaux du nord-ouest, infestés de brigands, se comptent sur les doigts de la main.

Le luxe qui nous entoure fait paraître notre accoutrement plus minable encore; nos vêtements qui, jusqu'ici, représentaient toute notre richesse et possédaient à nos yeux une valeur énorme, perdent brusquement tout prestige. Notre plus vif désir est de nous en débarrasser sans tarder et d'en revêtir de neufs. Prétextant notre fatigue, nous demandons l'autorisation de nous retirer et nous nous endormons aussitôt. Depuis que nous avons quitté Kyirong, c'est la première fois que nous nous couchons sans crainte...

Le lendemain, dès notre réveil, des serviteurs arrivent, porteurs de thé et de pâtisseries et nous déjeunons au lit. Puis on nous donne de l'eau chaude et nous pouvons enfin nous laver et nous raser. Pour compléter la métamorphose, un coiffeur paraît, un musulman qui nous propose de nous couper les cheveux et de remettre un peu d'ordre dans nos tignasses. Si le résultat n'est pas un chef-d'œuvre, il suscite cependant l'admiration des spectateurs. Pour les Tibétains, la question de la coiffure est évidemment simplifiée : la majorité a la tête rasée ou porte des nattes.

Vers midi, Thangme revient et apporte des nouvelles rassurantes. Le ministre chargé des relations avec l'extérieur lui a accordé une audience et l'a assuré de sa bienveillance à notre égard. De toute manière, contrairement à ce que nous avions craint, nous ne serons pas livrés aux Anglais. Le droit d'asile nous est accordé à titre temporaire, mais seul le régent, la plus haute autorité du Tibet pendant la minorité du Dalaï Lama, alors âgé de onze ans, statuera définitivement sur notre cas. Pour l'instant, il séjourne au monastère de Taglung Tra où il fait retraite. En attendant, le ministre nous prie de bien vouloir rester dans la maison de Thangme, ceci dans notre propre intérêt et pour nous mettre à l'abri des fanatiques que notre présence dans la ville sainte risquerait de choquer.

Cette décision nous comble d'aise; depuis des mois nous sommes en route et la perspective d'un repos forcé est loin de nous déplaire. Nous apprenons, par les journaux qu'on nous apporte, qu'ici et là dans le monde des désordres se sont produits et que des prisonniers de guerre allemands travaillent encore en Angleterre et en France.

Trois jours plus tard, un bönpo, délégué par l'administration communale, se présente, accompagné de six policiers; sales et débraillés, on les prendrait plutôt pour des bandits de grand chemin. Le fonctionnaire s'excuse fort poliment de devoir fouiller nos bagages, puis nous demande de lui raconter les péripéties de notre fuite de Kyirong. Comme nous le questionnons sur les raisons de sa démarche, il nous répond que ces renseignements lui permettront de confondre les gouverneurs de districts intéressés et de les punir de leur négligence, car, ajoute-t-il, permettre à deux étrangers de se glisser sans encombre jusqu'à Lhassa frise la trahison. En conséquence, nous précisons que nous avons évité les agglomérations où siègent les autorités provinciales pour nous épargner toute rencontre. Sur ce, notre interlocuteur nous révèle avec le plus grand sérieux qu'il a cru un moment à une invasion du Tibet par les Allemands, les habitants de Lhassa à qui nous avons demandé asile s'étant empressés de le mettre au courant de cette démarche insolite. Il avait conclu à la présence de nombreux détachements arrivés de plusieurs directions à la fois.

L'envoyé des autorités municipales clôt la discussion en déclarant que le Tibet et Lhassa sont strictement interdits aux étrangers et que le gouvernement entend bien préserver cet isolement.

« Où irions-nous, conclut-il, si chacun était libre de franchir l'Himalaya à sa guise ? »

Que se produirait-il en effet dans une telle éventualité ? Ceci : un tel introduirait dans le pays un véhicule à roues qui, tôt ou tard, remplacerait le portage à dos d'homme et se substituerait au yak; marchant sur les traces du premier, un autre étranger, armé d'une seringue et de pénicilline, entreprendrait de chasser les maladies vénériennes des tentes des nomades et des palais des nobles. Mais le troisième et le quatrième retrousseraient leurs manches et arracheraient au sol tibétain l'or et les minerais qu'il contient. Torrents et rivières actionneraient bientôt des turbines; sur les cols, où à l'heure actuelle claquent au vent des banderoles et oriflammes, se dresseraient des pompes à essence et des hôtels de tourisme. Enfin, chassant les dieux de leurs derniers trônes terrestres, remonte-pentes et funiculaires se lanceraient à l'assaut des montagnes. C'est précisément contre cette invasion que le Tibet et son gouvernement entendent se prémunir !

Notre arrivée fait sensation dans Lhassa

Déjà, la nouvelle de notre arrivée a fait le tour de la ville et nous défrayons la chronique; les visiteurs commencent à affluer.

La femme de Thangme, parfaite maîtresse de maison, sort son argenterie. Les tasses à thé sont des coupes de porcelaine enchâssées dans un support d'or ou d'argent et munies d'un couvercle de même métal. Suivant le rang des visiteurs, les tasses sont plus ou moins ornées ou ouvragées; certaines, vieilles de plusieurs siècles, sont de véritables chefs-d'œuvre de l'art chinois.

Thangme est un noble de cinquième rang; à l'exception de ses parents et des membres de sa famille, ses hôtes appartiennent au troisième ou quatrième degré de noblesse. La curiosité les attire dans la maison. Un des plus illustres est le fils du célèbre ministre Tsarong; il vient nous rendre visite en compagnie de sa femme. Son père, de condition modeste, était le favori du treizième Dalaï Lama; sous son règne, servi par une intelligence et des aptitudes exceptionnelles, il s'éleva aux plus hautes fonctions de l'État. Il y a quarante ans, Tsarong se distingua en couvrant la fuite du Dalaï vers les Indes devant la soldatesque chinoise. Longtemps ministre, il jouissait de pouvoirs égaux à ceux d'un régent; plus tard, un autre favori, Kumphel La, parvint à le supplanter, mais n'eut jamais le même prestige. Tsarong, qui appartient à la noblesse du troisième degré, dirige actuellement la Monnaie tibétaine. Son fils, âgé de vingt-six ans, a été élevé aux Indes et parle couramment l'anglais. Dans ses cheveux, il porte une amulette d'or, privilège des fils de ministres, même si le père ne fait plus partie du cabinet. On est noble par la naissance ou bien on peut le devenir en récompense de services rendus.

Pendant que les domestiques servent le thé, nous conversons en anglais, sauf lorsque la femme du jeune Tsarong demande une explication sur un point particulier. Elle se nomme Yanchenla et passe pour être une des beautés de Lhassa. Quoi qu'il en soit, rouge à lèvres, fond de teint et poudre de riz ne lui sont pas inconnus. Elle fait montre d'une vivacité d'esprit peu commune et, comme la plupart des Tibétains, elle ignore la timidité et rit à tout propos.

Tsarong junior témoigne d'une étonnante érudition. Il nous donne les derniers détails sur les conférences de Potsdam, la division de l'Allemagne et de l'Autriche en zones d'occupation, les procès intentés aux criminels de guerre et la détresse alimentaire en Europe. Nulle trace de haine ou de ressentiment dans ses paroles, mais, au contraire, une grande humanité, un solide bon sens comme seuls en ont les êtres qui, ignorant complexes et préjugés, contemplent le déroulement des événements mondiaux avec le détachement du sage.

Sans cesse, au cours de la conversation, le jeune homme répète une même phrase :

« Nous sommes des « gug-pa »; tous les Tibétains sont des « gug-pa ».

« Gug-pa » peut se traduire par « imbécile »; cependant le sens exact serait plutôt « retardataire » ou « arriéré ». Dans la bouche de Tsarong, cette constatation ne correspond pas à un jugement porté contre ses compatriotes et n'implique pas que son auteur veuille modifier cet état de choses. Certes, notre interlocuteur a fait de bonnes études aux Indes et en sait aussi long qu'un licencié sortant d'une université anglaise, américaine ou française. Il possède un poste de radio qu'il a construit lui-même et auquel un générateur, actionné par une éolienne placée sur le toit de sa maison, fournit le courant, mais, pour rien au monde, il n'adopterait les coutumes européennes ou américaines. Jamais il ne troquerait la manière de vivre presque moyenâgeuse contre l'existence trépidante d'une quelconque métropole ou d'une grande ville. Pourtant, s'il le voulait, rien ne lui serait plus facile : son père passe pour multimillionnaire.

Notre première soirée en compagnie de nobles tibétains se prolonge terriblement. De nouveau, il nous faut raconter par le menu les péripéties de notre équipée et j'acquiers la certitude que Tsarong et Thangme apprennent par nous à quoi ressemble l'intérieur d'une tente de nomades. Ni l'un, ni l'autre ne cherchent à cacher leur admiration devant notre exploit et ils éprouvent une frayeur rétrospective à la pensée que nous avons traversé, en plein hiver, les terribles monts Nien-Tchen-Tang-La.

La réception donnée en notre honneur n'est qu'un prélude; dès le lendemain, un dîner lui fait suite, puis un autre et encore un autre. Je me demande si ce surcroît de travail et cet défilé continuel de curieux et d'invités ne sont pas une gêne pour Thangme et sa femme.

Ils se hâtent de me rassurer et je les crois sincères. Jamais, me disent-ils, ils ne se sont tant amusés; plus les visites sont nombreuses, plus ils se réjouissent.

On le comprend beaucoup mieux lorsqu'on sait que les réceptions sont les seules distractions des habitants de Lhassa. Pas de fêtes en dehors des cérémonies religieuses, pas de cinéma, pas de théâtre, pas de restaurants, aucun salon de thé, rien qui permette de passer le temps. En outre, la chasse est prohibée — tuer un animal est interdit — et la pêche également; les poissons jouissent même de la protection toute spéciale du Dalaï Lama. De plus, sauf en cas de force majeure, jamais un Tibétain ne songerait à gravir une montagne, et quand un noble part en voyage, c'est la mort dans l'âme. Voyage est synonyme de punition et implique le renoncement aux réceptions de Lhassa au cours desquelles on rit, on boit et on conte fleurette aux belles invitées.

Parmi les visiteurs figure Surkhang, général de l'armée tibétaine et frère du ministre du même nom. Il a de vagues notions d'anglais, ce qui lui donne le rare privilège de pouvoir lire les journaux étrangers. Ceux-ci sont amenés des Indes à dos de yaks et proviennent de différents points du monde; à Lhassa, il y a même quelques abonnés au magazine américain *Life*. Les quotidiens hindous arrivent au Tibet huit jours après leur parution; les autres sont vieux de trois semaines.

De nombreux moines-fonctionnaires se succèdent dans la maison de Thangme; tous font montre d'une grande amabilité, apportent des cadeaux et répètent à satiété que, si nous avons un quelconque désir, ils s'ingénieront à le satisfaire. Notre connaissance de leur langue les étonne, mais, parfois, nous voyons se former sur leurs lèvres un sourire ironique. En effet, Aufschnaiter et moi parlons un épouvantable dialecte de nomades ou de paysans, rude et rocailleux, qui amuse prodigieusement nos interlocuteurs; toutefois, leur politesse naturelle leur interdit de nous reprendre. Nous avons l'air de montagnards arriérés lancés dans un salon élégant et commettant force bévues sans que personne ose leur faire la leçon.

Nous recevons également la visite de fonctionnaires attachés à la légation chinoise, d'un employé sikkimois de la mission commerciale britannique et celle du chef d'état-major de l'armée tibétaine, le général Kunsangtse; avant son départ pour les Indes et la Chine à la tête d'une délégation militaire, il a tenu à nous témoigner l'amitié qu'il nous porte. Kunsangtse est le frère cadet du ministre des Affaires étrangères; cet homme, jeune encore et supérieurement intelligent, nous assure de sa sympathie; il pense, lui aussi, que le gouvernement donnera droit à notre requête.

Conséquence du repos forcé auquel nous sommes soumis et réaction inévitable après les fatigues de ces derniers mois, notre état de santé laisse à désirer. Aufschnaiter est fiévreux et, en ce qui me concerne ma vieille sciatique me tourmente de nouveau. Alarmé, notre hôte envoie quérir le médecin de la légation chinoise. Celui-ci nous raconte qu'il a fait ses études à Berlin et à la Faculté de Bordeaux. La conversation roule sur la situation mondiale; notre interlocuteur émet l'opinion que dans les vingt prochaines années, la force se trouvera concentrée entre les mains des Américains, des Russes et des Chinois. Finalement, il nous quitte, non sans promettre de revenir bientôt.

Nous sommes choyés par nos hôtes

Le même jour, on nous apporte une garde-robe complète, don du gouvernement. Le messager s'excuse de nous avoir fait attendre; notre taille étant supérieure à celle de la moyenne des Tibétains, les magasins ne renfermaient ni vêtements, ni chaussures pouvant nous convenir. Il a donc fallu les confectionner spécialement. Heureux comme des enfants, nous nous empressons de nous dépouiller de nos vieilles défroques et endossons nos nouveaux costumes. Si la coupe laisse à désirer, l'étoffe est solide et surtout neuve.

Nos relations avec Thangme et sa femme sont extrêmement amicales; ils nous soignent et nous couvent comme leurs propres enfants. Ces derniers vont chaque jour à l'école et apprennent à lire et à écrire; de très bonne heure, le matin, nous les entendons quitter la maison où ils ne rentrent que tard dans la soirée. Pour écrire, ils se servent de planchettes sur lesquelles, à l'aide d'encre et de plumes de bambou, ils tracent les caractères. Lorsque le maître a pris connaissance de leur travail, il efface les lettres d'un coup de chiffon, et les élèves recommencent jusqu'au moment où la calligraphie est parfaite.

J'avais beau parler assez couramment le tibétain à mon arrivée à Lhassa, il m'a fallu trois ans pour l'écrire convenablement. Apprendre les lettres n'est rien, la difficulté commence lorsqu'il s'agit de les assembler et de les associer pour former des syllabes. La plupart des caractères sont dérivés d'une très vieille écriture hindoue et ressemblent aux caractères hindis; en revanche, ils ne présentent aucune similitude avec les caractères chinois.

On se sert d'encre de Chine pour écrire sur du papier qui est, lui, d'origine cent pour cent tibétaine. Extrêmement solide, il ressemble à du parchemin; celui qui provient de la papeterie de Lhassa est de qualité inférieure, mais il en est d'autres, particulièrement dans les régions où pousse le genévrier, qui sont renommés à juste titre. En outre, on importe annuellement plusieurs milliers de charges de papier acheminées à dos de yak depuis le Népal et le Bhoutan où les procédés de fabrication sont identiques. Le Tibet, lui non plus, n'est pas à l'abri de la paperasserie et de la gabegie! Que de blancs et de pages perdues dans les actes officiels!

J'ai souvent assisté sur la rive du Kyitchu à la fabrication du papier. Rien n'est plus simple : on étend une couche de pâte liquide sur une toile tendue sur une forme de bois, puis on attend. Quelques heures d'exposition à l'air des hauts plateaux suffisent à sécher complètement la pâte. Toutefois, certains papiers sont impropres à l'emballage des provisions ou des denrées alimentaires, car leurs composants sont toxiques. Il va de soi qu'avec des produits aussi primitifs, la surface est nécessairement rugueuse et écrire sans bavures n'est pas à la portée du premier venu.

Tout comme leurs sœurs du monde entier, les Tibétaines adorent faire étalage de leurs bijoux; elles sont fières d'exhiber leurs richesses chaque fois que l'occasion s'en présente. La femme de Thangme, par exemple, s'empresse de nous montrer ses trésors. Ceux-ci sont enfermés dans un coffre; bracelets, bagues et colliers sont soigneusement rangés dans des cassettes ou enveloppés dans des voiles de soie. Leur valeur approximative est de six millions de francs. Si, gravissant l'échelle des honneurs, Thangme passait dans la catégorie de noblesse supérieure, il lui faudrait donner à sa femme d'autres joyaux. Tous les époux se plaignent des goûts dispendieux de leurs compagnes et leur en font volontiers grief; la Tibétaine, sur ce point, n'a rien à envier aux Occidentales; le désir d'éclipser par la beauté de sa parure parentes ou amies appartenant à la même classe sociale que la sienne la hante et la poursuit. La seule différence c'est que, sur le Toit-du-Monde, le mari, contraint de tenir son rang, ne peut refuser de satisfaire les fantaisies de son épouse. L'argent ne suffit pas à prouver la richesse d'un individu, il faut encore que sa femme soit couverte de pierreries.

Parmi les bijoux que nous sommes conviés à admirer figurent des amulettes que l'on porte suspendues à un collier de corail. Toutes sont en or, mais plus ou moins ouvragées; jamais une Tibétaine ne quitte son amulette, car elle contient un talisman ou une relique qui la protège contre le mauvais sort. La coiffure est particulièrement remarquable; elle consiste en un diadème triangulaire fait de turquoises, de corail et de perles. Si l'on y ajoute les boucles d'oreilles, on obtient le minimum indispensable; mais ce minimum vaut parfois une fortune.

En dehors des richesses précédemment énumérées, notre hôtesse possède plusieurs dizaines de bracelets et de boucles d'oreilles en diamants; notre stupéfaction devant les trésors qu'elle étale sous nos yeux l'amuse au plus haut point. En revanche — et c'est là le revers de la médaille — elle nous avoue que, pour rien au monde, elle ne sortirait sans une escorte de serviteurs jouant le rôle de gardes du corps, car, nous dit-elle, des brigands attaquent fréquemment les femmes seules.

Chez les parents du Dalaï Lama

Il y a maintenant une semaine que nous sommes à Lhassa et nous ignorons tout de la ville. Aussi poussons-nous un cri de joie quand un serviteur vient nous apporter une invitation des parents du Dalaï Lama. Pris de scrupules, et nous rappelant notre promesse de ne quitter sous aucun prétexte la maison de Thangme tant que le gouvernement n'aura pas pris de décision, nous demandons conseil à notre hôte qui pousse les hauts cris :

« Comment ? Refuser une pareille invitation! Mais vous n'y pensez pas ? A moins d'une interdiction expresse du Dalaï Lama ou du régent, vous n'avez pas le droit de vous y soustraire et personne ne vous reprochera de l'avoir acceptée. »

Ainsi tranquillisés, nous donnons libre cours à notre enthousiasme et nous nous efforçons de nous rendre présentables. Revêtus de notre costume tibétain, nous emboîtons le pas au messager. Thangme nous donne plusieurs écharpes blanches et précise que nous devons les offrir à nos hôtes au moment où nous les saluerons. Précaution superflue. Nous sommes déjà au courant : même parmi le peuple, la remise d'une écharpe s'impose lorsqu'il s'agit de présenter une requête ou d'honorer un inconnu. La qualité du tissu est fonction du rang de la personne à laquelle ce tribut est destiné.

Le palais où résident les parents du grand maître du Tibet, est situé au centre d'un parc qui s'étend au pied du Potala. Un grand portail y donne accès; le gardien s'incline respectueusement sur notre passage. Le jardin, mi-potager, mi-prairie, précède la maison. A peine avons-nous franchi le seuil, qu'entourés d'une troupe de serviteurs nous gravissons un escalier et débouchons, au deuxième étage, dans une grande salle. Sur un trône est assise la mère du dieu-roi. Aux yeux des Tibétains, elle est la mère par excellence, celle qui a donné naissance à la plus haute autorité du pays. Si les sentiments que j'éprouve à sa vue ne sont pas ceux d'un bouddhiste, je n'en suis pas moins impressionné par la spiritualité et le rayonnement qui se dégagent de cette femme. Courbés en deux, Aufschnaiter et moi présentons nos écharpes, les bras tendus et la tête inclinée en signe de soumission. Un sourire éclaire son visage quand, contrairement aux usages tibétains, elle nous serre la main et nous souhaite la bienvenue sous son toit. Quelques secondes plus tard apparaît le père du Dalaï Lama, un homme d'un certain âge, digne et pénétré de l'honneur qui, grâce à son fils, rejaillit sur lui.

La même cérémonie se renouvelle; nous lui remettons des écharpes et il nous serre la main. Apparemment, ce n'est pas la première fois que les parents du souverain reçoivent des Européens. Tout le monde s'assied ensuite et des serviteurs servent un thé dont la saveur m'intrigue; le père du Dalaï nous explique que dans son district natal, celui d'Amdo, inclus dans la province chinoise de Tsinghai, le thé est toujours préparé de cette façon; le beurre est remplacé par du lait et du sel.

Nos hôtes sont certainement d'origine modeste, mais leurs gestes et leur comportement ont une noblesse naturelle. Pour converser avec nous, ils font appel à un interprète; leur dialecte nous reste incompréhensible et ils semblent parler difficilement le tibétain courant. Le frère du Dalaï Lama, un garçon de quatorze ans, nommé Lobsang Samten, venu très jeune à Lhassa, se charge de traduire la conversation. Curieux et éveillé, il ne cesse de nous questionner et nous demande force détails sur notre équipée. Ainsi que nous l'avons appris plus tard, le souverain l'avait chargé de lui rapporter nos paroles.

Chaque fois que Lobsang ou ses parents font allusion au Dalaï, ils le nomment « Kundun », c'est-à-dire « la présence ». Son titre officiel est : « Gyalpo Rimpoché », ce qui pourrait se traduire par « le souverain très honoré ». En revanche, la dénomination Dalaï Lama n'est jamais employée par les Tibétains; d'origine mongole, elle signifie « le vaste océan ». L'impression que je retire de notre visite est que le père de « la présence » est infiniment moins intelligent que sa femme et que la gloire lui est montée à la tête.

Simple paysan, du jour au lendemain on l'a élevé sur le pavois en l'anoblissant; le gouvernement lui a octroyé un palais, des biens et une position à laquelle il n'aurait jamais pu prétendre autrement. Sa femme a donné le jour à six enfants; le premier, incarnation de Bouddha, est à la tête de la lamaserie de Tagchel. Lui aussi a droit au titre de Rimpoché, commun à tous les Bouddha Vivants. Le second, Gyalo Tündrub, poursuit ses études en Chine; le troisième, Lobsang Samten, qui nous sert d'interprète, se destine à la carrière de moine-fonctionnaire. Le Dalaï Lama est le quatrième fils, deux filles viennent ensuite. En 1946, la mère du dieu a mis au monde une nouvelle réincarnation, Ngari Rimpoché : ainsi, pour la première fois dans l'histoire tibétaine, une même femme a conçu trois Bouddha Vivants. Sa simplicité et sa modestie attirent immédiatement ma sympathie; jusqu'au dernier jour, c'est-à-dire jusqu'à ma fuite devant les soldats de Mao-Tse-Tung, j'ai entretenu avec elle une étroite amitié. Trop réaliste pour ne pas être sceptique à l'égard des manifestations surnaturelles, je m'incline devant la foi et j'admire la force de caractère.

Personne, au Tibet, n'a le droit d'adresser la parole au Dalaï Lama, sauf quelques familiers ayant le rang de pères-abbés et, bien entendu, ses parents et ses frères et sœurs. L'intérêt qu'il nous porte nous trouble au plus haut point lorsque nos hôtes nous révèlent que Kundun a donné l'ordre de nous offrir des cadeaux de bienvenue. En effet, des serviteurs s'avancent, portant les uns des sacs de farine ou de tsampa, les autres des mottes de beurre et de magnifiques couvertures de laine; enfin, la mère du dieu nous glisse dans la main un billet de cent trankas avec un tel tact que, bouleversés par cette nouvelle attention, nous quittons la maison en nous confondant en remerciements. Auparavant, au nom de ses parents, Lobsang Samten nous a rendu les écharpes blanches que nous avions apportées; c'est là une marque d'estime particulière. Cette restitution s'effectue de la façon suivante : l'hôte passe l'écharpe autour du cou de l'invité au moment où celui-ci s'incline pour prendre congé.

Avant de nous quitter, Lobsang nous fait visiter les jardins et les écuries, dont son père est très fier; puis, à brûle-pourpoint, il me demande si je consentirais à lui servir de précepteur et à l'initier à la science occidentale. Il s'intéresse d'ailleurs surtout au sport et à l'anglais. Je lui donne mon accord avec empressement, car je suis ravi de servir de magister à un jeune noble de Lhassa.

De retour chez Thangme, escortés de serviteurs portant les cadeaux que nous avons reçus, Aufschnaiter et moi sommes euphoriques. Nous nous empressons de mettre nos hôtes au courant des derniers événements; puis nous offrons les provisions à la femme de Thangme, à titre de compensation pour les dépenses qu'occasionnent notre présence dans la maison et les nombreuses visites qui en découlent. Le lendemain, lorsque les frères du Dalaï Lama se présentent, l'émotion est à son comble. Nos hôtes, affolés, vont s'enfermer au fin fond de leur demeure.

Pour la première fois nous nous trouvons en face d'un Bouddha Vivant; celui-ci est âgé de vingt-cinq ans; rien, en apparence, ne le distingue d'un moine ordinaire.

Une erreur communément répandue attribue aux occupants des monastères le titre de lama. Or n'y ont droit que les incarnations de Bouddha et les rares moines que leur vie exemplaire ou les miracles qu'ils accomplissent autorisent à porter ce titre envié. Seuls ceux-ci, intermédiaires entre les dieux et les humains, sont l'objet d'une vénération particulière.

Sur nos instances, Thangme et sa femme consentent à sortir de leur cachette; serviteurs et servantes s'empressent cependant que le Lama Rimpoché bénit la maisonnée. Puis on lui offre, ainsi qu'à son frère, du thé dans les tasses les plus précieuses que l'on ait pu trouver.

Quels mobiles ont poussé les deux jeunes gens à nous rendre visite? La curiosité ou bien un sentiment de pitié à l'égard des deux vagabonds que nous sommes? Je crois plutôt que la première raison est la bonne; toujours est-il que cette prise de contact prélude à des relations suivies empreintes d'une grande cordialité.

Libres d'aller et de venir dans Lhassa

Nous sommes depuis dix jours à Lhassa lorsque l'Office des Relations extérieures nous avise que nous pouvons dorénavant nous déplacer librement dans la capitale; cette permission s'accompagne d'un présent sous la forme de deux manteaux en peau de mouton. Ceux-ci ont beau traîner à terre, ils sont les bienvenus, car la température est fraîche. Si j'étais débarrassé de ma sciatique, mon bonheur serait complet; mais, en dépit des médicaments et des soins que me prodigue le médecin de la légation chinoise, je continue à souffrir comme un damné.

Désireux de profiter, sans plus attendre, de l'autorisation qui vient de nous être accordée, nous sortons et effectuons une première promenade dans Lhassa. Habillés en Tibétains, nous passons complètement inaperçus.

Le centre de la ville ressemble à un immense bazar. Partout, au rez-de-chaussée des maisons, ce ne sont que magasins ou éventaires; les marchands trop pauvres pour en posséder un, étalent leurs marchandises dans la rue. Jamais une affaire ne se conclut sur-le-champ : on discute, on tergiverse jusqu'à ce que les deux parties soient tombées d'accord sur un prix. En dehors de bric-à-brac où l'on trouve de tout, des aiguilles aux bottes en caoutchouc, il existe des maisons spécialisées dans la vente de tel ou tel article : épiceries, magasins de tissus ou de soieries. En revanche, les vitrines à la mode européenne sont inconnues : un minuscule trou dans le mur sert d'étalage et les boutiques se pressent, porte à porte, utilisant le moindre recoin, la plus petite encoignure. Les produits du Tibet voisinent avec ceux de l'étranger; le tabac à priser et le poil de yak font bon ménage avec le corned beef made in U.S.A., le beurre australien en boîte et le Scotch Whisky. Il n'est pas d'objet qu'on ne puisse, sinon trouver, du moins commander. Tout est là : rouge à lèvres, crèmes de beauté dans leur emballage d'origine, surplus américains de la dernière guerre, alternant avec des mottes de beurre de yak, des jambons et des gigots. Dans certaines boutiques, on peut se procurer sans difficulté une machine à coudre, un récepteur de radio ou un pick-up; il est d'ailleurs fréquent d'entendre les derniers enregistrements de Bing Crosby au cours des réceptions organisées par la noblesse.

Des femmes, accompagnées de leurs servantes, se pressent — comme chez nous — dans les magasins de tissus; des heures durant, elles cherchent inlassablement telle couleur ou tel dessin sur lesquels elles ont jeté leur dévolu. Qu'il s'agisse de cotonnades ou de soieries, citadines ou nomades font preuve de la même exigence. Cependant, le gros de la population se vêt de nambu, lainage tissé à la main et pratiquement inusable; il se présente sous la forme de gros rouleaux, larges de vingt centimètres. Acheteurs et vendeurs, ignorant l'usage du mètre ou de l'aune, se servent du bras pour mesurer les étoffes. Moi-même, lorsqu'il m'arrive d'en acheter, je bénis le hasard qui m'a doté d'un avant-bras nettement plus long que celui de la moyenne des Tibétains.

Le nambu blanc est porté presque exclusivement par les âniers et les caravaniers; le fait qu'une pièce d'étoffe ne soit pas teinte est signe de pauvreté. L'indigo et le jus de rhubarbe étant les deux principaux colorants, les étoffes sont en général violettes ou aubergine. Bien que les chapeaux de fabrication locale soient infiniment plus pittoresques que les feutres d'origine européenne, les Tibétains préfèrent ces derniers à cause de leur large bord; ils protègent mieux contre l'ardeur des rayons solaires. Là-bas en effet, contrairement à ce qui se passe chez nous, pour rien au monde on ne voudrait brunir. Les femmes, elles, sortent tête nue, une ordonnance gouvernementale rendant obligatoire le port du diadème triangulaire. Les nobles, les fonctionnaires et leurs domestiques observent strictement les prescriptions officielles, et, si certains les considèrent comme une immixtion du pouvoir dans la vie privée des individus, tous admettent volontiers qu'elles garantissent le respect de la tradition et sauvegardent la pureté du costume national. Quoi qu'il en soit, la fantaisie de chacun, et surtout de chacune, a le champ libre; si la coupe ou la forme des vêtements restent immuables, la diversité des étoffes et des teintes autorise toute une gamme de combinaisons du plus heureux effet. Partout, on trouve des parapluies de toutes provenances et de toutes couleurs; mais, dans ce pays où les précipitations atmosphériques sont peu abondantes, on les utilise plutôt comme ombrelles. En particulier, les moines dont la tête est rasée et à qui il est interdit de porter une coiffure s'en servent constamment.

Au retour de notre promenade, encore ahuris du spectacle extraordinaire que nous avons eu sous les yeux, nous recevons la visite du secrétaire de la mission diplomatique anglaise. Ami personnel de Thangme et ancien agent commercial à Gangtok, il s'intéresse surtout à l'itinéraire que nous avons suivi pour parvenir à Lhassa. Je glisse dans la conversation qu'Aufschnaiter et moi souhaiterions faire parvenir des nouvelles à nos familles. Le secrétaire nous laisse entrevoir la possibilité de nous donner satisfaction et nous invite à venir le voir le lendemain.

Le Tibet n'a jamais adhéré à la fédération postale internationale, si bien que les liaisons avec l'étranger y sont pour le moins hasardeuses; seule la mission anglaise est en relation directe avec le monde extérieur. Ainsi que je l'ai déjà expliqué, le bâtiment qui l'abrite se trouve hors de l'enceinte de la ville, au milieu d'un parc.

Le jour suivant, des serviteurs en livrée écarlate nous y mènent et nous faisons la connaissance de l'opérateur radio, Reginald Fox. Il vit à Lhassa depuis cinq ans; sa femme, une Tibétaine, lui a donné cinq enfants aux cheveux blonds et aux yeux noirs en amande. Les deux aînés sont pensionnaires aux Indes. Grâce à son poste émetteur-récepteur, Fox assure les communications avec l'Inde. Il recharge lui-même ses batteries à l'aide d'un moteur à gaz pauvre et cette spécialité fait de lui un important personnage, car il accepte officieusement de remettre en état de marche les accumulateurs des rares citoyens de la capitale qui en possèdent. Accompagnés de Fox, nous montons au premier étage de la légation; dans une véranda nous attend un véritable « five o'clock tea ». Nous retrouvons des chaises avec une joie infinie, car, depuis des années, nous en avons presque oublié l'usage!

Le chef de la mission vient nous saluer à son tour. Il feint d'ignorer notre qualité de prisonniers de guerre évadés, mais les questions qu'il nous pose indiquent qu'il est parfaitement au courant de nos faits et gestes. Il nous laisse entendre que le gouvernement tibétain l'a averti de notre intention de retourner prochainement aux Indes. Puis il nous demande si la perspective de trouver une occupation au Sikkim ne nous tenterait pas; lui-même doit s'y rendre prochainement et, nous dit-il, il dispose là-bas de nombreuses relations. Sans détours, je lui fais part de notre désir de nous établir au Tibet, mais j'ajoute que, si quelque obstacle s'y oppose, nous ferons volontiers appel à lui. L'entretien se poursuit par un échange de banalités sans importance. Voyant nos yeux fixés sur les volumes de la bibliothèque, notre hôte nous invite à prendre ceux qui nous intéressent. A la fin de la réception, nous prions le chargé d'affaires de bien vouloir donner de nos nouvelles par radio à nos familles et il promet de le faire par le canal de la Croix-Rouge. De plus, par la suite, nous avons pu, de temps en temps, envoyer ou recevoir des lettres par la valise diplomatique anglaise. Le reste du temps nous nous contentions de la poste tibétaine, ce qui entraînait une complication supplémentaire.

Chaque message, inclus dans deux enveloppes dont l'une affranchie avec des timbres tibétains, était adressée à un intermédiaire habitant au voisinage de la frontière. Notre homme de confiance déchirait la première enveloppe et collait sur la seconde des timbres hindous avant de la jeter à la boîte. Pour venir d'Europe à Lhassa — à condition bien entendu qu'elle arrive — une lettre met généralement une quinzaine de jours; celles qui viennent d'Amérique mettent cinq jours de plus, sans que personne ait jamais pu savoir pourquoi.

Au Tibet, les missives sont acheminées par courriers; tous les six kilomètres cinq cents une hutte s'élève au bord de la piste et sert de relais. L'estafette remet le sac postal à son collègue et revient sur ses pas. Les messagers sont armés d'une lance et d'une clochette dont le son fait fuir les bêtes sauvages; le service s'effectue par tous les temps, aussi bien de jour que de nuit. Nous devons malheureusement renoncer à recevoir illustrés et journaux, ceux-ci arrivant uniquement par la valise diplomatique anglaise; seuls quelques hauts fonctionnaires tibétains sont autorisés à l'utiliser par faveur spéciale. Les timbres, de cinq valeurs différentes, sont imprimés par la Monnaie de Lhassa et vendus au bureau de poste de la capitale.

Visites décisives

Sur le chemin du retour, entre la mission anglaise et la demeure de Thangme, nous traversons la partie de Lhassa qui porte le nom de Chö, agglomération distincte d'édifices administratifs, de temples et de maisons d'habitation où se trouve également l'imprimerie d'État.

A hauteur du Potala des serviteurs nous arrêtent; ils nous font part du désir de leur maître, un haut fonctionnaire religieux et l'un des quatre Trunyi Chemo [1] dont dépendent les moines tibétains, de recevoir notre visite. Puis ils nous conduisent dans une vaste demeure à allure de palais; la domesticité se compose uniquement de religieux. On nous introduit dans une pièce pavée de mosaïque et notre hôte vient nous saluer. Cet homme, d'un certain âge, fait preuve d'une extrême affabilité et nous convie à boire du thé et à manger des gâteaux en sa compagnie. De même que Tsarong, quelques jours plus tôt, il emploie l'adjectif « gug-pa » pour qualifier son pays et ses compatriotes; poussant plus loin son raisonnement, il déclare que le Tibet a besoin pour se développer du concours d'hommes tels que nous. En conclusion, il nous annonce qu'il se fera un plaisir d'intercéder en notre faveur auprès des autorités. Le diplôme d'ingénieur agronome d'Aufschnaiter semble particulièrement l'impressionner.

Dès le lendemain, nous demandons audience aux quatre membres du cabinet. Détenteurs du pouvoir effectif, ils ne sont responsables que devant le régent. Trois d'entre eux sont laïcs, le dernier est un moine; tous sont de noble extraction,

1. Le gouvernement tibétain se compose, en outre du Dalaï Lama, chef suprême, de deux Conseils : le Conseil des Ministres et le Conseil Ecclésiastique (Trunyi Chemo), l'un et l'autre formés de quatre membres.

habitent des palais et disposent d'une nombreuse domesticité. Informés que Surkang, le plus jeune — il n'a que trente-deux ans — est aussi le plus évolué, c'est à lui que nous rendons tout d'abord visite. En réalité, l'étiquette exigerait que nous allions voir en premier le ministre-moine, mais nous supposons que le cadet nous conseillera plus utilement que ses collègues. Bien qu'il n'ait jamais fréquenté d'école étrangère, Surkang parle un peu anglais et n'ignore rien de ce qui se passe dans le monde. Cet homme franc et ouvert nous invite à partager son repas et nous nous sentons immédiatement en confiance.

Le ministre Kabchöpa nous ahurit par sa connaissance des dessous de la politique mondiale et par la clarté avec laquelle il nous expose ses vues sur l'interdépendance des événements. Il est vrai qu'exploiter les divergences des ennemis qui menacent la liberté du pays est un impératif pour un ministre tibétain; de son habileté dépend le sort de ses concitoyens. Contrairement à Surkang, Kabchöpa ne quitte pas son trône lorsque nous nous inclinons devant lui; il se borne à nous indiquer des sièges. Puis, quand nous avons pris place, il se lance dans un interminable discours. Comme il nous est impossible de deviner où il veut en venir, nous le laissons faire. Son neveu se tient à côté de lui et fait office d'interprète, car le ministre ignore que nous entendons le tibétain. Grâce à ses connaissances d'anglais, le jeune homme a obtenu un poste au Ministère des Relations extérieures. Élevé aux Indes, il est un des brillants représentants de la nouvelle génération. Par la suite, il nous a bien souvent exposé ses projets tendant à une modernisation progressive de son pays. Je me souviens de la réflexion qu'il me fit une fois en privé :

« Vous êtes arrivé quelques années trop tôt à Lhassa, c'est dommage! »

Si un jour lui et ses semblables accèdent au pouvoir, une révolution radicale bouleversera les mœurs et le mode de vie du Tibet.

Sans cesser de parler, Kabchöpa crache de temps en temps pour s'éclaircir la voix. Chaque fois, un serviteur tenant un crachoir en or se précipite au-devant de son maître. Rien d'insolite à cela; lors des réceptions, à Lhassa, on dispose devant les convives des récipients réservés à cet usage. Abasourdis par l'éloquence de notre hôte, nous écourtons la visite et nous nous retirons en nous confondant en remerciements. Dans l'antichambre, d'innombrables quémandeurs, chacun porteur d'un cadeau, attendent humblement d'être admis en présence de Son Excellence.

La dernière visite est réservée à Punkhang, le plus âgé des membres du cabinet. Il nous reçoit aux côtés de son épouse. Selon l'usage, il a pris place sur un siège plus élevé que celui de sa femme, et pourtant, on s'aperçoit aussitôt que c'est elle et non lui qui fait la loi dans le ménage. C'est à peine si elle le laisse parler; de plus, Punkhang est handicapé par une myopie prononcée qui l'oblige à porter des verres. Il nous explique que son infirmité est pour lui une source perpétuelle d'ennuis lors des fêtes ou cérémonies officielles. Les lunettes étant considérées comme « produit d'inspiration étrangère », il est interdit aux fonctionnaires de s'en servir en public; ils ne peuvent en faire usage que dans le privé et encore s'agit-il là d'une simple tolérance et non d'une permission. Punkhang est seul à bénéficier d'une dérogation, par faveur spéciale du treizième Dalaï Lama, mais celle-ci n'est valable que durant les « heures de bureau ».

Le fils aîné du ministre a épousé une princesse du Sikkim, une des plus jolies Asiatiques que j'aie connues. Élevée à l'européenne, elle a été la première à refuser d'épouser ses beaux-frères par-dessus le marché, ceci étant en opposition formelle avec ses principes. La jeune femme, dont le mari est gouverneur de Gyantsé, me paraît fort à plaindre, car son intelligence et sa culture ne peuvent s'épanouir dans une atmosphère aussi rétrogade. Résolument progressiste, je suis certain que si elle en avait eu la possibilité elle aurait combattu pour obtenir l'égalité des droits pour la femme tibétaine.

Appartenant à une famille qui compte parmi ses membres un Dalaï Lama, Punkhang est fier de ses origines et insiste pour nous montrer son oratoire particulier. Parmi de nombreuses statues, il en est une, celle du dieu protecteur de son foyer, qu'il nous désigne avec une satisfaction évidente. Avant de prendre congé, nous lui demandons, à lui aussi, de bien vouloir nous aider à obtenir l'autorisation de résider au Tibet. De même que ses collègues, il nous assure de ses bonnes dispositions à notre égard.

Cependant, en dépit de toutes ces protestations de sympathie, nous vivons dans une cruelle incertitude. Aufschnaiter et moi connaissons suffisamment l'Asie et ses habitants pour savoir que « non » n'a pas le même sens que chez nous et que « oui » n'a souvent rien d'affirmatif.

Aussi, devenus prudents, et redoutant d'être extradés au cas où notre requête serait rejetée, nous tentons une démarche auprès du chargé d'affaires de la légation chinoise. Il nous reçoit avec la politesse raffinée de ses compatriotes; nous lui demandons si, le cas échéant, son gouvernement nous autoriserait à résider et à travailler dans son pays. Il nous promet de transmettre notre demande par radio.

Les jours suivants, au hasard de nos promenades à travers Lhassa, des gens nous abordent et nous posent des questions qui nous mettent sur nos gardes. Un Chinois, entre autres, nous photographie et ce fait, assez insolite dans la ville sainte, suscite notre méfiance. Peu à peu, nous apprenons que de nombreuses personnes sont chargées de renseigner l'étranger sur nos allées et venues. Si les Anglais sont convaincus que nous sommes parfaitement inoffensifs, d'autres nations nous prêtent des intensions subversives et des ambitions démesurées. En fait, nous n'aspirons qu'à une chose : obtenir le droit d'asile et travailler tranquillement en attendant de pouvoir rentrer dans notre pays.

L'oisiveté à laquelle nous sommes contraints et les nombreuses visites qui se succèdent commencent à nous peser et la nécessité de prendre de l'exercice s'impose. En furetant à travers la capitale, nous découvrons un terrain de basket-ball. Bien que nous soyons encore au mois de février, le printemps commence à Lhassa. La ville est plus proche de l'équateur que Le Caire par exemple et, étant donné l'altitude de 3.700 mètres, l'insolation est si forte que, pendant la journée, même au cœur de l'hiver, il ne fait pas froid. Avec de jeunes Tibétains et des Chinois, nous formons deux équipes et nous nous entraînons au basket. Plus encore que ce sport, une installation de douches — la seule de la ville — a nos faveurs, bien que son utilisation soit hors de prix : dix roupies! Ce tarif exorbitant s'explique car, pour chauffer l'eau, le propriétaire emploie la bouse de yak séchée; c'est le seul combustible que l'on trouve dans la capitale et il n'est même pas facile de s'en procurer. La somme exigée pour une douche représente exactement le prix d'un mouton.

Nos compagnons de jeux nous racontent, non sans une nuance de regret, que, quelques années auparavant, Lhassa comptait dix équipes de football qui se recrutaient parmi la jeunesse locale. Matches et compétitions se succédèrent jusqu'au jour où, pendant une réunion sportive, une tempête de grêle s'abattit sur le terrain. Le régent sauta sur l'occasion et interdit les rencontres, sous prétexte que les grêlons avaient été envoyés par les dieux qui manifestaient ainsi leur désapprobation. Je soupçonne fort, quant à moi, l'église lamaïste, alarmée par le succès croissant remporté par les matches, d'avoir voulu étouffer dans l'œuf une concurrence possible. Déjà, les moines des grands monastères de Sera et de Drebung assistaient en spectateurs aux réunions.

Intéressé par cette histoire pour le moins originale, j'en profite pour demander à mes interlocuteurs s'il existe réellement des lamas capables de détourner les orages ou de provoquer la pluie. Ma question les surprend, tant cela leur semble évident et l'un d'eux me fait observer :

« Tu n'as donc pas remarqué, dans les champs, les monticules de pierres surmontés d'une coupe? Lorsque le mauvais temps approche, on y fait brûler des bâtonnets d'encens. Un lama conjure les dieux et ceux-ci l'exaucent. »

Cette croyance est si répandue que certains villages possèdent leur « faiseur de temps », un moine qui, à son de trompe, disperse les nuages menaçants.

Pour renforcer leurs arguments, mes camarades me racontent une anecdote remontant au règne du treizième Dalaï.

Celui-ci avait engagé le plus célèbre « faiseur de temps » du Tibet pour protéger son jardin d'été, mais la grêle s'était montrée plus forte que les sortilèges et avait anéanti pommes, poires et fleurs. Appelé à se justifier devant son maître, l'infortuné lama se vit dans l'obligation d'accomplir sur-le-champ un miracle, sous peine de recevoir son congé. Le magicien prit un tamis et demanda au Bouddha Vivant si le fait d'empêcher l'eau de passer au travers des trous suffirait à lui épargner la disgrâce. Le monarque ayant répondu par l'affirmative, l'homme s'exécuta. L'expérience réussit et le magicien, du même coup, recouvra la confiance de son suzerain. Quel que fût le procédé employé, le résultat était convaincant.

Nous attendons toujours d'être fixés sur notre sort et nous nous demandons ce que nous pourrions faire pour gagner notre pitance; heureusement, l'Office des Relations extérieures nous ravitaille en tsampa, en farine, en beurre et en thé. De plus, dans l'après-midi du 12 février, un jeune noble demande à nous parler. Il est envoyé par son oncle, le tout-puissant ministre Kabchöpa, et chargé de nous remettre cinq cent roupies.

Tsarong nous offre l'hospitalité

Voici maintenant trois semaines que nous jouissons de l'hospitalité de Thangme et de sa femme; soucieux de ne pas rester plus longtemps à leur charge, nous acceptons l'offre que nous fait le riche Tsarong, fils du directeur de la Monnaie, de nous loger dans une de ses nombreuses maisons. Nous n'oublions pas pour autant nos premiers hôtes et la solide amitié qui nous unit à eux ne se démentira pas durant notre séjour à Lhassa.

Dans notre nouveau domicile, nous disposons d'une grande chambre au sol couvert d'épais tapis; elle est meublée de lits européens, d'une table et de chaises. Une porte s'ouvre sur un cabinet de toilette qui possède même des waters, bien que sous une forme simplifiée. C'est là un luxe sans précédent et dans tout le Tibet l'installation mise à notre disposition est unique en son genre. Chaque matin, nous descendons à tour de rôle à la cuisine chercher l'eau chaude qui nous est nécessaire, car nous tenons essentiellement à ne pas dépendre des domestiques.

La cuisine se trouve à une vingtaine de mètres du bâtiment principal; au milieu d'une pièce, au sol de terre battue, située au rez-de-chaussée, se dresse un immense poêle d'argile. Le feu y brûle jour et nuit; à l'heure de la préparation des repas, un homme actionne un soufflet en peau de chèvre, analogue à ceux que, chez nous, on emploie dans les forges. Étant donné l'altitude, les galettes de fiente de yak qui servent de combustible brûlent difficilement et attiser la flamme par un courant d'air artificiel est indispensable .La cuisine de Tsarong occupe plusieurs maîtres-queux; l'un d'eux a même appris le métier dans le meilleur hôtel de Calcutta et n'ignore rien des plats européens. Les rôtis sont sa spécialité, mais il se surpasse dans la pâtisserie. Un autre a vécu plusieurs années en Chine et s'est initié à la cuisine chinoise. En revanche, les femmes ne sont là que comme auxiliaires; elles veillent à ce que le thé soit toujours chaud.

Le Tibétain commence sa journée par une tasse de thé au beurre et la termine de même; la moindre occasion lui est prétexte à prendre sa boisson favorite. Certains vont même, dit-on, jusqu'à en absorber quotidiennement cent tasses. J'en doute un peu, bien qu'à toute heure du jour la théière fume dans tous les intérieurs et que refuser le breuvage national soit faire preuve d'impolitesse caractérisée.

Les repas se prennent, l'un à dix heures du matin, l'autre après le coucher du soleil. Si nous déjeunons seuls dans notre chambre, le soir, en revanche, nous dînons en compagnie de Tsarong et de sa famille rassemblée autour d'une grande table. La multiplicité des services favorise la conversation et chacun a le loisir de commenter les événements du jour. A la fin du repas, nous passons dans la salle commune où nous écoutons la radio en fumant des cigarettes. Tourner un bouton suffit pour entendre toutes les stations de la terre, car, là-bas, les parasites sont inconnus. Outre son poste récepteur, Tsarong possède plusieurs phonographes, des appareils de photo, des cameras, des jumelles. Un soir, il nous plonge dans la stupéfaction en exhibant un théodolite. Non content de le posséder, il sait encore s'en servir et nous le prouve immédiatement. En dehors de sa vaste bibliothèque tibétaine, il possède quantité de livres rédigés en plusieurs langues occidentales; la plupart lui ont été offerts en remerciements par les Européens venus à Lhassa et qu'il a presque tous hébergés.

Bien que Tsarong ne fasse plus partie du ministère, son influence est considérable et, chaque fois qu'un problème délicat se pose, on tient le plus grand compte de ses avis. L'unique pont métallique que possède le Tibet témoigne de l'esprit novateur de Tsarong; c'est lui qui a eu l'idée de le faire édifier. Importé d'Angleterre, le pont fut démonté à son arrivée aux Indes et acheminé, pièce par pièce, vers le Toit-du-Monde, à dos d'homme et de yak, avant d'être remonté sur place. L'ancien favori du Dalaï, « self made man » typique, possède des qualités et une intelligence qui, dans n'importe quel pays, l'eussent porté au sommet des honneurs. Son fils, élevé aux Indes, a conservé son prénom anglais : George; c'est un photographe de talent. Un soir, il nous fait la surprise de projeter pour nous un film qu'il a tourné lui-même. Il s'est procuré un générateur qui lui fournit le courant nécessaire à la projection.

On pourrait presque oublier que l'on se trouve à Lhassa, mais la réalité reprend vite ses droits : le moteur s'arrête et je dois m'en mêler pour le faire de nouveau fonctionner.

Nos journées se passent à baguenauder dans la ville, à recueillir le plus d'impressions possible; le soir, nous tenons compagnie à Tsarong et à ses nombreux invités; nous en profitons d'autant plus que, au fond de nous-mêmes, nous redoutons que ce répit soit de courte durée. Aucun indice n'autorise à présumer de la décision qui sera prise à notre sujet; cependant, les allusions qu'on fait sans cesse devant nous sont trop nettes pour ne pas susciter notre méfiance. Ainsi, à plusieurs reprises, on nous conte l'histoire d'un instituteur anglais qui avait sollicité du gouvernement tibétain l'autorisation d'ouvrir une école à Lhassa. En possession d'un contrat en bonne et due forme, il s'apprêtait à passer à la réalisation de ses projets, lorsque la sourde opposition du clergé l'obligea à y renoncer; six mois plus tard, dégoûté, il repassait la frontière.

Tous les jours, nous rendons des visites de politesse et celles-ci nous permettent de faire plus ample connaissance avec les habitants de la capitale.

Nous nous apercevons surtout d'une chose : le temps ne compte pas et personne ne se surmène, bien au contraire. Les fonctionnaires ou même les simples employés des ministères ou des offices gouvernementaux sortent de chez eux en fin de matinée, se rendent à leur bureau et en reviennent aux premières heures de l'après-midi. S'ils attendent un ami ou qu'une tâche pressante les retienne, ils trouvent facilement un remplaçant : il leur suffit d'alerter un collègue.

Les femmes nobles passent leur temps à se pomponner et à courir les magasins, à la recherche d'étoffes rares qui leur permettent d'éclipser leurs « bonnes » amies à la prochaine occasion. Toutes, bien qu'elles ne mettent presque jamais la main à la pâte, portent d'énormes trousseaux de clefs; les moindres objets sont enfermés dans les coffres ou les armoires.

Enfin, le mah-jong fait fureur dans la plupart des intérieurs tibétains et les enjeux sont extrêmement élevés. Non seulement les maîtres, mais les serviteurs s'y adonnent; par la suite, j'y ai moi-même pris goût. Toutefois, dès le début, je décide de ne jouer que certains jours et d'éviter d'en faire une habitude. Bien m'en prit : comme le mah-jong se répandait de plus en plus dans toutes les classes de la société et menaçait de devenir un fléau, un beau jour le régent l'interdit purement et simplement. Le gouvernement confisqua les jeux et menaça les contrevenants de fortes amendes, à acquitter en espèces ou en prestations de travail. Plus le rang du délinquant était élevé, plus l'amende était forte. La sagesse tibétaine n'est pas un vain mot! La mesure fut appliquée avec la dernière rigueur; au début, il y eut des pleurs et des grincements de dents, mais peu à peu tout le monde se soumit. A Lhassa, le pouvoir ne badine pas et sait imposer ses décisions par la force si la persuasion ne suffit pas. Cependant, les Tibétains, joueurs invétérés, trouvèrent d'autres passe-temps pour meubler leurs heures de loisir du samedi (le samedi équivaut là-bas au dimanche de chez nous) et se rabattirent sur les échecs, les charades ou autres jeux de société.

A l'occasion des visites que nous leur rendons, les nobles nous proposent de nous confier l'administration de leurs immenses domaines. La plupart, il est vrai, ne les connaissent que par ouï-dire et se bornent à encaisser la redevance annuelle que leur apporte leur intendant. Depuis des siècles, l'agriculture tibétaine n'a subi aucune évolution. Aussi, de nombreux propriétaires aimeraient-ils bénéficier de notre expérience, de celle d'Aufschnaiter, en particulier; ils nous racontent que, dans certaines contrées méridionales, grâce à une exploitation rationnelle, le rendement de la terre pourrait sans difficulté être décuplé. À vrai dire, ces propositions nous tentent, car certains domaines sont situés au sud de l'Himalaya; comme elles jouissent d'un climat tropical, le riz, les oranges, la vigne et les bananiers y poussent et la perspective de créer des plantations de thé nous ravit. Le Tibet importe chaque année pour plusieurs millions de roupies de thé, de Chine ou des Indes, alors qu'il serait facile d'en produire assez dans le pays même pour la consommation nationale. Pourtant, en y réfléchissant bien, je crains qu'il ne soit difficile d'amener les Tibétains, routiniers et conservateurs, à modifier leurs habitudes; amateurs de thé de Chine, ils répugnent à boire celui des Indes, pourtant bien meilleur marché.

Un jour, entrant dans un magasin où nous nous fournissons régulièrement de pain et de pâtisseries, nous tombons sur une ancienne connaissance : Chansé. C'est lui qui, jadis, nous a reconduits à la frontière; ayant abandonné le métier des armes, il est maintenant courrier officiel. Au courant de notre présence à Lhassa, il prétend qu'il nous aurait rendu visite s'il n'avait appris que nous étions les hôtes du puissant Tsarong. Depuis notre dernière rencontre, deux ans se sont écoulés; ainsi qu'il peut s'en rendre compte, ses anciens prisonniers se portent assez bien. Sans rancune, nous l'invitons à prendre le thé avec nous.

Nous sommes invités a quitter Lhassa

Le 16 février — un mois jour pour jour après notre arrivée — le neveu du ministre Kabchöpa vient frapper à notre porte. Cette fois, il n'est plus porteur de cadeaux, mais d'un message impératif :

« Les deux « germans » sont priés de quitter Lhassa sans délai ! »

Nous protestons pour la forme, sachant pertinemment que seule une requête adressée en haut lieu a quelque chance d'être efficace et, sans tarder, penchés sur des cartes du Tibet oriental, nous étudions un éventuel itinéraire. Si vraiment on a décidé de nous refouler sur les Indes, autant ne pas attendre et tenter de rejoindre le territoire chinois. Tout plutôt que d'échouer une nouvelle fois derrière les barbelés ! Nous avons un peu d'argent, un équipement complet, des provisions et, si ce n'était ma sciatique, notre fuite s'annoncerait bien. Malheureusement rien n'y fait, ni les médicaments, ni les piqûres intramusculaires que me prodigue le médecin attaché à la légation anglaise. Pourtant, dès le lendemain, en dépit de mes douleurs, je me rends auprès des parents du Dalaï Lama et tente une nouvelle démarche. Ensemble, nous rédigeons une requête adressée au ministre des Relations extérieures.

En voici le texte :

Au Ministère des Relations extérieures
du gouvernement tibétain.

Lhassa, le 17 février 1946.

Hier, Kabchöpa Se Kuscho (*Se* veut dire fils, mais ne s'emploie que pour les gens de qualité) *nous a rendu visite au nom du gouvernement, nous demandant de quitter le Tibet dans les plus brefs délais et de gagner les Indes. En réponse à cette injonction, nous nous permettons d'exposer notre cas comme suit :*

En mai 1939, nous avons quitté l'Allemagne pour les Indes où nous devions participer à une expédition dans l'Himalaya ;

notre intention était de rejoindre notre pays au mois d'août de la même année. Le 3 septembre 1939, jour de la déclaration de guerre, nous fûmes arrêtés et internés.

En 1943, un accord fut conclu entre les gouvernements du Tibet et de l'Inde ; le texte publié dans la presse spécifiait que les transports de marchandises — sauf celles présentant un caractère militaire — entre les Indes et la Chine étaient autorisés à emprunter le territoire tibétain. Forts de cette déclaration, nous en avons conclu que le Tibet entendait rester neutre ; en conséquence, nous avons décidé d'atteindre ce pays. De plus, la neutralité tibétaine nous a été confirmée par M. Hopkinson, chef de la mission commerciale anglaise à Lhassa ; dernièrement, lors de l'entrevue qu'il nous a accordée, il nous a donné l'assurance qu'il s'abstiendrait de toute intervention en vue d'obtenir notre extradition. La convention de Genève stipule que tout prisonnier qui a réussi à gagner un territoire neutre est, ipso facto, autorisé à y séjourner ; le gouvernement le prendra en charge en attendant une possibilité de rapatriement. C'est là une clause que les gouvernements du monde entier observent et aucun pays neutre, où que ce soit, ne renverra jamais derrière les barbelés des prisonniers évadés.

Or, d'après ce que nous savons, les ressortissants allemands internés aux Indes n'ont jamais été rapatriés ; nous refouler sur les Indes équivaudrait à nous renvoyer en captivité. Cependant, si le fait que nous séjournions au Tibet est en contradiction formelle avec l'attitude générale du gouvernement et du peuple tibétains à l'égard des étrangers, nous nous permettons de faire remarquer, ainsi que l'a d'ailleurs fait observer Kabchöpa Se Kuscho, que, ces dernières années, le gouvernement, prenant en considération leurs professions ou tout autre motif, a ccnsenti des dérogations en faveur de certains étrangers. En foi de quoi, nous pensons pouvoir, nous aussi, bénéficier d'une dérogation.

Nous sommes reconnaissants au gouvernement tibétain de l'hospitalité qu'il nous a accordée jusqu'ici et nous regrettons de devoir l'importuner. Nous espérons seulement que les autorités comprendront qu'après cinq ans de captivité et maintenant que nous avons réussi à atteindre le Tibet et à recouvrer la liberté, nous soyons peu enclins à réintégrer le camp d'internement.

En conséquence, nous prions humblement le gouvernement du Tibet de nous accorder un traitement analogue à celui réservé par les autres pays neutres aux prisonniers évadés et de nous autoriser à résider sur son territoire jusqu'au jour où notre rapatriement sera possible.

PETER AUFSCHNAITER.
HEINRICH HARRER.

Quelques jours plus tard, mon état de santé s'aggrave et je me vois forcé de garder le lit. Aufschnaiter frappe à toutes les portes et mobilise nos relations pour mettre toutes les chances de notre côté.

Le 21 février, un lieutenant de l'armée tibétaine se présente, escorté de trois soldats. Ceux-ci prennent position dans la cour, face à la maison que nous habitons. Poliment, l'officier nous avise qu'il est porteur d'instructions lui enjoignant de nous conduire dès le lendemain à la frontière hindoue et il nous prie de nous préparer. Couché et enfoui sous mes couvertures, je suis incapable de faire le moindre mouvement.

Aufschnaiter me désigne du doigt et demande :

« Avez-vous prévu une litière ? »

Notre interlocuteur paraît décontenancé; la question le prend au dépourvu. Sautant sur l'occasion, Aufschnaiter poursuit :

« Mais alors, comment envisagez-vous le transport de mon camarade ?

— A dos de mulet. Le gouvernement met deux bêtes de somme à votre disposition.

— Voulez-vous dire de notre part à ceux qui vous envoient que le Sahib Harrer est malade et incapable de supporter une pareille chevauchée. Si nous devons effectivement quitter Lhassa dès demain, il est indispensable que nous disposions d'une litière. »

Abasourdi par cette résistance inattendue, le lieutenant sort, emmenant ses trois acolytes.

Le lendemain matin, contrairement à ce que nous avions redouté, personne ne se présente et nous alertons Kabchöpa. Supposant que nos ennuis ont pour origine la défiance de la mission britannique qui ne voit pas d'un bon œil notre installation à Lhassa, nous décidons de tourner la difficulté et de tenter une démarche par la bande.

Profitant de ce qu'une nombreuse assistance se trouve rassemblée, Aufschnaiter déclare :

« Il est hors de doute que l'on nous expulse pour donner satisfaction à la mission commerciale anglaise. »

Un murmure compréhensif et une série de hochements de tête significatifs lui font écho.

« De plus, il est certain que notre ami Harrer, qui souffre mille morts, ne résistera pas à une chevauchée de seize jours. Ce serait un véritable martyre et on ne peut exiger de personne, pas même d'un prisonnier de guerre, qu'il s'y soumette. »

Un concert de « A-tsii, A-tsii! » lui répond.

« Dans ce cas, mieux vaut laisser la décision à un médecin, le major Gutherie, chef actuel de la mission anglaise, par exemple. Je propose donc qu'il tranche la question en dernier ressort. »

Le docteur Gutherie, venu à mon chevet, tente d'améliorer mon état par des piqûres, mais en vain; la ouate thermogène dont me fait cadeau Tsarong me soulage infiniment plus. Enfin, un lama me conseille de faire rouler un bâton sur le sol en appuyant dessus avec la plante des pieds. Au début, les douleurs sont terribles, mais, peu à peu, mes muscles se dénouent; finalement, je parviens à faire quelques pas dans le jardin. Pour le moment du moins, satisfait de l'attestation qui m'a été délivrée par le major anglais, le gouvernement paraît avoir oublié notre situation irrégulière et nous laisse en paix.

Le jour de l'An-Feu-Chien [1]

La nouvelle année tibétaine commence et je suis désespéré de ne pouvoir assister aux réjouissances qui marquent cette date. Roulements de tambours et appels de trompes retentissent dans le lointain; Tsarong et son fils qui viennent, chaque matin, me rendre visite dans ma chambre m'expliquent l'importance de ces solennités : elles durent vingt et un jours; pendant cette période, toute activité est suspendue au profit des innombrables cérémonies religieuses qui se succèdent sans interruption. Les magistrats municipaux remettent leurs fonctions entre les mains du clergé; à l'intérieur du Lingkhor, le « cercle du milieu », les moines sont les maîtres absolus. A cette époque, le centre de Lhassa est d'une scrupuleuse propreté, alors que le reste de l'année ce n'est pas sa qualité dominante. La découverte, par les moines, de la moindre infraction aux lois qu'ils édictent, d'un tripot clandestin, par exemple, ou d'une ordure dans la rue est immédiatement sanctionnée par une généreuse bastonnade et une amende largement calculée. Il arrive même qu'un contrevenant reste sur le carreau, mais en général le régent intervient alors et punit sévèrement les responsables. Nous bénéficions donc d'un répit certain et, pendant vingt jours, personne ne se souciera de nous; le fait que le major Gutherie ne m'ait pas encore déclaré transportable suffit sans doute aux autorités.

Toutefois, nous jugeons plus prudent de préparer dans le silence notre fuite en direction de la Chine; l'essentiel est que je recouvre rapidement l'usage de mes jambes.

Chaque jour, je m'étends au soleil, de plus en plus chaud désormais. Pourtant, un beau matin, j'ai la surprise de découvrir que les toits, le sol et les montagnes sont recouverts d'une couche blanche uniforme; c'est là, me dit-on, un événement rarissime à cette époque de l'année; même en plein hiver, la neige ne tient pas et, au bout de quelques heures, il n'en reste plus trace. Du fait de sa position au centre du

1. Chaque année tibétaine porte un double nom déterminé par des règles de l'astrologie (voir Fosco Maraini, *Tibet secret*, Arthaud, éditeur, page 134).

continent asiatique, Lhassa jouit d'un climat sec, favorisé par l'altitude, la forte insolation et l'isolement dû à la présence de la barrière himalayenne. En revanche, au printemps, les pluies inexistantes sont remplacées par des tempêtes de sable presque quotidiennes. Chacun, alors, se barricade chez soi et évite de mettre le nez dehors; même à l'intérieur des maisons, le sable réussit à s'infiltrer par les interstices des portes et des fenêtres. Les animaux, apathiques, tournent le dos au vent et attendent stoïquement qu'il cesse pour paître l'herbe rase; les innombrables chiens errants qui se chargent de l'assainissement de la capitale — ils se nourrissent surtout d'excréments humains — se roulent en boule dans un coin abrité. Cette période, qui s'étend sur deux mois, est la plus pénible de l'année. Les vents de sable se lèvent régulièrement au début de l'après-midi pour finir vers le soir. De loin, on aperçoit une immense colonne de poussière qui se déplace à la vitesse d'un tourbillon; elle engloutit le Potala qu'elle dissimule derrière un rideau. Marchands, passants et badauds se hâtent de rentrer chez eux. Des volets claquent, des vitres se brisent. Seuls les propriétaires de jardins se réjouissent : l'hiver est fini, les gelées nocturnes ne sont plus à craindre. Déjà les premières herbes se montrent timidement le long des canaux d'irrigation. A la même époque, la vaste prairie qui s'étend devant l'entrée du grand temple de Tsu Lha Kang commence à verdir; on l'a surnommée la « chevelure de Bouddha » et — sous réserve de posséder une bonne dose d'imagination — on peut à la rigueur admettre cette comparaison à contempler les myriades de pousses qui sortent du sol.

Dès que mes jambes commencent à me porter, je me traîne dans le jardin de Tsarong pour traiter ses arbres fruitiers. Tous sont jeunes et n'ont jamais porté de fruits; George, le fils de Tsarong, Aufschnaiter et moi entreprenons de greffer systématiquement les quenouilles. La langue tibétaine ne comportant aucun vocable pour désigner cette opération, nos amis la qualifient de « mariage » et cette idée soulève des tempêtes de rires.

Le Tibétain rit à tout propos comme un enfant; il suffit que quelqu'un trébuche ou tombe pour qu'aussitôt les spectateurs s'esclaffent; si, le premier accès d'hilarité calmé, un quidam fait allusion à l'incident deux ou trois heures plus tard, de nouveau les éclats de rire fusent. Nul n'est à l'abri des railleries. La moindre mésaventure arrivée à tel ou tel défraie immédiatement la chronique, quel que soit son rang ou sa fonction.

Pamphlets et libelles circulent avec une étonnante rapidité, les journaux étant inconnus dans ce pays. Le Tibétain est d'ailleurs le premier à tourner en dérision ses propres bévues. Ainsi certains Lhassapa (habitants de Lhassa) ayant utilisé des bouteilles thermos en guise de bouillottes trouvèrent l'histoire fort comique et s'empressèrent de le répandre à travers la ville, lorsqu'ils s'aperçurent enfin de leur erreur. Parfois, lorsque le gouvernement juge un chant ou une épigramme par trop virulents, il les interdit; l'interdiction, il est vrai, reste de pure forme. Personne n'est puni; on se contente simplement de chanter un peu moins fort ou de murmurer au lieu de parler à haute voix. Les ouvriers, les garçons et les filles qui se promènent sur le Parkhor sont les plus acharnés et les plus caustiques; on leur doit la plupart des plaisanteries et des brocards qui courent les rues de la capitale.

Le Parkhor est véritablement le cœur de la ville; sur l'esplanade qui court le long des murs du Grand Temple de Lhassa donnent les principaux magasins; c'est là le point de départ et le but traditionnel des processions et des défilés militaires. A l'occasion de chaque fête et en fin de journée, les gens pieux convergent vers le Parkhor; certains « mesurent de leurs corps » la distance qui les en sépare : ils se baissent et s'allongent alternativement dans la poussière. C'est là enfin que les femmes viennent exhiber leurs nouveaux atours, qu'elles flirtent et se laissent conter fleurette; toutes, il faut le reconnaître, n'appartiennent pas à la catégorie des femmes honnêtes. Mais la belle époque du Parkhor, centre commercial, rendez-vous de la société et des commères est la période du nouvel an.

Après quinze jours de convalescence, je suis à peu près rétabli et puis enfin prendre part aux festivités dont la plus importante et la plus curieuse de toutes a lieu le quinzième jour du premier mois.

Pour nous permettre d'y assister, Tsarong nous promet des places à une fenêtre qui donne sur l'esplanade. Le Dalaï Lama devant prendre part à la procession, ce ne peut être qu'au rez-de-chaussée : il est en effet interdit de contempler le dieu-monarque du haut d'un premier étage ou, à plus forte raison, d'un toit. Les maisons bâties le long du Parkhor ne doivent en aucun cas avoir plus de deux étages pour ne pas nuire à la perspective et ne pas gâter le paysage dominé par les masses jumelles du Potala et du grand temple de Lhassa, le Tsug Lha Kang. Cependant, un petit nombre de nobles sont autorisés à élever des baraques en planches sur le toit de leurs demeures; ceci uniquement à titre temporaire. Dès que la participation du Dalaï Lama ou du régent à une cérémonie est annoncée, ces édifices disparaissent; la règle est stricte et personne ne songerait à tourner la loi.

La femme de Tsarong qui, tant de fois déjà, nous a manifesté sa bienveillance, nous sert de cicerone et nous explique le spectacle qui va se dérouler sous nos yeux. Depuis des mois, les moines façonnent des mottes de beurre qui, ce soir, seront exposées dès que le soleil sera couché. En prévision de cette cérémonie, hauts fonctionnaires, détenteurs de charges et riches citadins commandent aux monastères des « torma », figures de dieux ou représentations de fleurs, exécutés exclusivement en beurre. Dans chaque couvent, des moines spécialisés sculptent et modèlent statues et motifs ornementaux, en se servant de beurres colorés. Le goût, le talent, la minutie se conjuguent pour produire d'authentiques chefs-d'œuvre. Des carcasses de bois, hautes de plusieurs mètres, forment l'armature de ces constructions; aussitôt le soleil couché, on assemble figures et ornements qui constitueront l'édifice définitif. Les torma sont tellement onéreux que deux ou trois familles nobles se cotisent souvent pour en offrir un en leur nom collectif. Les gens très fortunés — Tsarong entre autres — tiennent à régler seuls le coût de leur torma, car leur richesse d'ornementation témoigne de la puissance du donateur. Les tours polychromes, gigantesques cônes luisants, s'alignent sur le Parkhor, cachant les façades des maisons et des temples. Le plus bel édifice de beurre reçoit un prix du gouvernement; l'honneur en rejaillit non seulement sur le personnage qui l'a offert, mais sur le monastère où il a été confectionné. La femme de Tsarong précise que, depuis vingt ans, les moines de la lamaserie de Gyu sont sortis vainqueurs de toutes les compétitions.

Une multitude se presse devant les torma exposés, admire, compare, suppute les chances des uns et des autres.

Le crépuscule tombé, roulements de tambours et fanfares retentissent. La foule s'écarte, des soldats arrivent et forment un cordon pour contenir l'assistance; celle-ci se colle le dos aux façades. Maintenant, par milliers, des lampes s'allument, trouant la nuit d'une infinité de points lumineux. La pleine lune se lève dans le ciel; la foule entière a les yeux fixés sur la porte du Tsug Lha Kang .D'un moment à l'autre, le dieu-pontife va apparaître, appuyé au bras de deux abbés. Soudain, les spectateurs s'inclinent jusqu'à terre; la place manque, sinon tout le monde se jetterait dans la poussière. Personne n'ose regarder l'homme-dieu. Le jeune Dalaï s'avance à pas comptés, puis vient s'arrêter devant les figures de beurre qu'il contemple un instant avant de repartir, suivi de son cortège. Derrière lui, conformément au rang qu'il occupe dans la hiérarchie, marche notre ami Tsarong; comme les autres nobles, il tient un bâton d'encens. Puis, viennent les autorités cléricales et laïques. Le silence s'est fait, rompu de temps à autre par les harmonies des fanfares monacales. Trompettes, tubas, cymbales et psaltérions résonnent. Curieuse ambiance, étrange et irréelle, qui nous empoigne; à la lueur jaunâtre des milliers de lampes, les torma semblent prendre vie, cependant que les prières murmurées par des centaines de bouches s'enflent en mélopée. Cachés dans l'encoignure de la fenêtre, Aufschnaiter et moi sommes témoins du long frisson qui secoue la foule au moment où le dieu-monarque passe à notre hauteur. J'ai beau me dire que le Dalaï Lama n'est qu'un enfant, des doutes m'assaillent. Que ce soit à Rome ou à Lhassa, la foie intense, absolue, toute-puissante, fait souvent des miracles et le spectacle du fanatisme me transporte à mon insu. Il me suffit de fermer les yeux, de humer l'odeur qui se dégage des cassolettes et des encensoirs pour me croire dans une cathédrale européenne. Là comme ici, la divinité et le surnaturel sont présents.

La parade terminée, le Bouddha Vivant et sa suite disparaissent à l'intérieur du Tsug Lha Kang; les soldats se regroupent et la multitude se rue en avant, rompant les barrages. Le fanatisme religieux se donne libre cours; les individus qui, il y a encore quelques minutes, étaient courbés, en proie à la piété la plus vive, se transforment en possédés, victimes de l'hystérie collective des foules; ils tournent, hurlent, se roulent sur le sol, les yeux révulsés et battant des mains. Brusquement, surgis d'on ne sait où, les dob-dob se précipitent, gourdin levé, pour maintenir les hallucinés à l'écart des torma. Les dob-dob, moines-soldats, armés de fouets et de bâtons, sont chargés de la police, lors des manifestations religieuses. Véritables brutes, ils frappent à tort et à travers, bousculant indifféremment hommes et femmes. Les fidèles d'ailleurs semblent prendre plaisir à provoquer les coups; on croirait presque que la bastonnade constitue pour eux une récompense suprême. Des torches allumées tombent, des cris de douleur retentissent, le hurlement d'un homme piétiné domine les sourds accords des trompes et des tubas.

Le lendemain matin, j'apprends que, pendant le nuit, les torma ont été enlevés. Le calme est revenu sur le Parkhor et, de nouveau, les magasins sont ouverts; le beurre provenant des statues a été fondu et servira à alimenter les lampes des temples.

Attirés par les fêtes du nouvel an, des Tibétains originaires de la partie occidentale du pays sont venus à Lhassa. Ayant appris que nous séjournions dans la capitale, ils nous rendent visite afin de renouer amitié. Ils nous apportent de la viande séchée, spécialité de leur pays, et nous annoncent que les fonctionnaires des districts que nous avons traversés ont essuyé des blâmes et que certains ont été condamnés à verser des amendes. Cependant, semble-t-il, on ne nous en tient pas rigueur; nous en avons la preuve le jour où nous rencontrons un bönpo que nous avons connu deux ans auparavant. Loin de nous en vouloir, il se réjouit sincèrement de nous retrouver sains et saufs dans la capitale.

Cependant les fêtes, cette année, ne devaient pas se passer sans incident : deux hommes se sont tués au Parkhor en édifiant un énorme mât et il n'est plus question dans la ville que de cela.

Dès que la nouvelle année est proclamée on élève en effet sur le boulevard qui longe l'enceinte une sorte de haute pyramide de troncs d'arbres liés entre eux. Les environs de Lhassa étant dépourvus de forêts, chaque tronc doit être amené de très loin, chose incroyable ce transport se fait à bras d'hommes, à raison de vingt coolies par arbre.

J'ai été, une fois, témoin d'une expédition de ce genre; vingt hommes, une corde passée autour de la taille, traînaient un immense tronc sur la rocaille. Ils chantaient en chœur une lente mélopée et avançaient d'un même pas.

Les villages se trouvant sur l'itinéraire fournissent la main-d'œuvre; les porteurs s'acquittent ainsi d'une part de leurs impôts comme les serfs du Moyen âge.

Les Tibétains ont emprunté aux Chinois, leurs voisins, mainte commodité; pourtant le gouvernement de Lhassa s'oppose énergiquement à l'introduction de véhicules à roues sur son territoire. J'ai d'ailleurs constaté, par la suite, qu'il y a deux ou trois siècles la roue avait eu droit de cité au Tibet, mais que l'usage du timon et de la traction animale semblait s'être perdu depuis. En effet, alors que je dirigeais des travaux de rectification du cours de certains fleuves, j'ai souvent trouvé, épars dans la campagne, des blocs de pierre de plusieurs tonnes amenés jadis de carrières distantes de quelques dizaines de kilomètres. Or leur transport est impossible sans la roue : le relief s'y oppose, et aujourd'hui, les coolies fragmentent ces énormes blocs venus de carrières lointaines pour les utiliser sur place.

Le Tibet jouit d'un grand passé historique; j'en veux pour preuve l'obélisque de pierre datant de l'an 763 après Jésus-Christ élevé pour commémorer les victoires remportées sur les Chinois. Parvenue devant les portes de la capitale impériale, l'armée imposa ses conditions et stipula que la Chine verserait au Tibet, à titre de tribut annuel et en signe d'allégeance, cinquante mille rouleaux de soie. Peu à peu, de guerrier qu'il était le Tibétain opta pour la mystique. Ayant perdu ses vertus martiales, peut-être est-il plus heureux? Le Potala, temple mais surtout forteresse, date lui aussi de cette époque. Un jour que je demandais à un tailleur de pierre travaillant sous mes ordres pourquoi ses compatriotes n'élevaient plus de monuments analogues à ceux qu'édifiaient leurs ancêtres, il me répondit, sur un ton sans réplique :

« Mais le Potala est l'œuvre des dieux et non des hommes. Pendant la nuit des esprits sont venus et l'ont construit. Jamais les hommes n'auraient pu faire pareille merveille! »

Peut-être est-ce en vertu d'un semblable raisonnement, de cette absence totale d'ambition et de cette négation du progrès, que le Tibet a renoncé à l'usage de la roue, préférant s'en tenir au mode de portage ancestral.

Arrivés à Lhassa, les troncs sont assemblés en un énorme faisceau et maintenus par des lanières de cuir de yak; on y fixe une longue banderole, haute de vingt mètres, sur laquelle sont peintes des prières tirées de livres saints. Contrairement aux mâts que l'on érige en Europe où le drapeau est fixé à l'extrémité supérieure, au Tibet, l'oriflamme est clouée parallèlement à la perche qui la supporte, de la pointe jusqu'à la base.

Or, cette année, le pesant échafaudage s'est écroulé, tuant deux ouvriers et en blessant trois autres. C'est là un mauvais présage et tout Lhassa tremble en songeant à l'avenir. On redoute des catastrophes : inondations ou séismes; certains laissent entendre qu'une guerre avec la Chine est proche. Même les Tibétains élevés dans les écoles anglaises, aux Indes ou ailleurs, sont terrifiés par cet événement. Toutefois, aussi superstitieux soient-ils, les responsables conduisent les blessés non à leur lamas, mais à la mission commerciale anglaise où, sous la surveillance d'un médecin européen, dix lits sont prévus pour les cas urgents. Chaque matin, une file de patients s'allonge devant la porte de la légation; l'après-midi, le major Gutherie effectue sa tournée à travers la ville. Les moines tolèrent en silence cette activité; d'une part ils connaissent les succès remportés par le major dans la lutte contre la maladie et, de l'autre, ils n'ignorent pas que l'Angleterre est une puissance avec laquelle il faut compter. De nombreux praticiens trouveraient à s'employer au Tibet : le major Gutherie et son confrère chinois attaché à la légation de son pays sont seuls sur ce territoire qui compte approximativement trois millions et demi d'habitants. Malgré ce déplorable état de choses, on n'a jamais pu obtenir des moines, qui ont la haute main sur les destinées du pays qu'ils autorisent la venue de médecins étrangers. Les hauts fonctionnaires eux-mêmes qui font appel au docteur Gutherie ne sont pas à l'abri de la vindicte du clergé.

Premiers emplois officiels

Connaissant l'état d'esprit des autorités, nous sommes pleins d'enthousiasme et de confiance en l'avenir quand de hautes personnalités monacales chargent Aufschnaiter de la construction d'un réseau de canaux d'irrigation à proximité de Lhassa. En l'absence de personnel spécialisé, je ferai fonction d'arpenteur et aiderai mon camarade à surveiller la marche des travaux. A notre grande joie, le premier pas vers notre installation définitive au Tibet vient d'être fait.

Dès le lendemain, je me rends sur les lieux, au pied de la seconde enceinte, et reste confondu par le spectacle que j'ai sous les yeux. Accroupis et dissimulés par leurs robes écarlates, des centaines de moines, répartis sur le terrain, font... ce que les rois eux-mêmes ont coutume de faire seuls. L'endroit sert de latrines aux religieux d'un monastère! Nous avons hâte d'en finir avec cet arpentage. Mais, j'ai trop présumé de mes forces : après deux heures de station debout, ma sciatique se réveille et je dois rentrer m'allonger. Abandonné à lui-même, Aufschnaiter dresse le plan des canaux et, douze jours plus tard, cent cinquante ouvriers commencent le terrassement. Pendant ce temps, mettant à profit mon repos forcé, je propose à Tsarong d'installer un jet d'eau dans son jardin, ce que je fais sans me déplacer et même en restant assis la plupart du temps. Sous mes ordres, trois ouvriers posent une canalisation souterraine et creusent un bassin. Tsarong, expert en toutes choses, manie lui-même la truelle et met la main à la pâte pour édifier sur le toit de la maison le réservoir en ciment, qui alimentera le jet et assurera la pression nécessaire. Puis, le bassin terminé, on remplit le réservoir à l'aide d'une pompe à main. L'essai officiel est couronné de succès. La nouvelle de la présence d'un jet d'eau, le seul existant sur le territoire tibétain, se répand comme une traînée de poudre. Désormais, ce sera le « clou » des réceptions chez Tsarong.

Thangme me rend visite et me montre un journal imprimé en caractères tibétains où l'on parle d'Aufschnaiter et de moi-même. Je m'empresse de préciser que cette feuille est publiée aux Indes, à Kalimpong exactement; le tirage a beau être réduit à cinq cents exemplaires mensuels, son directeur a toutes les peines du monde à les écouler. Cette gazette est vendue exclusivement sur le territoire du Tibet; seuls, quelques exemplaires sont adressés aux rares érudits du monde occidental qui se sont spécialisés dans l'étude de ce pays.

L'article raconte avec une parfaite objectivité les aventures qui ont précédé notre arrivée à Lhassa et fait état des démarches que nous avons entreprises pour obtenir un permis de résidence. Espérons que ces lignes, rédigées par un esprit bien intentionné, exerceront une influence favorable sur ceux dont dépend notre sort.

Fête sportive aux portes de Lhassa

Les cérémonies proprement dites de l'année « feu-chien » sont terminées mais les festivités mineures battent encore leur plein et je suis avec un intérêt passionné les luttes sportives organisées sur le Parkhor, devant l'entrée du Tsug Lha Kang. Chaque matin, avant l'aube, on étale une grande natte sur le sol et les spectateurs désireux de prendre part aux compétitions se font connaître. Les lutteurs sont de paisibles habitants de Lhassa; ils n'ont subi aucun entraînement et seule la perspective de mesurer leurs forces les pousse à jouer les fiers-à-bras.

Malgré la température glaciale, ils se débarrassent de leurs vêtements, ne gardant qu'une sorte de pagne. Solides et bien bâtis pour la plupart, ils battent des bras pour se réchauffer. Un lutteur de métier viendrait facilement à bout de ces amateurs dont le manque de technique est évident. Ils s'empoignent, tentent de se renverser et de faire toucher les épaules à leur adversaire. Chaque rencontre dure deux à trois minutes. Vainqueur et vaincu reçoivent une écharpe blanche; après s'être inclinés devant le bönpo qui la leur remet, ils se prosternent par trois fois, marquant ainsi le respect qu'ils témoignent au régent. Celui-ci assiste en effet aux jeux, cachés derrière une jalousie au premier étage du Tsug Lha Kang; les autres ministres suivent le spectacle d'une fenêtre voisine. Nous-mêmes réussissons à nous assurer un observatoire au second étage du bâtiment occupé par la légation chinoise; nous regardons, cachés derrière un rideau. Nous tournons ainsi les prescriptions selon lesquelles nul n'est autorisé à occuper une place plus élevée que celle du régent.

Après la lutte, on passe à un autre genre d'exercice; les concurrents doivent soulever une énorme pierre polie et faire le tour du mât de prières. Ceux qui y parviennent sans encombre sont l'exception; des éclats de rire saluent l'échec des concurrents malchanceux, soit qu'ils finissent par lâcher leur fardeau, soit qu'ils aient dès le départ trop présumé de leurs forces.

Soudain, une clameur s'élève et l'on entend au loin un bruit de galopade; armés de leurs gourdins, les dob-dob se précipitent sur la foule pour dégager le passage. Une troupe de chevaux arrive à toute allure, crinières au vent. On les a lâchés en dehors de l'enceinte, à quelques kilomètres de la ville; sans cavaliers, ils foncent à travers les rues, entre une double haie de spectateurs qui les excitent de la voix et du geste. Le premier qui débouche sur le Parkhor est déclaré vainqueur. Chaque coursier porte attaché à sa crinière, une banderole indiquant le nom de son propriétaire. L'usage veut que la palme revienne à une bête appartenant à l'écurie du

Dalaï Lama ou à celle d'un membre du gouvernement. Si, d'aventure, un « outsider » s'avise de vouloir les battre au poteau, un serviteur lui jette un bâton dans les jambes et l'arrête dans son élan.

Avant même que se soit dissipée la poussière soulevée par les chevaux, des coureurs à pied débouchent sur l'esplanade. Ils ont couvert une distance de huit kilomètres. A voir leurs visages crispés, on se rend compte qu'ils manquent totalement d'entraînement. Tout le monde participe à la course, vieillards, jeunes gens, garçonnets. Les concurrents sont pieds nus et la vue des blessures qu'ils se sont faites en chemin, bien loin d'exciter la pitié, soulève des tempêtes de rires; quolibets et plaisanteries désobligeantes accueillent les traînards.

A peine les derniers coureurs ont-ils disparu que, de nouveau, un galop de chevaux retentit. Cette fois les bêtes sont montées et une clameur les précède. Les cavaliers, revêtus d'étranges costumes anachroniques, fouettent vigoureusement leurs montures et les poussent à bout. Parfois un cheval fait un écart et, décrivant une magnifique parabole, l'homme retombe au milieu de la foule, mais celle-ci ne se trouble pas pour si peu.

Cette épreuve marque la fin de la fête sportive. Les vainqueurs se présentent alors devant le jury. Chacun est porteur d'une tablette de bois indiquant son numéro d'ordre et des écharpes leur sont remises, blanches ou de couleur, suivant qu'ils se sont plus ou moins distingués. Une centaine de cavaliers et autant de coureurs sont ainsi honorés publiquement mais, chose curieuse, aucun applaudissement ne salue la remise des prix. Au Tibet, les applaudissements sont inconnus; en revanche, on rit et on s'esclaffe si un concurrent a le malheur de se rendre ridicule. On se réjouit bruyamment, mais sans méchanceté, de sa mésaventure.

Les festivités sur le Parkhor sont closes; les manifestations ultérieures se dérouleront dans une vaste prairie située en dehors de l'enceinte.

Une foule immense s'y trouve rassemblée; heureusement nous sommes admis dans une des tentes réservées aux nobles. Celles qui abritent les membres du gouvernement occupent la place d'honneur au premier rang. Les autres s'alignent un peu en retrait, plus ou moins proches des premières selon l'importance des invités. Toutes sont remarquables par la splendeur de l'ornementation extérieure, l'abondance et la richesse des broderies et des tentures de soie. Les vêtements multicolores des hommes et des femmes forment toile de fond et créent un tableau d'une extraordinaire polychromie. Les hauts fonctionnaires — ceux qui appartiennent au quatrième rang de la hiérarchie civile — se reconnaissent à leurs longues robes de soie jaune. Leurs grands chapeaux plats, bordés de renard bleu, les désignent à l'attention du vulgaire. Ici, un détail curieux : les peaux de renard qui ornent les coiffures de la noblesse proviennent toutes de Hambourg, principal marché pour ce genre de pelleterie. Les peausseries indigènes sont, paraît-il, moins belles et moins fournies; sur ce chapitre hommes et femmes ne transigent pas. Il s'agit d'éclipser le voisin par l'étalage du luxe et de la pompe. Le noble tibétain a beau ignorer la géographie, certains noms de villes ou de pays lui sont familiers : il sait, entre autres, que les perles de culture viennent du Japon, les turquoises de la Perse (via Bombay), le corail d'Italie et l'ambre de Berlin et de Kœnigsberg. A diverses reprises, j'ai rédigé pour le compte d'aristocrates des ordres de commande adressés à tel ou tel négociant d'Europe ou d'Amérique. Le besoin de paraître est un des traits dominants du caractère asiatique. Les Tibétains ne font pas exception à la règle, bien au contraire. Le bas peuple se réjouit de voir ses maîtres couverts de bijoux et d'étoffes rares, symboles de puissance à ses yeux. La foule n'accourrait sans doute pas avec autant d'empressement à l'occasion des fêtes, si ce n'était pour admirer la pompe seigneuriale. Il faut entendre la clameur qui salue le moment où, à la fin des fêtes, les quatre ministres échangent leurs coiffures contre les chapeaux bordés de rouge de leurs serviteurs, témoignant par ce geste qu'ils se sentent solidaires des petites gens qu'ils gouvernent.

Mais revenons au spectacle qui se prépare. Cette fête des cavaliers est une des manifestations les plus goûtées de Lhassa. Les Tibétains y font montre d'une extraordinaire habileté, d'une maîtrise consommée. En vue de cette fantasia, chaque famille noble choisit parmi ses vassaux les plus habiles et les plus dignes de faire triompher ses couleurs. Cette compétition est une dernière survivance du passé, elle remonte à l'époque de la domination mongole et rappelle la levée en masse du temps jadis et la parade annuelle au cours de laquelle les suzerains présentaient leurs troupes. S'élançant du bout du terrain, dressés sur leurs étriers, les cavaliers passent au galop et déchargent leurs armes sur une cible fixe. Vingt mètres plus loin, abandonnant le fusil pour l'arc, ils décochent une flèche sur un autre objectif. Chaque participant qui réussit à loger balle et flèche dans les cibles est l'objet d'une ovation.

L'assistance admise à contempler ce spectacle n'est pas uniquement composée de Tibétains. Des tentes sont réservées au personnel des délégations étrangères et le gouvernement met à la disposition de ses hôtes serviteurs et officiers de liaison. De nombreux ressortissants chinois qui habitent Lhassa se mêlent aux autochtones. On les remarque d'ailleurs immédiatement à leurs vêtements mi-européens, mi-asiatiques. Indépendamment de ces signes extérieurs qui différencient Tibétains et Chinois, les premiers se distinguent des seconds par leurs yeux moins bridés et leurs joues rouges. La plupart des Célestes établis à Lhassa sont des commerçants et bénéficient d'un régime privilégié. Tous ou presque fument l'opium. N'étant pas soumis à la juridiction locale, ils peuvent se livrer librement à leur vice. Par contre le gouvernement sévirait aussitôt contre les tibétains qui suivraient leur exemple.

On ne fume à Lhassa que des cigarettes, toutes les sortes de cigarettes en vente dans le monde, mais encore est-il interdit de fumer pendant les cérémonies religieuses et durant les heures de bureau. Et lors des fêtes du Nouvel An, les moines faisant la loi, la vente même des cigarettes est prohibée.

En revanche, en tout temps, tout le monde prise. Le peuple et les moines utilisent du tabac qu'ils préparent eux-mêmes. Chacun est fier de son mélange. Deux Tibétains qui se rencontrent ne manquent jamais d'échanger le contenu de leurs tabatières. C'est l'occasion de faire admirer l'élégance de celles-ci : on en voit de toutes formes et de toutes matières, depuis la corne de yak jusqu'au jade le plus précieux, serti d'or. Le priseur répand une pincée de poudre sur son pouce et aspire bruyamment. Les Tibétains sont des spécialistes dans ce domaine; ils rejettent par la bouche de véritables nuages de poussière de tabac sans même éternuer. En ce qui me concerne, chaque fois qu'il m'est arrivé de priser, je n'ai jamais pu m'en empêcher, à la grande joie des assistants.

En dehors des Chinois, résident à Lhassa des Népalais. En vertu d'un très ancien traité, toujours en vigueur, les Népalais ne paient pas d'impôts (cette exemption est la conséquence d'une guerre perdue par le Tibet) et il suffit d'ouvrir les yeux pour comprendre le profit que les bénéficiaires tirent de ce privilège. Les plus beaux magasins du Parkhor leur appartiennent. Le Népalais est un commerçant-né; pour lui, les affaires sont non seulement les affaires, mais les bonnes affaires. La plupart d'entre eux vivent seuls; ils laissent leur famille dans leur pays d'origine où ils retournent après fortune faite, contrairement aux Chinois qui épousent des Tibétaines et s'installent définitivement.

Lors des cérémonies ou des festivités officielles, la représentation diplomatique népalaise forme un îlot de couleurs. Les vêtements bariolés éclipsent ceux des nobles tibétains et les tuniques rouges des soldats gurkhas qui assurent la protection de la légation et de ses membres se remarquent de loin.

Ces gurkhas jouissent d'une solide réputation; eux seuls osent enfreindre la loi qui interdit la pêche. Si, un jour, le gouvernement de Lhassa s'avise de cette infraction, il protestera sans doute auprès des délégués du Népal. Ce sera néanmoins une protestation de pure forme. Il va de soi que les coupables seront châtiés puisque la légation entretient des relations cordiales avec les autorités, mais nombre de hauts fonctionnaires tibétains n'ont pas, eux non plus, la conscience tranquille. Beaucoup de nobles Lhassapa comptent parmi les plus fidèles clients des gardes gurkha. Après un « savon » en règle, les contrevenants seront donc condamnés à la peine du fouet mais, heureusement pour eux, la punition restera lettre morte et tout continuera comme par le passé... En revanche aucun Lhassapa n'oserait pêcher lui-même. Il existe au Tibet un seul village où la population est autorisée à prendre du poisson.

A cet endroit, la Brahmapoutre traverse une contrée désertique, envahie par les sables. Incapables de cultiver la terre ou de pratiquer l'élevage, les habitants n'ont d'autre ressource que la pêche. En conséquence la loi a été modifiée en leur faveur, mais les villageois sont, de ce fait, considérés comme des citoyens de seconde zone, assimilés aux forgerons ou aux bouchers.

Enfin il existe à Lhassa un important noyau de population musulman. Possédant leur mosquée, ils sont libres de pratiquer leur religion. La tolérance est un des principaux traits du caractère tibétain. En dépit de la stricte dictature monacale, prosélytisme et fanatisme sont inconnus et les opinions religieuses scrupuleusement respectées. Ces musulmans, originaires des Indes, se sont complètement assimilés. Les premiers arrivés exigèrent que leurs épouses indigènes se convertissent à l'Islamisme. Le gouvernement intervint et décréta que les Tibétaines seraient autorisées à épouser un musulman, mais conserveraient leur religion. Depuis, les épouses ou les filles issues de ces mariages mixtes continuent à porter le costume national et le tablier multicolore à bandes horizontales; le voile de l'Islam, ravalé au rang de coiffure, fait figure de symbole. En revanche, les maris arborent des fez et des turbans. Commerçants en majorité, les Musulmans entretiennent des relations suivies avec les Indes et surtout avec le Cachemire.

La grande fête annuelle des cavaliers est une magnifique occasion de contempler les différents groupes ethniques qui forment la population de la capitale. A ceux que j'ai cités s'ajoutent Ladhakis, Bhoutanais, Mongols, Sikkimois, Kazaks, ressortissants des tribus les plus diverses. Une tribu se signale particulièrement à l'attention : celle des Hui-Hui. Musulmans chinois originaires de la province du Kuku-Nor, ils règnent sur les abattoirs, situés dans un quartier excentrique hors de l'enceinte du Lingkhor. On les regarde de travers : tuer des animaux est contraire aux prescriptions bouddhiques. Toutefois, eux aussi possèdent leurs mosquées.

En dépit de cette extraordinaire diversité de religions, de races et de mœurs, la population de Lhassa fête en parfaite harmonie l'avènement de la nouvelle année. Sans doute la tolérance est-elle communicative car les tentes des Chinois et des Anglais — qui se disputent depuis des siècles les sympathies du Tibet — se dressent fraternellement côte à côte.

Faisant suite aux courses de chevaux et aux tournois, une dernière compétition clôt les réjouissances. Ce curieux tir à l'arc est exclusivement réservé à la noblesse. La cible est un rideau multicolore auquel on suspend un disque noir d'un diamètre de quinze centimètres entouré de cercles concentriques formés d'anneaux de cuir. A trente mètres, le tireur prend position, bande son arc et lance une flèche. Pendant la trajectoire, le projectile émet un curieux sifflement que l'on entend de loin. J'ai eu l'occasion d'examiner une de ces flèches; le fer est remplacé par une perle de bois perforée de petits trous à travers lesquels l'air passe, produisant ces sons étrangement modulés. L'habileté des tireurs est telle que, sauf exception, toutes les flèches se logent dans le disque noir au centre de la cible. Les nobles qui participent à cette épreuve reçoivent, comme les autres vainqueurs, des écharpes blanches.

La fête est terminée!

En fin d'après-midi, seigneurs et hauts personnages retournent en grande pompe à Lhassa, au milieu d'une foule de petites gens qui les contemple sans la moindre envie. Le peuple est satisfait; le cœur des croyants vibre au souvenir des grandes cérémonies et de l'apparition solennelle du dieu-pontife.

Maintenant, la vie reprend son cours normal; les commerçants rouvrent leurs boutiques et les marchandages recommencent un peu partout. Aux carrefours, les joueurs de dés se rassemblent; les chiens qui, pendant la période dite « de propreté » avaient quitté la ville, reprennent possession de leur domaine...

Quant à nous, on nous oublie. Le printemps se termine, l'été approche; ma sciatique me laisse en paix et il n'est plus question d'expulsion. Je continue à me soigner, mais je suis tout de même en état de m'occuper du jardin quand il fait beau. Le travail ne me manque pas. Personne n'ignore plus que le jet d'eau qui orne le parc de Tsarong a été installé par moi; l'un après l'autre, les nobles viennent me trouver et manifestent le désir d'en posséder un semblable.

Tout comme le Chinois, le Tibétain aime jardiner : il transforme le moindre lopin de terre en un parterre de fleurs multicolores. Les plantes égaient aussi tous les intérieurs — on les trouve partout et dans les récipients les plus inattendus : vieilles théières, boîtes de conserves, vaisselle ébréchée prennent, grâce à elles, un air de fête.

Aufschnaiter est occupé du matin au soir : il surveille la construction d'un canal d'irrigation, le premier canal tibétain creusé selon les lois de l'hydraulique. Il passe son temps sur le chantier où le travail ne cesse que les jours de grande fête. Les circonstances sont particulièrement favorables. Cette fois ce ne sont plus les nobles, ce sont les moines qui nous emploient et c'est là un excellent présage, car si la noblesse joue un grand rôle dans l'administration du pays, le clergé seul détient le pouvoir.

L'Ordre des Tsedrung

Aussi ne dissimulé-je pas ma joie quand les Tsedrung me font demander par un serviteur de leur rendre visite.

Ces moines en effet forment une caste d'un intérêt particulier. C'est parmi eux que se recrutent les serviteurs et les personnes qui approchent de près le Dalaï Lama : grand chambellan, professeurs, valets de chambre, etc. Chaque jour le Dalaï prend part aux réunions quotidiennes que tiennent entre eux les membres de cette franc-maçonnerie.

Ils reçoivent une solide instruction et sont soumis à une stricte discipline. Le séminaire des Tsedrung est situé dans l'aile orientale du Potala; les professeurs sont choisis parmi les moines du célèbre monastère de Möndroling, au sud du Tsangpo, où fleurissent les meilleures traditions de la littérature tibétaine. Tout Tibétain peut entrer à l'école des Tsedrung. En revanche, il est extrêmement difficile d'être admis dans l'ordre même. Un usage séculaire fixe, en effet, à cent soixante-quinze le nombre des affiliés. Ce chiffre était, il y a quelques années encore, celui des fonctionnaires civils et l'administration tibétaine ne comptait au total que trois cent cinquante membres laïcs ou cléricaux. Mais récemment, leur nombre s'est accru par la création de nouveaux offices gouvernementaux.

Il faut au jeune novice parvenu à l'âge de dix-huit ans, non seulement réussir divers examens mais jouir de puissantes protections pour être admis dans la caste des Tsedrung, ce qui lui confère le cinquième rang de noblesse. Suivant ses capacités, il accédera ensuite au quatrième, puis au troisième. Comme les autres moines, les Tsedrung portent la grande robe violette, mais on les distingue à un ornement qui indique leur grade dans la confrérie. Ainsi, un Tsedrung de troisième rang porte une étole de soie jaune. Ces futurs dignitaires sont généralement d'origine plébéienne et leur influence contre-balance celle de la noblesse. Leur champ d'activité est immense; chaque fonction gouvernementale ayant deux titulaires : un laïc et un moine. (Ce système de contrôle réciproque tendant à empêcher les abus de pouvoir.)

Drönyer Tchemo, le tout-puissant chambellan du Potala qui m'a fait appeler, me propose d'aménager le jardin des Tsedrung. En outre si mon travail donne satisfaction peut-être fera-t-on appel à moi, me laisse-t-il entendre, pour réorganiser le parc du Dalaï. Naturellement, j'accepte d'emblée sa proposition; avec une cinquantaine d'ouvriers sous mes ordres, je me mets aussitôt à la tâche.

Maintenant Aufschnaiter et moi n'avons plus grand-chose à redouter. Employés des Tsedrung, nous nous trouvons sous leur protection et cela nous paraît prouver que, l'habitude aidant, notre présence dans la ville sainte est désormais tolérée.

Mais nous nous leurrons! Une semaine plus tard, nous recevons en effet la visite d'un haut fonctionnaire de l'Office des Relations extérieures, Kyibub, un des quatre Tibétains qui ont fait leurs études en Angleterre. Il s'excuse de devoir nous communiquer une nouvelle désastreuse : le major Gutherie m'a déclaré transportable et le gouvernement nous invite à quitter Lhassa dans les plus brefs délais. A l'appui de ses dires, Kyibub me tend la lettre du médecin. Elle précise que, bien que mon état de santé ne soit pas entièrement satisfaisant, rien ne s'oppose plus à mon départ.

Aufschnaiter et moi restons abasourdis. Mais bientôt, surmontant notre découragement, nous passons à l'offensive et faisons flèche de tout bois. A notre tour de poser des questions : que se passera-t-il si ma sciatique me reprend en cours de route? Comment supporterons-nous le climat des Indes en pleine période de mousson, après tant de mois passés au Tibet? Qui terminera à notre place les travaux que nous avons entrepris à le demande des autorités?

Enfin, nous déclarons à Kyibub que nous allons rédiger sur-le-champ un nouvel appel au gouvernement.

Pendant trois semaines, nous tendons le dos mais, à notre surprise, on nous laisse en paix une fois de plus. Il est vrai que nous ne sommes plus des étrangers à Lhassa; la population s'est habituée à notre présence; même les enfants ne nous montrent plus du doigt. Les visites que nous recevons sont celles d'amis et non de curieux comme au début. Partout où nous allons, on nous assure que nous sommes les bienvenus et que l'on se réjouit de nous savoir dans la capitale.

Si ce n'était la difficulté de correspondre avec l'Europe — dont le sort ne nous séduit guère — nous aurions tout lieu d'être satisfaits de notre sort; depuis que nous travaillons, nous ne sommes plus à la charge de Tsarong. Possédant une maison, nous sommes à l'abri des soucis matériels. Enfin, les nombreuses invitations que nous adressent les nobles de Lhassa contribuent à nous distraire. L'hospitalité tibétaine est admirable et chaque réception est une nouvelle cause d'émerveillement.

Naissance au sein de la famille du Dalaï Lama

Les réceptions auxquelles nous avons assisté jusqu'ici sont éclipsées par la grande fête organisée par les parents du Dalaï. Cette fois, le hasard seul m'a permis d'y prendre part. Je travaillais dans le jardin du père et de la mère du pontife lorsqu'un serviteur vint m'inviter.

Ému et un peu gêné, je contemple l'assistance. Trente nobles, hommes et femmes, revêtus de leurs plus beaux atours, s'empressent autour de la mère du Dalaï. Un invité me renseigne : on célèbre la naissance d'un nouvel héritier. A mon tour, je m'approche; je tends à l'heureuse mère une écharpe de soie et la félicite chaleureusement. L'accouchement ne date que de l'avant-veille, pourtant l'intéressée va et vient comme si de rien n'était et s'entretient, debout, avec ses hôtes.

La rapidité avec laquelle se remettent les Tibétaines après une naissance m'a toujours stupéfié. Rien n'est plus anodin qu'un accouchement : point de médecins, les femmes se chargent de tout. La Tibétaine s'enorgueillit d'avoir une nombreuse progéniture; elle nourrit elle-même ses enfants et il est fréquent de voir des garçons et des filles de trois et quatre ans qui tètent encore. Riches ou pauvres, les Tibétains adorent leurs enfants et les gâtent énormément. Seul ombre au tableau : de nombreux nourrissons viennent au monde atteints de maladies vénériennes et la mortalité est importante.

Lorsqu'un bébé naît dans une famille noble, on le confie à une femme qui, désormais, ne le quittera ni jour ni nuit. Une naissance donne toujours lieu à une fête solennelle. Appelé en consultation, un lama dresse l'horoscope du nouveau-né et choisit ses noms en fonction de la date, de l'heure et de la conjonction lunaire au moment de sa venue au monde. Si, par la suite, l'enfant contracte une maladie grave et en réchappe, on change son nom, l'ancien étant considéré comme maléfique. C'est ainsi que, rendant un jour visite à un de mes amis qui relevait d'une dysenterie, je fus stupéfait de découvrir que, depuis notre dernière rencontre, il avait changé d'identité.

Mais revenons à la fête, particulièrement brillante, donnée en l'honneur du plus jeune frère du Dalaï Lama. Les convives prennent place, chacun selon son rang, sur des coussins disposés autour de petites tables basses. Deux heures durant, les services se succèdent sans interruption — j'en ai compté plus de quarante, mais n'ai pas eu le courage de continuer. Il faut savoir se modérer au début pour pouvoir tenir jusqu'au dessert! Des serviteurs s'empressent, déposent les plats sur les tables, les remportent sans bruit et reviennent, les bras chargés de nouvelles friandises. Aux mets locaux : mouton et yak rôtis, succèdent du riz, du poulet au curry et bien d'autres spécialités hindoues ou chinoises. A la fin du repas, vient la soupe aux pâtes obligatoire; sans elle le festin ne serait pas complet. Les convives boivent du chang qui aide à la digestion; d'autres, plus raffinés, lui préfèrent du porto ou du whisky importé des Indes. Graduellement l'atmosphère s'échauffe, mais le maître de maison ne s'en offusque pas : c'est la preuve que ses invités apprécient son accueil.

En fin de soirée, des serviteurs avec des chevaux se tiennent prêts à reconduire les hôtes et l'assistance se sépare après avoir remercié le maître de céans qui remet à chacun une écharpe blanche. Avant de se quitter on échange des invitations, toutefois la plupart sont de pure politesse et distinguer celles qui sont authentiques de celles qui ne le sont pas constitue un véritable casse-tête.

Aufschnaiter et moi avons mis des mois avant d'y parvenir. Le degré de sincérité se mesure à l'intonation ou à la construction de la phrase.

Par la suite, nous sommes fréquemment revenus en invités dans le palais des parents du Dalaï Lama, surtout depuis que son frère aîné et moi étions devenus d'excellents amis.

Mon ami Lobsang Samten

Lobsang Samten se destine à la carrière monacale. Un brillant avenir s'ouvre devant lui; son rang et sa qualité de frère du dieu-pontife font de lui l'intermédiaire obligé entre son cadet et le gouvernement.

Déjà, le jeune homme n'est plus libre de ses mouvements; aussitôt qu'il pénètre en visite officielle dans la maison d'un noble ou d'un haut fonctionnaire, le silence se fait. Membres du cabinet ou gouverneurs de province se lèvent à son approche, en témoignage de respect. Tout autre que Lobsang Samten tirerait avantage de cette situation et serait imbu de sa propre importance; lui, au contraire, fait montre d'une touchante modestie.

Souvent, il me parle de son jeune frère qui vit, solitaire, à l'intérieur du Potala. A plusieurs reprises, j'avais remarqué que les Tibétains se cachaient lorsque la frêle silhouette du Dalaï Lama apparaissait sur la terrasse du palais et j'en demandai l'explication à Lobsang Samten. En souriant, il me répondit :

« Mon frère possède une collection de jumelles dont on lui a fait cadeau; il s'en sert souvent pour observer les allées et venues de ses sujets. C'est un amusement comme un autre! »

Le Dalaï Lama passe le plus clair de ses journées abîmé dans la prière et la méditation et les distractions sont rares.

Lobsang est son seul confident; lui seul est autorisé à pénétrer à toute heure dans ses appartements. Son frère lui pose de nombreuses questions à notre propos et il m'observe parfois à mon insu, quand je travaille dans les jardins. Lobsang me révèle que le Dalaï se réjouit de quitter le Potala pour sa résidence d'été du Norbulingka maintenant que les tempêtes de sable ont pris fin et que les pêchers commencent à se couvrir de fleurs.

Quelques jours après cette conversation, des sonneries de trompes annoncent que le moment est venu de fêter le retour de la belle saison et de changer de vêtements. Les devins ont déterminé la date de cette cérémonie en étudiant les vieux textes et personne n'est autorisé à revêtir ses effets d'été tant que les nobles et les moines n'en ont pas donné l'exemple.

Les nobles endossent en public leurs habits légers que leur apportent des serviteurs. Les moines, eux, se contentent de remplacer le chapeau de cérémonie bordé de fourrure par un autre, moins chaud, en cuir ou en carton.

Bientôt les fonctionnaires laïcs et cléricaux accompagneront le Dalaï Lama jusqu'à sa résidence d'été.

De nouveau il faudra changer de vêtements.

Verrons-nous, cette fois, de près, le Bouddha Vivant? Nous l'espérons bien.

La procession du Norbulingka

Il fait un temps magnifique; les Lhassapa forment la haie entre la porte de Tchörten, à l'ouest de la ville, et l'entrée du parc qui entoure le palais d'été. Sur trois kilomètres, l'affluence est telle que nous avons beaucoup de mal à trouver un bon observatoire. La foule en liesse ondule à perte de vue comme une houle multicolore.

Aussi imposant que soit le Potala, c'est plus une prison qu'un palais; sa masse est écrasante. On comprend sans peine que tous les Dalaï Lama n'aient eu qu'un désir : fuir la forteresse dès le début de la belle saison.

La résidence d'été de Norbulingka, commencée sous le règne du septième Dalaï, a été terminée seulement sous celui du treizième, c'est-à-dire du prédécesseur de l'actuel Bouddha Vivant. Grand réformateur, le treizième Dalaï était en même temps épris de modernisme : un jour, il décida de faire venir trois automobiles à Lhassa, au vif émoi du clergé. Démontées, les voitures passèrent l'Himalaya à dos d'homme et de yak, puis furent remontées pièce par pièce par un mécanicien formé aux Indes. En récompense, celui-ci fut nommé « chauffeur officiel ». Chaque fois que je le rencontre, le pauvre homme se lamente sur le sort des deux Austin et de la Dodge garées dans une grange; il continue à les entretenir, bien que personne ne s'en serve plus. On raconte encore à

Lhassa que le même Dalaï, rentré en grande pompe de son palais d'été, n'avait rien de plus pressé, une fois franchie l'enceinte du Potala, que de remonter dans une de ses voitures et de se faire reconduire, en secret, à Norbulingka.

Mais voici que retentissent appels de trompes et roulements de tambours annonçant l'arrivée du cortège; la foule murmure, puis se tait dès que l'avant-garde de la procession paraît. Des moines au service du Dalaï portent, enveloppés dans des soieries jaunes, les objets qui lui appartiennent. Le jaune est la couleur officielle, celle de l'église lamaïste réformée. Une veille légende explique l'origine de ce choix.

Tsong Kapa, le grand réformateur du bouddhisme tibétain, n'était encore que séminariste; dernier novice à pénétrer dans la lamaserie de Sakya, il s'apprêtait à revêtir les habits de cérémonie et à mettre sur sa tête le chapeau rouge rituel. Or, on l'avait oublié et il ne restait plus de coiffure disponible. Voyant son embarras, un des spectateurs se saisit du premier chapeau qu'il trouva et en coiffa Tsong Kapa. Le hasard voulut qu'il fût jaune. Par la suite, Tsong Kapa resta fidèle à cette couleur et c'est ainsi que le jaune devint le symbole de l'Église réformée.

Lors des cérémonies et des réceptions officielles, le Dalaï Lama porte toujours un bonnet et des vêtements de soie jaune. C'est là un privilège qui lui est réservé.

Derrière les moines chargés des objets appartenant au Bouddha Vivant, des serviteurs défilent, transportant de grandes cages qui renferment les oiseaux préférés de Sa Sainteté. Parfois un perroquet lance un mot ou une phrase de bienvenue; un frisson parcourt la foule qui interprète ce cri comme un message divin. D'autres moines, porteurs de bannières et d'oriflammes, précèdent un troupe de musiciens à cheval, vêtus de livrées anciennes et soufflant dans d'antiques instruments auxquels ils arrachent des sons plaintifs. Tout cela manque d'ensemble et les tambours battent rarement en mesure : l'essentiel est de faire du bruit. Les Tsedrung caracolent, échelonnés selon le rang qu'ils occupent dans la confrérie, puis viennent les chevaux de l'écurie personnelle du Dalaï Lama. Rênes et guides sont jaunes; les mors et les ornements des selles sont en or massif et les animaux portent de splendides carapaçons de brocart.

Suivent les ministres et les hauts dignitaires qui ont l'honneur de servir le dieu-pontife : chambellan, échanson, professeurs, intermédiaires entre le Dalaï et le gouvernement, prieurs de monastères portant un surplis de soie jaune sur leur robe violette. Des géants, choisis pour leur force, les escortent. Aucun ne mesure moins de deux mètres, l'un d'eux atteindrait même, m'a-t-on dit, deux mètres quarante. Pour augmenter encore leur carrure, ils ne dédaignent pas de rembourrer leur robe aux épaules. Porteurs de longs fouets, ces policiers invitent les spectateurs à reculer et à se découvrir. Sans doute s'agit-il là d'un rite car, sans attendre les injonctions des dob-dob, les assistants courbent l'échine en signe de respect et certains se jettent dans la poussière.

Le général en chef de l'armée tibétaine suit les hauts dignitaires et son uniforme kaki, son casque colonial tranchent sur la splendeur des vêtements de parade des autres membres du cortège. Cependant il a trouvé le moyen de prendre sa revanche : ses épaulettes, ses insignes et les nombreuses décorations qu'il arbore sont en or massif et il brandit son épée.

Le silence se fait à l'approche de la litière aux rideaux jaunes du Dalaï Lama. Trente-six hommes, vêtus de robes de soie verte et coiffés de chapeaux écarlates, la transportent. Le contraste entre ces trois couleurs est saisissant. Au-dessus de la litière un moine tient un immense parasol fait de plumes de paon.

Autour de nous le silence est total; abîmée dans l'adoration, la foule garde les yeux baissés. Nous-mêmes nous contentons de nous incliner légèrement, car nous tenons à voir le Dalaï Lama. Soudain, un visage souriant se montre derrière les vitres du baldaquin. Le Bouddha Vivant, lui aussi, nous a vus.

Lentement la litière s'éloigne; j'ai su plus tard que les trente-six porteurs du Dalaï s'exerçaient pendant des semaines, sous la direction d'un noble de quatrième rang, avant de parvenir à cette parfaite synchronisation des mouvements.

A la suite de Sa Sainteté, viennent les hauts personnages civils : les quatre ministres montant des chevaux magnifiquement harnachés; puis, derrière eux, dans une litière, le régent, Tagtra Gyeltshab Rimpoché, le « noble lieutenant du roi ». C'est un vieillard de soixante-treize ans; il regarde fixement devant lui, sans un sourire, sans un signe à l'adresse de la foule qui s'incline avec respect sur son passage. Représentant du jeune Dalaï, il a autant d'amis que d'ennemis et le silence qui marque sa venue à quelque chose d'angoissant. A cheval, s'avancent les prieurs des trois grands monastères : Sera, Drebung et Ganden; eux aussi portent des surplis jaunes sur leurs robes monastiques mais, contrairement à ceux des compagnons du Dalaï Lama, les leurs sont en coton et non pas en soie. Leurs têtes rasées sont surmontées de chapeaux de carton doré, à larges bords. Formant l'arrière-garde du cortège, les nobles défilent à leur tour, chacun à sa place selon le rang qu'il occupe dans la hiérarchie. A chaque degré de noblesse correspondent un costume distinctif et un chapeau différent. Les minuscules bonnets dont s'affublent les membres de la plus basse caste sont proprement grotesques : ils couvrent tout juste le sommet du crâne et sont maintenus par un ruban noué sous le menton.

Aufschnaiter et moi sommes encore sous le coup du spectacle extraordinaire qui vient de se dérouler sous nos yeux lorsque, soudain, une musique connue vient frapper nos oreilles. Les premières mesures du *God save the King* retentissent! A mi-chemin du palais d'été, la clique de la garde personnelle du Dalaï Lama a pris place; au moment où la litière du Bouddha Vivant arrive à leur hauteur, les musiciens entonnent l'hymne royal anglais. L'exécution n'est pas irréprochable, tant s'en faut, mais jamais encore je n'ai connu pareille surprise. Le responsable de cette innovation est le chef de musique. Plusieurs officiers tibétains ont été formés dans l'armée coloniale des Indes; ayant remarqué que le *God save the King* était joué dans les occasions solennelles, ils l'ont introduit dans leur pays. Il existe, paraît-il, des paroles tibétaines qui accompagnent la musique mais, pour ma part, jamais je n'ai entendu chanter l'« hymne national ». Le morceau terminé, la clique vient se placer à la fin de la procession, bientôt relayée par des cornemuses qui jouent des airs écossais; ce sont les musiciens du bataillon de police, d'un effectif de cinq cents hommes, massés à l'entrée du Norbulingka.

Quelques minutes plus tard, le cortège disparaît dans le vaste parc qui entoure le palais d'été; une longue cérémonie se déroule pour célébrer l'installation du Dalaï Lama dans sa nouvelle résidence, puis un festin réunit dignitaires, cléricaux et laïcs.

La sécheresse et l'oracle de Gadong

Peu après la procession du Norbulingka, le beau temps commence à régner; dans la journée, la température ne dépasse pas vingt-cinq degrés et les nuits sont agréablement fraîches. Les pluies sont rarissimes et, bientôt, la sécheresse se transforme en fléau. A cette saison, les quelques puits de Lhassa ne contiennent plus que de la boue. La population va alors chercher son eau dans le Kyitchu; le fleuve est sacré, mais cela n'empêche pas qu'on y jette parfois des cadavres que les poissons se chargent de faire disparaître. Chaque année, au moment où les puits commencent à se tarir et les cultures à jaunir, le gouvernement lance une proclamation et enjoint aux Lhassapa d'arroser les rues jusqu'à nouvel ordre. Les Tibétains descendent vers le fleuve en longues files, munis de seaux et de récipients divers; ils reviennent lourdement chargés.

Les nobles délèguent leurs serviteurs vers le Kyitchu, mais ils renversent eux-mêmes dans la rue le contenu des baquets qu'ils rapportent. La corvée d'eau se tranforme bientôt en réjouissance publique, non seulement la chaussée, mais les passants sont copieusement inondés. Jeunes ou vieux, pauvres ou riches, tout le monde participe à la fête. Des trombes d'eau dévalent des toits, une fenêtre s'ouvre et le malheureux qui se trouve à proximité se voit douché de belle manière. Ce jour-là les enfants sont dans leur élément : pour une fois ils peuvent faire ce qu'on leur défend tout le reste de l'année! Non seulement ils profitent de la permission, mais ils en abusent. Malheur à celui qui élèverait des protestations, il se verrait aussitôt arrosé de la tête aux pieds!

Ma taille fait naturellement de moi un objectif de choix et, bientôt, le « tchermen Henrigla » — tel est le nom que l'on me donne — n'a plus un poil de sec.

Pendant que, dans les rues de Lhassa, la bataille de l'eau fait rage, l'oracle de Gadong, le plus célèbre « faiseur de temps » du Tibet, officie dans le jardin du palais d'été. Parmi les spectateurs figurent les membres du gouvernement et les représentants du clergé réunis sous la présidence du Dalaï Lama. L'oracle entre en transes, des frémissements parcourent ses membres contractés et des sons rauques s'échappent de sa bouche. Un moine supplie le médium d'intervenir auprès des dieux pour qu'ils fassent tomber la pluie, sinon le pays connaîtra une mauvaise récolte. Le devin grimace et ses murmures se transforment progressivement en cris; un greffier s'avance, note les phrases à mesure qu'il les prononce, puis tend la tablette aux ministres. Abandonné par le dieu qui l'habitait, l'oracle tombe en catalepsie et on l'emporte.

La nouvelle se répand comme une traînée de poudre : le devin de Gadong a promis la pluie! Le fait est qu'une heure après il pleut, aussi extraordinaire que cela puisse paraître. J'ai eu beau chercher toutes les explications possibles, aucune ne m'a convaincu; pour moi, le mystère reste entier.

La vie quotidienne a Lhassa

Invités de tous côtés, points de mire de l'attention générale, nous pénétrons progressivement dans l'intimité des grandes familles de la capitale. Chaque jour nous apporte une nouvelle surprise. Désormais nous ne sommes plus des étrangers et l'on nous admet partout sur un pied d'égalité, c'est certain.

Avec le plein été arrive l'époque des vacances. Les Lhassapa se rendent sur les bords du Kyitchu et se répandent sur les rives du fleuve et de ses bras; petits et grands pataugent à longueur de journée. Les nobles font dresser leur tente au milieu de leurs jardins et je connais nombre de Tibétaines élevées aux Indes qui n'hésitent pas à s'exhiber en maillot de bain. Entre deux « trempettes », on se distrait en mangeant et en jouant aux dés. Vers le soir, avant de quitter le lieu du pique-nique, tous, riches ou pauvres, rendent hommage aux dieux et les remercient de les avoir favorisés d'une belle journée; des milliers de bâtons d'encens se consument lentement sur la rive.

A Lhassa, l'homme qui sait nager est un personnage et mes performances dans ce domaine m'assurent un prestige incontesté.

Un jour, le ministre des Affaires étrangères, Surkhang, m'invite à passer l'après-midi avec lui et sa famille dans la tente qu'il a fait planter sur la berge du Kyitchu; son fils Dchigme est justement en vacances et tient à me connaître. Élevé aux Indes, il a appris des rudiments de natation.

Je fais la planche et me laisse porter quand, soudain, des cris retentissent; levant la tête, j'aperçois sur la rive des silhouettes qui gesticulent et désignent un point au milieu du fleuve.

En toute hâte, je regagne le bord et cours jusqu'à la tente de Surkhang. Pris dans un tourbillon, le jeune Dchigme se débat désespérement. Sautant à l'eau et luttant contre le courant, je parviens à saisir le jeune homme évanoui et à le ramener près de son père. Ancien moniteur sportif, je pratique immédiatement la respiration artificielle; au bout de quelques minutes, le noyé ouvre les yeux. Son père et les nombreux assistants sont stupéfaits. Remis de sa surprise, Surkhang m'assure de sa gratitude éternelle; le fait d'avoir sauvé une vie humaine me pare d'une auréole surnaturelle aux yeux de mes amis et connaissances.

A la suite de cet incident, j'entretiens des relations amicales avec Surkhang et sa famille, ce qui me permet d'étudier l'organisation de son foyer, ahurissante même pour le Tibet.

Surkhang a divorcé une première fois; trois ans après son remariage, il est resté veuf de sa deuxième femme, la mère de Dchigme. Depuis, il « partage » avec un noble de rang inférieur l'épouse de celui-ci. Dans le contrat qui les lie, Surkhang a fait stipuler que le troisième mari de la dame était son propre fils, afin qu'à sa mort sa fortune n'aille pas intégralement à sa veuve.

Des situations aussi bizarres se retrouvent dans la majorité des familles; le cas le plus curieux que j'aie connu est celui d'une mère, belle-sœur de sa propre fille. Polygamie et polyandrie se pratiquent couramment, bien que la plupart des Tibétains soient monogames.

La plupart du temps, l'homme qui possède plusieurs femmes a épousé des sœurs; ceci arrive surtout dans les familles sans descendance mâle. Ainsi la fortune ne risque pas de s'effriter et reste entre les mêmes mains. C'est le cas de notre ami Tsarong; il a épousé trois sœurs héritières d'une vieille famille noble de Lhassa, dont, par permission spéciale du Dalaï Lama, il porte désormais le nom patronymique.

Contrairement à ce que l'on pourrait imaginer, les ménages sont aussi unis que ceux d'Europe et des règles strictes déterminent les rapports au sein d'une famille. Lorsque deux ou trois frères se partagent la même femme, l'aîné jouit de droits plus étendus que ces cadets; ceux-ci ne peuvent se prévaloir des leurs que si l'aîné s'absente ou s'il a une maîtresse. Personne ne se plaint de ce système compliqué. Pourtant au Tibet il y a pléthore de femmes. Une grande partie de la population mâle se destine à la carrière sacerdotale et chaque village a son monastère; les époux possibles forment donc une minorité. Seuls, les enfants légitimes ont droit au titre d'héritiers, mais on se soucie fort peu de savoir qui est le père. L'important, encore une fois, est la sauvegarde du patrimoine.

J'ai souvent lu dans des livres consacrés au Tibet que, suivant l'usage, le maître de maison offrait sa femme ou sa fille à l'hôte de passage ou à l'invité. Si jamais j'avais eu des illusions sur ce point, il y a belle lurette que j'aurais déchanté! Parfois, à l'issue d'un plantureux dîner, il arrive que l'hôte propose à l'invité de choisir une partenaire parmi sa domesticité. Toutefois, c'est l'exception, et ceci n'implique nullement que l'intéressée obéisse aux injonctions patronales. Naturellement à Lhassa, comme partout ailleurs, on trouve des femmes faciles; il en est même qui s'entendent fort bien à monnayer leurs charmes.

Il y a quelques années encore, les parents se chargeaient d'arranger les mariages; depuis les choses ont changé, et, de plus en plus, les jeunes gens se passent des conseils de leurs aînés. On se marie tôt : seize ans pour les filles, dix-sept ou dix-huit ans pour les garçons. La noblesse, elle, veille jalousement à conserver son « sang bleu » et ses membres se marient toujours entre eux; toutefois, les unions consanguines sont strictement interdites. Seul, le Dalaï Lama peut autoriser des dérogations à cette règle. Dans certains cas, les individus qui se sont distingués au service de l'État se voient annoblis; de cette manière un apport de sang nouveau vient régénérer celui qui circule dans les veines des représentants des deux cents familles qui constituent l'aristocratie tibétaine.

Dès que les fiançailles officielles sont annoncées, la jeune fille prépare son trousseau; son importance varie suivant le rang des parents. Le jour fixé pour la cérémonie, l'épouse quitte, avant l'aube, la demeure paternelle et gagne celle de son mari. Devant l'autel des ancêtres, un lama bénit le jeune couple, puis une grande fête réunit parents et amis; selon la fortune des intéressés, les réjouissances durent plus ou moins longtemps : trois à quinze jours. Après le départ des invités, la jeune femme prend possession de son nouveau foyer. Cependant elle n'en devient véritablement la maîtresse qu'à la mort de sa belle-mère.

Les divorces sont rares et soumis à l'agrément des autorités. L'adultère est sévèrement puni; toutefois, si, selon la loi, l'épouse coupable est condamnée à avoir le nez coupé, jamais je n'ai vu appliquer cette peine. Il est vrai qu'un jour on m'a montré une vieille femme sans nez; elle avait, paraît-il, été surprise en flagrant délit, mais je crois plutôt que la mutilation était une conséquence de la syphilis.

A Lhassa, les maladies vénériennes sont fréquentes, mais on n'y attache qu'une importance relative, et, si l'on fait appel au médecin, c'est généralement quand il est trop tard.

Les interventions chirurgicales sont inconnues. Souvent, Aufschnaiter et moi avions des sueurs froides à la pensée qu'un beau jour une appendicite pouvait se déclarer. A la moindre douleur, nous étions terrorisés; il nous paraissait absurde de mourir d'une péritonite en plein XXe siècle. Les seules opérations que pratiquent les Tibétains sont les incisions d'abcès ou de furoncles.

L'enseignement donné dans les « facultés » relève plus de l'empirisme que de la médecine proprement dite. Une fois pour toutes, Bouddha et ses disciples ont fixé les règles à appliquer dans tel ou tel cas et, encore de nos jours, les médecins prétendent déterminer la nature d'une maladie rien qu'en tâtant le pouls du patient.

Il existe, à Lhassa, deux facultés : celle du Tchagpori et une autre, plus importante, située dans la ville même. Chaque monastère y envoie un contingent de jeunes moines particulièrement doués qui, pendant dix ou quinze ans, s'initient aux secrets de la médecine « religieuse ». J'ai pu assister à l'un des cours. Le professeur, un vieux moine, surveillait une vingtaine de moinillons, assis en tailleur; chacun tenait une tablette sur ses genoux. Un tableau bariolé montrait une certaine plante, les dangers résultant de son absorption et la manière de combattre l'empoisonnement par des remèdes appropriés; les explications du professeur n'étaient que le commentaire des figures.

En fait, l'astronomie joue un grand rôle dans l'enseignement des sciences médicales. On apprend aux élèves à prédire le temps, en fonction des phases et des éclipses de la lune et du soleil et à établir les éphémérides des différents astres capables d'exercer une influence sur l'évolution des maladies.

L'automne venu, professeurs et étudiants vont dans les montagnes où ils procèdent à la récolte des plantes médicinales. Ces excursions sont particulièrement goûtées de la jeunesse;

chaque jour on dresse la tente dans un autre endroit. La cueillette terminée, tout le monde se rend au monastère de Tra Yerpa, un des hauts lieux du Tibet. Dans un temple les herbes et les simples sont triés avant d'être mis à sécher. Pendant l'hiver, les futurs médecins les broient dans des mortiers et enferment la poudre obtenue dans des sachets soigneusement étiquetés dont la garde est confiée au prieur-directeur de l'école de médecine. Les facultés sont en même temps des pharmacies où chacun est libre de venir s'approvisionner et demander conseil en cas de maladie. La délivrance des médicaments se fait gratuitement ou en échange d'un modeste cadeau. Les consultations permettent aux jeunes médecins de se familiariser avec les différentes maladies et constituent le côté pratique de leurs études.

Les Tibétains sont passés maîtres dans la connaissance des simples et de leur utilisation; j'ai souvent essayé leurs traitements. Si leurs pilules et leurs décoctions ne m'ont pas guéri de ma sciatique, leurs bouillons de plantes faisaient merveille contre la grippe et la bronchite.

Le prieur-directeur de la faculté de médecine est en même temps le médecin personnel du Dalaï Lama; ses fonctions sont honorifiques, mais lourdes de responsabilités. Lorsque le treizième pontife mourut à l'âge de cinquante-quatre ans, on accusa le médecin traitant — le doyen du Tchagpori — d'avoir failli à son devoir; il perdit son rang et son poste et dut s'estimer heureux de ne pas subir un châtiment plus sévère, la peine du fouet pour le moins.

Si, dans les villes et les monastères on pratique la vaccination contre la variole, le Tibétain est désarmé contre les maladies infectieuses et les épidémies sont souvent catastrophiques.

Par bonheur le climat et l'air du Toit-du-Monde sont salubres; sans eux, la crasse et les conditions d'hygiène déplorables auraient depuis longtemps dépeuplé le pays. Aufschnaiter et moi insistons sans cesse sur l'urgence des mesures à prendre pour améliorer l'état sanitaire; nous avons même dressé les plans d'un réseau d'égoûts destiné à l'évacuation des eaux usées de Lhassa.

Plutôt que d'avoir recours aux médecins qui sortent des écoles officielles, le Tibétain préfère s'adresser aux « saints » qui opèrent par l'imposition des mains et prient pour la guérison des malades. Ces lamas, qui ont tout du charlatan, soignent leurs patients avec leur propre salive ou préparent de curieux remèdes à base de tsampa, de beurre et d'urine d'individus renommés pour leur vertu. Plus classique est le traitement qui consiste à plonger dans l'eau lustrale des temples en miniature et à les appliquer sur la partie malade.

Enfin, et surtout, les amulettes d'argile que confectionnent les lamas sont extrêmement recherchées. Un objet ayant appartenu à un dieu-pontife jouit de propriétés infaillibles; c'est à la fois une relique et une panacée. Les nobles conservent pieusement, cousus dans des sachets de soie, des bibelots provenant de la succession du treizième Dalaï Lama. En sa qualité d'ex-favori, Tsarong en possède des quantités. L'attachement et le culte fanatique que lui-même et son fils — qui pourtant a été élevé aux Indes — ont pour l'ancien pontife me stupéfient. La confiance des Tibétains dans leurs amulettes est infinie; il leur suffit d'en avoir une pour se sentir invulnérables. J'ai tenté souvent de démontrer à mes interlocuteurs l'inanité de cette conviction, mais ils me soutenaient qu'un talisman suffit à mettre son propriétaire à l'abri des balles, par exemple. Poussant plus loin le paradoxe, je leur demandai :

« Mais alors, si vous suspendez une amulette au collier d'un chien, personne ne pourra lui couper la queue? »

La réponse était catégorique :

« Certainement! »

Je n'ai jamais osé ni voulu les convraincre de leur erreur; c'eût été contraire à l'attitude de stricte neutralité que j'avais adoptée une fois pour toutes en matière de convictions religieuses.

Des individus sans scrupules utilisent, bien entendu, cette crédulité à leur profit; devins et faiseurs d'horoscopes pullulent. Lhassa ne serait pas Lhassa si le long des itinéraires qu'empruntent les pèlerins, de vieilles femmes ne proposaient aux passants de leur dévoiler l'avenir en échange d'une modeste obole.

Elles interrogent le client sur son année de naissance, se font préciser un ou deux détails, se livrent à un calcul compliqué en s'aidant de leur rosaire, puis formulent le résultat; l'intéressé s'en va satisfait et rasséréné. Les oracles officiels, lamas et Bouddha Vivants, ont la confiance de la population. Personne n'entreprend quoi que ce soit sans avoir sollicité leur avis au préalable. On ne part pas en pèlerinage, on n'accepte pas de poste sans avoir d'abord demandé à un oracle autorisé de préciser la période et la date favorables.

Avant notre arrivée, il y avait à Lhassa un lama que ses prédictions avaient rendu célèbre; assiégé par ses clients, il donnait rendez-vous fort longtemps à l'avance aux personnes désireuses de le consulter. Pour satisfaire la foule des amateurs, il avait résolu de se déplacer lui-même, il allait ainsi de village en village, accompagné de ses disciples et les cadeaux qu'il recevait permettaient à la petite troupe de mener une existence confortable et exempte de soucis. Sa réputation était telle que Mr Fox, l'opérateur radio de la mission commerciale anglaise, qui souffrait de crises de rhumatismes chroniques, s'était fait inscrire sur la liste des consultants. Malheureusement pour lui, le thaumaturge décéda avant que son tour fût venu.

Simple moine, le lama avait étudié pendant vingt ans; après avoir brillamment passé ses examens dans l'un des grands monastères, il avait vécu dans les montagnes pendant plusieurs années, choisissant pour lieu de méditation solitaire la contrée la plus sauvage et la plus déshéritée du Tibet. Sa vie exemplaire lui valut un énorme prestige; jamais il ne mangeait de produits d'origine animale, il refusait jusqu'aux œufs. Ayant cessé de dormir, il avait même renoncé à son lit. On lui attribuait des miracles et la rumeur publique prétendait que la seule chaleur qu'il dégageait suffisait à enflammer les grains de son rosaire. Enfin, preuve irréfutable de sainteté, le lama avait affecté les dons qu'il recevait à l'édification, à Lhassa, d'une immense statue de Bouddha.

Il existe, au Tibet, une femme, réincarnation de Pal-den Lha-mo, la « déesse glorieuse », surnommée la « truie adamantine ». Je l'ai souvent vue au cours de cérémonies sur le Parkhor. C'était alors une pâle adolescente de seize ans, d'apparence insignifiante, qui portait le costume des religieuses et poursuivait ses études à Lhassa. Partout où elle allait la foule, qui la révérait comme une sainte, sollicitait sa bénédiction. Par la suite, elle devint supérieure d'un monastère d'hommes situé sur les rives du lac Yamdrok.

A Lhassa, des bruits incontrôlables courent sans cesse sur les lamas et les nonnes miraculeuses. J'aurais volontiers vérifié, par simple curiosité la réalité des guérisons qu'on leur attribuait, mais je me suis volontairement abstenu de procéder à une enquête par respect pour le sentiment religieux des Tibétains. Ils tiennent à leurs croyances et à leurs superstitions mais font, en même temps, preuve d'une extrême tolérance.

Durant les quatre années que nous avons vécues à Lhassa, nul n'a cherché à nous convertir au bouddhisme. De notre côté nous faisons montre d'une prudente réserve en visitant les temples et les monastères; nous nous conformions aux usages et offrions, selon la coutume, des écharpes de soie aux personnes que nous voulions honorer.

L'oracle d'État

Si la population confesse ses soucis aux lamas et demande conseil aux devins, le gouvernement ne décide rien sans prendre d'abord l'avis de l'oracle de Nechung.

Il m'a été donné, une fois, d'assister à une consultation officielle.

En compagnie de mon ami, le moine Wangdula, je partis à cheval pour le monastère. A l'époque, le devin était un jeune novice de dix-neuf ans; de famille modeste, il s'était fait remarquer par ses dons de médium. Même s'il ne possédait pas le métier de son prédécesseur, dont les indications avaient permis de découvrir l'actuel Dalaï Lama, le nouvel oracle promettait. Je me suis souvent demandé si la faculté qu'il possédait d'entrer en transes en l'espace de quelques minutes était le fait de dons exceptionnels de concentration ou plus simplement d'une drogue agissant sur les centres nerveux.

Un oracle doit pouvoir dissocier son corps de son esprit; ainsi le dieu qu'il invoque prend possession de son enveloppe charnelle et parle par sa bouche. Le médium devient véritablement la manifestation de la divinité; c'est là le point de vue des Tibétains tel que me l'a exposé Wangdula.

Sans cesser de parler, nous avions couvert les huit kilomètres qui séparent Lhassa de la lamaserie de Nechung. Venant du temple, retentissait une étrange musique, tantôt sourde, tantôt stridente...

Nous entrons. Le spectacle est affolant : partout sur les murs des fresques grimaçantes et des têtes de morts. Sursaturée de fumée d'encens, l'atmosphère est difficilement respirable. Au moment où nous arrivons, le jeune moine quitte ses appartements et pénètre dans la nef. Sur la poitrine, il porte un miroir rond, en métal; des serviteurs le couvrent de draperies jaunes, l'escortent jusqu'à un siège surélevé et se retirent. Seuls des roulements sourds de tambours rompent le silence. Le médium commence à se concentrer. D'où je suis, je l'observe parfaitement et ne le quitte pas du regard. Des tressaillements l'agitent, de moins en moins accusés; il semble que, graduellement, la vie quitte son corps. Il conserve ensuite une immobilité de cadavre et son visage a la pâleur de la cire. Tout à coup, un sursaut : le dieu vient de prendre possession de l'oracle. Il tremble de la tête aux pieds, de plus en plus fort et des gouttes de sueur perlent sur son front. Des serviteurs s'avancent et le coiffent d'une immense tiare. Elle est si pesante que deux hommes doivent la maintenir pendant qu'on en coiffe le devin; sous le poids de la couronne, le corps du moine se tasse sur les coussins de son trône. Une pensée me traverse l'esprit : il n'est pas étonnant, dans ces conditions, que les oracles meurent jeunes! L'effort physique et cérébral exigé par de telles séances est énorme et la dépense d'énergie considérable.

Les tremblements augmentent d'intensité. La tête, écrasée sous le poids de la tiare, s'incline sur la poitrine et les yeux sortent de leurs orbites. Le visage du médium perd sa pâleur et une rougeur malsaine la remplace; ses dents serrées s'entrouvrent, livrant passage à des sifflements.

Soudain, l'oracle se dresse; au son des trompes, il commence à tourner, martelant le sol de ses semelles. Ses soupirs et ses grincements de dents sont les seuls bruits que l'on perçoive dans le temple. De son pouce, porteur d'une lourde bague, le devin frappe sur le miroir qui scintille à la lueur des lampes, puis il se remet à danser sur un pied, virevoltant comme une toupie, très droit malgré la couronne qui l'oppresse. Des serviteurs lui glissent dans la main des grains d'orge qu'il jette à la volée. Les spectateurs, apeurés, se baissent et courbent l'échine. Moi-même, je crains un moment de passer pour indésirable. A dater de maintenant, personne ne peut augurer du comportement de l'oracle... Est-ce ma présence qui le trouble ? Non, il semble se calmer; des moines s'approchent et l'immobilisent. Un ministre s'avance, une écharpe blanche à la main, la passe autour du cou du devin et pose les questions préparées par le conseil. S'agit-il de nommer un gouverneur, de découvrir un bouddha vivant, de déclarer la guerre ou de conclure la paix, la décision est entre les mains du médium ou, plus exactement, du dieu qui a pris possession de son corps. A plusieurs reprises, le ministre répète sa phrase jusqu'à ce que l'oracle se mette à bredouiller. J'ai beau tendre l'oreille, je ne saisis pas le sens de ses paroles; les mots m'échappent.

Pendant que le ministre attend humblement, cherchant, lui aussi, à saisir au vol un mot ou une phrase, un vieux moine consigne par écrit les réponses; il l'a déjà fait des centaines de fois, car il était greffier du vivant du précédent devin. Je me demande même si le secrétaire n'est pas le véritable oracle, et celui-ci un vulgaire médium.

Quoi qu'il en soit, la version du greffier fait foi, en dépit de son ambiguïté, et c'est sur elle que se basent les dirigeants pour prendre leurs décisions.

Une chose surtout me laisse rêveur : lorsqu'un oracle officiel s'obstine à fournir des réponses incohérentes ou erronées, on le dépose et on le remplace par un autre. L'illogisme est frappant si, comme le font les Tibétains, on admet que c'est la divinité qui s'exprime par la bouche du médium.

Cette fonction officielle est extrêmement recherchée ; l'oracle a rang de « dalama », c'est-à-dire qu'il est assimilé à un noble de troisième catégorie et, en outre, il est le grand maître du puissant monastère de Nechung avec tous les avantages matériels que cela comporte.

Les dernières questions restent sans réponse. Cela signifie-t-il que le dieu s'est retiré ? Je ne sais. En tout cas, des moines s'approchent et tendent des écharpes au devin. Le corps parcouru de tremblements nerveux, l'oracle s'en saisit et les noue; ces écharpes seront remises à quelques privilégiés et on leur attribue les mêmes vertus qu'aux amulettes et aux talismans. Une dernière fois l'oracle entreprend de danser, puis il s'écroule comme une masse. Quatre moines l'emportent hors du temple.

Encore impressionné par ce spectacle d'un autre âge, je quitte à mon tour l'édifice sacré et me retrouve dans la cour inondée de soleil. Ma raison d'Européen se refuse à admettre qu'il s'agisse là de manifestations surnaturelles. Par la suite, j'ai assisté plusieurs fois à des séances de ce genre, mais je n'ai jamais pu trouver d'explication rationnelle aux phénomènes qui se sont produits sous mes yeux.

Souvent aussi j'ai rencontré l'oracle en dehors de ses fonctions officielles; je ne pouvais me défendre d'un certain malaise chaque fois que je m'asseyais à la même table que lui. Quand nous nous croisions dans la rue, je le saluais et il me répondait d'une inclinaison de tête. Il avait une physionomie avenante et rien ne rappelait le masque grimaçant que j'avais eu sous les yeux.

Le jour du Nouvel An, je l'ai vu parcourir les rues de Lhassa; on eût dit un homme ivre. Des serviteurs le soutenaient, tous les quarante mètres il se laissait choir, puis se reposait un moment dans la chaise à porteurs qui le suivait. A son approche la foule reculait, mais elle semblait prendre plaisir à ce spectacle démoniaque.

L'oracle d'État joue un rôle important dans la « grande procession » qui marque le jour où, se rendant au temple de

Tsung Lha Kang, le Dalaï Lama parcourt la capitale en litière.

De nouveau la ville est en fête; la foule se presse dans les rues que doit emprunter le cortège. Sur une place se dresse une tente devant laquelle, armés de fouets, les dob-dob, les moines-soldats, montent la garde. Dans la tente, le Dalama de Nechung se prépare à entrer en transes. Lentement, au pas de ses trente-six porteurs, la litière du Dalaï Lama avance au son des tambours, des trompes et des tubas. Au moment où le palanquin passe devant la tente, l'oracle sort en titubant. Défiguré, courbé sous le poids de la tiare qui le coiffe, il prononce des mots sans suite et siffle entre ses dents. Véritablement possédé, il repousse rudement les porteurs, pose les brancards de la litière sur ses épaules et se met à courir au hasard; portefaix et serviteurs du Dalaï s'efforcent de le suivre et de rétablir l'équilibre dangereusement menacé; après avoir parcouru une trentaine de mètres, le médium s'écroule soudain et roule dans la poussière. Des domestiques se précipitent avec une civière et transportent le devin dans sa tente. Subjuguée, muette, la foule a assisté à cet étrange spectacle. Tout à présent est rentré dans l'ordre et le cortège reprend sa progression normale. Jamais je ne suis parvenu à découvrir le sens de cette manifestation rituelle. Peut-être symbolise-t-elle la soumission du dieu, qui a pris temporairement possession du médium à Bouddha, réincarné dans le corps du pontife?

En dehors des devins officiels et « faiseurs de temps », il existe à Lhassa au moins six autres médiums et, parmi eux, une vieille femme; elle a la réputation d'incarner une déesse tutélaire. En échange de cadeaux, elle entre en transes et laisse parler la divinité qui l'habite. Je l'ai vue tomber quatre fois en catalepsie dans la même journée. Je la soupçonne d'ailleurs de « fumisterie » et doute fort de la qualité de ses révélations.

D'autres oracles ont pour spécialité, lorsqu'ils sont en extase, de tordre des épées; de nombreux nobles possèdent des armes ainsi déformées qu'ils conservent pieusement dans leurs oratoires particuliers. J'ai essayé d'arriver au même résultat, mais j'ai dû y renoncer.

Le recours aux devins est une coutume remontant à l'époque prébouddhique; elle rappelle le temps où les sacrifices comportaient l'immolation de victimes humaines.

Du pain sur la planche...

L'automne et le début de l'hiver passent rapidement. Aufschnaiter vient de terminer la construction d'un canal d'irrigation et se prépare à entreprendre une tâche aussi importante que la première, mais d'un caractère très différent. Il s'apprête à remettre en état la centrale électrique de Lhassa, édifiée, il y a vingt ans, par un des nobles tibétains qui firent leurs études en Angleterre. Depuis, abandonnées à elles-mêmes, les dynamos fournissent tout juste assez d'énergie pour actionner les machines de l'hôtel de la monnaie; le samedi, quand les ateliers ferment, le courant sert à l'éclairage des habitations particulières, celles des ministres par priorité.

Le gouvernement frappe lui-même sa monnaie. L'unité est le sang, qui comprend dix cho, le cho étant lui-même divisé en dix karma. Les billets sont imprimés sur papier de fabrication locale, filigrané et résistant. Les chiffres sont toujours dessinés à la main; celui qui les trace doit être d'une grande habileté car, jusqu'ici, tous les faussaires ont déclaré forfait. Les pièces sont en or, en argent ou en cuivre et portent les emblèmes du Tibet : lion et montagnes, reproduits aussi sur le drapeau national et sur les timbres, à côté d'un soleil levant.

Le gouvernement, conscient de l'importance de la monnaie et inquiet de l'état de délabrement de la centrale électrique, s'adresse à Aufschnaiter; on le charge de réparer et de rénover l'installation existante. Après avoir minutieusement examiné la question, mon camarade parvient à convaincre ses employeurs qu'une réparation ne sera jamais qu'un pis aller. Il propose, en revanche, de monter une turbine actionnée par le courant du Kyitchu; l'ancienne centrale est installée sur un bras du fleuve dont le débit est insignifiant. Il y a vingt ans, le gouvernement a craint d'attirer la colère des dieux s'il utilisait les eaux du fleuve sacré. Aufschnaiter parvient à vaincre les scrupules des autorités et commence immédiatement les travaux d'arpentage. Le chantier se trouve à plusieurs kilomètres de notre maison; pour économiser son temps, mon ami s'installe dans une propriété voisine du lieu de son travail. A dater de ce jour, nous ne nous voyons plus que de loin en loin. Mes activités me retiennent dans la ville; ma clientèle s'est étendue et j'ai pour élèves les enfants de la plupart des familles nobles de la capitale. Grands et petits font de rapides progrès; malheureusement la constance n'est pas une vertu tibétaine. Au début tout nouveau, tout beau, mais l'enthousiasme ne dure guère et sans cesse de nouveaux visages défilent dans ma classe.

En dehors des leçons que je donne, les occupations ne me manquent pas et j'ai mille possibilités de gagner ma vie. A Lhassa l'argent coule à flots; il suffit de se baisser pour le ramasser. Si je voulais, je ferais fortune en installant une laiterie ou en fabriquant de la glace; on peut trouver aux Indes le matériel nécessaire et le transporter à Lhassa ne présente aucune difficulté. Jardiniers, horlogers et cordonniers manquent et sont très recherchés. Enfin le négoce permet de s'enrichir rapidement à condition de parler anglais et d'avoir des relations aux Indes. Les Lhassapa qui vivent du transport et de la vente d'objets et de produits achetés dans les bazars du Sikkim sont légion. Pas de patente, pas d'autorisation d'ouverture de commerce, pas d'impôts. Le Tibet est un véritable paradis, la concurrence y est inconnue et les prix sont faits « à la tête du client ».

Ni Aufschnaiter ni moi n'entendons nous fixer ici; notre seule ambition est de travailler, de faire œuvre utile et de remercier ainsi le gouvernement de l'hospitalité qu'il nous accorde.

Aussi, acceptons-nous volontiers n'importe quelle tâche et faisons-nous figure d'« hommes à tout faire ». Parfois pourtant nous déclarons forfait ou nous nous torturons l'esprit pour mener à bien les travaux que l'on nous propose d'exécuter.

Un beau jour, par exemple, des moines viennent nous demander de redorer les statues d'un temple. En fouillant dans la bibliothèque de Tsarong, nous avons la chance de découvrir dans un vieux livre un procédé qui permet de transformer la poussière d'or en enduit. Pour cela, il faut d'abord faire venir des Indes différents produits entrant dans la préparation de la peinture. Maîtres doreurs et orfèvres consommés, les Népalais gardent jalousement leurs secrets de fabrication; sans prétendre les avoir égalés, nous nous sommes pourtant tirés honorablement de l'aventure.

Le Tibet possède d'immenses champs aurifères mais, nulle part, les filons ne sont rationnellement exploités. Dans le Tchangthang, entre autres, les orpailleurs continuent à gratter le sol avec des cornes de gazelles en guise de houes; il y a cinq siècles leurs ancêtres ne s'y prenaient pas autrement. Un membre de la mission commerciale anglaise m'a dit, un jour, que le lavage des sables, résidus des exploitations tibétaines, produirait des résultats stupéfiants. Encore aujourd'hui, les provinces versent en poudre d'or le montant du tribut exigé par le gouvernement central; cependant on n'exploite filons ou terrains aurifères que dans la mesure où cela se révèle indispensable. On craint de provoquer l'ire des génies de la terre et cette superstition ridicule empêche même toute prospection sérieuse.

Plusieurs fleuves prennent leur source sur le territoire du Tibet et charrient des particules d'or mais, sauf exception, l'exploitation des alluvions et des sables se fait de l'autre côté des frontières. Dans le Tibet oriental, aux confins de la Chine, certaines rivières ont creusé dans leur lit des sortes d'entonnoirs; les pépites s'y rassemblent d'elles-mêmes et il suffit d'aller les y chercher. En règle générale, les gouverneurs de districts se réservent le monopole de la récolte.

Une chose me surprend : comment expliquer que personne n'ai pensé à tirer profit de ces richesses inutilisées? Même dans les environs de Lhassa, il n'est pas rare de voir des pépites d'or qui luisent au soleil dans le lit des cours d'eau. La raison de cette carence est-elle l'indolence du Tibétain qui considère le lavage de l'or comme un travail pénible? Je ne le crois pas, car, au Tibet, le métal jaune est synonyme de luxe et de puissance et jouit d'un prestige infiniment plus grand que celui que nous lui attribuons. Les bijoux tibétains en sont fait et les temples renferment des richesses incalculables — lampes à beurre mesurant un mètre, statues hautes comme des maisons, couvertes de plaques d'or ou sculptées dans un bloc de métal précieux. Souvent de pauvres gens n'hésitent pas à faire le sacrifice de leur unique anneau et à l'offrir au temple; il ne s'agit pas seulement de se concilier la faveur de la divinité, mais d'apporter sa quote-part au patrimoine commun.

Comment concilier ces deux tendances contradictoires?

Ce qui vaut pour l'or s'applique également aux autres métaux et minerais; chaque année, des centaines de tonnes de fer, d'argent, de cuivre et de mica sont envoyées au gouvernement par les provinces. Ces livraisons sont considérées comme un gage d'allégeance et matérialisent la fidélité des gouverneurs au maître du Tibet. Pourtant, personne n'a songé à créer d'industries d'extraction, ni à exploiter sur place les produits du sous-sol tibétain.

Encore une fois, la superstition en est la cause. De crainte de provoquer la colère des dieux et des esprits du mal, on préfère importer des Indes les plaques de cuivre destinées à la frappe des pièces de monnaie ou acheter à l'étranger de vieux ressorts de wagons pour les transformer en épées et en poignards, plutôt que de se servir des richesses naturelles du pays. On laisse le charbon sommeiller dans les entrailles de la terre et l'on continue à se chauffer avec de la bouse de yak et du crottin de cheval séché. Quant aux gisements de sel gemme, personne ne s'est soucié d'en tirer parti; les lacs sans écoulement du Tchangthang suffisent à couvrir les besoins en sel du Tibet et à alimenter une exportation prospère; chaque année des milliers de charges de sel partent pour le Bhoutan, le Népal et les Indes où on les échange contre du riz. Un peu partout jaillissent des sources de naphte dont les gens du voisinage se servent uniquement pour s'éclairer.

Il semble inconcevable à première vue, que sur trois millions et demi de Tibétains aucun n'ait été tenté par la perspective de faire fortune en exploitant lui-même tel ou tel gisement! Personne ne veut faire le premier pas et prendre le risque.

Les Tibétains savent aussi que le jour où ils permettraient les investissements de capitaux étrangers, sonnerait le glas de leur tranquillité. Les appétits des puissants voisins du Tibet se réveillerait du même coup. Ceci explique que les habitants se bornent à pratiquer le commerce de produits et de marchandises moins attirantes que l'or, le pétrole, le fer ou le charbon.

Peu avant le jour de l'an du courrier nous parvient enfin. Trois ans se sont écoulés depuis la réception des dernières lettres venues de chez nous. Un lien, bien ténu il est vrai, nous relie maintenant au reste du monde. Les nouvelles d'Europe ne sont guère réconfortantes, tant s'en faut; elles nous encourageraient plutôt à donner suite à notre projet initial de nous établir définitivement à Lhassa. D'une part rien ne nous pousse à regagner notre pays d'origine, de l'autre nous avons appris à penser et à raisonner en Tibétains. Mon camarade et moi parlons couramment la langue; nous ne la regardons plus seulement comme un moyen de compréhension, mais comme un mode d'expression qui nous permet de soutenir une conversation avec les subtilités et les nuances que cela comporte.

J'ai à présent à ma disposition un appareil de radio; un des ministres me l'a remis en me chargeant de relever dans les différents bulletins d'informations les nouvelles intéressant plus spécialement l'Asie centrale. L'audition n'est jamais troublée. A Lhassa, pas de tramways, pas d'ascenseurs, aucun instrument générateur de parasites!

Chaque matin, je me mets à l'écoute et m'étonne que l'on accorde tant d'importance à des choses qui, au fond, n'en ont guère. Peu me chaut, en définitive, qu'un avion développe une puissance supérieure à celle de tel autre appareil ou que tel bateau ait mis deux minutes de moins que son rival à traverser l'Atlantique. Tout dépend du point de vue auquel on se place. Ici le galop du yak est toujours synonyme de rapidité; depuis des siècles, la norme n'a pas changé. Les Tibétains seraient-ils plus heureux si l'automobile détrônait le yak? Même si l'ouverture d'une route venant de la frontière hindoue contribuait à élever le niveau de vie de la population, l'irruption de nouvelles conceptions porterait un coup fatal à la tranquillité et au bonheur des Tibétains. Pourquoi imposer à un peuple des coutumes qu'il est incapable de comprendre et d'assimiler ? Un proverbe lhassapa dit : « On ne parvient au cinquième étage du Potala sans avoir commencé par le rez-de-chaussée. »

La civilisation et le mode de vie des Tibétains valent bien le progrès technique dont nous sommes si fiers ! Existe-t-il en Europe ou en Amérique, un pays où la politesse soit aussi raffinée que sur le Toit-du-Monde ? Personne ici ne perd la face, personne ne cherche à se faire remarquer. Les adversaires politiques font assaut de courtoisie lorsqu'ils se rencontrent et chacun respecte les opinions d'autrui. Les femmes des nobles de ce pays sont de remarquables maîtresses de maison et font preuve d'un goût très sûr dans le choix de leurs vêtements et de leurs bijoux. Pourquoi bouleverser tout cela ?

Souvent, nous sachant célibataires, nos amis nous conseillent d'engager une ou plusieurs servantes pour tenir notre intérieur; parfois aussi, dans mes moments de « cafard », il m'est arrivé de songer à prendre une compagne. Mais, aussi jolies que soient certaines Tibétaines, j'ai préféré garder mon indépendance. Nous n'aurions eu aucune idée, aucun sentiment en commun et... le reste ne suffit pas à rendre la vie à deux supportable. En revanche, j'aurais volontiers fait venir une compatriote... Malheureusement mes moyens financiers me l'interdisaient et, plus tard, les événements politiques dont le Tibet fut le théâtre s'y opposèrent définitivement.

Je vivais donc seul; depuis quelques mois, Aufschnaiter et moi ne nous voyions plus que de loin en loin; mais cet isolement tourna à mon avantage quand je fus admis dans l'entourage du Dalaï Lama. Le clan qui détenait le pouvoir aurait fait preuve à mon égard d'une méfiance accrue si j'avais été marié. Il est composé de moines qui, conformément à la règle, font vœu de célibat. Mais l'homosexualité est courante dans les monastères; non seulement on ne la considère pas comme un vice, mais on voit même dans la pédérastie un gage de chasteté !

Il arrive pourtant que des moines veuillent rompre leur vœu et se marier; il leur suffit alors de demander l'autorisation de quitter le monastère. Désormais, ils sont libres de convoler en justes noces. La permission est toujours accordée; toutefois, si les nobles conservent dans la vie civile le rang qu'ils occupaient dans la hiérarchie monacale, les plébéiens perdent le leur. Abandonnant la robe, ils se consacrent généralement au négoce. Par contre, tout moine qui entretiendrait des rapports avec une femme encourrait un châtiment hors de proportion avec la gravité de la faute commise.

Les étrangers en visite au Tibet

Nous sommes chaque jour moins surpris d'avoir reçu l'autorisation de résider à Lhassa, sans cependant oublier la chance exceptionnelle dont nous bénéficions. Souvent le gouvernement me charge de traduire des lettres venues de tous les points du globe; les expéditeurs sollicitent une autorisation de séjour au Tibet. La plupart proposent de travailler en échange du logement et de la nourriture et aspirent à connaître le pays et ses habitants. Certaines missives émanent de tuberculeux qui pensent que la pureté de l'air tibétain amènerait leur guérison ou prolongerait leur existence. On ne répond qu'à ces dernières; le destinataire reçoit les vœux et la bénédiction du Dalaï Lama; parfois même on joint à la lettre un don en espèces. Cependant personne n'obtient la permission souhaitée. Le Tibet tient à préserver son isolement; il entend rester le pays défendu, en toute circonstance, envers et contre tout.

Les étrangers que j'ai rencontrés au cours des quatre ans de mon séjour à Lhassa se comptent sur les doigts de la main.

En 1947, le premier fut le journaliste français Amaury de Riencourt, invité officiellement à la demande des Anglais; il passa trois semaines dans la ville sainte.

En 1948, arriva le professeur Tucci, de l'Université de Rome; c'était son septième voyage au Tibet, mais il venait à Lhassa pour la première fois. Tucci est l'Européen qui connaît le mieux la civilisation et l'histoire de ce pays; il a traduit de nombreux livres tibétains et écrit plusieurs ouvrages consacrés au pays et à ses habitants. Népalais, Tibétains, Chinois et Indiens étaient stupéfaits de l'étendue de ses connaissances : Tucci leur donnait sans hésiter des précisions sur tel ou tel point particulier de leur histoire. Je l'ai rencontré plusieurs fois au cours des réceptions; il m'a même infligé un démenti en prenant officiellement parti pour mes adversaires lors d'une discussion qui m'opposait à des amis tibétains. Il s'agissait de la forme de la terre. Je soutenais la thèse de Galilée, alors que mes interlocuteurs, forts de leurs traditions, prétendaient que la planète était un disque plat. Mes arguments commençaient à faire impression et je sentais mes amis ébranlés; désireux de lever leurs derniers doutes, je m'adressai au professeur Tucci en le priant de confirmer mes dires. A ma grande stupéfaction, il se rangea du côté des hésitants, déclarant que les théories les mieux fondées en apparence étaient sujettes à de perpétuelles revisions et que, dans ces conditions, rien ne s'opposait à ce que la théorie de mes adversaires fût juste. Des sourires ironiques saluèrent cette prise de position; nul n'ignorait que j'enseignais la géographie aux jeunes nobles... Tucci resta une semaine à Lhassa puis, après avoir visité le monastère de Samye, le plus célèbre du pays, il regagna les Indes. Il rapportait un riche butin ethnologique et des livres précieux provenant de l'imprimerie du Potala.

L'année suivante, ce fut le tour de deux Américains, Thomas Lowell et son fils[1]. Eux aussi restèrent une semaine dans la ville sainte et furent reçus par le Dalaï Lama. Ils tournèrent un film et prirent de nombreuses photographies. De retour en Amérique, Lowell junior écrivit un livre de souvenirs et son père utilisa les enregistrements rapportés du Tibet pour illustrer les émissions qu'il fit à la radio.

Le père et le fils Lowell avaient obtenu l'autorisation de se rendre à Lhassa grâce aux menaces que la Chine communiste faisait planer sur le Tibet. En effet, quel que soit son régime

1. Lowell Thomas, *Out of this world.* (Greystone Press, New-York.)

politique, empire, dictature nationaliste ou communisme, la Chine considère toujours le Tibet comme une de ses provinces. Cette attitude se heurte aux aspirations des habitants qui tiennent farouchement à leur indépendance. Pensant que le Toit-du-Monde ne pourrait que bénéficier de la publicité que lui feraient les Lowell, le gouvernement jugea utile de faire un geste en leur faveur; leur film, leurs photos et leurs écrits constitueraient la preuve tangible de la volonté d'indépendance de la population.

Outre ces quatre invités officiels, un ingénieur et un mécanicien reçurent la permission d'exercer leur activité au Tibet, mais uniquement à titre temporaire. Le premier était un Anglais, ingénieur à la General Electric Company; il devait surveiller le montage des turbines et des installations techniques de la nouvelle centrale électrique du Kyitchu; son premier geste fut de rendre hommage au travail réalisé par Aufschnaiter.

Le second, Nedbailoff, un Russe blanc, avait quitté sa patrie après la révolution. Depuis, il avait erré dans toute l'Asie et avait fini par échouer, comme nous, au camp de Dehra-Dun. En 1947, menacé d'être reconduit en Russie, il s'était enfui avec l'intention de gagner le Toit-du-Monde.

Peu après avoir franchi la frontière, il avait eu la malchance de se faire prendre dans la zone soumise au contrôle anglais, mais, étant donné son métier, on avait toléré sa présence au Sikkim. Appelé à Lhassa pour réparer les machines de l'ancienne centrale, il dut s'enfuir de nouveau lors de l'invasion du Tibet par les troupes communistes chinoises. J'ai su, depuis, qu'il s'était établi en Australie. Eternel errant, Nedbailoff était l'aventurier-né; il a toujours réussi à traverser sans dommage les pires catastrophes. Extrêmement travailleur, il ne détestait toutefois ni le beau sexe, ni l'alcool. Ni l'un ni l'autre ne manquaient à Lhassa!

La proclamation d'indépendance de l'Inde scella le sort de la représentation diplomatique anglaise à Lhassa. Le personnel britannique fut remplacé à l'exception du chef de la mission, Mr. Richardson, qui, faute d'un nouveau titulaire possédant l'expérience nécessaire, assura l'intérim pendant un an.

Reginald Fox, l'opérateur radio, passa au service du gouvernement tibétain qui le chargea d'installer des stations émettrices destinées à donner l'alarme en cas d'invasion. Pour occuper la station de Chamdo, à l'est du pays, Fox fit appel à l'un de ses compatriotes, Robert Ford, en qui il avait pleine et entière confiance. Je l'ai connu lors d'un de ses passages à Lhassa et me souviens de lui comme d'un danseur particulièrement brillant. Ford, le premier, initia la jeunesse de la capitale à la pratique de la samba. Lors des réunions, les jeunes dansent chaque fois que l'occasion se présente; ils apprécient surtout une sorte de one-step, d'origine tibétaine, et les fox-trott que l'on exécute sur un rythme endiablé. Les gens d'âge mûr froncent le sourcil — il en fût de même chez nous au début du siècle lors de la création de la valse — et s'indignent de ce que les partenaires se tiennent trop près l'un de l'autre; c'est là, disent-ils, une attitude indécente.

Quelques jours après son arrivée à Lhassa, Ford partit rejoindre son poste solitaire, à des centaines de kilomètres de la ville sainte. Bientôt il établit le contact avec Fox. A dater de ce jour, les amateurs sans-filistes du monde entier cherchèrent à entrer en communication avec les deux opérateurs, ce qui leur valut un flot de lettres et de paquets. Malheureusement pour Ford, les notes d'écoute qu'il prit à cette époque lui furent fatales : lors de l'arrivée des troupes chinoises, accusé d'espionnage, on le traîna devant un tribunal. Condamné à la prison à vie sous prétexte d'avoir empoisonné un lama, Fox croupit dans une geôle communiste. Jusqu'ici les efforts déployés par le chargé d'affaires anglais à Pékin pour obtenir son élargissement sont demeurés vains.

Je mentionne ici pour mémoire un Américain, Mr. Bessac, que j'ai rencontré à Lhassa; j'ai l'intention de parler de lui plus longuement dans la suite.

Pour la seconde fois depuis mon arrivée à Lhassa, j'assiste aux cérémonies du nouvel an. Comme l'année précédente, pèlerins et curieux affluent dans la capitale, transformée en champ de foire. On fête l'avènement de l'année « feu-porc », mais le rituel est le même qu'il y a douze mois. Je m'intéresse surtout aux manifestations auxquelles ma sciatique m'a empêché de prendre part l'an dernier.

Je me souviendrai toute ma vie du défilé des soldats revêtus d'armures et de cottes de mailles; cette parade commémore un événement marquant de l'histoire locale. Une armée musulmane en marche vers Lhassa fut surprise par une effroyable tempête de neige au pied des monts Nien-Tchen-Tang-La; les soldats périrent jusqu'au dernier. Ramassant les armures, les autorités tibétaines les portèrent en triomphe à Lhassa. Depuis, chaque année, un millier de soldats s'en affublent et défilent à travers les rues.

Les vieux drapeaux claquent au vent, les hommes passent dans un cliquetis de ferraille, les casques ornés d'inscriptions en langue urdu étincellent au soleil, cependant que, de toutes parts, retentissent des salves tirées par d'antiques tromblons. Ici, dans cette ville moyenâgeuse, le spectacle des casques et des armures, des hallebardes et des piques, n'a rien d'anachronique : le temps s'est simplement arrêté. Précédée de deux généraux nobles, la troupe traverse le Parkhor et prend position sur une vaste esplanade. La foule attend, faisant cercle autour d'un immense brasier dont les flammes engloutissent des tonnes de beurre et de denrées alimentaires, offrandes aux dieux. Des moines jettent dans la fournaise des masques et des mannequins représentant les esprits néfastes. Dans le lointain le grondement du canon se répercute de montagne en montagne et les salves se succèdent, tirées par de vieux mortiers. Le moment où, s'approchant du brasier, l'oracle d'Etat entre en transes, puis s'écroule sans connaissance constitue le point culminant de la cérémonie. On dirait un signal. La foule, jusque-là silencieuse, paraît soudain transfigurée; des cris retentissent, des hurlements s'élèvent, le fanatisme se donne libre cours. La populace est désormais incontrôlable et l'on peut s'attendre au pire. En 1939, les membres de l'expédition allemande au Tibet lui échappèrent de justesse; ils avaient entrepris de filmer l'oracle au moment où ils s'approchaient de la fournaise. La multitude les en empêcha en leur jetant des pierres.

Il ne s'agit nullement là de xénophobie, ni même d'une manifestation d'hostilité, mais d'une réaction instinctive. Plus tard, lorsque je pris des films sur l'ordre du pontife, malgré toutes mes précautions, je ne pus empêcher des désordres de se produire.

A l'occasion des fêtes marquant le début de l'année « feu-porc », le grand chambellan m'avise qu'Aufschnaiter et moi allons être reçus par le Dalaï Lama. Nous l'avons déjà aperçu à plusieurs reprises; il nous a même souri durant la procession du Norbulingka; pourtant la perspective de nous présenter devant lui, dans son palais, nous trouble profondément. Je sens confusément que notre avenir dépendra de cette confrontation; en fait, elle marquera le début d'une amitié.

Le jour de la cérémonie, nous endossons nos pelisses et achetons les écharpes les plus chères que nous puissions trouver, puis, en compagnie de nombreuses personnes : moines, nomades, femmes en habits de fête, nous montons les degrés qui mènent au Potala. Le spectacle qu'offre la ville est grandiose; d'où nous sommes, nous apercevons tous les jardins et les villas qui les parsèment. Après avoir longé une allée bordée de centaines de moulins à prières que les visiteurs font tourner au passage, nous franchissons un large portail et pénétrons dans le palais.

De sombres couloirs, aux murs ornés de fresques représentant les dieux tutélaires, traversent le rez-de-chaussée et débouchent sur une cour qu'éclairent des ouvertures percées dans les murailles dont l'épaisseur atteint huit à dix mètres. Des échelles conduisent aux étages, puis au toit. Prudemment les visiteurs escaladent les échelons, s'efforçant de faire le moins de bruit possible et d'échapper au regard inquisiteur des dob-dob qui, le fouet à la main, veillent au respect de l'ordre. Une foule grouillante stationne sur la terrasse : à l'occasion de la nouvelle année, chaque Tibétain a droit à la bénédiction du Dalaï Lama.

On aperçoit de petits édifices aux toits recouverts de feuilles d'or : les appartements du pontife. Les fidèles, conduits par des moines, se dirigent vers une porte devant laquelle des Tsedrung tiennent leur réunion quotidienne.

Aufschnaiter et moi sommes derrière les moines qui forment l'avant-garde de la colonne. Au moment où nous pénétrons dans la salle d'audience, nous dressons la tête pour voir le Bouddha Vivant. Oubliant l'étiquette, lui aussi se soulève pour examiner les deux étrangers dont son frère lui a si souvent parlé.

Incliné en avant, assis en tailleur sur un trône recouvert de brocarts précieux, il bénit les fidèles qui défilent sans interruption. A ses pieds s'amoncellent des sacs contenant des offrandes en espèces, des pièces de soie et des centaines d'écharpes blanches. Sachant que nous ne pouvons remettre nous-mêmes nos écharpes au pontife, nous les tendons à un prieur qui se tient à ses côtés. A la dérobée je jette un regard sur le Dalaï : j'ai devant moi un jeune garçon aux traits fins qui me sourit. Il avance la main et effleure mon front, comme il le fait pour les moines qui se prosternent devant lui. Quelques secondes plus tard nous faisons halte devant un trône légèrement plus bas, celui du régent. Lui aussi nous donne sa bénédiction, puis un moine s'avance, nous passe autour du cou une écharpe rouge et nous invite à prendre place sur des coussins disposés dans le fond de la salle. Des serviteurs apportent du thé et du riz dont, selon la coutume, nous jetons quelques grains sur le sol en hommage aux dieux.

D'où nous sommes, nous ne perdons rien du spectacle; ces centaines de Tibétains défilent devant le Bouddha Vivant. Courbés en deux, ils tirent la langue en signe de respect. Aucun ne se hasarderait à lever les yeux sur le jeune pontife. Seuls les moines ont droit à l'imposition des mains; pour bénir les laïcs, le Dalaï Lama se sert d'un chasse-mouches en soie dont il leur effleure la joue. Sans cesse de nouveaux pèlerins, suivis d'un ou de plusieurs serviteurs portant des offrandes, franchissent la porte. Un intendant dresse l'inventaire des cadeaux qui sont immédiatement dirigés sur les réserves du Potala où ils attendront d'être utilisés. Par contre on revend les écharpes remises en témoignage d'obéissance ou bien elles servent de récompense lors des compétitions sportives qui marquent le début de l'année. Les dons en espèces qui s'amoncellent au pied du trône appartiennent au souverain et vont rejoindre, dans le trésor du palais, les richesses fabuleuses accumulées par ses prédécesseurs.

Bien plus que les cadeaux, la soumission et l'extase peintes sur les visages me confondent. De nombreux pèlerins ont couvert des milliers de kilomètres pour venir ici, certains ont mesuré de leur corps le chemin séparant leur village du Potala et tous ont consenti de lourds sacrifices pour recevoir la bénédiction de leur idole. Avoir la joue caressée par le chasse-mouches que le Dalaï Lama manœuvre d'une main lasse me paraît être une maigre compensation pour les fatigues endurées et les dangers encourus par les fidèles. Et cependant, lorsque le moine préposé à cette fonction leur passe autour du cou une écharpe de soie blanche, ils sont transfigurés. Ils la conserveront précieusement, leur vie durant, enfermée dans un coffret ou la porteront comme un scapulaire. Tous sont convaincus que ce talisman suffit à écarter les périls.

Les écharpes sont de tailles différentes selon le rang de ceux auxquels elles sont destinées, mais toutes portent les trois nœuds rituels. Des moines se chargent de les nouer; le Dalaï Lama ne le fait que s'il s'agit de ses ministres ou de membres du haut clergé.

Dans la salle, l'atmosphère est lourde de vapeurs d'encens et saturée de l'odeur du beurre qui se consume lentement dans les lampes; l'air et la lumière pénètrent uniquement par une imposte ouverte dans le plafond; le silence n'est interrompu que par le frottement des semelles sur le dallage. Mon camarade et moi poussons un soupir de soulagement lorsque le défilé s'achève. Nous ne sommes d'ailleurs pas les seuls; les hauts dignitaires qui entourent le trône du dieu-roi sont debout depuis quatre heures. Cela fait partie de leurs attributions et, pour un Tibétain, être admis à seconder le Dalaï Lama est un honneur insigne.

Dès que le dernier visiteur a quitté la pièce, le pontife se lève. Soutenu par deux moines serviteurs, il regagne ses appartements et nous nous inclinons sur son passage. Au moment où, à notre tour, nous nous apprêtons à sortir, un moine s'approche, nous tend à chacun un billet de cent sang et déclare : « *Gyalpo Rimpoché ki söre re.* (C'est un présent que vous offre le noble roi. »

Ce geste nous étonne et nous ravit : nous sommes les premiers à bénéficier d'une pareille faveur. Avant même que nous ayons pu en faire part à nos amis, tout Lhassa est au courant. Nous avons pieusement conservé ces billets que nous considérons comme des porte-bonheur.

Visite du Potala

L'audience terminée, nous profitons de l'occasion pour nous promener dans le palais et visiter les temples et les chapelles qu'il renferme.

Construit, il y a trois cents ans, par le cinquième Dalaï Lama, le Potala est l'un des châteaux les plus imposants du monde. Il occupe l'emplacement d'une forteresse élevée par les anciens rois du Tibet et détruite par les Mongols. Pendant des années, des milliers d'hommes et de femmes ont charrié des pierres pour édifier cet énorme bâtiment massif dont les fondations reposent directement sur le roc. La mort du cinquième Dalaï parut menacer l'achèvement des travaux. Ayant mis dans la confidence un petit cercle d'intimes, le régent réussit à cacher le décès du pontife; tantôt le Dalaï était malade et ne pouvait se montrer en public, tantôt il s'abîmait dans des méditations solitaires. Dix ans durant les conjurés réussirent à dissimuler la vérité, jusqu'au jour où le Potala fut terminé.

Surmontant le palais, des monuments renferment les restes de pontifes. Sept chörten dressent leurs toits dorés; devant les portes, des moines psalmodient des prières au son des tambourins. Pour accéder aux sépultures il faut gravir des échelles; la crasse qui enduit les échelons fait de cette ascension une entreprise risquée. Le plus grand tombeau contient la dépouille mortelle du treizième Dalaï; il s'enfonce de plusieurs étages à l'intérieur du Potala.

On a consacré une tonne d'or à l'ornementation du clocheton qui le termine; partout, scintillent fioritures et arabesques rehaussées de perles et de pierres précieuses, offrandes des fidèles à leur maître défunt. Pareille richesse confond l'imagination, mais cet étalage correspond à un trait de la mentalité tibétaine.

Après avoir parcouru plusieurs temples, nous visitons l'aile occidentale du palais où vivent deux cent cinquante moines. Cette partie, connue sous le nom de Namgyetrachang, est un véritable labyrinthe de couloirs sombres et de passages sans beauté. Pourtant, il suffit de se pencher aux fenêtres pour oublier la crasse et l'obscurité qui vous entourent. Le regard embrasse un magnifique panorama : le Chagpori et son école de médecine et la vallée du Kyitchu. Tout en bas, à la verticale, les maisons du quartier de Schö, puis, plus loin, la succession des toits plats et des édifices carrés de Lhassa. Heureusement du Potala on n'aperçoit pas les immondices qui encombrent les rues!

Notre attention est attirée par une porte fermée, aux dimensions inhabituelles : celle du garage construit sur les ordres du treizième Dalaï pour y abriter ses trois automobiles. Depuis sa mort, personne ne s'en est servi.

Pour cette première visite, nous négligeons l'aile orientale qui abrite le séminaire des Tsedrung et les différents ministères et offices. Le grand chambellan nous a fait tenir une invitation à déjeuner; il habite au-dessous des appartements du Dalaï Lama.

Au début de l'après-midi, éblouis par le spectacle étrange et nouveau que nous avons eu sous les yeux, nous quittons le palais et regagnons nos demeures respectives.

A plusieurs reprises, par la suite, je suis revenu au Potala et j'y ai même séjourné chez des amis auxquels je rendais visite. Les seigneurs du Moyen âge devaient mener une vie analogue à celle des occupants de la forteresse; tout y rappelle le passé. Chaque soir, à heure fixe, sous la surveillance du grand trésorier du palais, des gardiens verrouillent les portes; toute la nuit, des rondes circulent et les appels des veilleurs, retentissant à travers salles et couloirs, viennent seuls rompre le silence qui règne dans le Potala. Les tombes des Dalaï transforment le palais en sépulcre; jamais un éclat de rire ne résonne dans les immenses corridors et les fêtes y sont inconnues.

Les seules distractions du jeune pontife sont les entretiens avec ses professeurs et les prieurs des monastères ou les rares visites de son frère Lobsang Samten qui lui conte les mille potins de la capitale et lui donne des nouvelles de ses parents.

Sur le chemin du retour, nous croisons des colonnes de serviteurs qui apportent l'eau nécessaire aux cuisines de Sa Sainteté. Cette eau provient d'une source qui jaillit à la base de la colline du Chagpori; des murs l'entourent et seuls les cuisiniers de palais possèdent la clef de la porte qui y donne accès. Malgré la distance, de nombreux Lhassapa viennent s'alimenter au ruisseau qui s'en échappe et dont l'eau est d'une extraordinaire limpidité.

C'est également là que s'abreuve chaque jour l'éléphant offert au Dalaï Lama par le souverain du Népal. En effet de nombreux Népalais reconnaissent le pontife comme une réincarnation de Bouddha et plusieurs milliers d'entre eux portent la robe des moines du Tibet et forment un clan à part. Il y a trois ans, donc, en gage de vénération, le roi envoya deux éléphants au dieu vivant. L'un d'eux ne put supporter le voyage, bien que sur tout le parcours on eût enlevé les pierres avant de faire passer les animaux. Devenus propriété du Dalaï Lama, ceux-ci étaient par là même sacrés. A chaque étape on avait préparé des étables et du fourrage. Lorsque le « langchem rimpoché » survivant — tel est le nom que les Tibétains donnent aux pachydermes — arriva à Lhassa, la population lui fit fête; on ignorait qu'il pût exister des bêtes aussi énormes. A son intention, on construisit un bâtiment spécial, dans l'aile nord du Potala. A l'heure actuelle, portant un somptueux caparaçon de brocart, l'éléphant participe aux cortèges et aux processions. Chaque fois qu'il paraît, c'est un sauve-qui-peut général; terrorisés, les chevaux prennent le mors aux dents et détalent, emportant leurs cavaliers dans une course folle.

Un deuil vient attrister les fêtes de la nouvelle année; après une courte maladie, le père du Dalaï Lama rendit le dernier soupir. Médecins et sorciers s'étaient en vain succédé à son chevet; certains avaient confectionné une poupée où ils avaient enfermé le mal et l'avaient brûlée solennellement sur les berges du Kyitchu. Incantations, sortilèges et remèdes firent fiasco. A la place de sa femme et de ses fils, j'aurais fait appeler le médecin de la mission anglaise, mais c'eût été contraire à la tradition. La famille d'un Dalaï Lama se doit de montrer l'exemple en toute occasion.

Selon l'usage, on conduisit le cadavre sur la cime d'une montagne en dehors de l'enceinte de la ville puis, une fois dépecé, on l'abandonna aux vautours et aux corbeaux. Le deuils n'est pas de mise au Tibet; la mort n'apparaît pas comme une fin, mais comme un état transitoire quand on croit à la réincarnation. Quarante-neuf jours après le décès une cérémonie a lieu au domicile du mort : on éteint les lampes à beurre qui brûlaient en son honneur, puis la vie reprend comme avant. Veufs ou veuves sont libres de se remarier dans un délai très court.

Révolte de moines

En 1947, Lhassa connut un semblant de guerre civile.

L'ancien régent, Reting Rimpoché, qui avait volontairement résilié ses fonctions quelques années auparavant, reprit goût à l'exercice du pouvoir; possédant des appuis sérieux parmi les fonctionnaires et la population, il ne cessait d'intriguer contre son successeur, Tagtra Gyelchab Rimpoché. Les conjurés s'entendirent pour porter Reting à la tête du gouvernement; un attentat devait donner le signal de la révolution. Une bombe, dissimulée dans un paquet, fut remise à un grand dignitaire ecclésiastique; elle explosa malencontreusement avant que celui-ci l'eût portée au régent, ne causant que des dégâts matériels. Dûment mis en garde, Tagtra Rimpoché agit avec la promptitude de l'éclair. Une petite troupe aux ordres d'un membre du cabinet partit pour le monastère de Sera où Reting s'était réfugié et arrêta l'ancien premier ministre. Les moines de la lamaserie s'insurgèrent contre les mesures adoptées par le gouvernement et menacèrent de marcher sur Lhassa où la panique ne tarda pas à se déclencher. Les commerçants s'empressèrent de barricader leurs boutiques et mirent leurs marchandises en sûreté; les Népalais résidant dans la capitale cherchèrent refuge derrière les murs de leur légation, cependant que les nobles transformaient leurs demeures en forteresses et distribuaient des armes à leurs domestiques. Finalement, l'état d'exception fut proclamé.

Ayant assisté au départ de l'expédition punitive, Aufschnaiter quitta précipitamment la propriété qu'il habitait à la campagne et vint me demander asile; ensemble nous mîmes la maison de Tsarong en état de défense.

En réalité, le peuple redoutait surtout que les cinq mille moines de Sera se répandissent dans Lhassa, pillant les biens des particuliers, et les troupes gouvernementales ne lui inspiraient qu'une confiance relative.

C'était la première fois que pareil incident se produisait dans la capitale et l'émotion des Lhassapa était à son comble.

La population attendit vainement le retour de la colonne ramenant Reting prisonnier; on l'avait conduit secrètement au Potala, de manière à déjouer les plans des moines révoltés qui se préparaient à le délivrer par la force. Leur sort était décidé à dater du moment où leur chef de file était en prison. Pourtant, refusant de se soumettre, ils entreprirent de résister les armes à la main et il fallut faire donner le canon pour venir à bout de leur entêtement. Après que le monastère eût été bombardé et quelques maisons détruites, l'armée eut le dernier mot et l'ordre revint sur le Toit-du-Monde.

Pendant des semaines, les procès intentés aux insurgés défrayèrent la chronique; certains coupables furent exilés dans un monastère d'une lointaine province, d'autres condamnés à la peine du fouet.

Les balles sifflaient encore au-dessus de Sera, quand le bruit courut que l'ex-régent était mort subitement. Personne ne fut dupe; les uns parlaient d'assassinat politique, mais la majorité soutenait que Reting, célèbre pour sa force de volonté et ses dons de lama, avait réussi à dissocier son corps et son esprit et à quitter la terre. Brusquement, il ne fut plus question que des miracles accomplis par l'ancien régent et de ses forces surhumaines. On racontait que, se promenant dans la campagne, Reting avait aperçu un pèlerin dont la marmite menaçait de déborder; sans hésiter, il s'en était emparé et l'avait obstruée à l'aide de ses deux mains comme s'il s'était agi d'un vulgaire pot d'argile non durcie.

Le gouvernement ne démentit ni ne confirma les bruits qui couraient; seuls, quelques initiés savaient à quoi s'en tenir et gardaient le secret. Sous son règne, Reting s'était fait de nombreux ennemis; il avait, disait-on, crevé les yeux d'un ministre qui refusait de se plier à ses directives. L'heure de la vengeance avait sonné. Comme toujours, la main de la justice s'abattit sur des innocents et les derniers partisans de l'ancien régent furent chassés des postes qu'ils détenaient.

Un de ses principaux lieutenants se suicida; c'est le seul exemple de mort volontaire dont j'ai entendu parler durant mon séjour au Tibet. Le suicide est contraire aux préceptes religieux; sans doute, le malheureux redoutait-il un châtiment terrible, mutilation par exemple? Jamais en tout cas le gouvernement ne l'eût condamné à mort. La décision prise de bombarder la citadelle des rebelles avait déjà suscité des discussions passionnées au sein du conseil des ministres; pas un instant le cabinet n'avait envisagé de faire exécuter les comparses.

Les geôles se révélant insuffisantes, les nobles furent chargés d'héberger et de surveiller les détenus.

Au cours des mois qui suivirent, un peu partout, on rencontra des condamnés, les pieds entravés et le cou serré dans un carcan de bois. Le jour où le Dalaï Lama fut officiellement intronisé, prisonniers politiques et condamnés de droit commun furent graciés.

Les moines du monastère de Sera émigrèrent presque tous en Chine. Tant il est vrai que les Célestes sont rarement étrangers aux révoltes tibétaines.

Confisqués, les biens des rebelles furent vendus aux enchères; les maisons et les villas de Reting démolies, ses arbres fruitiers enlevés et replantés dans d'autres jardins. Quant au monastère de Sera, livré à la soldatesque, il fut l'objet d'un pillage en règle; longtemps après, on offrait encore dans le bazar de Lhassa des coupes en or et des étoffes précieuses provenant du sanctuaire.

Aufschnaiter, pour sa part, hérita d'un cheval qui avait appartenu au révolté et qui lui fut fort utile pour visiter les différents chantiers qu'il dirigeait.

La vente des biens de Reting produisit plusieurs milliers de roupies qui allèrent grossir le trésor de l'Etat. Une partie de la fortune de l'ex-régent était formée de centaines de ballots de draperie anglaise et sa garde-robe comprenait huit cents costumes de soie ou de brocart. Le Tibet, lui aussi, a ses multimillionnaires!

D'origine plébéienne, Reting avait vu la fortune lui sourire du jour où, reconnu Bouddha Vivant, il avait fait une brillante carrière de lama.

Fêtes religieuses en l'honneur de Bouddha

L'alerte passée, le calme revient et les cérémonies qui marquent le quatrième mois de l'année tibétaine — mois de la naissance et de la mort de Bouddha — effacent les derniers souvenirs de la mutinerie.

De splendides processions ont lieu sur le Lingkhor, c'est-à-dire sur le « mail » et les fidèles mesurent de leur corps les huit kilomètres de la périphérie de Lhassa. En moyenne, un pèlerin met onze jours à parcourir cette distance. Il se couche et se relève environ cinq cents fois par jour, se jetant indifféremment dans la poussière, la boue ou la pierraille. Sans cesse la formule « om mani padmé hum »[1] retentit, prononcée par des milliers de bouches. Tous, jeunes ou vieux, pauvres ou riches, quel que soit leur rang ou leur titre de noblesse, se livrent au même exercice. A côté de la femme d'un nomade du Chantang, la propre sœur du Dalaï Lama s'agenouille dans la poussière; si les vêtements diffèrent, la ferveur est identique. En fin de journée, lorsque chacun a couvert le parcours prescrit, les différences de classe réapparaissent. Un serviteur attend le noble avec un cheval et un repas chaud, tandis que la femme du nomade s'enveloppe dans les plis de son manteau et cherche un coin abrité pour y passer la nuit. Le lendemain, chacun reprend sa reptation à l'endroit précis où il l'a interrompue la veille. Non contents de s'allonger sur le sol, certains fanatiques gardent les yeux fixés sur le Potala et se couchent toujours dans le même sens, perpendiculairement au palais du Bouddha Vivant. Cependant, là comme ailleurs, il est des accommodements avec le ciel. Moyennant salaire, des « rampeurs » professionnels relaient les riches dans leurs exercices de piété. Il faut croire que le métier rapporte, car certains « spécialistes » font, chaque année, un don important au monastère de leur choix.

Un vieillard que les moines de Sera apprécient pour ses libéralités fait ainsi le tour de Lhassa à plat ventre, tous les jours depuis quarante ans! Sa clientèle comprend de nombreux nobles et sa méthode est, pour le moins, singulière. Porteur de gants renforcés et revêtu d'un tablier de cuir qui lui retombe sur les pieds, il se laisse choir sur le sol et utilise l'élan pour se lancer le plus loin possible.

Le 15 du quatrième mois de l'année tibétaine, jour anniversaire de la mort de Bouddha, le Lingkhor est le pôle d'attraction de la capitale. D'innombrables tentes bordent l'esplanade et les mendiants s'assurent des meilleures places sur l'itinéraire que doit emprunter le cortège. Dès le lever du soleil, la procession se forme; à l'exception du Dalaï Lama, les membres du gouvernement s'apprêtent à faire le tour de l'enceinte extérieure. Marmonnant des prières, ils déambulent

1. « O joyau dans la fleur de lotus, salut ».

dignement entre deux haies de curieux. Derrière eux, des serviteurs portent des sacs et distribuent des pièces de cuivre aux spectateurs. Personne n'est oublié; parmi les mendiants, je reconnais d'ailleurs plusieurs des ouvriers que j'emploie. Ce jour-là, la mendicité est de règle. Et il en est ainsi jusqu'au soir; non seulement les riches Lhassapa, mais les commerçants népalais et chinois rivalisent de largesses.

Pour un ethnologue, assister à la célébration de l'anniversaire de la mort de Bouddha, à Lhassa, serait une véritable aubaine; il trouverait, rassemblés à cette occasion, des échantillons de toutes les races et de toutes les tribus autochtones. En dépit de la fraternisation apparente, un fossé sépare l'aristocratie, classe possédante, du peuple.

Des malins essaient de soutirer de l'argent aux badauds. Ici, un conteur a suspendu des chromos à un mur; d'une voix monotone et sur un ton nasillard, il commente les illustrations. La foule fait cercle autour de lui et écoute attentivement.

L'histoire est celle du héros Kesar qui, à lui seul, a tué mille ennemis. Quand le baladin est arrivé au bout de son récit, il fait la quête. Les uns s'en vont, d'autres restent et le conteur recommence ou change de thème selon l'inspiration du moment.

Des artisans ont dressé leur éventaire et offrent aux passants des plaques d'ardoise sculptées; les fidèles les achètent pour les déposer sur les « mani », petits murs de pierres que l'on rencontre partout au Tibet. Certains sont vieux de plusieurs siècles; les sculptures sont à demi effacées ou recouvertes de mousse et de lichen. D'autres sont surmontés de moulins à prières. Chaque fois qu'un bouddhiste passe à côté d'un mani, il le contourne par la gauche; en revanche, les adeptes de la religion Bon les contournent par la droite. Ces murs sacrés jalonnent les pistes et les chemins du Tibet tout comme les calvaires et les petits oratoires se dressent le long de nos routes. Afin de s'assurer une meilleure réincarnation, les riches font élever un mani, témoignage tangible de leur piété.

Pendant le quatrième mois de l'année, il est rigoureusement interdit d'abattre un animal et les invitations s'en ressentent.

En effet, ce serait faire injure à un hôte que de lui offrir un repas maigre.

Le peuple, lui, se détend à sa façon; tout le monde se rend sur les rives d'un étang, au nord du Potala; au centre, une petite île porte un temple, celui des serpents. La grande distraction consiste à s'y faire conduire dans un canot fait de peaux de yak assemblées et cousues. On s'installe dans l'herbe et on pique-nique en famille.

Travaux d'utilité publique

En automne, le gouvernement nous charge de dresser le plan de Lhassa. Personne jusqu'ici ne s'était acquitté de cette tâche; pourtant, au siècle dernier, des agents à la solde du gouvernement des Indes auraient, paraît-il, fait un relevé topographique de la ville, mais, manquant d'instruments, ils se sont fiés surtout à leur mémoire.

Aufschnaiter interrompt ses travaux d'irrigation et nous nous mettons tous deux à l'œuvre, munis du théodolite de Tsarong et de chaînes d'arpentage. Nous procédons avec méthode et explorons l'un après l'autre tous les quartiers de la capitale. En principe, nous commençons le matin de très bonne heure; dès que les habitants sortent de chez eux, ils s'agglutinent autour de nous et leur présence nous gêne terriblement. Deux sergents de ville qui nous sont adjoints font circuler les curieux, mais il se trouve toujours un badaud pour coller son œil à l'autre bout de la lunette au moment où mon camarade regarde dans l'objectif.

Déambuler dans les rues, par un froid glacial, au milieu des tas d'ordures, n'a rien d'une partie de plaisir; l'hiver s'écoule à recueillir des données nécessaires à l'établissement d'un topo général. Souvent, il faut grimper sur les toits. Aufschnaiter relève l'emplacement des pâtés de maisons pendant que, de mon côté, je note les noms des propriétaires en vue de l'inscription au futur cadastre.

Une fois établis les bleus destinés au Dalaï Lama et aux différents services intéressés, un nouveau jeu fait fureur à Lhassa : il s'agit de découvrir sur le plan la maison ou le palais qu'on habite.

Le travail terminé, le gouvernement nous charge de créer un réseau d'égouts et d'installer l'éclairage électrique dans la capitale. Ces problèmes nous effraient mais, une fois de plus, Aufschnaiter nous tire d'embarras. Excellent mathématicien, il étudie les ouvrages spécialisés que nous trouvons soit chez Tsarong, soit dans les bibliothèques privées et élabore un projet que ne désavouerait pas un polytechnicien.

Depuis deux mois, mon camarade perçoit les émoluments en roupies indiennes, et j'ai été titularisé au début de 1948. Je suis très fier de la lettre d'engagement qui m'a été délivrée à cette occasion et la conserve précieusement.

En juin 1948, en pleine nuit, on me demande de me rendre sans délai au Norbulingka : des inondations menacent le palais d'été du Dalaï Lama.

A l'époque où, aux Indes, la mousson débute, quelques heures suffisent pour faire du Kyitchu un fleuve large de deux kilomètres. Les digues ont été affouillées par les eaux et des infiltrations se produisent. Sous une pluie battante, à la lueur de lampes de poche, les soldats de la garde personnelle du Dalaï prennent la pelle et la pioche et, sous ma direction, travaillent à renforcer les levées; celles-ci, heureusement, résistent jusqu'au matin. Dès l'ouverture du bazar de Lhassa, je donne l'ordre d'acheter tous les sacs de jute disponibles et de les remplir d'argile et de mottes de gazon; ils serviront à colmater les brèches éventuelles. Cinq cents coolies et soldats s'activent sur les berges et parviennent à élever une nouvelle digue avant que l'ancienne ne lâche.

En même temps qu'à moi, le gouvernement a fait appel au faiseur de temps de Gadong. Nous sommes chargés de résoudre le même problème, mais par des méthodes essentiellement différentes. Les autorités ont fait preuve de sagesse en ne se fiant pas seulement aux capacités de mon honorable collègue.

Au moment où mes équipes mettent la dernière main à la tâche, l'oracle monte sur la digue, entre en transes et conjure la pluie de cesser. Effectivement, quelques heures plus tard, elle s'arrête et le niveau du Kyitchu baisse, ce qui nous vaut à tous deux les félicitations du Dalaï Lama.

Plus tard, on me demande de mettre, une fois pour toutes, le palais d'été à l'abri des inondations. Fort de l'appui d'Aufschnaiter qui possède l'expérience nécessaire, j'accepte. Les parois des digues édifiées par les Tibétains sont verticales au lieu d'être inclinées comme le voudrait la technique; aussi la résistance qu'elles opposent à la poussée des eaux est-elle illusoire.

Aussitôt le Kyitchu rentré dans son lit, les travaux commencent. J'ai à ma disposition cinq cents soldats et mille terrassiers. Innovation sensationnelle : je parviens à persuader le gouvernement de la nécessité de verser un salaire aux ouvriers et de renoncer à la méthode de travail forcé. Le rendement ne peut, naturellement, se comparer à celui des travailleurs européens ou américains. Il faut trois hommes pour manœuvrer une bêche : un l'enfonce dans la terre et deux autres appuient sur le manche pour faire basculer la pelletée. De plus, le travail est interrompu à tout bout de champ. Un coolie voit-il un ver de terre au fond du trou qu'il vient de creuser, aussitôt, lâchant son outil, il s'empresse de sauver la bestiole.

Plusieurs centaines de femmes travaillent sur le chantier; elles coltinent des couffins remplis de terre et chantent interminablement la même mélopée. Ici, comme partout, les soldats sont attirés par le sexe faible et ils ne cessent de lancer des quolibets aux ouvrières qui passent; celles-ci n'ont pas leur langue dans la poche et leur répondent vertement. Au Tibet, un cinquième des hommes vit dans les monastères et, en général, le personnel féminin domine sur les chantiers.

Le manœuvre se nourrit exclusivement de tsampa, de thé au beurre, de navets et de raves assaisonnés au poivre; la viande est trop chère pour eux. Du thé au beurre mijote dans un immense chaudron; chaque ouvrier reçoit également une écuelle de soupe chaude.

En plus des soldats et des coolies, j'ai sous mes ordres des bateliers qui manœuvrent une flottille de quarante barques en peaux de yak. Leur profession est l'une des plus méprisées avec celle de tanneur : utiliser le cuir des animaux est une offense permanente aux préceptes de la religion bouddhique.

Je me souviens. à ce propos, d'un épisode qui montre à quelles servitudes sont astreints ces véritables parias.

Pour se rendre au monastère de Samye, le Dalaï Lama avait franchi un col que les bateliers utilisaient. Désormais, il leur était interdit de l'emprunter. Ils durent charger sur leurs épaules leurs embarcations et emprunter un autre itinéraire, plus long que le premier, ce qui entraînait une perte de temps considérable. Précisons qu'un canot en peaux de yak pèse une centaine de kilos et que, dans cette région, les cols se trouvent à cinq mille mètres d'altitude.

Le courant du Kyitchu est trop rapide pour qu'une barque puisse le remonter à force de rames, aussi chaque batelier possède-t-il une brebis qui porte les bagages de son maître et trottine sur ses talons. Les bêtes sautent d'elles-mêmes dans les canots aussitôt que la descente commence.

Les bateaux composant ma flottille transportent des blocs de granit extraits d'une carrière située en amont du chantier et l'on a dû renforcer leurs parois de cuir par une armature de planches. Mes bateliers ne sont pas aussi humbles qu'on pourrait le croire. Evidemment, ils appartiennent à une caste dédaignée, mais leur force herculéenne leur vaut de toucher un salaire très supérieur à celui des manœuvres, ce qui n'est pas sans leur donner une certaine fierté.

Le hasard veut que l'un des mes collaborateurs soit l'un des deux bönpos rencontrés deux ans plus tôt à Tradun; ici, il fait fonction de trésorier payeur. Il se souvient parfaitement d'Aufschnaiter et de moi et nous évoquons ensemble le passé. Je me rappelle le jour où il fit son entrée à Tradun suivi d'une brillante escorte; il nous avait d'ailleurs bien reçus. Qui aurait pu prévoir que le vagabond que j'étais alors deviendrait bönpo à son tour?

Les travaux que je dirige étant destinés à protéger le palais d'été du Dalaï, je n'ai, en principe tout au moins, affaire qu'à des moines. Pourtant, le gouvernement s'y intéresse lui aussi. Souvent, je reçois la visite des membres du cabinet; ils viennent se rendre compte de l'avancement des travaux dont je leur explique la raison d'être. Avant de se retirer, ils nous remettent des écharpes de soie et font distribuer des récompenses aux ouvriers.

Au mois de juin, la digue est terminée; il était temps, car le Kyitchu est en crue. Les sables et les alluvions, désormais isolés par la levée, sont plantés de saules qui égaieront les environs de la résidence du pontife.

Le parc du Norbulingka

A plusieurs reprises, de hauts dignitaires ecclésiastiques m'invitent à dîner et à passer la nuit dans leurs appartements. C'est, je crois, la première fois qu'un Européen est autorisé à séjourner à l'intérieur du jardin du Dalaï Lama. On y trouve les essences les plus rares du Tibet; pommiers, poiriers et pêchers fournissent en abondance les fruits destinés à la table du souverain. Une armée de jardiniers s'active, nettoyant les allées, taillant les arbres et soignant les parterres de fleurs; pour les gros travaux, on fait appel aux soldats de la garde personnelle. Le parc est entouré d'un mur et ouvert aux visiteurs pendant la journée. Aux portes, des gardes veillent à ce que les fidèles et pèlerins soient habillés à la mode tibétaine. Ceux qui portent des chapeaux européens sont impitoyablement refoulés et je suis le seul à bénéficier d'une dérogation. Toutefois, lorsque vient l'époque des grandes fêtes dont le Norbulingka est le théâtre, je dois, moi aussi, arborer le chapeau de feutre bordé de fourrure. Les gardes saluent les nobles, à partir du quatrième rang et moi, par la même occasion.

Dans le parc s'élève une muraille jaune percée seulement de deux portes; elle entoure le jardin privé du Bouddha Vivant. Des sentinelles gardent l'entrée; seuls, les prieurs et les serviteurs du Dalaï Lama sont autorisés à la franchir. On entrevoit d'épaisses frondaisons et des toits dorés qui scintillent au soleil; les cris des paons retentissent à l'intérieur de l'enceinte sacrée. Personne, sinon les intimes du pontife, ne sait ce qui s'y passe. Les ministres, eux-mêmes, l'ignorent.

Le mur est un but de pèlerinage et les dévots en font le tour en marmonant des formules pieuses. De place en place, des niches abritent d'énormes chiens qui grondent et montrent les dents dès que quelqu'un s'approche; leurs aboiements mettent une note discordante dans la paix de cet univers.

Chaque année, des représentations théâtrales en plein air ont lieu au Norbulingka; elles se déroulent sur un immense podium de pierre adossé à la muraille jaune. Pendant une semaine, les troupes d'acteurs se succèdent, jouant sans discontinuer de l'aube au crépuscule. La foule accourt et prend place sous les ombrages du parc. Tous les interprètes sont des hommes et les sujets sont toujours d'inspiration religieuse. Les comédiens appartiennent à toutes les classes de la société; les fêtes terminées, chacun, aristocrate ou roturier, retourne à ses occupations habituelles. Il est rare qu'un acteur tibétain vive de son art.

Les drames représentés sont les mêmes d'année en année. Chacun récite son monologue, accompagné en sourdine par des tambours et des cymbales; à tout bout de champ des danses interrompent le cours de l'action. Seuls les comiques parlent normalement au lieu de psalmodier.

Une des sept troupes théâtrales, les Gyumalungma, est spécialisée dans les parodies. En ce qui me concerne, c'est la seule qui soit parvenue à me dérider. La satire est poussée très loin; tout est matière de plaisanterie, même les cérémonies religieuses et les rites les plus sacrés. Salué par les rires de l'assistance, un acteur mime le comportement d'un oracle; comme lui, il entre en transes et tombe en catalepsie. Costumés en religieuses, des hommes singent la fausse dévotion des nonnes qui prient pour de l'argent. Enfin, quand des moines s'approchent d'elles et font semblant de leur conter fleurette, l'hilarité se déchaîne; même les membres du clergé les plus respectables se tiennent les côtes.

Du premier étage d'un pavillon construit à l'intérieur de l'enceinte jaune, le Dalaï Lama assiste à ces jeux, caché derrière un rideau de mousseline. Hauts dignitaires et membres du gouvernement sont assis sous leurs tentes d'un côté de la scène. Pendant que les fonctionnaires participent à un banquet, les autres spectateurs déjeunent sur place et des serviteurs passent, offrant de la tsampa, du beurre et du thé fournis par les cuisines royales.

Chaque matin et chaque soir les troupes de la garnison de Lhassa défilent; précédées de leurs cliques, elles traversent la jardin d'été et rendent les honneurs devant le pontife, toujours invisible. La revue du soir est le signal de la distribution des récompenses aux acteurs qui ont participé aux manifestations artistiques de la journée. Un représentant du Dalaï Lama leur remet une écharpe contenant une somme d'argent. Lorsque les fêtes du palais d'été sont terminées, les comédiens donnent une série de représentations dans les différents monastères. Pendant un mois, ils vont d'un couvent à l'autre, soulevant un tel enthousiasme que la police doit parfois intervenir pour rétablir l'ordre.

Confort moderne

L'année 1948 m'a été favorable. D'abord je suis mon propre maître et, ensuite, je possède un « chez moi » où je suis libre de faire ce qu'il me plaît. Toutefois, je n'oublierai jamais l'hospitalité et la gentillesse de Tsarong; c'est grâce à lui, je le sais, que j'ai pu m'établir à Lhassa.

Dès que j'ai commencé à toucher un salaire, j'ai tenu à lui payer un loyer. Ces derniers mois, des nobles qui quittaient la capitale pour leur résidence d'été m'ont proposé leur maison, leur jardin et leur domesticité. Leur offre me tente d'autant plus que, désormais, je suis en mesure d'assumer cette charge.

Je jette mon dévolu sur une maison appartenant au ministre des Affaires étrangères, Surkhang; c'est l'une des plus modernes de Lhassa. Les murs sont solides et la façade est garnie de vitres à petits carreaux; comme elle est trop grande pour moi, je me cantonne dans quatre pièces et ferme les autres. La pièce la plus ensoleillée me sert de chambre à coucher; près du lit, sur une petite table, je place mon appareil de radio.

Les armoires, placards et coffres sculptés et peints de couleurs vives ressemblent aux vieux meubles des chalets du Tyrol ou de l'Oberland bernois. Un dallage de pierres polies remplace le plancher. Nyima, mon serviteur, met son point d'honneur à le faire briller comme un miroir. Il le frotte à la bougie puis, chaussant des babouches de laine, il se livre à des glissades folles. Pour lui, cirer est synonyme de distraction. D'épais tapis recouvrent le sol : ils sont petits et il ne peut en être autrement, car les pilliers qui supportent les plafonds empêchent d'en étaler de plus grands.

De célèbres tisseurs de tapis se rendent à domicile et travaillent sur place à la demande; ils disposent leurs fils sur le métier et dessinent sur la trame les figures traditionnelles : dragons, paons et fleurs. Manœuvrée par leurs mains habiles, la navette trace les ornements les plus compliqués. Ces carpettes sont pratiquement inusables et les couleurs naturelles tirées de l'écorce de certains arbres restent fraîches comme au premier jour.

Dans la salle qui me sert de pièce de réception, j'ai fait installer un bureau et une table à dessin qu'un menuisier a confectionnés sur mes indications. Autant les artisans tibétains excellent à reproduire sculptures ou meubles anciens, autant ils sont incapables de créer. Personne ne cherche à renouveler le vieux fonds artistique et ni les écoles, ni l'initiative privée ne tentent de remédier à cet état de choses.

Dans un angle de la salle commune se trouve un autel dédié aux dieux tutélaires; Nyima lui voue une vénération particulière. Chaque jour il renouvelle l'eau des sept soucoupes votives et remplit la lampe qui brûle continuellement devant la statue de Bouddha. Je vis dans la crainte d'un cambriolage, car les figurines représentant les divinités portent des diadèmes ornés de turquoises véritables. Heureusement pour moi, mes serviteurs sont d'une honnêteté scrupuleuse, et jamais le moindre objet n'a disparu de mon domicile.

Un autre problème se pose maintenant : celui de l'installation d'un appareil à douches. Après avoir envisagé diverses solutions, je résous la question en perforant le fond d'un vieux bidon à essence que j'accroche dans une pièce attenant à ma chambre. L'eau s'écoule sur le sol dallé et sort par un trou pratiqué dans le mur extérieur. Cette installation, pourtant fort primitive, émerveille mes amis tibétains. Ils ne connaissent que les bains dans le Kyitchu dont l'eau est glaciale, même en été. Bordé par un petit mur, le toit de mon domicile constitue un solarium idéal, mais, sur ce point, je me heurte à l'incompréhension générale; le bain de soleil est inconnu à Lhassapa et les photos des illustrés anglais et américains où l'on voit des estivants en train de se faire rôtir sur le sable des plages les ahurissent.

Suivant l'usage, un mât à prières surmonte la maison; prosaïquement, il me sert de porte antenne pour mon poste de radio. A part ces quelques innovations, je veille scrupuleusement à ce que rien ne soit modifié dans l'ameublement; chaque chose reste en l'état où je l'ai trouvé lors de l'emménagement.

Ma nouvelle demeure devient un véritable foyer et je me réjouis de la retrouver, chaque soir, mon travail terminé. Nyima, mon valet de chambre, m'attend avec une théière; tout est propre, calme, confortable. Un seul ennui : j'ai beaucoup de mal à apprendre à Nyima qu'il ne faut pas entrer à tout bout de champ dans la pièce où je me trouve. Ici, l'usage veut qu'un domestique stylé vienne voir de temps à autre si son maître n'a pas besoin de lui, ne désire pas une tasse de thé, etc. Nyima est toujours prêt à me servir et je sais qu'il m'est sincèrement attaché. Souvent, alors que je l'ai envoyé se coucher, il m'attend devant la porte des amis chez qui j'ai passé la soirée. Armé d'un revolver et d'une épée, il prétend me protéger contre les rôdeurs. Comment lui en vouloir de ses attentions? Sa fidélité m'émeut.

Il vit sous mon toit avec sa femme et ses enfants, ce qui me permet de voir combien les Tibétains aiment leur progéniture. Aucune dépense n'est trop grande si un enfant tombe malade et un père sacrifiera au besoin ses économies pour solliciter l'avis d'un lama. Non sans mal, je réussis à convaincre Nyima de se faire vacciner, ainsi que sa famille, par le médecin de la mission commerciale hindoue.

Le gouvernement a mis à ma disposition un soldat et un palefrenier; en outre, depuis que je travaille au Norbulingka j'ai le droit de monter un cheval appartenant aux écuries du pontife. Au début, je devais en changer tous les jours; le maître des écuries étant responsable de l'état de ses bêtes, il aurait suffi que l'une d'elles rentrât fatiguée pour le faire renvoyer. Je finis par obtenir l'autorisation de conserver le même cheval pendant huit jours; nous avons ainsi le temps de nous habituer l'un à l'autre. Selles, guides et rênes sont jaunes comme tout ce qui appartient au Dalaï Lama.

Pour en revenir à ma demeure, l'écurie, la cuisine et les dépendances sont situées dans le jardin, entièrement clos. Libre de l'aménager à ma guise, je dessine des plates-bandes et crée un potager. Mes visiteurs viennent admirer mes plantations et, à l'exemple de Mr. Richardson, le chef de l'ex-mission anglaise, je consacre une heure, matin et soir, à la culture. Quelques mois plus tard, les premiers résultats dépassent mes espérances : tomates, choux-fleurs et salades sont énormes. L'essentiel est d'arroser suffisamment; la sécheresse de l'air et l'insolation font le reste. L'arrosage, il est vrai, pose un problème, car la distribution d'eau est inexistante. On y supplée en creusant des rigoles où court un minuscule filet d'eau. Deux femmes m'aident, principalement pour le binage, les mauvaises herbes profitant elles aussi des conditions optima que j'ai créées. Sur seize mètres carrés je récolte deux cents kilos de tomates; certaines pèsent près d'une livre. Plantes et légumes d'Europe pousseraient sans difficulté au Tibet, bien que l'été y soit plus court que sous nos latitudes.

L'orage menace

En cette fin d'année 1948, les vagues de l'agitation mondiale viennent battre les assises du Toit-du-Monde. En Chine, la guerre civile fait rage. Redoutant que des désordres ne se produisent parmi les membres de la colonie chinoise de Lhassa et soucieux de rester neutre, le gouvernement tibétain décide un beau jour d'expulser les ressortissants chinois. L'ordre est immédiatement exécutable.

Avec une duplicité bien orientale, il attend le moment où l'opérateur radio de la mission joue au tennis pour faire occuper la station; ainsi l'opérateur ne pourra pas informer son gouvernement. En même temps postes et télégraphe ferment pour deux semaines, si bien que le bruit court à l'étranger que des troubles ont éclaté au Tibet.

Or, rien n'est plus faux. Les expulsés sont traités avec une exquise politesse; on leur offre des dîners d'adieu et l'on échange leur argent tibétain contre des roupies, à un cours extrêmement avantageux. Des bêtes de somme et des gîtes d'étape sont mis à leur disposition et une escorte armée les conduit à la frontière hindoue. Les intéressés, pourtant, ne voient pas les choses sous le même angle et s'étonnent de la mesure, apparemment injustifiée, dont ils sont victimes. La plupart retournent en Chine du Sud ou à Formose; seule une infime minorité rejoint Pékin où s'est installé le gouvernement de Mao Tsé Tung.

De nouveau, la situation est tendue entre les deux pays; les vieilles haines se réveillent. La Chine communiste pousse les hauts cris; elle considère l'expulsion de ses ressortissants comme une offense à sa dignité. A Lhassa, on sait exactement la nature de la menace qu'un voisin communiste fait peser sur l'indépendance de la nation; une invasion ébranlerait les fondements de la hiérarchie civile et religieuse. Les prédictions de l'oracle d'Etat et différents événements naturels sont interprétés comme des indices de l'imminence de la catastrophe; l'apparition d'une comète, entre autres. Moi-même ne suis guère rassuré. Mes raisons, il est vrai, sont plus terre à terre que celle de mes amis tibétains.

Fin 1948, le gouvernement décide d'envoyer à l'étranger quatre hauts fonctionnaires; ils entreprendront la tournée des grandes capitales. Les élus sont des nobles dont les idées progressistes sont connues de tous; leur rôle consiste à persuader l'opinion mondiale que le Tibet n'est pas un pays habité par des sauvages à peine évolués.

Le chef de la délégation est le secrétaire d'Etat aux Finances, Chekabpa; le moine Changkhyimpa, le négociant multimillionnaire Pangdachang et le général Surkhang, fils du ministre des Affaires étrangères, l'accompagnent. Les deux derniers parlent plus ou moins l'anglais et possèdent une vague connaissance des mœurs et des coutumes des pays qu'ils vont visiter. Le gouvernement leur fournit une garde-robe occidentale complète. En vue des réceptions, ils emmènent également des costumes de soie choisis pour leur somptuosité. La tournée commence par les Indes puis, de là, les envoyés s'envolent vers la Chine; après un long séjour dans ce pays, ils touchent les Philippines, Hawaï et finalement San Francisco. Aux Etats-Unis, la délégation fait de nombreux arrêts : hommes d'Etat et personnalités politiques reçoivent les représentants du Tibet. Ceux-ci ne se lassent pas de visiter les usines, entre autre celles qui transforment les matières premières de leur pays.

Après l'Amérique, vient le tour de l'Europe. Bref, le voyage dure deux ans. Chaque fois qu'une lettre arrive à Lhassa, toute la ville en parle. On sait, par exemple, que les gratte-ciel new-yorkais ont fait une impression durable sur les délégués mais que, de toutes les capitales visitées, c'est Paris qu'ils ont préféré. Les quatre envoyés rapportent des résultats concrets : nouveaux débouchés pour la laine de yak, monceaux de prospectus pour des machines en tout genre — machines agricoles, métiers à tisser, cardeuses, etc. L'un d'eux a même dans ses bagages une Jeep démontée que le chauffeur du treizième Dalaï s'empresse de reconstituer. Une fois seulement le véhicule circule dans les rues de la capitale, puis, à la stupéfaction générale, il disparaît. Un mois plus tard, on apprend que son moteur fait marcher les machines de la Monnaie! La véritable raison du séjour des délégués aux

Etats-Unis a été l'achat d'une réserve de lingots d'or que des caravanes, gardées par des soldats armés jusqu'aux dents, transportent à Lhassa.

Le retour des envoyés donne lieu à d'innombrables réceptions. Tout le monde veut connaître les détails de leur périple. Il y a quelques mois, Aufschnaiter et moi étions le point de mire de l'attention générale : maintenant, nous sommes, nous aussi, curieux d'apprendre les nouvelles du monde extérieur.

Les quatre voyageurs sont intarissables et parlent avec ravissement des automobiles, des usines, des avions, du *Queen Elizabeth*, des élections présidentielles américaines auxquelles ils ont assisté et, bien entendu... de leurs aventures amoureuses.

Partout où ils sont allés, on les a pris tantôt pour des Birmans, tantôt pour des Chinois ou des Japonais, mais jamais pour des Tibétains et cela les met en joie.

Depuis le départ de la mission, la situation en Asie a changé du tout au tout; au sud du Tibet, l'Inde est devenue un Etat souverain; à l'est, les communistes occupent la totalité du territoire chinois.

A Lhassa, la visite traditionnelle que le Dalaï Lama se prépare à rendre aux principaux monastères du pays est au premier plan de l'actualité.

La tournée des monastères

Avant sa majorité, tout Dalaï Lama doit rendre visite aux monastères de Drebung et de Sera, voisins de la capitale, et se soumettre à un examen, sorte de longue discussion sur des sujets religieux. Pendant plusieurs mois, Lhassa se consacre aux préparatifs du voyage et les moines de Drebung construisent, à proximité de leur couvent, un palais destiné à héberger le pontife.

La procession s'étire sur les huit kilomètres qui séparent le Potala du monastère; à cheval, les nobles, accompagnés de leurs serviteurs, forment l'avant-garde; puis vient le Bouddha Vivant dans sa litière. Les quatre doyens l'attendent à la porte du couvent et l'escortent jusqu'au pavillon aménagé à son intention. Semblable événement compte dans la vie d'un moine; sur un effectif de dix mille religieux, les privilégiés qui y assisteront deux fois dans leur vie sont rarissimes.

Je fais, moi aussi, partie de l'expédition : des amis m'ont invité pour le séjour du pontife et j'ai sauté sur l'occasion de visiter la citadelle du bouddhisme lamaïste. Jusqu'ici, comme un vulgaire pèlerin, j'ai pu tout juste jeter un coup d'œil furtif sur les temples et les jardins.

Dès mon arrivée, Pema, un jeune moine que j'ai connu à Lhassa, me conduit à la cellule que j'occuperai. Novice, il se prépare à passer l'examen de théologie bouddhique. En attendant, il me sert de cicerone et m'explique l'organisation de cette ville exclusivement habitée par des religieux. Tout y est différent de ce que nous connaissons : une fois franchies les énormes murailles, on se sent transporté de plusieurs siècles en arrière. Rien ne rappelle l'époque présente. Les murs massifs se sont imprégnés de l'odeur écœurante du beurre rance et de la crasse qu'y ont déposée des générations de moines.

Chaque maison abrite cinquante à soixante frères qui vivent dans des cellules individuelles; à chaque étage, on trouve une cuisine où les habitants des chambres voisines viennent chercher leur repas. Les plaisirs de la table sont les seuls auxquels puisse prétendre un moine tibétain. Il ne possède rien en propre, sinon sa lampe à beurre et une amulette ou une peinture sur soie d'inspiration religieuse; sa cellule a un grabat pour tout mobilier. Le moine doit obéir en toutes circonstances, aveuglément et sur-le-champ. Entré tout jeune au couvent, il revêt la robe violette qu'il ne quittera plus sa vie durant. Au début, il sert son « gourou » et se livre aux besognes les plus humbles; puis, s'il se montre assidu et intelligent, on lui apprend à lire et à écrire. Ensuite, il commence ses études de théologie et subit une série d'examens. Les privilégiés qui parviennent à « percer » sont rares et la plupart restent toute leur vie frères convers. Après quarante ans d'études les sujets d'élite parviennent aux épreuves finales; ceux-là seuls occuperont de hautes fonctions dans l'Église lamaïste. Les grands monastères, tels que Drebung et Sera, sont donc des écoles de théologie, des pépinières de l'administration ecclésiastique, tandis que les Tsedrung forment chez eux les moines-administrateurs chargés du gouvernement.

Une fois par an, les examens de fin d'étude se déroulent dans le grand temple de Lhassa. Pour tout le Tibet, il n'y a jamais plus de vingt-deux candidats. Des discussions interminables, portant sur différents points du dogme et de la doctrine bouddhiste, les opposent aux professeurs du Dalaï Lama; les cinq meilleurs sont nommés aux plus hautes fonctions ecclésiastiques et les autres vont enseigner dans de petits monastères. Le premier a le choix entre mener la vie d'un ermite et occuper une fonction publique qui, d'échelon en échelon, peut l'élever jusqu'à la régence. La chose, il est vrai, est exceptionnelle : en principe, seul un Bouddha Vivant peut occuper cette charge, la plus haute de l'État. Pourtant le Tibet a connu plusieurs régents qui n'étaient ni des nobles, ni des réincarnations. C'est ce qui s'est produit en 1910 lorsque le treizième Dalaï Lama s'enfuit aux Indes, devant l'invasion chinoise et qu'il fallut désigner un remplaçant. Toutefois, avant d'en arriver là, le jeune élu devra passer des années dans la solitude d'un monastère; être reçu aux examens de théologie ne suffit pas à donner le droit de gouverner le Tibet.

Les dix mille moines de Drebung sont divisés en groupes : chacun possède son temple et son jardin. Tous les matins, les religieux se livrent ensemble à des exercices de piété puis, après le repas de midi — soupe et thé au beurre — ils assistent dans leur maison aux cours qui leur sont donnés par des professeurs attitrés. Le soir, ils se promènent s'ils le désirent, se délassent ou préparent les provisions que leur envoie leur village natal. C'est là une des raisons qui incitent les prieurs à grouper les jeunes gens originaires d'une même province.

A Drebung certaines maisons sont exclusivement réservées aux Mongols ou aux Népalais, d'autres sont habitées par des religieux venus d'une même ville : Chigatsé ou Gartok par exemple.

A l'intérieur de la cité tuer un animal est rigoureusement prohibé. Pourtant le climat est si rude que les jeunes moines ne peuvent se contenter exclusivement de thé au beurre et de soupe; l'envoi de viande séchée par les villages et les familles est donc toléré. Dans une localité voisine on peut même, paraît-il, se procurer de la viande fraîche.

En dehors du vivre et du couvert, les moines touchent des gratifications; les largesses du gouvernement et les dons des pèlerins y pourvoient. Si l'un d'entre eux se distingue par son intelligence, il trouve immédiatement, parmi les nobles ou les riches commerçants, un mécène qui l'épaule. De toute manière, l'Église lamaïste dispose de moyens financiers considérables; elle est le plus gros propriétaire foncier du Tibet et tire de substantiels revenus des terres qui lui appartiennent. Chaque couvent a ses intendants qui procurent aux moines ce dont ils ont besoin. Si je ne l'avais vu de mes propres yeux, jamais je n'aurais cru que les dépenses d'un monastère fussent aussi importantes qu'elles le sont. Une fois, j'ai aidé un de mes amis à établir le décompte des frais occasionnés par le séjour à Lhassa des moines de son couvent durant la période de la nouvelle année. Il s'établissait ainsi : trois mille kilos de thé, cinquante mille kilos de beurre et une somme de près d'un million de francs à titre d'argent de poche.

Ce serait une erreur de se représenter les personnages qui portent la robe violette comme de pieux rêveurs, plongés dans la méditation et l'ascétisme. Il s'en faut! Parmi eux, il y a une majorité d'individus frustes et rudes et seule une discipline de fer permet de les mater. Les « durs » se groupent dans l'organisation des dob-dob, facilement reconnaissable à la bande d'étoffe rouge qu'ils portent au bras droit et à la couche de suie dont ils s'enduisent le visage pour susciter le respect et la crainte. A leur ceinture pend une énorme clef qu'ils utilisent comme matraque ou comme arme de jet. Souvent, ils portent, caché dans les plis de leur robe, un tranchet de cordonnier. Leur réputation est solidement établie et leur audace ne connaît pas de limites; batailleurs, querelleurs, ils ne rêvent que plaies et bosses. Lors de l'invasion, un bataillon de dob-dob se signala par sa bravoure dans la lutte contre les troupes communistes chinoises. De sourdes rivalités opposent les moines-soldats appartenant à des couvents différents. Ces antagonismes se donnent libre cours lors des compétitions sportives qui opposent les équipes des monastères de Sera et de Drebung. A date fixe, et après avoir suivi un entraînement intensif, les adversaires se rassemblent dans l'arène, encouragés par leurs supporters respectifs, les dob-dob des deux monastères. Sur un signe, les combattants rejettent leurs robes, ne conservant qu'un pagne orné de petites clochettes. Les épreuves se succèdent : courses à pied, lancer du poids, saut en longueur et en profondeur, pour lequel on creuse un fossé et on dispose un tremplin. Les concurrents prennent leur élan et se laissent choir de quinze mètres de hauteur. A un moine de Sera succède un religieux de Drebung et l'arbitre mesure la distance qui sépare les empreintes imprimées dans le sable par les pieds des sportifs. Drebung sort presque toujours vainqueur de ce genre de compétition : jouissant de l'appui du gouvernement et fort de ses dix mille moines, il est mieux placé que les autres pour remporter la palme.

Me souvenant de mon passé de moniteur, je me rends souvent à Drebung; les moines m'accueillent avec bienveillance et me demandent volontiers conseil. Là seulement j'ai vu des Tibétains méritant véritablement le nom de « sportifs ». Les épreuves se terminent toujours par un festin au cours duquel on dévore d'énormes quantités de viande.

« Les trois piliers de l'État », ainsi que l'on a surnommé Drebung, Sera et Ganden, jouent un rôle de premier plan dans la politique tibétaine. Leurs prieurs et les huit ministres et secrétaires d'État constituent le cabinet. Aucune décision n'est prise sans l'accord des abbés qui, avant toute chose, favorisent les intérêts des monastères qu'ils dirigent. Des projets de réforme sont souvent abandonnés sur leurs instances. Au début de notre séjour à Lhassa, Aufschnaiter et moi étions en butte à l'hostilité des trois supérieurs; à dater du jour où ils se rendirent compte que nous n'avions aucune arrière-pensée politique ou religieuse, que nous nous conformions aux habitudes du pays et que notre activité était favorable au développement du Tibet, leur attitude changea.

Ainsi que je l'ai dit, les monastères sont de véritables facultés; tous les bouddha vivants — ils sont environ un millier — y font leurs études théologiques. En outre, la présence dans un couvent, d'une réincarnation attire par centaines les pèlerins dont les dons profitent à la communauté.

Lors de la visite annuelle que le Dalaï Lama rend à Drebung, tous les bouddha vivants du Tibet sont réunis pour le recevoir. Sept jours durant, le pontife se soumet aux épreuves qui lui impose le prieur chargé de son éducation. C'est là un des rites les plus sacrés de la religion lamaïste; par conséquent, je ne puis espérer assister aux célèbres discussions ni aux examens.

Le matin au déjeuner, Lobsang Samten, le frère aîné du Dalaï, me demande :

« Veux-tu venir avec moi dans le parc où ont lieu les épreuves ? »

Agréablement surpris, j'accepte d'emblée. Grâce à Lobsang, je vais pouvoir contempler un spectacle qu'aucun Européen n'a jamais vu. En compagnie de mon guide, je me rends dans le jardin privé; la seule présence de Lobsang suffit à m'ouvrir toutes les portes et les dob-dob s'inclinent respectueusement sur notre passage.

L'enceinte franchie, j'aperçois un groupe d'arbres; à leur pied deux mille moines environ sont accroupis sur un emplacement recouvert de gravier. Revêtus de leurs robes violettes, ils écoutent attentivement le Dalaï qui, monté sur une estrade, lit des passages de livres sacrés. Pour la première fois, j'entends le son de sa voix, celle d'un enfant de quatorze ans. Sans hésiter, avec la gravité d'un adulte, il lit à haute voix les versets du Kangyur. Depuis qu'il a commencé ses études, c'est sa première sortie en public; à lui de démontrer sa science et ses capacités devant l'assemblée monastique. Plus exactement, l'attitude et le comportement qu'il adoptera montreront, soit qu'il entend faire preuve d'autorité, soit qu'il se contente d'être un instrument entre les mains de ses maîtres, du régent et des hauts dignitaires de l'État. Tous les Dalaï Lama ne furent pas de grands pontifes comme le cinquième et le treizième, par exemple. La plupart n'étaient que des marionnettes dont le régent et les abbés des trois « colonnes de l'État » tiraient les ficelles.

Le quatorzième, l'enfant que j'ai devant moi, fait figure de prodige; on m'a raconté qu'il lui suffisait de lire un livre une fois pour le connaître par cœur et qu'il portait aux affaires de l'État un très vif intérêt. On dit également qu'à plusieurs reprises il s'est élevé contre des décisions prises par le conseil de cabinet.

Lorsque les discussions théologiques commencent, je constate que la réputation qui lui est faite n'est nullement exagérée.

Quittant la tribune, le Dalaï Lama s'assied sur le gravier, face aux moines; la coutume exige qu'il en soit ainsi pour que les censeurs ne soient pas tentés de se laisser influencer par la majesté de leur vis-à-vis. Le prieur chargé de mener les débats pose une première question. La réponse vient, claire et précise. Questions et réponses se succèdent sur un rythme rapide. Le pontife se joue des difficultés et déjoue les traquenards; on le sent sûr de lui et un sourire éclaire son visage.

Au bout d'un quart d'heure, les rôles sont inversés; le Dalaï passe à l'offensive. Si, au début, j'ai eu des doutes sur la sincérité et l'authenticité de cette épreuve, je suis maintenant convaincu qu'il s'agit bien d'un véritable examen. Le Bouddha Vivant fait flèche de tout bois et bombarde le prieur de questions qui le mettent manifestement dans l'embarras. Il a bien du mal à ne pas perdre la face devant les moines, ses élèves.

La discussion terminée, le jeune dieu remonte sur son trône et sa mère — la seule femme présente dans l'assistance — lui tend une tasse d'or remplie de thé. Il me regarde à la dérobée comme s'il tenait à avoir mon opinion et à se convaincre de son succès. J'ai rarement vu pareille maîtrise chez un garçon de son âge et j'en arrive presque à me demander si le Lama n'est pas d'essence divine.

A la fin de la cérémonie, un moine lance la première strophe d'une litanie que l'assistance reprend en chœur; puis, soutenu par deux abbés, le Dalaï se retire. Une fois de plus, je m'étonne de l'allure traînante du jeune dieu et j'en demande la raison à Lobsang. Il m'explique qu'un rituel séculaire fixe l'attitude des Dalaï Lama dans toutes les circonstances de leur existence; le pas hésitant du vicillard qu'imite le jeune garçon rappelle la démarche de Bouddha sur la fin de sa vie terrestre et symbolise l'honneur et la dignité inhérentes à sa fonction.

Si, au début, j'ai regretté de n'avoir pu photographier cette scène extraordinaire, quelques heures plus tard je m'en félicite. Mon ami Wangdula a essayé de prendre des instantanés de Sa Sainteté lors d'une de ses promenades à l'intérieur de l'enceinte sacrée. Un moine l'a dénoncé et le secrétaire du régent l'a soumis à un sévère interrogatoire. Dégradé sur-le-champ, Wangdula peut s'estimer heureux de n'avoir pas été chassé du couvent. Finalement, on lui a confisqué son appareil et pourtant Wangdula, noble de cinquième rang, est le neveu d'un ancien régent. Du reste, le coupable connaît les vicissitudes de la vie monastique et ne prend pas les choses au tragique. Quelques jours plus tard, une autre cérémonie met le couvent en émoi. Le Dalaï Lama doit sacrifier aux dieux sur la cime du mont Gompe Utse, haut de 5.000 mètres, qui surplombe Drebung.

Au matin, une grande caravane s'ébranle; elle comprend un millier de moines et plusieurs centaines de chevaux. La première étape du pèlerinage est un ermitage situé à mi-pente. Deux palefreniers conduisent la monture du dieu-roi. De place en place sont installées des stations intermédiaires et la descente de selle du jeune pontife s'exécute suivant un rite compliqué. Chaque fois, un trône recouvert de tapis l'attend; il s'y assied quelques minutes, puis remonte sur son cheval. En fin de soirée, le cortège arrive à l'ermitage où des tentes abriteront la compagnie pendant la nuit.

Le lendemain, dès l'aube, le Bouddha Vivant et son escorte montent sur des yaks et se dirigent vers la cime. Arrivés au sommet, les assistants marmonnent des prières pendant que le Dalaï sacrifie aux dieux. En bas, dans la vallée, une foule immense attend l'instant où s'élèvera la fumée annonçant que la cérémonie est terminée; chacun sait que le maître du Tibet vient de prier pour le bien-être de son peuple. Moi-même, empruntant des chemins détournés, je parviens au sommet du Gompe Utse (5.600 mètres) et contemple de loin le spectacle. Tout autour, des corneilles et des corbeaux sautillent, attirés par les offrandes de tsampa et de beurre sur lesquelles ils se jetteront dès que l'assistance aura tourné les talons.

La plupart des participants foulent pour la première fois de leur vie la cime d'une montagne; les jeunes s'intéressent au paysage et admirent le panorama; les vieux, en revanche, laissent à leurs serviteurs le soin de les réconforter et boivent de larges rasades de thé au beurre.

Dans le courant de l'après-midi, la caravane redescend vers Drebung. Une semaine plus tard, les mêmes cérémonies se renouvellent, cette fois au monastère de Sera. Certains conseillers du jeune pontife ont tenté de le dissuader de rendre visite à cette citadelle des partisans de Reting Rimpoché, théâtre de la révolte de 1947, mais le Dalaï a tenu à accomplir le pèlerinage prescrit pour montrer qu'il se tient au-dessus des intrigues et des révolutions de palais.

L'empressement des moines de Sera est véritablement touchant; ils cherchent à se faire pardonner et font l'impossible pour impressionner favorablement le Dalaï Lama et sa suite, mobilisant toutes leurs richesses, ornant magnifiquement leurs temples, nettoyant les moindres recoins de la cité monastique. Sur tous les toits flottent de nouvelles oriflammes.

Entre Sera et le palais d'été, une foule nombreuse attend le retour du pontife et des cris d'enthousiasme saluent sa rentrée à Lhassa.

Découvertes archéologiques

En ce qui me concerne, ma vie reprend son cours normal : traductions de dépêches et d'articles de journaux, surveillance des chantiers de construction de digues. Régulièrement, je rends visite à Aufschnaiter toujours occupé à ses travaux de rectification des berges du Kyitchu.

En effectuant les terrassements, ses ouvriers ont mis au jour des débris de poterie. Aufschnaiter les a soigneusement recueillis, puis assemblés; les vases et les amphores ainsi reconstitués ne rappellent nullement les récipients actuellement utilisés au Tibet. Il a promis à ses coolies une récompense chaque fois qu'ils lui signaleraient la découverte d'un nouvel objet. Depuis, chaque semaine amène une trouvaille sensationnelle : tombeaux, squelettes parfaitement conservés, bijoux étranges. Poussé par le démon de l'archéologie, mon camarade, inlassable, collecte, étiquette et met en caisse le produit des fouilles. C'est la première fois que l'on découvre sur les hauts plateaux du Tibet les vestiges d'une civilisation antérieure à celle des Mongols. Aufschnaiter consulte en vain les vieux livres pour en trouver trace. Aucun lama ne peut donner la moindre indication sur ce point. Dans ces temps lointains, les ancêtres des Tibétains enterraient leurs morts au lieu de les dépecer et de les abandonner en pâture aux vautours et aux oiseaux de proie.

Fuyant devant les troupes chinoises, nous avons réussi à sauver cette collection. Aufschnaiter reste à Gyantsé, mais j'accompagne les caisses jusqu'aux Indes où elles se trouvent encore.

Problèmes agricoles tibétains

Quelques temps après, je profite d'une occasion pour explorer une nouvelle région du Tibet. Des nobles m'ont demandé d'inspecter leurs fermes et d'établir un projet destiné à accroître le rendement de leurs terres. Ayant obtenu un congé du gouvernement, je me mets en route.

On se croirait en plein Moyen âge : les charrues sont remplacées par un pieu terminé par une pointe de fer que tirent des dzo, croisement entre le yak et le bœuf. Le dzo ressemble du reste davantage au premier : les femelles donnent un lait particulièrement riche en matières grasses.

Le problème de l'irrigation est crucial et les Tibétains ne l'ont toujours pas résolu. Au printemps, la sécheresse sévit sur les hauts plateaux, mais personne ne songe à tirer parti des eaux de la fonte des neiges qui ruissellent en pure perte.

Les domaines des nobles sont tellement vastes qu'il faut souvent chevaucher pendant deux jours avant d'atteindre leurs limites. Des serfs les cultivent, mais ils possèdent également des champs dont la récolte leur appartient en propre. Les intendants — qui sont, eux aussi, des serfs — ont la confiance du propriétaire et font figure de potentats; ce sont eux les véritables maîtres; les nobles, retenus à Lhassa par leurs obligations et les charges qu'ils occupent dans l'administration, se soucient fort peu de leurs propriétés. En récompense des services rendus, le gouvernement distribue des terres à ceux qu'il entend honorer. J'ai connu de hauts dignitaires qui possédaient vingt domaines que leur avait donnés le régent ou le cabinet. Toutefois, ces fortunes sont fragiles; il suffit qu'un favori tombe en disgrâce, pour que, brusquement, on lui reprenne ce qu'on lui a donné.

Quelques hobereaux vivent au milieu de leurs serfs dans de sombres châteaux. Ceux-ci, entourés de fossés profonds, sont construits dans la plaine ou, véritables nids d'aigles, s'élèvent sur un éperon rocheux dominant la contrée environnante. Il est fréquent d'y trouver des armes, vestiges des luttes menées par les Tibétains contre les Mongols.

Pendant des semaines, je vais ainsi de domaine en domaine, traversant des contrées que le pied d'un Européen n'a jamais foulé, m'arrêtant pour visiter tel monastère ou tel temple que le hasard met sur ma route. J'en profite pour faire une ample récolte de photographies.

Patinage

A mon retour, l'hiver a déjà fait son apparition à Lhassa; les bras du Kyitchu sont gelés et l'idée me vient d'initier plusieurs amis, dont Lobsang Samten, le frère du Dalaï Lama, au patinage à glace. A vrai dire, je ne suis pas le premier à y avoir pensé. Avant nous, les membres de la mission commerciale britannique de Gyantsé ont pratiqué ce sport, au grand ébahissement de la population. En définitive, nous rachetons les chaussures et les patins que les Anglais ont laissé à leurs domestiques lorsqu'ils ont quitté le territoire tibétain après la proclamation de l'indépendance de l'Inde.

La première fois que, chaussant nos patins, nous nous risquons sur la glace, des regards inquiets suivent nos évolutions. Les uns s'attendent à ce que nous nous rompions le cou, les autres redoutent que la croûte gelée ne cède sous notre poids. Pourtant, notre exemple est bientôt suivi et, au grand émoi de leurs parents, une vingtaine de jeunes gens s'initient à l'art de « marcher sur des couteaux ». Les vieilles gens se refusent à croire qu'il soit possible de se mouvoir sur une lame d'acier sans couper en même temps la glace.

Notre patinoire serait idéale si, chaque matin, vers dix heures, la surface ne commençait à fondre : l'insolation est intense même au cœur de l'hiver et nous contraint à limiter nos exercices aux premières heures de la journée.

Le pontife a entendu parler par son frère de nos séances de patinage sur le Kyitchu; malheureusement l'endroit est situé de telle sorte qu'il est impossible de l'apercevoir du toit du Potala. Un beau jour, Lobsang Samten m'apporte une camera : le Bouddha Vivant me demande de filmer nos ébats sur la glace.

Outre un équipement photographique complet, héritage du treizième Dalaï Lama qui l'avait reçu en cadeau de son ami, Sir Charles Bell, le quatorzième Dalaï possède une camera et deux appareils de projection modernes, présents du chef de l'ex-mission commerciale anglaise de Lhassa. Enfin, de leur voyage autour du monde, les quatre délégués tibétains ont rapporté les dernières nouveautés en matière de technique cinématographique.

Ne sachant comment m'y prendre, j'étudie soigneusement le fonctionnement de l'appareil ainsi que les prospectus qui l'accompagnent; ensuite, confiant dans mon étoile, je me mets au travail.

Une fois impressionné, le film est envoyé aux Indes, via l'Office des Relations extérieures tibétain et la mission commerciale hindoue, pour y être développé. Deux mois plus tard, il est de retour à Lhassa et remis au Dalaï Lama; le hasard a voulu que je réussisse du premier coup.

Chose étrange, ce film, produit du XXe siècle, va contribuer à me rapprocher du jeune souverain d'un État médiéval; c'est en quelque sorte le lien qui scellera notre solide amitié. Jamais elle ne s'est démentie en dépit des critiques et des attaques dont elle a été l'objet.

Par le truchement de Lobsang Samten, le Bouddha Vivant ma charge de filmer dorénavant les cérémonies et les fêtes auxquelles il participera. Malgré ses nombreuses occupations, il trouve le temps de me donner ses instructions. Tantôt ce sont deux ou trois mots griffonnés sur une feuille de papier, tantôt des indications détaillées. Il précise l'angle sous lequel il souhaite être photographié, de manière à bénéficier du meilleur éclairage, ou bien il me signale le début de telle cérémonie et m'enjoint d'être ponctuel. Toujours par le canal de Lobsang, en plusieurs occasions, je prie Sa Grâce de regarder dans une direction déterminée au cours d'un défilé ou d'une procession.

Chaque fois, je m'efforce de me faire remarquer le moins possible. C'est sans doute ce que souhaite également le jeune dieu, car il m'invite par écrit à ne pas me poster au premier rang et me recommande de renoncer à prendre un cliché plutôt que de susciter la colère de la foule. Malgré mes précautions, je ne puis, bien entendu, passer complètement inaperçu; toutefois, bientôt, le bruit se répand que j'agis au nom du Dalaï et chacun essaie de me faciliter la tâche. Souvent les dob-dob dégagent pour moi un emplacement; ils se comportent comme des agneaux lorsque je leur demande de poser. Grâce à eux, je réussis à prendre des clichés que personne avant moi n'a obtenus dans des conditions aussi satisfaisantes. En dehors de mes fonctions de photographe officiel, j'ai toujours mon Leica à portée de la main; malheureusement, souvent je dois renoncer aux meilleurs instantanés en faveur du Dalaï Lama. Je regrette, entre autres, un certain nombre de photographies de l'oracle d'État; je n'ai pu en rapporter que quelques-unes, les autres ayant été conservées par le pontife.

Le grand temple de Lhassa

Le Tsug Lha Khang renferme les statues et les sculptures les plus précieuses du Tibet; il a été édifié au VIIe siècle de notre ère par le roi Strongsen Gampo dont les deux épouses, converties au bouddhisme, étaient originaires, l'une du Népal, l'autre de la Chine. La première fit construire le second temple de Lhassa, celui de Ramoche, et la seconde apporta en dot une statue de Bouddha recouverte d'or fin. Les deux femmes convainquirent leur royal mari d'embrasser la foi bouddhique et d'abjurer la vieille croyance Bon. Tout à son ardeur de néophyte, Strongsen Gampo fit du bouddhisme une religion d'État et édifia le Tsug Lha Khang pour abriter la statue d'or.

Le temple présente les mêmes caractéristiques que le Potala. Extérieurement majestueux et imposant, à l'intérieur, il est plongé dans une pénombre perpétuelle. Il renferme d'immenses richesses qui ne cessent de s'accroître par les offrandes des pèlerins et des hauts dignitaires. Tout ministre doit, avant d'entrer en fonction, faire don au temple de soieries et de brocarts destinés à vêtir les statues des dieux, ainsi que d'une coupe en or massif. Dans des milliers de lampes du beurre se consume jour et nuit, d'un bout de l'année à l'autre, et des nuages de fumée nauséabonde empestent l'atmosphère. En fait, les bénéficiaires de ces dons sont les rats et les souris qui hantent le Tsug Lha Khang. On les voit escalader les draperies et se hisser jusqu'aux récipients contenant les offrandes. De lourdes portes ferment le saint des saints où se trouvent les statues des dieux tutélaires; on ne les ouvre qu'à certaines heures.

J'aperçois dans un couloir une cloche suspendue à la voûte et déchiffre avec stupeur l'inscription « Te deum laudamus » gravée dans le bronze. Cette cloche constitue le dernier vestige de la chapelle construite à Lhassa, il y a plusieurs siècles, par deux missionnaires catholiques. Déçus de n'avoir pu parvenir à implanter leur religion sur le Toit-du-Monde, ils quittèrent le pays dans des circonstances mystérieuses. La tolérance dont les Tibétains font preuve à l'égard des croyances différentes des leurs les a poussés à placer la cloche abandonnée dans ce haut lieu du culte lamaïste. En dépit des recherches auxquelles je me suis livré dans les archives privées et officielles de Lhassa, nulle part je n'ai trouvé d'allusion à ce premier sanctuaire chrétien du Tibet.

Chaque soir, les fidèles affluent au Tsug Lha Khang et une file de croyants s'étire devant le saint des saints. Les pèlerins touchent du front la base de la statue de Bouddha et déposent leur offrande; un moine verse dans le creux de leur main quelques gouttes d'eau lustrale. Après s'être humecté les lèvres, les dévots répandent le reste sur leurs cheveux. Dans le temple c'est un va-et-vient continuel de moines; les uns veillent à ce que les lampes ne s'éteignent jamais, les autres montent la garde auprès des trésors.

Il y a quelques années, un prieur eut l'idée d'installer l'électricité dans le Tsug Lha Khang pour faciliter l'accès des couloirs et des chapelles plongés dans une obscurité perpétuelle. Un court-circuit se produisit qui causa un incendie sans gravité, mais les électriciens furent immédiatement licenciés. Depuis, le chapitre oppose une fin de non-recevoir à toutes les propositions qui lui sont faites de moderniser le temple.

Sur le terre-plein donnant accès au Tsug Lha Khang on voit des dalles polies par le frottement de milliers de genoux : c'est ici que les fidèles se prosternent à plusieurs reprises avant de pénétrer dans l'édifice sacré. A voir l'expression de bonheur ineffable des pèlerins, on comprend l'échec des missionnaires du XVIe siècle. Catholicisme et bouddhisme se rapprochent par bien des traits; l'un et l'autre sont des religions de renoncement. Entre le bouddhiste qui se prosterne devant la statue de son dieu et le catholique qui gravit à genoux la Scala Santa de Rome, existe un lien de parenté. Et cependant, quelle différence entre leurs univers. Le Tibet est resté à l'écart de la civilisation occidentale; les fidèles ont encore le loisir de méditer et d'interroger leur conscience. L'Église lamaïste joue le rôle qu'avait chez nous l'Église au Moyen âge. Elle marque l'individu et le modèle à sa guise.

Comme le porche de nos cathédrales, celui des temples tibétains est le terrain de chasse des mendiants; l'homme qui s'apprête à faire ses dévotions est plus que tout autre accessible à la pitié.

Lorsque le gouvernement me chargea d'édifier les digues destinées à mettre le palais d'été à l'abri des inondations, la police procéda à une razzia générale des mendiants de Lhassa. Sur mille indigents sept cent cinquante furent jugés aptes au maniement de la pioche et de la pelle; on leur promit un salaire égal à celui des autres ouvriers, ainsi que la gratuité des repas. Le lendemain, la moitié seulement se présenta sur le chantier; trois jours plus tard, les autres avaient disparu. La tentative se soldait par un échec. Inutile de chercher bien loin les raisons de cet état de choses : ces gens-là sont paresseux et entendent le rester. Leur raisonnement est le suivant : une piécette de cuivre et une poignée de tsampa me suffisent et pour les obtenir je n'ai qu'à tendre la main. Dans ces conditions pourquoi travaillerais-je?

Le mendiant s'assied au soleil, rêvasse et attend placidement le lendemain; le soir, enveloppé dans son manteau de mouton, il s'endort dans un recoin abrité du vent, au fond d'une cour ou d'une impasse.

Les gueux de faction près des portes de Lhassa, au long des pistes menant à la ville, constituent l'aristocratie des vagabonds de la capitale. Un nomade, un commerçant, un noble de passage ne manquent jamais de faire l'aumône à un mendiant qui fait appel à leur générosité.

L'exquise politesse tibétaine

Une coutume charmante veut que l'hôte aille au-devant de ses invités et les raccompagne. Si quelqu'un part en voyage, ses amis dressent une tente à quelques kilomètres de la ville et préparent un repas à son intention; on ne lui laisse poursuivre sa route qu'après lui avoir remis écharpes de soie et cadeaux de toute sorte. Au retour, le même cérémonial se déroule. Un Tibétain possédant de nombreuses relations doit s'attendre à effectuer des haltes successives aussi bien à l'aller qu'au retour. Il n'est pas rare de voir le Potala dès le matin et de ne pouvoir franchir les portes de la ville que le soir ou même le lendemain. D'arrêt en arrêt, la caravane se grossit des amis rencontrés en chemin et, en définitive, le voyageur se trouve à la tête d'un véritable défilé. Cela prouve que, pendant son absence, personne ne l'a oublié.

Les autorités procèdent de la même façon lorsqu'elles attendent un étranger. Un délégué part à sa rencontre; il salue l'hôte au nom des maîtres du Tibet et se charge de son hébergement. S'il s'agit d'un ambassadeur on lui rend les honneurs militaires et des envoyés du gouvernement lui remettent des écharpes de soie. Dès son arrivée, on le conduit dans un palais préparé à son intention. En matière d'hospitalité, le Tibet l'emporte sur tous les autres pays; nulle part ailleurs l'étranger n'est aussi bien traité que sur le Toit-du-Monde.

Pendant la guerre plusieurs avions anglais et américains, effectuant le parcours entre les Indes et la Chine, se perdirent au-dessus du Tibet. Cette ligne qui franchit l'Himalaya est, certainement, la plus périlleuse du monde et l'endurance et les capacités du personnel naviguant sont mises à rude épreuve. Le manque de carte aérienne de cette région empêche le pilote de retrouver son cap si le malheur veut qu'il s'égare.

Une nuit, le ronronnement d'un moteur retentit au-dessus de la ville sainte; deux jours plus tard, on apprenait que cinq aviateurs américains étaient descendus en parachute dans la région de Samye. Aussitôt le gouvernement leur fit savoir qu'il les rapatrierait sur les Indes, via Lhassa. Je vois fort bien la surprise des rescapés trouvant à quelques kilomètres de la capitale des envoyés du cabinet venus les inviter à boire du thé au beurre et leur remettre des écharpes de soie. Les aviateurs racontèrent qu'ayant perdu leur direction, il s'en fallu de peu que leur avion ne s'écrasât sur un sommet des monts Nien Chen Thang Lha. Ils avaient fait demi-tour à la dernière minute puis, l'essence s'épuisant, avaient été obligés de sauter en parachute; à part deux ou trois foulures sans gravité, aucun n'était blessé. Après quelques jours passés dans la capitale, les cinq Américains se joignirent à une caravane officielle et reprirent le chemin du Sikkim, enchantés de la réception qu'on leur avait faite.

Plusieurs de leurs camarades n'eurent pas la même chance : leurs appareils percutèrent dans les montagnes bordant le haut plateau. Au Tibet oriental, des nomades découvrirent les débris de deux forteresses volantes, mais aucune trace des équipages.

Une expédition partit sur les lieux de la catastrophe; les carcasses des appareils furent enfermées dans des hangars dont la porte fut scellée. Un autre avion tomba au sud de l'Himalaya, près de la frontière de l'Assam, dans une région habitée par des tribus à demi sauvages. Ces indigènes, qui ne pratiquent pas la religion bouddhiste, vivent dans les forêts tropicales qui recouvrent cette partie du Tibet; leur existence est entourée de légendes et les Tibétains craignent leurs flèches empoisonnées. Parfois, des membres de ces peuplades peu connues sortent de leur repaire et échangent des peaux et du musc contre du sel ou de la verroterie. Un jour, trois de ces sauvages vinrent proposer des instruments et des objets qui ne pouvaient provenir que de l'épave d'un avion, mais ils ne purent, ou ne voulurent, donner aucune indication sur le lieu où s'était produit l'accident.

Réorganisation de l'armée et renouveau religieux

La situation en Asie ne cesse de s'aggraver; le gouvernement de Pékin vient de proclamer qu'il entend « libérer » prochainement le Tibet. Personne, à Lhassa, ne se fait d'illusions et chacun sait que, dans cet ordre d'idées, les communistes tiennent parole.

On décide donc de réorganiser et de moderniser l'armée nationale et l'on confie cette tâche à un des ministres. Chaque village du Tibet est tenu de fournir un nombre de recrues proportionnel au chiffre de ses habitants. La conscription n'existe pas; le gouvernement se contente de conserver un effectif permanent de soldats sous les armes et se soucie fort peu du mode de recrutement. Libre à chacun de s'acheter un remplaçant, mais ce dernier deviendra automatiquement militaire de carrière.

Les instructeurs, formés aux Indes, connaissent le maniement des engins modernes; les commandements sont donnés dans une langue hybride, mélange de tibétain, d'urdu et d'anglais. Pour remédier à la confusion, le ministre chargé de la réforme institue des commandements purement tibétains. Il fait composer pour l'hymne « national » — le *God save the King* — des paroles qui chantent la gloire du Dalaï Lama et exaltent l'indépendance de son pays.

Du jour au lendemain, les prairies des environs de Lhassa se transforment en terrain d'exercices; on crée de nouveaux régiments et le gouvernement demande aux nobles une contribution volontaire permettant d'équiper un millier d'hommes. Enfin, des cours de préparation militaire forment les futurs officiers recrutés parmi les fonctionnaires laïques ou cléricaux. La plupart se consacrent avec enthousiasme à leur nouvelle tâche.

En été, l'uniforme est une tenue de cotonnade kaki, remplacée en hiver par une autre en drap, de couleur verdâtre. Elle rappelle le costume habituel du Tibétain : poncho servant à la fois de pèlerine et de couverture, pantalon, bottes montant jusqu'au genou. L'été les soldats se protègent du soleil par un chapeau à larges bords, l'hiver ils portent un bonnet de fourrure. Toutes proportions gardées, les troupes produisent une impression disciplinée et martiale et l'obéissance aux ordres est absolue; ceci s'explique lorsqu'on sait que les soldats se recrutent surtout parmi les serfs habitués à se soumettre depuis leur enfance. De plus, ils sont conscients de défendre leur indépendance et leur religion nationales.

Jusqu'à présent le gouvernement n'a pas eu à se préoccuper du ravitaillement de l'armée : les soldats étaient nourris par leurs villages d'origine et la question ne se posait pas. Maintenant qu'il faut organiser un service d'intendance, les choses se compliquent.

On mobilise la totalité des moyens de transport pour acheminer vers les cantonnements et les garnisons les stocks alimentaires collectés dans les silos des provinces éloignées.

Ces silos sont de vastes constructions de pierres, immenses tumuli sans ouvertures, sauf quelques trous assurant la ventilation. Les denrées emmagasinées s'y conservent pendant des années, la sécheresse de l'air empêchant la fermentation et la pourriture. Bientôt, les entrepôts de l'intérieur se trouvèrent vidés au profit de nouveaux édifiés dans les régions les plus menacées par l'éventuelle invasion chinoise.

Nourris, les hommes de troupe touchent également une solde qui leur permet d'acheter des cigarettes et du chang.

Entre officiers et soldats la différence de traitement est sensible. Plus le rang est élevé, plus la poitrine de l'intéressé est constellée de médailles, toutes en or massif. Chacun est libre de se décorer comme il l'entend. J'ai connu, entre autres, un général doré de la tête aux pieds, de la casquette aux éperons. Il avait fait copier les décorations relevées sur les illustrés étrangers, car il n'existe ni ordre, ni médailles tibétains. Le soldat qui se distingue par sa bravoure reçoit l'autorisation de piller les biens du vaincu. En revanche, il est tenu de remettre aux autorités les armes capturées. Les expéditions punitives contre les bandits sont l'illustration de ce système. Quand une bande de Khampas menace la population d'une province, le gouvernement envoie des détachements de troupes régulières à la poursuite des brigands; chaque fois le nombre des volontaires dépasse la demande. Alléchés par la perspective du butin, les hommes s'exposent de gaieté de cœur aux représailles des bandits. L'exercice du droit de pillage est à l'origine de multiples incidents; l'un d'eux entraîna la mort de plusieurs Russes et d'un Américain.

Au moment de l'occupation du Sinkiang par les troupes communistes chinoises, le consul américain Machiernan, un de ses compatriotes, l'étudiant Bessac, et trois Russes blancs, résolurent de gagner le Tibet. Auparavant, par l'intermédiaire de l'ambassade des États-Unis à New-Delhi, ils demandèrent l'autorisation de traverser le territoire tibétain; le gouvernement la leur donna. Des messagers chargés de transmettre aux patrouilles et aux postes frontières l'ordre de laisser passer les fugitifs quittèrent Lhassa. La caravane devait d'abord traverser les monts Kuen Lun, puis les hauts plateaux du

Changtang. Insigne malchance, le courrier porteur des ordres ne put joindre à temps le détachement qui gardait un col que la petite troupe se préparait à franchir. Avant que le contact fût établi et que des pourparlers s'engageassent, les soldats tibétains firent usage de leurs armes. La vue de douze dromadaires lourdement chargés avait fortement contribué à dissiper leurs scrupules. Le consul américain et les deux Russes blancs moururent sur le coup, un troisième Russe fut blessé et, seul, Bessac sortit indemne de la rencontre. Fait prisonnier, on le traîna devant le gouverneur de la province pendant que les soldats se partageaient le butin. A ce moment arriva l'ordre enjoignant aux autorités de considérer les nouveaux venus comme les hôtes du gouvernement. On renversa aussitôt la vapeur, mais il était un peu tard! Atterré, le gouverneur adressa un rapport circonstancié à Lhassa. Pour tenter de racheter la conduite de ses subordonnés, le cabinet envoya un infirmier formé aux Indes à la rencontre de Bessac et du blessé et on leur demanda de venir témoigner contre les auteurs de la fusillade. Un haut dignitaire parlant anglais partit au-devant des rescapés, suivant la coutume. Averti à temps, je l'accompagnai, car je conservais l'espoir qu'une explication à cœur ouvert apaiserait le ressentiment du jeune Américain; en outre, je voulais le convaincre de la sincérité du gouvernement tibétain. La rencontre eut lieu à une vingtaine de kilomètres de la ville sainte, sous une pluie diluvienne. Une tente et une garde-robe complètes attendaient Bessac; à Lhassa, un palais était préparé à l'intention des arrivants et serviteurs et cuisinier se tenaient à leur disposition. Vassilief, le Russe, n'était que légèrement blessé; il se remit rapidement et put bientôt marcher avec des béquilles. Invités du gouvernement, lui et Bessac passèrent un mois dans la capitale où j'ai souvent eu l'occasion de m'entretenir avec eux. Bessac ne nourrissait pas la moindre rancune contre le pays qui l'avait si mal accueilli et se borna à exiger la punition des soldats qui l'avaient maltraité après son arrestation. On l'invita à assister au châtiment pour qu'il pût se convaincre que la condamnation prononcée n'était pas de pure forme. Chaque coupable devait recevoir cent coups de fouet. Toutefois, à la vue de ce supplice inhumain, Bessac s'interposa et obtint la remise des peines infligées. Les clichés qu'il prit à cette occasion furent publiés dans *Life* et témoignèrent de la bonne foi du gouvernement tibétain.

Les trois morts furent ensevelis à l'occidentale; c'est ainsi qu'au cœur du Changtang trois croix de bois surmontent des tombes pareilles à celles de nos cimetières. Le sort des victimes est d'autant plus tragique qu'elles furent abattues au moment précis où elles mettaient le pied en territoire neutre.

Après avoir été reçu par le Dalaï Lama, Bessac partit en direction du Sikkim où l'attendaient des représentants de l'ambassade américaine aux Indes.

Les temps troublés conduisirent bien d'autres fugitifs au Tibet. Une caravane de chameaux traversa le Changtang de part en part; c'était celle d'un prince mongol qu'accompagnaient ses deux épouses, une Polonaise et une Mongole, et ses deux enfants. Les nouveaux venus restèrent six mois à Lhassa, puis gagnèrent les Indes.

Je me souviens également d'un drame atroce qui jette un jour sinistre sur l'effroyable cruauté de notre époque. Fuyant le régime communiste, cent cinquante Russes avaient quitté leur pays et, laissant en chemin de nombreux morts, avaient traversé une partie de la Sibérie, le Turkestan et le Tibet. Après cinq ans de pérégrinations, en arrivant à Lhassa, les malheureux n'étaient plus que vingt. Le gouvernement fit de son mieux pour les héberger et les nourrir mais, encore une fois, le destin se montra le plus fort. Les rescapés se trouvaient depuis trois semaines dans la capitale quand les Chinois envahirent le Tibet; de nouveau, ils reprirent la route, en direction des Indes. Il y a quelques jours, j'ai lu dans un journal que les vingt fugitifs venaient d'arriver à Hambourg d'où ils espéraient repartir pour les États-Unis.

Pour lutter efficacement contre l'ambiance déprimante, le gouvernement mobilise les forces vives de la nation et cherche à tremper son moral en misant sur les sentiments religieux de la population. De nouveaux fonctionnaires sont nommés, chargés d'organiser la propagande; les moines reçoivent l'ordre de procéder en public à la lecture de passages du

Kangyur. Sur tout le territoire, on dresse des mâts à prières destinés à attirer la bienveillance du Ciel sur la patrie menacée.

Le peuple conserve l'espoir que l'intervention divine suffira à préserver l'indépendance nationale.

Pendant ce temps, Radio-Pékin proclame par la voix des ondes : « La libération du Tibet est proche; la Chine de Mao Tsé Tung tiendra bientôt ses promesses. »

Jamais les temples n'ont connu pareille affluence et les cérémonies qui se déroulent au cours des premiers mois de 1950 dépassent en pompe et en solennité tout ce qu'on a vu jusque-là. Soulevée par la ferveur, la foule se presse dans les rues de Lhassa et se répand en prières et en supplications.

Pourtant, les nuages sombres continuent à s'amonceler à l'horizon et, faute d'aide extérieure, l'indépendance tibétaine ne sera bientôt plus qu'un souvenir.

A cette époque, par l'intermédiaire de Lobsang Samten, le Dalaï Lama m'invite à filmer les cérémonies marquant le début de l'année; les fêtes ne durent que dix jours et, déjà, les signes avant-coureurs du printemps se manifestent à Lhassa.

Cette fois, les festivités ont lieu non sur le Parkhor ou le Lingkor, mais dans le quartier de Chö. Sur le Potala flotte le plus grand drapeau du monde. Soixante moines apportent l'immense oriflamme et la déroulent pour la hisser contre le mur de la forteresse. Le reste de l'année, l'emblème est rangé dans un hangar édifié au pied du palais. Entièrement en soie, ce tanka géant, sorte de tapisserie multicolore, montre les effigies des dieux se détachant sur un fond orné d'arabesques. Pendant son exposition, une procession à laquelle participent autorités civiles et ecclésiastiques se dirige vers le quartier de Chö. Masqués, portant des colliers et des ornements en os, des moines exécutent des danses rituelles. Le public contemple ce spectacle en silence; de temps à autre, un murmure s'élève lorsqu'un spectateur s'imagine apercevoir, cent mètres plus haut, la mince silhouette du Dalaï Lama debout sur le toit du Potala. Sur les degrés de l'escalier menant au palais, pèlerins et fidèles se prosternent devant la magnifique tenture que le vent fait onduler. Les cérémonies sont à peine terminées que l'équipe de religieux qui a déroulé le tanka le roule de nouveau. Pour un an, l'oriflamme regagne son abri.

Imprimeries et livres

L'édifice le plus imposant du quartier de Chö est l'imprimerie d'État. Jamais un bruit ne s'échappe de cet austère cube de murs gris que l'on prendrait volontiers pour une prison. Les moines y font la loi. Sur des claies, des blocs de bois sèchent en attendant leur utilisation; ils servent à fabriquer les planches d'impression. Des religieux y gravent les lettres qui serviront à composer les livres commandés par le gouvernement; les tablettes sont ensuite empilées sur des étagères, suivant l'ordre des pages. Les planches nécessaires à la fabrication d'un Kangyur occupent à elles seules toute une salle de l'imprimerie d'État. L'encre est à base de suie obtenue par calcination de bouse de yak; aussi les « protes » tibétains, noirs des pieds à la tête, ressemblent-ils à de véritables démons. Le papier, de fabrication locale, dont on se sert presque exclusivement est grossier, mais pratiquement indestructible; les feuillets, imprimés recto-verso, sont simplement rassemblés entre deux plaques de bois sculpté. On les achète directement à l'imprimerie ou chez les « libraires » autorisés et on les conserve précieusement sur l'autel familial, enveloppés dans une pièce de soie. Nobles et hauts fonctionnaires possèdent le Kangyur plus les commentaires, soit, au total, deux cent quarante volumes. Les ouvrages sont presque toujours de caractère religieux et leur prix varie suivant la qualité de l'exécution et celle du papier; un Kangyur ordinaire vaut autant qu'un cheval ou six paires de yaks.

En dehors de l'imprimerie de Chö, il en existe une autre dans les environs de Chigatsé, au monastère de Northang; en outre, on trouve dans chaque couvent les planches nécessaires à l'édition d'ouvrages consacrés aux saints locaux ou à l'histoire de telle ou telle lamaserie.

Toute la culture tibétaine est marquée du sceau du bouddhisme lamaïste. Poésie, peinture, sculpture et architecture tendent à la glorification et à l'exaltation de l'Église et de sa puissance. Science et religion sont étroitement mêlées et le contenu des livres n'est que la compilation de théories philosophiques, de règles morales et de méditations théologiques. Poèmes et cantiques ne sont pas imprimés, mais écrits à la main sur des feuillets séparés. Seules, les poésies du sixième Dalaï Lama font exception. M'en étant procuré un exemplaire au bazar de Lhassa, je les ai lues attentivement et leur ton frivole m'a surpris; c'est un recueil de vers dédiés à l'amour. L'histoire rapporte que le pontife quittait le Potala sous un déguisement et rejoignait ses maîtresses à la faveur de l'obscurité.

En dehors des livres d'inspiration religieuse, il en est d'autres, essentiellement profanes, recueils d'anecdotes et de bons mots du célèbre humoriste tibétain Agu Thömpa, mort il y a trois cents ans. Ses histoires font toujours les délices de la société de Lhassa; lorsqu'il reçoit, un maître de maison n'omettrait jamais d'en lire un ou plusieurs passages pour divertir ses invités.

Enfin, des ouvrages techniques sont consacrés à la fabrication des tanka, broderies de soie représentant des thèmes et des motifs religieux qui ornent les murs des temples, des monastères et des habitations privées. Leur valeur est fonction de leur ancienneté et de la qualité de l'exécution. Les tanka sont extrêmement recherchés des Européens; certains amateurs achètent à prix d'or ceux qui parviennent en fraude au Sikkim ou aux Indes. Les panneaux reproduisent des épisodes de la vie des dieux du paradis bouddhiste. Ceux qui les font sont fiers de leur profession; il leur faut étudier les livres sacrés et ne rien ignorer de la mythologie tibétaine. Autant la fantaisie est admise dans l'exécution des fonds et de l'ornementation, autant l'artiste doit observer les conventions et les règles pour représenter les personnages. Pendant le travail, le tanka est tendu sur un cadre; une fois peint, on le brode et on le décore. Tableaux religieux, ces tanka sont inaliénables; si, pour une raison quelconque, l'un d'eux fait l'objet d'une cession, le produit de la vente sert à l'achat de beurre destiné à alimenter les lampes d'un temple ou est distribué aux pauvres sous forme d'aumônes. Je n'ai pu en acheter qu'à Darjeeling, c'est-à-dire de l'autre côté de la frontière; en revanche, lors de mon départ de Lhassa, des amis m'en ont offerts trois à titre de souvenir.

Les tanka les plus anciens sont conservés dans le Potala ou dans les temples; même usés et défraîchis, il est interdit de les détruire. Si un noble décide de remplacer ses tanka par de nouveaux, il porte ceux dont il ne veut plus au temple le plus proche de son domicile. Le Dalaï Lama m'a dit que le Potala renfermait plus de dix mille de ces tableaux dans ses réserves; j'ai pu m'en convaincre personnellement.

Chaque automne, les maisons de Lhassa sont crépies de frais, ainsi que les temples et le palais. Ce dernier travail, exécuté au mépris du danger à plus de cent mètres du sol, exige des ouvriers une maîtrise peu commune. Suspendus à des cordes en poil de yak, ils se balancent dans le vide, enduisent de chaux les murailles et nettoient les sculptures et les corniches. Le spectacle du Potala se détachant, tout blanc, au-dessus des toits de la capitale est inoubliable.

J'ai assisté de près à l'opération, car le Dalaï m'avait demandé de la filmer. De bon matin, je montai l'escalier de la forteresse, encombré de femmes apportant l'eau nécessaire à la préparation du lait de chaux. Il faut quinze jours et cent ouvriers pour enduire toute la façade! Afin de filmer dans les meilleures conditions possibles les araignées humaines suspendues à leur fil, j'obtiens l'autorisation de pénétrer dans la forteresse et de me déplacer librement à l'intérieur. La plupart des salles et des corridors sont plongés dans la pénombre; la poussière et la crasse séculaires obscurcissent les baies et les fenêtres. Souvent, pénétrant dans un réduit, je bute sur une statue de Bouddha oubliée. Ailleurs, sous des épaisseurs de poussière, dorment de splendides tanka que se disputeraient les musées du monde entier. Les rats, les souris et les araignées sont désormais leurs seuls admirateurs et personne ne s'en soucie. Dans les sous-sols de l'immense bâtiment, le moine qui me sert de guide attire mon attention sur d'énormes coins de bois enfoncés sous les piliers qui soutiennent les étages. Au cours des siècles, des tassements se sont produits et on a dû faire appel aux techniciens pour surélever la construction et l'empêcher de s'effondrer. Les coins sont le témoignage de ce travail de titans.

Le cinéma du Dalaï Lama

Un jour, je reçois la visite de Lobsang Samten; au nom de son frère, il me demande :

« Pourrais-tu te charger de construire une salle de projections ? »

Depuis que je vis à Lhassa, j'ai désappris à dire non, même lorsqu'il s'agit d'un travail que, *a priori*, je suis incapable de mener à bien.

Je me plonge donc dans l'étude des prospectus expliquant le fonctionnement de l'appareil que le Dalaï Lama destine à l'équipement de la salle; il s'agit de déterminer les dimensions du local et de prévoir sa disposition intérieure. Une fois familiarisé avec la tâche qui m'attend, je l'accepte officiellement et reçois l'ordre du grand chambellan de commencer les travaux sans délai.

Un emplacement a été réservé à l'intérieur des jardins privés séparés du parc du Norbulingka par la haute muraille jaune que j'ai décrite dans un précédent chapitre. A dater de ce jour, je suis autorisé à pénétrer dans l'enceinte interdite et à m'y déplacer librement.

A cette époque, décembre 1949, le pontife a réintégré sa résidence d'hiver. Passant l'inspection des bâtiments existants, j'en découvre un, adossé à la muraille intérieure et abandonné depuis le décès du treizième Dalaï, qui me paraît susceptible d'être transformé avec un minimum de travaux.

J'ai à ma disposition les soldats de la garde personnelle et les meilleurs artisans de Lhassa, mais je ne puis engager de femmes dont la présence souillerait l'enceinte sacrée. Mon premier soin consiste à consolider le toit à l'aide de poutres de fer transportées à dos d'hommes depuis les Indes. La salle mesure vingt mètres de long; au fond, je prévois une plateforme surélevée qui supportera les appareils de projection;

elle sera accessible de l'intérieur et de l'extérieur. Un peu à l'écart, un bâtiment séparé abritera la dynamo et le moteur à essence qui fournira le courant. Le Dalaï m'a fait spécifier par Lobsang qu'il ne voulait entendre aucun bruit. Il me faut donc aménager une chambre dans laquelle débouchera le tuyau d'échappement et qui fera office de « silencieux ». Enfin, ayant une confiance limitée dans le vieux moteur dont je dispose, je réquisitionne la Jeep de la Monnaie; le cas échéant, elle pourra nous dépanner.

Agissant au nom du dieu-roi, j'ai, bien entendu, priorité et j'obtiens satisfaction sur l'heure.

Un Européen conçoit difficilement que les moindres fantaisies du Dalaï Lama puissent avoir force de loi. Et pourtant, c'est un fait. Pour le satisfaire, on mobilise, si besoin est, tout l'appareil gouvernemental. On essaie d'abord de trouver à Lhassa l'objet désiré par le monarque : en cas d'échec, un messager, muni d'un passeport spécial, part immédiatement pour les Indes. Le fanion rouge qu'il arbore, insigne de sa fonction, signifie que chacun doit lui prêter secours en toute circonstance. Les chefs des relais qui flanquent la route des caravanes lui réservent le meilleur cheval et le messager a priorité sur tout voyageur, quels que soient son rang et son titre. Souvent, il se fait précéder d'une estafette qui avise les autorités de son passage.

Ces messagers, les atrung, parcourent des distances de cent à cent vingt kilomètres sans descendre de cheval et franchissent les cols, qu'il vente, qu'il pleuve ou qu'il neige. Il leur est interdit de s'arrêter tant que leur mission n'a pas été remplie. La ceinture de leur pelisse est scellée du cachet gouvernemental, ce qui les empêcherait de se déshabiller si, oublieux de leur devoir, ils profitaient d'une halte pour se coucher. Cette précaution est d'ailleurs superflue; les atrung, fiers de leurs privilèges et de leurs exploits, sont célèbres dans tout le Tibet.

Une fois la Jeep « débloquée », une autre question se pose : comment l'amener dans le jardin privé? La porte d'entrée est trop étroite de dix centimètres. Averti, le Dalaï Lama donne l'ordre de l'agrandir sans délai. C'est là une nouvelle preuve de l'esprit de décision du monarque dont l'entourage s'oppose à toute innovation tant que le prince n'aura pas atteint sa majorité. Aussitôt que le véhicule a franchi l'enceinte, le gouvernement commande aux ouvriers d'effacer les traces de son passage et de tout remettre en état.

Le chauffeur du treizième Dalaï m'aide à poser les lignes électriques et, trois semaines plus tard, l'installation est prête à fonctionner. Pour masquer les dommages commis par mes ouvriers, je dessine de nouveaux parterres et trace de nouvelles allées.

Avant de quitter le jardin intérieur, je profite de l'occasion qui m'est offerte pour passer une inspection générale.

Pêchers et poiriers sont en fleur; sur les gazons, des paons font la roue. Au milieu d'étangs et de pièces d'eau artificiels, on aperçoit des îles portant des pavillons et des pagodes et reliées à la rive par des ponts de bois. Dans un angle du parc est installé un zoo en miniature, mais la plupart des cages sont vides; certaines renferment des lynx et des chats sauvages. Il y a quelques années, me dit-on, on y trouvait des léopards et des ours, mais les bêtes, trop à l'étroit dans leur prison, n'ont pas supporté la captivité. Sans cesse, le Dalaï Lama reçoit des fauves et principalement des animaux blessés; dans le « jardin des pierres précieuses » ils seront bien traités, chacun le sait.

Partout, sous les ombrages, on voit de petits pavillons : pavillon de méditation, de lecture... D'autres servent de salles de classe ou de réunion. Enfin, au centre du jardin, s'élève un grand bâtiment, haut de plusieurs étages, mi-temple, mi-résidence : le palais d'été. Palais est une dénomination impropre; s'il n'était entouré d'arbres et de fleurs, on croirait plutôt une prison, tant les fenêtres sont rares et exiguës.

Le parc est trop touffu; jamais élagués, les arbres ont crû démesurément et les jardiniers déplorent que les fleurs et les plantes dépérissent par manque de soleil. La vue de ce parc en friche me donne l'idée de le modifier et de l'éclaircir et j'en fais part au grand chambellan. Il m'autorise seulement à faire abattre quelques arbres, à condition que je surveille moi-même les bûcherons.

Une porte ouverte dans le mur d'enceinte mène directement aux écuries royales, qui abritent les chevaux préférés du Dalaï Lama, ainsi qu'une hémione apprivoisée. Professeurs, chambellan et serviteurs du pontife logent dans le grand parc du Norbulingka où des maisons à étages ont été édifiées à leur intention; c'est également là qu'habitent les cinq cents hommes de la garde royale. Le treizième Dalaï accordait tous ses soins à l'entraînement de ses troupes; il aimait assister à leurs exercices depuis la terrasse d'un petit pavillon spécialement construit dans ce dessein. La création de la garde date du séjour aux Indes du treizième Dalaï; au retour, il résolut de former une troupe, habillée à l'européenne, à l'image des unités hindoues.

Les officiers disposent de bungalows, d'apparence confortable, entourés de fleurs. Le service consiste à effectuer des patrouilles dans et autour du parc et à accompagner le pontife lors des défilés et des processions religieuses.

La salle de projections est terminée bien avant que le Dalaï Lama s'installe dans sa résidence d'été. Le maître du Tibet sera-t-il ou non satisfait de mon travail? Pour faire fonctionner les appareils, il est probable que l'on s'adressera à l'employé de la mission commerciale hindoue qui organise les séances cinématographiques mensuelles. J'y ai assisté à plusieurs reprises et j'ai constaté combien les Tibétains prenaient plaisir à la projection des films et surtout des documentaires; l'un d'eux représentant des pygmées en train de construire un pont de lianes déclencha l'hilarité générale. Les dessins animés de Walt Disney remportaient tous les suffrages. Quelle serait la réaction du Dalaï Lama?

Par une belle journée de printemps, les Lhassapa se rassemblent pour voir passer le cortège qui accompagne le souverain au palais d'été du Norbulingka; dès l'aube, hommes, femmes et enfants aspergent d'eau le chemin qu'empruntera le pontife ou bordent la piste de pierres blanches destinées à en interdire l'accès aux mauvais génies.

Moi-même, je cherche un observatoire d'où je pourrai filmer la procession. Au moment où, dans sa litière, le Dalaï Lama passe devant moi, il s'approche de la vitre et me sourit.

Qui sait? Il se réjouit peut-être d'assister à la séance de cinéma prévue pour l'après-midi? A quatorze ans, quoi de plus naturel? Cette pensée m'effleure l'esprit, mais je reviens vite à la réalité en apercevant la foule prosternée, le front dans la poussière. Si, pour moi, le Bouddha Vivant n'est qu'un enfant, pour elle c'est un dieu. Laissant le cortège se diriger lentement vers le Norbulingka, coupant au plus court, je me fraie un chemin jusqu'à l'entrée du « jardin des pierres précieuses ». Je tiens à photographier le Dalaï franchissant le seuil interdit; le spectacle des hauts dignitaires laïcs et ecclésiastiques, le déploiement de pompe et le luxe extraordinaire auquel donnent lieu les diverses cérémonies sont une occasion rêvée.

Aussitôt que le pontife et son escorte ont disparu, la foule se disperse et des groupes se répandent dans Lhassa, chantant la gloire de leur souverain. Moi-même je reprends le chemin de mon domicile.

Au moment où j'arrive près de la porte de Parki Kaling, au pied du Potala, un soldat de la garde me rejoint et me crie, hors d'haleine :

« On vous demande immédiatement au Norbulingka. »

Les appareils de projection ne fonctionnent pas, me dis-je aussitôt. Sinon, comment expliquer que, contrairement aux usages, le jeune roi me fasse appeler? Faisant demi-tour, je me hâte de regagner le parc du palais d'été. Des moines sont massés à l'entrée du « jardin des pierres précieuses ». Ils me font signe de me dépêcher. Pendant les travaux, j'ai franchi ce seuil des centaines de fois, mais jamais je n'ai été aussi troublé. Déjà, Lobsang Samten vient à ma rencontre et me tend une écharpe blanche.

« Mon frère veut te voir et tient à ce que tu lui montres toi-même les films que tu as tournés. »

Me dirigeant vers la salle de projections, je m'apprête à entrer lorsque, soudain, la porte s'ouvre sur le Bouddha Vivant. Stupéfait, je m'incline et lui tends l'écharpe rituelle; il la prend et, de sa main droite, esquisse le geste de la bénédiction. Une lueur de défi brille dans les yeux du souverain et j'ai l'impression qu'il se réjouit d'avoir imposé sa volonté à ses conseillers. Dans la salle ont pris place trois prieurs, professeurs et pères spirituels du pontife et la fraîcheur de leur réception me frappe. C'est à peine s'ils répondent lorsque je m'incline devant eux; pourtant, ce n'est pas la première fois que nous nous rencontrons. Mon intrusion dans leur domaine est mal vue et je le conçois; mais ils ont dû se plier aux volontés de leur maître dont les moindres désirs sont des ordres.

Le Dalaï, tout souriant, m'accable de questions. Il me fait l'effet de quelqu'un qui, ayant réfléchi pendant des années, se trouverait brusquement en présence de la personne dont il attend la confirmation de ses hypothèses. Sans même me laisser le temps de répondre, il m'entraîne vers l'appareil et me demande de projeter un film que, me dit-il, il brûle de voir depuis longtemps : une bande d'actualités consacrée aux cérémonies qui ont marqué la capitulation japonaise. Lui-même reste auprès de moi et envoie les prieurs s'asseoir dans la salle.

Est-ce l'émotion, toujours est-il que je fais montre d'une insigne maladresse. Agacé, le souverain me repousse, prend l'extrémité de la pellicule et l'engage dans le système d'entraînement; sa dextérité m'étonne et je ne puis m'empêcher de l'en féliciter; avec une souriante modestie, il me répond :

« J'ai étudié ces appareils l'hiver dernier. J'en ai même démonté un et l'ai remonté tout seul. »

Le Dalaï ne se contente donc pas d'explications vagues, il tient à creuser les sujets qui l'intéressent; je devais du reste le constater à maintes reprises par la suite. Prenant mon rôle au sérieux, je me suis toujours efforcé de préparer nos entretiens de manière à pouvoir répondre aux questions qu'il me posait sur les sujets les plus divers. Je savais pertinemment que son attitude à l'égard de la civilisation occidentale dépendrait des renseignements que je lui fournirais.

Cette première rencontre me révèle déjà l'intérêt que porte le Dalaï aux problèmes techniques. Démonter et remonter un appareil de projection à quatorze ans, seul et sans notice licative — celle qui se trouve dans la boîte est rédigée en anglais, langue qu'il ne comprend pas — représente un joli tour de force.

Pendant toute la séance, il reste près de moi dans la cabine et observe la salle à travers les voyants disposés dans la cloison; ses maîtres sont assis sur un tapis, face à l'écran. Avant d'introduire une nouvelle bobine dans le magasin, le Dalaï me tend un microphone et me demande d'annoncer le prochain film. Me pliant à sa fantaisie, je feins de m'adresser à un public imaginaire et déclare que le documentaire suivant, consacré au Tibet, se rapporte surtout au mode de vie de ses habitants. Les trois prieurs sursautent en entendant ma voix dont-ils ne parviennent pas à s'expliquer la provenance. De plus je n'ai pas le ton que prennent les Tibétains lorsqu'ils parlent en présence de leur souverain. Le dieu-roi s'amuse de la surprise des abbés et me presse de poursuivre la séance. Je le fais avec d'autant plus d'intérêt qu'il s'agit de mon premier film, celui des fêtes du Nouvel An. Malgré ses imperfections, j'ai lieu d'en être satisfait. En se reconnaissant sur l'écran, les prieurs manifestent bruyamment leur joie; celle-ci redouble quand ils voient en gros plan un ministre qui s'est endormi pendant une cérémonie. Je soupçonne fort l'un des abbés d'avoir fait allusion à cet épisode car, désormais, dès que j'apparais armé d'une camera ou d'un appareil photographique, chacun s'empresse de rectifier la position.

Le jeune pontife prend un plaisir non dissimulé à la représentation et souligne chaque image d'une remarque pertinente. En fin de séance, je lui demande l'autorisation de présenter un film qu'il a pris lui-même. Très modestement, il sollicite mon indulgence pour cet essai. Un point surtout m'intéresse : quels sujets ont attiré son attention? Les premières vues, prises du toit du Potala, montrent la vallée de Lhassa et des paysages; sur d'autres, sous-exposées, prises au télé-objectif, on discerne des nobles et des caravanes traversant le faubourg de Chö. Enfin, sur les dernières images, son cuisinier apparaît, de profil, de face et de trois-quarts. Lorsque la lumière revient, le Dalaï me prie d'annoncer la fin de la séance puis, ouvrant la porte, il fait signe aux abbés de sortir et exprime son intention de rester seul avec moi. Bien loin d'être une marionnette manœuvrée par les moines, le monarque sait imposer sa volonté!

« Heinrich, tu es poilu comme un singe! »

Ensemble, nous rangeons les bobines et remettons les appareils sous leurs housses jaunes puis, descendant dans la salle, nous nous installons sur le tapis qui recouvre le sol. Au début, sachant qu'il est interdit à quiconque de s'asseoir en présence du Bouddha Vivant, j'hésite; mais il me saisit par la manche et m'invite à prendre place en face de lui.

Sans préambule, il me raconte que, depuis longtemps déjà, il prépare cette entrevue, il tient à savoir ce qui se passe en dehors du Tibet. En dépit de l'opposition du régent, il a réussi à faire triompher sa volonté. Outre la théologie que ses maîtres lui enseignent, il veut s'initier aux sciences profanes et c'est dans ce dessein qu'il fait appel à moi.

Une de ses premières questions concerne mon âge; il paraît stupéfait en apprenant que je n'ai que trente-sept ans. Ses compatriotes et lui-même considèrent mes cheveux « jaunes » comme un signe de vieillesse. Examinant mon visage, il s'étonne de n'y découvrir que des rides insignifiantes. Mon nez l'intrigue car, aussi normal soit-il, il est nettement plus long que celui des Mongols. Enfin, son regard tombe sur les poils qui hérissent le dos de ma main et soudain, éclatant de rire, il s'exclame :

« Heinrich, mais tu es poilu comme un singe! »

Une légende veut que le peuple tibétain descende du dieu Tchenrézi qui aurait pris la forme d'un singe pour s'unir avec une diablesse. Sachant que le Dalaï Lama est une réincarnation de cette divinité, j'en fais la réflexion à mon vis-à-vis; de nouveau son rire fuse. Un peu guindée au début, la conversation prend un tour de plus en plus libre et j'en profite pour observer mon interlocuteur.

Kundun a le teint plus clair que ses compatriotes, y compris les aristocrates de Lhassa; ses yeux, moins bridés que ceux de la moyenne des Tibétains, brillent d'un vif éclat et pétillent d'intelligence. Ses joues sont légèrement rosées et, sans cesse, un sourire erre sur les lèvres. Ses oreilles sont décollées : c'est là un signe distinctif des réincarnations de Bouddha. Grand pour son âge, il a légèrement tendance à se voûter, sans doute à force de rester accroupi. A plusieurs reprises il semble s'étonner et s'amuser des gestes que je fais pour souligner un argument ou illustrer une explication. Le Tibétain, il est vrai, ne gesticule jamais; il conserve en toute circonstance une immobilité absolue.

Le Dalaï porte la robe violette des moines; aucun détail vestimentaire ne le distingue d'un séminariste ordinaire.

Une question en entraîne une autre et le temps passe avec la rapidité de l'éclair. Plus l'entretien se poursuit, plus les connaissances de mon interlocuteur, glanées au hasard des lectures dans les journaux ou dans les livres, me stupéfient. Il possède, me dit-il, un ouvrage en sept volumes, rédigé en anglais et consacré à la deuxième guerre mondiale; abondamment illustré, le texte lui reste incompréhensible, mais il s'est fait traduire les légendes de manière à pouvoir reconnaître les différents types de tanks, de véhicules et d'avions. De même, si les noms de Churchill, d'Eisenhower, de Staline et de Molotov lui sont familiers, il ne les situe pas par rapport aux événements. Aussi, il met les bouchées doubles et me harcèle de questions.

Vers trois heures de l'après-midi, la porte s'ouvre et Sopön Khenpo entre : cet abbé chargé de veiller au bien-être du Dalaï Lama rappelle à son auguste maître qu'il est temps d'aller déjeuner. Je m'apprête à prendre congé, mais le jeune souverain me prie de n'en rien faire et congédie son précepteur.

Des plis de sa robe il tire un cahier dont la couverture est ornée de dessins et me demande d'examiner ses exercices d'écriture. Je découvre avec étonnement sur ces pages les lettres de l'alphabet latin tracées d'une main malhabile. Le Bouddha Vivant consacre ses heures de loisir à étudier les appareils d'optique et de physique, cadeaux de souverains et de hauts personnages européens au dieu-roi du Tibet et s'initie à leur fonctionnement.

Une heure s'écoule et Sopön Khenpo apparaît de nouveau et invite son maître à interrompre l'entretien pour passer à table. A mon intention, il a apporté un plateau chargé de gâteaux, de fromage et de pain qu'il dépose devant moi. Comme je proteste, l'abbé tire de sa robe une serviette dont il enveloppe les mets et me prie de les emporter, si je n'ai pas assez faim pour les manger sur-le-champ.

Le monarque renvoie une nouvelle fois son précepteur en lui demandant de prendre patience. Le regard que le vieil homme jette sur son protégé est d'une grande bonté et témoigne d'un dévouement sans bornes. Sopön Khenpo occupait déjà la charge de chambellan du vivant du treizième Dalaï Lama; il l'a conservée lors de l'accession au trône de son successeur. Le fait est unique; d'habitude l'intronisation d'un pontife entraîne un changement complet du personnel gouvernemental.

Avant de me quitter, le dieu-roi me demande de rendre visite le lendemain à sa mère, arrivée elle aussi au Norbulingka, et d'attendre chez elle qu'il m'envoie chercher. Comme je m'incline pour prendre congé, il me tend la main et me la serre; j'interprète ce geste inhabituel au Tibet comme une marque d'amitié. Je suppose qu'il a dû s'inspirer de photographies vues dans des magazines anglais ou américains.

En traversant le jardin, je me demande si ce qui vient de m'arriver est bien réel. Pendant cinq heures d'affilée, je suis resté en tête à tête avec le souverain du Tibet.

Derrière moi la lourde porte se referme et sur mon passage les sentinelles présentent les armes.

Précepteur et ami du Dalaï Lama

Les nouvelles perspectives qui s'offrent à moi me comblent d'aise; je suis chargé d'initier le maître d'un pays grand comme l'Espagne, la France et l'Allemagne réunies aux progrès de la science occidentale.

Rentré chez moi, je me plonge dans des journaux anglais et américains à la recherche de détails sur les avions à réaction.

Mon royal élève m'a questionné à ce propos; pris de court, je lui ai promis de lui expliquer leur fonctionnement à l'aide d'un croquis. Par la suite, j'ai toujours pris soin d'emporter les documents illustrant les explications que je donnais au Dalaï. Mais sa soif d'apprendre est telle que, malgré mes précautions, ses questions ont souvent trait à des sujets que je n'ai pas préparés; dans ce cas, je fais de mon mieux et promets de recueillir de nouvelles données en vue de la prochaine leçon. Une explication en entraîne une autre et, plus d'une fois, je suis bien près de déclarer forfait. C'est ainsi que pour répondre au souverain qui me demande : « Qu'est-ce que la bombe atomique? » je dois d'abord lui expliquer ce que sont les éléments et les corps chimiques, puis les métaux. Or, la langue tibétaine ne comporte pas de mots permettant de les désigner; je suis donc obligé d'user de périphrases qui rendent imparfaitement ma pensée.

Pourtant, en dépit de ces difficultés, ma nouvelle tâche me plaît; j'ai enfin un but précis et je me sens utile. Je continue, du reste, à écouter les nouvelles et à rédiger des rapports pour le ministre des Affaires étrangères. Mes journées sont plus que remplies et je suis même souvent forcé de veiller pour étudier la documentation qui me permettra de répondre aux problèmes posés par mon élève. Lui-même me révèle l'histoire de son pays et m'explique la doctrine bouddhique; sur ce terrain, il est imbattable. Je le soupçonne d'ailleurs d'avoir voulu me convertir. Il me rend compte de ses lectures et m'explique qu'il se passionne pour les procédés et les méthodes permettant aux saints de dissocier leur personnalité. Les récits qui ont trait aux phénomènes de lévitation l'impressionnent visiblement et lui-même reste persuadé que, par la foi et en observant certaines règles, l'homme peut se transporter par la pensée dans un lieu différent de celui où réside son enveloppe charnelle. Son plus cher désir est d'y parvenir.

Je lui réponds, un jour, en riant :

« Si jamais tu réussis, Kundun, je jure de me faire bouddhiste! »

TROISIÈME PARTIE

LES DERNIERS JOURS DU TIBET

La menace chinoise

Malheureusement, notre amitié devait être de courte durée. Le ton adopté par les speakers de Radio-Pékin ne cessait de monter; déjà, Tchang Kaï Chek s'était replié sur Formose, abandonnant la Chine à son rival communiste. A Lhassa, le cabinet siégeait en permanence, et, sans cesse, on formait de nouveaux régiments. Au pied du Potala, les soldats s'exerçaient au maniement des armes modernes et, à l'occasion des revues, les différentes unités recevaient leurs drapeaux, bénis par le Dalaï.

Fox, l'ex-opérateur de la mission commerciale anglaise, promu instructeur de l'armée, formait les radios tibétains; chaque régiment venait d'être doté d'un poste émetteur-récepteur permettant à son commandant de maintenir le contact avec l'état-major.

A cette époque, l'assemblée nationale se réunissait constamment; formée de cinquante hauts fonctionnaires laïcs ou ecclésiastiques, sa présidence est assurée par les prieurs des monastères de Drebung, de Sera et de Ganden auxquels sont adjoints quatre secrétaires aux Finances et quatre moines. Aucun ministre n'en fait partie, mais ses membres occupent tous une charge dans les différentes administrations. Toutefois, les ministres se tiennent dans un local attenant à celui où siège l'assemblée et les décisions sont soumises à son approbation. Si eux-mêmes n'ont qu'un droit de regard, le Dalaï Lama et, pendant sa minorité, le régent, tranchent en dernier ressort. Personne, bien entendu, ne songerait à discuter un ordre venu du sommet de la hiérarchie.

Devant l'imminence du danger, le gouvernement consulte à tout propos l'oracle d'Etat et sollicite ses avis; ses prophéties, particulièrement sombres, ne contribuent guère à relever le moral du pays. Les moines ont beau s'ingénier à étouffer la nouvelle, des bruits courent. Le devin a, paraît-il, prononcé les phrases suivantes : « Un puissant ennemi menace le Tibet, à la fois au nord et à l'est », ou bien : « La religion est menacée. »

Plus que jamais, les devins font fortune; chacun veut connaître le sort qui l'attend; les timorés prennent leurs précautions et transportent leurs biens vers le sud du Tibet, à proximité de la frontière hindoue, ou sur leurs terres, loin vers l'ouest. Mais, l'immense majorité du peuple, confiant dans ses dieux, continue à espérer un miracle qui mettrait le pays à l'abri de la guerre et de l'invasion.

Les membres de l'assemblée nationale sont infiniment plus réalistes; fonctionnaires et hauts dignitaires se rendent compte que la politique d'isolement du Tibet est périmée, alors que de sombres nuages s'amoncellent. En manière de protestation contre les revendications chinoises, le gouvernement décide de faire acte d'autorité et de proclamer la volonté d'indépendance du pays. Pour commencer, un émetteur créé à cette occasion : « Radio-Lhassa », diffuse chaque jour, en tibétain, en anglais et en chinois, un bulletin exprimant le point de vue du gouvernement; des missions de propagande partent pour Pékin, Delhi, Washington et Londres où elles doivent intervenir auprès des dirigeants. Ces délégations comprennent des moines et des nobles élevés aux Indes et parlant anglais. Malheureusement toutes finissent par rester aux Indes, victimes de l'attitude irrésolue du gouvernement tibétain et des manœuvres des grandes puissances qui s'ingénient à retarder leur départ.

Le jeune Dalaï Lama suit de près le développement de la situation; s'il n'a pas grand espoir, il continue à souhaiter que les négociations règlent une fois pour toutes le litige qui oppose le Tibet à la Chine de Mao Tsé Tung.

Nous nous retrouvons souvent, le dieu-roi et moi, dans la salle de projections et certains détails me montrent qu'il prend plaisir à nos entretiens. Fréquemment, je le rencontre se promenant dans le « jardin des pierres précieuses »; aussitôt il vient vers moi et me tend la main. En dépit de sa gentillesse et de l'amitié qu'il me témoigne, je n'oublie jamais que j'ai affaire au souverain du Tibet. Il m'a demandé de lui expliquer les événements mondiaux et les découvertes de la science occidentale; en outre, je lui donne des leçons d'anglais et de géographie.

La rapidité avec laquelle il assimile les matières les plus diverses me stupéfie; son intelligence, son application et sa puissance de travail sont tout simplement admirables. Si je lui donne dix phrases à traduire en anglais, de lui-même, il en traduit le double. Comme beaucoup de Tibétains, il est doué pour les langues; à Lhassa de nombreux nobles et commerçants parlent couramment le chinois, le mongol, l'hindi ou le népalais. Pourtant, contrairement à ce qu'on pourrait imaginer, ces langues ne présentent aucune affinité entre elles. A titre d'exemple, le tibétain ne connaît pas le F, alors que la lettre R revient fréquemment; dans l'alphabet chinois c'est exactement l'inverse. Aussi, mon élève a-t-il beaucoup de mal à prononcer les F quand il épelle les mots anglais. Afin de compléter mes leçons, nous écoutons chaque jour les nouvelles diffusées par Radio-Delhi spécialement pour permettre aux auditeurs de les prendre en dictée.

Un jour j'apprends par hasard que plusieurs caisses renfermant des manuels anglais se trouvent dans un ministère. Un simple mot de mon élève suffit : une heure plus tard, on nous les apporte et nous aménageons une petite bibliothèque scolaire dans la salle de projections. Ces livres appartenaient au treizième Dalaï Lama; leur état impeccable paraît prouver qu'ils n'ont pas été souvent lus, ni même feuilletés.

Le prédécesseur de Kundun avait acquis ses connaissances en ce qui concernait le monde occidental, et probablement aussi la plupart de ses documents, lors de son séjour aux Indes et en Chine. A ce moment, il avait eu pour ami et pour conseiller Sir Charles Bell, ardent défenseur de la liberté du Tibet, qui fut officier de liaison britannique au Bhutan, au Sikkim et sur le Toit-du-Monde. Le nom de cet

Anglais, premier Européen qui entretint des relations directes avec un souverain du Tibet, ne m'était pas inconnu et j'avais même lu certains de ses livres pendant ma captivité.

Bien qu'il n'eut jamais quitté sa capitale, mon élève s'intéresse vivement à l'étude des pays étrangers. La géographie le passionne et les cartes représentant l'Asie centrale et le Tibet que j'établis pour lui retiennent son attention. A l'aide d'une sphère, le lui explique pourquoi le faisceau horaire de Lhassa est en avance de onze heures sur celui de New-York, ce qui implique un décalage dans le temps entre les émissions américaines et celles des stations hindoues. Au bout de quelques mois, le relief terrestre n'a plus de secrets pour lui et les Alpes ou le Caucase lui sont aussi familiers que le nom des principaux sommets de l'Himalaya. Le fait que la plus haute cime du monde soit située dans son pays le flatte et il ne peut cacher son étonnement en apprenant que, par sa superficie, le Tibet est un des plus vastes Etats du globe.

Tremblements de terre et mauvais présages

Un événement fortuit interrompit le cours de nos réunions durant l'été; le 15 août 1950, une secousse sismique ébranla les édifices de la ville sainte. L'année précédente, sensiblement à la même époque, une comète était restée dans le ciel pendant plusieurs nuits consécutives; les anciens se souvenaient encore que l'apparition d'un météore avait précédé la première invasion du Tibet par les troupes chinoises.

Aucun signe précurseur n'annonça le tremblement de terre; une secousse suivie de sourdes détonations qui se renouvelèrent à quarante reprises marqua le début du séisme; une lueur rouge apparut dans le ciel, en direction de l'est puis de nouveaux ébranlements se produisirent pendant une semaine, avec de moins en moins d'amplitude. Simultanément, la radio hindoue annonça que le relief de l'Assam avait été bouleversé par ce même cataclysme. Des montagnes avaient comblé les vallées et des fissures béantes s'étaient ouvertes; enfin des glissements de terrain, barrant le lit du

Brahmapoutre, avaient formé une gigantesque poche d'eau qui, en crevant, avait ravagé la basse vallée. Il fallut trois semaines pour juger de l'importance des dégâts au Tibet où le séisme avait eu son épicentre. Parmi les occupants des couvents et des ermitages creusés dans le roc, les victimes se chiffraient par milliers. En maints endroits, la catastrophe avait été si soudaine que personne n'avait pu s'enfuir. Des châteaux s'étaient écroulés et, dans certaines régions, des hommes étaient tombés vivants dans d'énormes crevasses.

Les semaines passent et les mauvais présages se multiplient; des animaux donnent naissance à des monstres, le chapiteau d'une colonne qui se dresse au pied du Potala tombe et se brise; enfin, un matin, en dépit d'un ciel sans nuages, de l'eau suinte goute à goutte d'une gargouille du Tsug Lha Kang. Bien entendu, ces phénomènes ont une origine naturelle, mais réfuter les arguments des Tibétains et les persuader du contraire est au-dessus de mes forces. Du reste, autant un signe néfaste les abat, autant le moindre indice favorable renforce leur moral.

Le Dalaï Lama est au courant des événements; superstitieux comme ses sujets, il me demande cependant mon avis. Nos entretiens se prolongent pendant des heures, il y consacre tous ses moments de loisirs. Parfois, il consulte sa montre car son temps est minuté et il sait que ses professeurs l'attendent.

Le hasard me permet de juger de l'importance qu'il accorde à nos conversations. Un jour, le sachant pris par des cérémonies et des audiences, et supposant que son emploi du temps chargé lui interdirait de me recevoir, j'en profite pour escalader avec un de mes amis une motagne voisine de Lhassa. Il est entendu que Nyima me fera des signaux si le jeune dieu me fait appeler. Et, en effet, à l'heure habituelle, une fumée s'élève au-dessus de ma maison. Prenant mes jambes à mon cou, je cours dans la direction du Norbulingka; à mi-chemin, mon domestique m'attend avec un cheval. Sautant en selle, je me hâte de rejoindre le palais d'été. Comme j'arrive, hors d'haleine, Kundun me prend la main et me demande :

« Pourqui es-tu en retard? Tu savais pourtant que je t'attendais. »

Cette fois, sa mère et son frère cadet assistent à la leçon; à la fin, je projette un des quatre-vingts films que possède le Dalaï Lama. Je vais enfin savoir quelle attitude les siens adoptent à son égard. A partir du moment où l'enfant est reconnu incarnation de Bouddha, sa famille, je le sais, le considère comme un dieu. Le fait que sa mère ait revêtu ses habits de cérémonie pour lui rendre visite le prouve. En prenant congé de Kundun, elle se prosterne devant lui et reçoit sa bénédiction par imposition de la main droite et non des deux mains comme le veut l'usage quand il s'agit de moines ou de personnages importants.

Seul avec moi, le jeune roi me montre fièrement son cahier de calcul. Jusqu'ici nous avions volontairement négligé cette matière; pour compter le jeune homme utilise le boulier dont se servent couramment ses compatriotes, passés maîtres dans le maniement de cet appareil; je ne compte plus les paris que j'ai perdus en essayant de lutter de vitesse avec les Tibétains pour faire une opération. Dans les écoles, un utilise aussi des morceaux de poterie, des noyaux ou des haricots, mais, dans la vie courante, on a recours au rosaire pour les opérations simples, additions et soustractions, par exemple.

Mon élève et moi sommes rarement dérangés pendant les leçons. Une fois, un garde se présente, porteur d'une lettre; apercevant le Bouddha Vivant, il se prosterne par trois fois et lui tend la missive, puis, sans se relever, il rampe à reculons vers la porte et disparaît. Dans de semblables occasions, je comprend à quel point mon attitude est contraire à l'étiquette.

La lettre vient de Tagchel Rimpoché, frère aîné du Dalaï, prieur du monastère de Kumbum, dans la province chinoise de Tsinghai soumise aux communistes. Par son intermédiaire, le gouvernement de Pékin espère exercer une influence sur le jeune souverain et l'amener à composer avec le régime. Tagchel Rimpoché annonce son arrivée prochaine à Lhassa.

Le même jour, je rends visite à la famille du Bouddha Vivant. Sa mère me reçoit en me réprimandant amicalement. Elle aussi a remarqué à quel point le dieu-roi m'est attaché; aussi me reproche-t-elle mon retard de la veille. Maintenant, à Lhassa, personne n'ignore où je vais chaque jour, sur le coup de midi. Ainsi qu'il fallait s'y attendre, les moines ont tenté de s'opposer à ces visites qu'ils estimaient contraires au protocole, mais la mère et les frères du Dalaï Lama ont pris résolument mon parti.

Une autre fois, pénétrant dans le « jardin des pierres précieuses », il me semble reconnaître derrière la fenêtre de la salle des fêtes la silhouette de Kundun; comme je m'approche, je constate qu'il a des lunettes. Or, jamais je ne lui en ai vu. Très simplement, il m'explique que, souffrant des yeux, il doit porter des verres; Lobsang Samten les lui a procurés par l'intermédiaire de la mission commerciale hindoue. C'est une des conséquences de l'obscurité qui règne à l'intérieur du Potala où lire constitue une quasi-impossibilité. Autre innovation, Kundun a mis une veste sur sa robe de moine. Cette idée est de lui et il se montre très fier des poches qu'il a fait coudre; ces dernières sont inconnues au Tibet. Le Dalaï m'explique qu'il s'est inspiré des miennes, car, me dit-il, elles ont leur utilité. Il y fourre un couteau, des bonbons, des crayons de couleur et s'en sert pour accrocher son stylo. Sa grande distraction est la collection de montres que lui a léguée son prédécesseur; mais il s'intéresse surtout à une montre à calendrier perpétuel qu'il a achetée de ses deniers. Tant qu'il n'est pas majeur, le pontife dispose uniquement des offrandes que les fidèles placent au pied de son trône,lors des audiences et des cérémonies officielles. Plus tard, il aura la jouissance des trésors du Potala et du Norbulingka qui font du roi du Tibet l'homme le plus riche du monde.

Le Dalaï Lama au pouvoir!

Des voix de plus en plus nombreuses commencent à réclamer l'émancipation anticipée du Dalaï Lama. La population aspire à être gouvernée par un maître absolu qui la débarrassera des fonctionnaires et du régent; leurs méthodes et leur vénalité les ont rendus impopulaires. Le spectacle de favoris et de dignitaires tarés n'incite guère au courage un peuple qui s'apprête à affronter l'ennemi.

Un beau matin, les Lhassapa découvrent avec surprise que de grandes affiches, portant en exergue le slogan « Donnez le pouvoir au Bouddha Vivant! » et dont le texte énumère les fautes du régent et de sa camarilla, jalonnent la chaussée qui va du Potala au Norbulingka.

Au cours de la leçon journalière, le Dalaï y fait allusion : Lobsang Samten l'a mis au courant; comme tout le monde, il soupçonne les moines du couvent de Sera d'être les auteurs de cette manifestation. Il ajoute qu'il se sent incapable d'assumer une pareille responsabilité à son âge et estime, modestement, qu'il a trop de choses à apprendre. Pour l'instant, il n'attache qu'une importance relative à ces revendications. Une chose surtout le préoccupe : il veut savoir si ses connaissances le mettent sur un pied d'égalité avec les écoliers européens de même âge ou si son ignorance serait rédhibitoire. En toute franchise, je lui assure que ses craintes sont injustifiées. Fait curieux, non seulement le Dalaï Lama mais tous ses compatriotes souffrent d'un complexe d'infériorité. Une même phrase revient continuellement dans leur bouche : « Nous ne savons rien, nous sommes trop bêtes pour apprendre. » Le simple fait qu'ils le disent prouve déjà le contraire. Leur seul défaut est de confondre science et intelligence; pour nous égaler, il leur manque uniquement l'occasion de s'instruire.

Avec l'appui de la mission commerciale hindoue, j'organise de temps en temps des séances de cinéma et projette de vrais films propres à illustrer l'enseignement que je donne à mon royal élève. L'un des premiers fut « Henri V », et je me demandais quelles seraient les réactions du jeune Dalaï. A cette occasion les précepteurs avaient été invités et, au moment où l'obscurité se fit, cuisinier et jardiniers en profitèrent pour « resquiller ». Comme toujours, Kundun et moi avions pris place sur les marches de la cabine. Suivant le déroulement de l'action, je traduisais le texte anglais et m'efforçais de répondre aux questions que mon élève me posait à voix basse. Les scènes d'amour déchaînèrent l'hilarité et, lors de la seconde présentation, je m'arrangeai pour les escamoter. En règle générale, les films consacrés à la vie des savants et des hommes d'Etat ont la faveur du Dalaï; l'un d'eux, qui montre Gandhi, l'enthousiasme particulièrement.

Il écarte *a priori* les bandes comiques et me demande de les échanger contre des documentaires. Une fois, persuadé que j'allais lui faire plaisir, j'en avais commandé une représentant l'élevage et le dressage des chevaux; ma déception fut grande quand, en fin de séance, Kundun déclara :

« Vois-tu, mon prédécesseur, le treizième Lama, se passionnait pour les chevaux : mais moi, je n'y attache guère d'importance. »

En revanche, il observait le fonctionnement du moteur de la Jeep et passait des heures à démonter et remonter un appareil photographique dont on lui avait fait cadeau.

A cette époque, il traversait une crise de croissance et fit preuve à plusieurs reprises d'une nervosité inhabituelle; une fois qu'il avait maladroitement laissé tomber un posemètre dont je lui expliquais l'utilisation, il éclata en sanglots. Tout l'intéressait, tout l'amusait, mais les fils des nobles et des riches commerçants de Lhassa étaient plus gâtés que leur souverain. Sa vie était celle d'un ascète et d'un solitaire, que ce fût au Potala ou au Norbulingka; jamais de distractions et certains jours la règle lui commandait de jeûner et d'observer un mutisme absolu.

Son frère, Lobsang Samten, seul autorisé à lui tenir compagnie, était loin d'avoir son intelligence et sa vivacité d'esprit. Au début, Kundun l'avait prié d'assister aux leçons, mais bientôt le jeune homme demanda l'autorisation de s'abstenir, prétextant que les sujets traités l'intéressaient médiocrement. En revanche, il faisait preuve d'un grand bon sens en toute circonstance et se passionnait pour les problèmes de gouvernement et d'administration; le Dalaï lui demandait son avis lorsqu'il avait besoin d'une aide ou d'un conseil désintéressé. Lobsang m'avait raconté que, tout petit, Kundun était passablement turbulent; moi qui le trouvais presque trop sérieux et trop appliqué pour son âge, j'avais du mal à le croire. Pourtant quand il riait c'était à gorge déployée et il ne se gênait pas pour se moquer gentiment de moi. L'habitude que j'avais prise de me gratter le menton quand il me posait une question embarrassante l'amusait tout particulièrement. Un jour où j'avais « séché », il me menaça du doigt et me dit en guise de plaisanterie :

« Demain, Heinrich, tâche de ne pas te gratter le menton et de me donner le renseignement que je t'ai demandé. »

En dépit de son désir de s'initier aux mœurs et aux inventions occidentales, le dieu-roi est obligé de se plier aux usages qui ont toujours réglé l'existence des maîtres du Tibet. Même s'il ne les approuve pas, il s'y soumet de bonne grâce.

Tout objet ayant appartenu au Dalaï Lama est, *ipso facto*, miraculeux et joue le rôle de talisman; chaque jour, lorsque je rentrais chez moi, porteur de pâtisseries ou de fruits provenant de la cuisine de Sa Majesté, mes amis me suppliaient de leur donner une pomme ou un gâteau. Ils les mangeaient avec ravissement, persuadés que, désormais, la maladie n'aurait plus de prise sur eux. De même, l'urine du Bouddha Vivant est considérée comme une panacée infaillible. Kundun avait beau hausser les épaules, il observait la tradition.

Souvent, pendant des heures, il m'exposait les réformes qu'il entendait introduire dans son pays, dès sa majorité; il voulait faire appel à des techniciens, ressortissants de pays neutres, c'est-à-dire n'ayant aucun intérêt politique ou économique au Tibet, pour moderniser l'économie nationale. Il pensait entreprendre d'abord la construction d'écoles, puis s'attaquer à l'amélioration de l'état sanitaire avec l'aide de Tibétains formés dans les grandes universités étrangères.

Dans ses projets, mon ami Aufschnaiter serait directeur des travaux publics et développerait l'agriculture, tandis que je formerais les futurs instituteurs tibétains.

Je m'autorise de mon amitié de plus en plus étroite avec Kundun pour lui poser de nombreuses questions sur sa jeunesse et les circonstances de sa découverte comme Bouddha Vivant. Il est né le 6 juin 1935 sur les bords du lac Kuku Nor, dans l'est du Tibet. Une fois, le jour de son anniversaire, je lui exprime mes félicitations, mais il me regarde sans comprendre. Le Tibétain ignore ce qu'est un anniversaire et le peuple se soucie fort peu de savoir en quelle année son souverain est né. A ses yeux, le Dalaï Lama est la réincarnation de Chenrézi, l'un des mille Bouddha Vivants qui, renonçant aux joies du nirvâna, sont revenus sur la terre pour aider l'humanité. Sa première réincarnation monta sur le trône au pays de Bö; tel est le nom du Tibet, en tibétain. C'est à un empereur mongol, converti au bouddhisme, Atlan Khan, que l'on doit l'appellation Dalaï Lama utilisée dans tout l'univers, le Toit-du-Monde excepté.

Kundun est le quatorzième Bouddha Vivant, réincarnation divine plus encore que souverain temporel aux yeux de ses sujets.

Ses tâches sont nombreuses et sa responsabilité énorme; la moindre de ses actions ou de ses paroles passera à la postérité et son infaillibilité est un dogme. Plusieurs dizaines d'années d'études et de prières préparent le dieu-roi à l'exercice de ses fonctions.

Une anecdote montre à quel point le treizième Dalaï était pénétré de l'importance de sa mission. Désireux de promulguer de nouvelles lois, il se heurtait à la résistance de son entourage : celui-ci rappelait l'attitude adoptée jadis par le cinquième Dalaï appelé à trancher d'une question similaire. Le treizième s'était écrié :

« Et qui était-ce donc, sinon moi ? »

Cette réponse dissipa les derniers scrupules des opposants. En effet, Bouddha Vivant, le treizième Dalaï, réincarnation de ses douze prédécesseurs, s'identifiait à eux.

A mes questions concernant son enfance, Kundun était incapable de répondre avec précision; il ne se souvenait plus des circonstances qui avaient accompagné sa découverte et me conseilla de m'adresser à un des témoins oculaires.

J'allai voir le commandant en chef de l'armée, Dzaza Kunsangtsé qui me donna les explications souhaitées.

En 1933, quelques jours avant de mourir, le treizième Dalaï avait donné un certain nombre d'indications relatives à sa future résurrection. Après son décès, son corps reposait sur son trône, au Potala, la tête regardant vers le sud, dans la position traditionnelle du Bouddha; un beau matin, les moines qui veillaient le défunt furent surpris de constater que, pendant la nuit, le cadavre avait bougé et regardait vers l'est. Aussitôt, on interrogea l'oracle d'Etat; il entra en transes et jeta une écharpe dans la direction du soleil levant. Pendant trois ans, ministres, régent et hauts dignitaires hésitèrent; ils attendaient de nouveaux signes qui leur permettraient de circonscrire leurs recherches. C'est alors que le régent se rendit sur les bords du lac Cho-kor-gye, où, prétend la légende, tout pèlerin voit son avenir inscrit à la surface. Ce lac n'est qu'à huit jours de marche de Lhassa, pourtant, malgré mon désir, le temps m'a toujours manqué pour aller contrôler l'authenticité du fait.

Après plusieurs jours de méditation et de prières, le régent distingua un reflet sur l'eau : un temple à trois étages coiffé d'un toit doré et, non loin de là, une ferme d'architecture chinoise au fronton sculpté. Le temps de remercier les dieux, le régent sauta en selle et se hâta de rejoindre Lhassa; sans délai, on se mit à la recherche du pontife. Selon la doctrine bouddhique, la réincarnation ne se produit pas nécessairement aussitôt après la mort de l'individu; dans le cas d'un Dalaï Lama, l'âme du défunt erre pendant des années avant de retrouver un corps qui lui paraisse digne de l'abriter. Au printemps de l'année 1937 plusieurs groupes de moines partirent dans la direction indiquée par les présages et les oracles; ils étaient porteurs d'objets ayant appartenu au treizième Dalaï et d'autres identiques en apparence, mais qui en réalité n'étaient que des copies.

La délégation, conduite par Kyitsang Rimpoché et à laquelle appartenait Khunsangtsé, arriva dans le district d'Amdo, dans la province de Tchingai, patrie de Tsong Kapa, réformateur du bouddhisme lamaïste. La population est en partie de race tibétaine et les bouddhistes y font bon ménage avec les Chinois mahométans.

Les envoyés examinèrent des centaines d'enfants; aucun ne présentait les signes requis. A force d'errer de village en village, ils aperçurent un jour une lamaserie à trois étages surmontée d'un toit doré, correspondant à celle que le régent avait vue dans les eaux du lac Cho-kor-gye puis, non loin de là, une ferme aux frontons curieusement sculptés. Conformément à la coutume, et persuadés d'être sur la bonne piste, ils revêtirent la livrée de leurs serviteurs. Ce subterfuge répond à un but précis. Habillés avec simplicité, ils ne provoquent pas la méfiance des villageois et peuvent ainsi entrer plus facilement dans les maisons et se mêler aux habitants.

En pénétrant dans la ferme, les émissaires savaient déjà qu'ils trouveraient le jeune garçon qu'ils recherchaient. A peine eurent-ils franchi le seuil qu'un enfant de deux ans courut à eux, saisit par la manche le lama porteur du rosaire ayant appartenu au treizième Dalaï et s'écria tout joyeux : « Sera Lama, Sera Lama! »

Le fait que le petit eût reconnu un lama sous le déguisement d'un laquais était déjà extraordinaire; mais désigner en même temps le monastère dont le moine était originaire l'était plus encore. Enfin, le bébé s'empara du rosaire et voulut à toute force le passer à son cou.

Cette fois les envoyés étaient convaincus : ils avaient bien trouvé le Bouddha réincarné. Prudents, ils attendirent quelques jours et revinrent sans déguisement. Attirant l'enfant devant l'autel familial, ils s'enfermèrent avec lui dans une pièce et lui firent subir les examens rituels. La première épreuve consiste à choisir parmi quatre rosaires celui du précédent Lama; sans hésiter, le petit choisit le plus simple, qui était aussi le vrai. Il en fut de même d'un tambour avec lequel le défunt appelait ses serviteurs, puis d'une canne. Enfin, on découvrit sur son corps les signes qui établissaient péremptoirement son caractère de réincarnation de Chenrézi : protubérances à hauteur de la clavicule, rappelant la deuxième paire de bras de Bouddha et oreilles légèrement décollées.

Les délégués adressèrent à Lhassa un télégramme chiffré qui fut acheminé via la Chine et les Indes; par retour, le gouvernement leur enjoignait d'observer un silence absolu de peur que certains voisins du Tibet ne tirent parti de la situation. Devant un panneau de soie peinte représentant Chenrézi, les quatre envoyés jurèrent de tenir leur langue et pour donner le change, ils continuèrent leur tournée, examinant ici et là un enfant pris au hasard.

Les recherches se déroulèrent non sur le territoire du Tibet mais en Chine; il aurait suffi que le gouvernement de Nankin eût vent de l'affaire pour que, sautant sur l'occasion, il fît accompagner l'élu jusqu'à Lhassa par un détachement de troupes. Le gouvernement tibétain jugea plus politique de traiter avec le gouverneur de Tchinghai, le général musulman Ma Pou Fang, et de lui demander d'autoriser l'enfant à quitter la Chine pour participer en compagnie d'autres garçons présentant les mêmes signes, aux épreuves précédant l'élection du quatorzième Dalaï Lama. Ma Pou Fang y consentit moyennant une gratification de cent mille dollars chinois. La somme lui fut remise sur-le-champ. Les Tibétains venaient de commettre une erreur capitale et le rusé compère en profita pour tripler la somme demandée. De tractation en tractation, on convint finalement que le solde serait remis à des marchands musulmans, mais seulement après l'arrivée du petit garçon à Lhassa.

Vers la fin de l'été 1939, une délégation comprenant les quatre envoyés, les négociants chargés de veiller à l'exécution du contrat, l'enfant et sa famille quitta le district d'Amdo pour Lhassa. Il fallut deux mois pour atteindre la frontière tibétaine. Un ministre spécialement délégué par le gouvernement remit au jeune Dalaï une lettre du régent qui confirmait le choix des enquêteurs. Pour la première fois, l'assistance se prosterna devant l'enfant, y compris son père et sa mère.

Kundun se souvenait du moment où il était monté dans la litière dorée dans laquelle il avait parcouru les rues de la capitale. La population faisait la haie sur son passage. Six ans s'étaient écoulés entre le décès du treizième Lama et l'entrée de sa réincarnation dans Lhassa. En février 1940, on l'intronisa officiellement, au début de la nouvelle année bouddhique. En même temps, il reçut de nouveaux noms : sagesse absolue, défenseur de la foi, océan de sagesse, tendre gloire, sublime intelligence.

Déjà, à cette époque il se faisait remarquer par sa dignité et sa tenue au cours des interminables cérémonies du culte; il se montrait affable à l'égard des serviteurs de son prédécesseur et de ceux qui veillaient sur son bien-être et sur son éducation.

Je me félicite d'avoir pu recueillir l'histoire de la découverte de Kundun de la bouche même d'un témoin et j'en suis d'autant plus heureux que les faits ont été plus ou moins déformés par la suite.

Préparatifs de départ

Dans le courant de l'automne 1950, sous la pression des événements, mes entretiens avec Kundun s'espacent. Le souverain est accaparé par les affaires du gouvernement. L'assemblée nationale s'est transportée au Norbulingka où elle reste en contact permanent avec le dieu-roi. Les connaissances dont fait preuve le jeune monarque plongent les délégués dans le stupéfaction et les convainquent de la nécessité de remettre entre ses mains le sort du Tibet.

Des nouvelles alarmantes parviennent des provinces orientales; on parle de concentration de troupes chinoises, cavalerie et infanterie, le long des frontières. Sans grand espoir, le gouvernement de Lhassa envoie des régiments sur les points menacés : il sait que ces détachements ne pourront pas arrêter la marée humaine qui s'apprête à déferler. Toutes les démarches visant à obtenir une aide de l'étranger se soldent par des échecs. L'exemple de la Corée démontre l'impuissance des Nations Unies; elles ne sauraient empêcher un adversaire résolu de déclencher un conflit.

Le 7 octobre 1950, les Chinois franchissent la frontière en six points et les premières escarmouches se produisent. Lhassa n'en est informé que dix jours plus tard; pendant que les soldats tibétains se font tuer, la population de la capitale croit encore à un miracle. Aussitôt que la nouvelle de l'invasion parvient au Norbulingka, le gouvernement convoque les oracles; ministres et prieurs se jettent aux pieds des devins et les conjurent d'appeler la bénédiction des dieux sur le pays. En présence de Kundun, les moines se livrent à leurs exorcismes et à leurs danses. Soudain, l'oracle d'Etat entre en transes et prononce distinctement la phrase : « Faites le roi » en se prosternant devant le Dalaï. Ses collègues émettent des prophéties analogues.

Pendant ce temps, les troupes chinoises progressent; leur avance atteint déjà plus de cent kilomètres. Des unités tibétaines se rendent, d'autres s'enfuient. Le gouverneur du Tibet oriental demande par T.S.F. l'autorisation de déposer les armes, toute résistance devenant inutile. L'assemblée nationale refuse. Après avoir fait sauter les dépôts de munitions, le gouvernement s'enfuit en compagnie de l'opérateur radio, Robert Ford; le surlendemain, des unités chinoises leur coupent la route et les font prisonniers. A l'heure actuelle l'infortuné Ford croupit encore dans une geôle chinoise.

Une nouvelle fois, le cabinet demande aux Nations Unies d'intervenir. De son côté, la radio de Pékin proclame que ses troupes viennent « délivrer un peuple frère des influences étrangères »! Or, si une nation est tenue à l'écart des rivalités politiques et économiques des grandes puissances, c'est bien le Toit-du-Monde! S'il est un pays où il n'y ait rien à « libérer », c'est bien celui du Dalaï Lama! Lake Success prodigue de bonnes paroles et déclare : « Les Nations Unies conservent l'espoir qu'un accord interviendra entre la Chine et le Tibet. »

Les jeux sont faits; les Tibétains qui craignent la domination étrangère se préparent à l'exil. Aufschnaiter et moi nous nous apprêtons, nous aussi, à quitter ce pays auquel nous devons tant. Les heures que j'ai passées avec Kundun comptent parmi les plus belles de mon existence. Nous avons essayé de remercier le gouvernement et le Dalaï Lama de leur hospitalité en accomplissant les tâches qui nous étaient confiées, mais jamais, mon camarade ou moi n'avons été instructeurs militaires, n'en déplaise aux centaines de journaux européens et américains qui l'ont prétendu.

Des nouvelles, toutes catastrophiques, continuent à affluer dans la ville sainte et le pontife se préoccupe de notre sort. Au cours d'un long entretien que j'ai avec lui, il me conseille de profiter de son retour au Potala pour quitter la capitale; ainsi, notre départ passera inaperçu et nous pourrons au besoin invoquer notre désir de visiter Chigatsé et le Tibet méridional.

Contrairement aux vœux exprimés par l'assemblée nationale, la majorité de Kundun n'a toujours pas été proclamée; on attend les signes favorables. Une autre question se pose : que deviendra le souverain après l'occupation de Lhassa? Il y a bien un précédent : le treizième Dalaï s'est réfugié aux Indes, en 1910, pour échapper aux troupes chinoises et son départ a sauvé son pays. Là encore les dieux devront se prononcer.

En présence du régent et du roi, un moine confectionne deux boules de beurre et de tsampa, puis on les pèse pour s'assurer que leur poids est le même. Chacune renferme un billet; sur l'un on a inscrit le caractère « oui » et sur l'autre le signe « non ». L'oracle d'Etat entre en transes; un abbé prend les deux boules et les dépose dans une coupe qu'il tend au devin. Celui-ci imprime au récipient un mouvement de rotation, une boule tombe, celle qui contient le « oui ». Les dieux ont parlé : « le Dalaï Lama quittera la capitale.

Chaque jour je remets mon départ et j'hésite à abandonner Kundun à l'heure du danger. Lui-même insiste pour que je parte et me donne rendez-vous à Chigatsé. Les préparatifs de fuite du souverain se poursuivent en secret afin de ne pas inquiéter la population. Les dernières nouvelles du front annoncent que les troupes chinoises se sont arrêtées à deux cents kilomètres de Lhassa, mais l'entourage du Dalaï redoute qu'une pointe avancée vienne couper la route de retraite.

Malgré les précautions, le bruit du prochain départ du pontife se répand dans la ville; en voyant passer les caravanes qui évacuent les trésors du palais, tout le monde a compris.

A l'exemple de leur maître, nobles et riches se hâtent de mettre leurs biens en sûreté.

Pourtant la vie continue; en apparence, rien n'a changé. Dans le bazar les prix montent légèrement et des bruits courent selon lesquels certaines unités tibétaines auraient accompli des actes d'héroïsme; quoi qu'il en soit, le doute n'est plus permis : l'armée a cessé d'exister. Désormais l'ennemi dicte sa loi.

En 1910, lors de la première invasion chinoise, la troupe s'est répandue dans Lhassa pillant et brûlant tout; cette fois, il semble que les choses se passeront différemment. Des soldats libérés après une captivité de quelques semaines racontent à qui veut l'entendre que l'adversaire les a traités en amis et chantent les louanges de la discipline et de la tolérance des militaires ennemis.

Je quitte Lhassa

Jamais, je ne me serais décidé à partir si une circonstance fortuite ne m'y avait obligé. Après avoir envisagé de se joindre à moi, Aufschnaiter change d'avis au dernier moment; il me demande de convoyer ses bagages. Lui-même s'en ira quelques jours après moi.

Le cœur lourd, je dis adieu à ma maison, à mon jardin, à mes domestiques; mon chien gémit, comme s'il devinait que je ne l'emmènerai pas. Habitué à l'air vif des hauts plateaux, il ne pourrait supporte la touffeur et l'humidité du Sikkim et des Indes. J'emporte seulement mes livres et mes collections et distribue le reste à mes serviteurs. Les bras chargés de cadeaux, mes amis prennent congé de moi; je sais que je les reverrai bientôt, car tous ou presque se préparent à escorter le Dalaï. C'est là ma seule consolation. Ils sont toujours persuadés que les troupes chinoises n'entreront pas à Lhassa.

Je suis, pour ma part, beaucoup moins optimiste; une dernière fois je prend mon Leica et parcours les rues de la capitale; j'espère que mes clichés contribueront plus tard à éveiller l'intérêt et la sympathie du public européen pour le Tibet et ses habitants.

Le lendemain, sous un ciel gris, je prends place dans un canot. Plutôt que de chevaucher pendant deux jours, je préfère descendre le cours du Kyitchu jusqu'à son confluent avec le Tsangpo; par voie d'eau le voyage ne dure que six heures. Mes bagages me précèdent.

Sur la rive, mes amis et mes domestiques me font des signes, puis, après une dernière photographie, le courant s'empare du bateau et l'entraîne. Au loin, la masse du Potala s'estompe dans la grisaille.

Six heures plus tard, je rejoins la caravane transportant mes malles et celles d'Aufschnaiter. Deux chevaux m'attendent, dont un destiné à mon fidèle Nyima qui n'a pas voulu me quitter. Une semaine après mon départ, j'atteins la ville de Gyantsé.

Un de mes meilleurs amis a été nommé gouverneur de la province trois mois auparavant. C'est en sa compagnie que j'assiste aux cérémonies marquant la prise du pouvoir par le Dalaï Lama. Les fêtes commencent à Lhassa le 17 novembre, mais, vu la gravité de l'heure, elles ne durent que trois jours. Dans tout le Tibet, on hisse sur les toits de nouvelles oriflammes et la population oublie momentanément ses soucis. Jamais l'intronisation d'un souverain n'a été saluée avec autant d'enthousiasme : le quatorzième Bouddha Vivant incarne les espoirs de tout un peuple.

Malheureusement, je n'ai plus aucune illusion; il est trop tard. Malgré les efforts de dernière heure, le destin du Tibet est scellé.

Quelques jours après mon arrivée à Gyantsé, je me rends à Chigatsé, la deuxième ville du Tibet, célèbre par son monastère, Tashilhumpo. Des amis, anxieux de connaître les dernières nouvelles de la capitale, m'y attendent.

Panchen Lama et Dalaï Lama

C'est à Tashilhumpo que réside le Panchen Lama, réincarnation d'Opame, le Bouddha Amitabha de la mythologie hindoue; il a toujours été opposé par les Chinois au Dalaï Lama. L'actuel Panchen a deux ans de moins que le dieu-roi; élevé en Chine, le gouvernement de Pékin le reconnaît comme le véritable souverain du Tibet. En fait ce poste ne lui revient pas, car sa souveraineté se borne au couvent de Chigatsé et aux terres qui en dépendent. Dans la hiérarchie bouddhiste, le Panchen, incarnation d'Opame, occupe une position supérieure à celle du Dalaï, réincarnation de Chenrézi. A l'origine, cependant, le Panchen n'était que le précepteur du cinquième Bouddha Vivant; par reconnaissance, celui-ci lui conféra un certain nombre de privilèges.

Pour découvrir la dernière incarnation d'Opame, plusieurs enfants avaient été retenus par les délégués; un de ces garçonnets était originaire d'une province chinoise. Déjà à cette époque les autorités refusèrent de le laisser partir s'il n'était escorté par un détachement militaire. Toutes les interventions du gouvernement de Lhassa restèrent sans résultats. Puis, brusquement, la Chine déclara que l'enfant était bien la véritable incarnation d'Opame et le reconnut comme Panchen-Lama.

S'étant ainsi assurés d'un atout dans la lutte qu'ils mènent pour reconquérir le Tibet, les Chinois sont prêts à en jouer, aussi mettent-ils à la disposition du Panchen leur appareil de propagande. La radio de Pékin prend fait et cause pour le jeune garçon, soutenant ses prétentions à la fois dans le domaine spirituel et temporel. Ses partisans se recrutent surtout dans la région de Chigatsé et dans les couvents des environs dont les moines supportent difficilement l'autorité de Lhassa. Le bruit court même que le Panchen est prêt à aider l'armée de « libération » chinoise.

Pourtant, si les Tibétains considèrent le Panchen comme un chef religieux, seul le Dalaï Lama jouit du pouvoir effectif; jamais, même sous la pression chinoise, la population n'a reconnu au Panchen une autorité temporelle.

Ceci explique qu'après l'invasion et l'occupation du Tibet, les Chinois aient renoncé à imposer leur protégé et à l'opposer au Dalaï. Aujourd'hui encore la zone d'influence du Panchen est limitée au monastère de Tashilhumpo.

Rien ne distingue ce couvent de ceux que j'ai visités; c'est une cité monacale habitée par des milliers de religieux. Sa principale curiosité est une statue colossale, bardée de feuilles d'or, et haute de neuf étages.

La ville de Chigatsé, dominée, comme Lhassa, par une forteresse, s'étire sur les rives du Tsangpo; ses artisans l'ont rendue célèbre. On y travaille la laine que d'interminables caravanes de yaks apportent du Tchangthang et qui sert à la fabrication des tapis.

La fuite du Dalaï

De retour à Gyantsé, j'apprends de la bouche du gouverneur que la caravane du jeune dieu est attendue. Lui-même a reçu l'ordre de préparer les étapes et de mettre les pistes en état. A chaque relais, on apporte des provisions et du fourrage et une armée de coolies travaille à la réfection de la route qu'empruntera le Dalaï. J'accompagne mon ami dans sa tournée d'inspection; à notre retour à Gyantsé, nous apprenons que Kundun a quitté Lhassa le 19 décembre et se trouve en chemin; sa mère et ses frères et sœurs le précèdent. Seul membre de sa famille, Lobsang Samten l'escorte.

Trois jours plus tard, les parents du Dalaï arrivent à Gyantsé; je retrouve Tagchel Rimpoché, le frère aîné de Kundun, que je n'ai pas vu depuis trois ans. Il me raconte que les Chinois l'ont obligé à remettre au Dalaï un message dans lequel ils l'invitaient à traiter au plus vite; dès son arrivée à Lhassa, son escorte chinoise avait été arrêtée sur l'ordre du régent et on avait confisqué un poste émetteur de radio trouvé dans ses bagages. La mère de Kundun poursuit immédiatement son voyage vers le sud.

Le gouverneur et moi partons à cheval à la rencontre du souverain; parvenus au col de Karo, à trois étapes de Gyantsé, sur la route de Lhassa, nous apercevons une immense caravane, enveloppée d'un nuage de poussière, qui gravit la pente. A la vue du jeune Dalaï chevauchant au milieu du cortège, une prophétie me revient à l'esprit : un devin a prédit que le quatorzième Dalaï Lama serait le dernier souverain du Tibet. J'ai bien peur qu'il n'ait eu raison. Depuis le couronnement, un mois s'est écoulé mais, contrairement aux espoirs de la population, l'ennemi a poursuivi l'occupation du pays et le pontife a quitté sa capitale.

Au moment où Kundun passe à ma hauteur, je me découvre et m'incline; il me répond d'un signe de tête.

Le vent souffle en rafales; sur le col, des bâtonnets d'encens se consument et les mâts à prières claquent. Sans s'arrêter, la caravane poursuit son chemin en direction d'un monastère voisin.

Là, je retrouve Lobsang Samten; malade, il a fait la route en litière. Terrassé par une crise cardiaque la veille du départ, il a perdu connaissance pendant plusieurs heures; appelé en consultation, le médecin de Sa Majesté l'a ranimé en lui appliquant un remède réputé infaillible et qui me paraît propre à réveiller un mort : il s'agit de l'application d'un fer rouge. Lobsang Samten me donne des détails sur la fuite du Dalaï Lama. De peur que la population ne cède à la panique et que les moines des couvents voisins de Lhassa ne s'opposent au départ, le gouvernement avait gardé le secret le plus absolu sur ce projet. Les rares initiés avaient dû jurer de ne rien révéler.

A deux heures du matin, par une nuit noire, le Dalaï Lama avait bu du thé au beurre, puis les tasses avaient été de nouveau remplies : une vieille superstition tibétaine veut qu'une tasse pleine abandonnée soit le présage d'un prompt retour.

Après une courte halte au Norbulingka, la jeune roi avait adressé aux dieux tutélaires une courte prière.

A peine la caravane avait-elle atteint le premier relais que la nouvelle du départ du pontife se répandit dans la capitale et, de là, dans les provinces. Par milliers, les moines du couvent de Dchang allèrent au-devant de leur souverain pour le supplier de renoncer à son projet; un moment l'entourage du Dalaï Lama craignit de les voir s'opposer à la poursuite du voyage. Très maître de lui, le jeune dieu expliqua aux religieux que sa présence à Lhassa serait inutile s'il était le prisonnier des Chinois et qu'il pourrait intervenir plus facilement et négocier son retour s'il leur échappait. Les moines se laissèrent convaincre : en témoignage de soumission, ils jonchèrent d'écharpes blanches la route que devait emprunter la caravane.

Le Dalaï Lama découvre son pays

Dès qu'elle sut que le Bouddha Vivant s'apprêtait à traverser Gyantsé, la population se répandit dans la ville et disposa le long des rues deux rangées de pierres blanches destinées à tenir à l'écart les esprits malfaisants. Des monastères voisins, nonnes et religieux affluèrent; les soldats hindous en garnison dans la ville sautèrent en selle et se portèrent à la rencontre du pontife.

Avant d'entrer dans une localité importante, le Dalaï descendait de cheval et prenait place dans sa litière; nobles et notables l'accompagnaient jusqu'à la sortie.

La caravane voyageait de nuit afin d'éviter les tempêtes de sable qui déferlaient pendant la journée. La température était glaciale — moins trente degrés — et Kundun se protégeait du froid en s'enveloppant dans une houppelande et en se coiffant d'une toque de fourrure. Même quand le vent cessait, rester immobile sur sa monture constituait une épreuve. Souvent, n'y tenant plus, le jeune souverain mettait pied à terre et marchait à la tête du cortège. Les cavaliers l'imitaient et cheminaient près de leurs bêtes, mais, habitués à se déplacer à cheval ou à mulet, ils se traînaient loin derrière le gros de la caravane. Quand, après avoir franchi les derniers cols de l'Himalaya, le convoi se dirigea vers des contrées plus clémentes, chacun exprima sa satisfaction.

La vue des montagnes et des glaciers surprit le jeune souverain; les forêts de pins et de sapins qu'il apercevait pour la première fois l'intriguaient. Dans la vallée de Chumbi, les maisons évoquent les chalets du Tyrol. Sur le passage du dieu-roi les habitants se prosternaient et nous passions entre deux rangées de bâtonnets d'encens qui se consumaient lentement. Près d'une misérable bourgade, l'affluence était telle que le monarque imposa une halte; un à un, ses sujets défilèrent devant lui pour recevoir sa bénédiction et le cortège ne put repartir que trois heures plus tard.

Seize jours après le départ, nous atteignons la maison du gouverneur de Chumbi, but provisoire assigné aux fugitifs. Dans sa litière jaune, le Dalaï Lama pénètre dans sa nouvelle résidence; « palais divin, lumière et paix de l'univers », telles sont les épithètes qui s'appliqueront désormais à l'humble demeure qui abrite sous son toit le maître et le dieu du Tibet.

Les dignitaires campent dans les fermes des alentours et s'efforcent de s'adapter à leur nouveau mode d'existence. Au bout de quelques jours, on doit se résoudre à renvoyer soldats et bêtes de somme à Gyantsé et à Chigatsé; il est impossible de trouver à les loger et surtout à les nourrir. Les cols menant à la vallée de Chumbi sont gardés militairement et seuls peuvent les franchir les titulaires d'un passeport spécial. Peu à peu, les ministères se reconstituent et le cabinet siège de nouveau. Des courriers assurent la liaison avec Lhassa et transmettent aux fonctionnaires restés dans la capitale les instructions officielles; le sceau du Dalaï Lama garantit l'authenticité des messages. Il faut neuf jours pour effectuer l'aller et retour à cheval.

Peu après l'installation du souverain à Chumbi, Reginald Fox, l'opérateur de la station de Lhassa, arrive lui aussi, avec son matériel et monte un nouveau poste émetteur.

Les femmes et les enfants des nobles et des hauts fonctionnaires partent pour les Indes après une courte halte. A l'exception de Lobsang Samten, les membres de la famille du monarque s'installent dans un bungalow à Kalimpong, dans le Sikkim, à proximité de la frontière. Pour la première fois les Tibétains voient des chemins de fer, des automobiles et des avions; mais, malgré l'attrait de cet univers inconnu, tous aspirent à retrouver leur patrie et leurs traditions ancestrales.

A Chumbi, je suis l'hôte d'un ami qui occupe un poste important dans l'administration. Désormais, je me sens inutile et, souvent, le spleen me pousse à franchir la frontière. Je suis le spectateur impuissant d'un drame dont, malheureusement, l'issue ne fait plus de doute. Pour tuer le temps, chaque jour, je me rends dans les montagnes des alentours et dresse des relevés topographiques.

Je n'ai conservé qu'une seule des fonctions que m'avait confiées le gouvernement de Lhassa : celle de « service d'écoute » d'informations du monde entier. Contrairement à ce qu'on avait tout d'abord redouté, les Chinois n'ont pas essayé de marcher sur la ville sainte; ils ont fait halte à deux cents kilomètres de la capitale et invitent le gouvernement tibétain à envoyer des délégués à Pékin. Estimant que cette solution est la plus sage, le Dalaï Lama et les membres du cabinet décident de donner suite aux propositions chinoises; persuadés de l'inutilité de toute résistance, les plénipotentiaires négocient le retour du dieu-roi à Lhassa. D'une part les Chinois veulent que le souverain réintègre le Potala et, de l'autre, les délégations de notables se succèdent à Chumbi : elles aussi demandent le retour du pontife.

A Pékin, les conversations se poursuivent et aboutissent à un accord aux termes duquel la Chine communiste garantit le libre exercice du pouvoir du Dalaï Lama et s'engage à respecter religion lamaïste et liberté du culte; en contrepartie, le Tibet reconnaît au gouvernement de Mao Tsé Tung le droit de le représenter à l'étranger et celui d'assurer sa défense contre toute agression extérieure. Dans ce dessein, la Chine entretiendra sur le territoire tibétain des garnisons dont elle se réserve de fixer les effectifs. En résumé, tout en sauvegardant les apparences, le vainqueur impose sa loi; telle est la conclusion de ce traité de dupes.

Au bout de trois semaines, le pontife décide de s'installer au monastère de Dung Kar. Dorénavant, il vit retiré, dans la seule compagnie des moines et des lamas, et les occasions que j'ai de le rencontrer se font de plus en plus rares. Lobsang habite le même couvent et m'invite à aller le voir; parfois nous accompagnons Kundun qui visite, à pied, les monastères des alentours. Les religieux et les fonctionnaires ont bien du mal à soutenir l'allure et ils peinent sur les sentiers de montagne à la suite de leur souverain. A Lhassa, le Dalaï m'a dit une fois que ce dont il souffrait le plus était le manque d'exercice. Il se rattrape maintenant des longues années d'inaction forcée dans ses palais du Potala et du Norbulingka. A son exemple, dignitaires et fonctionnaires reviennent à un mode de vie plus sain et plus hygiénique; les moines renoncent à priser et les soldats de la garde personnelle à boire.

Des cérémonies continuent à se dérouler, mais rien ne rappelle la pompe de celles de Lhassa. L'une d'elles revêt cependant un éclat particulier; elle marque l'arrivée des prêtres hindous qui apportent au Dalaï Lama une urne d'or contenant une relique de Bouddha. A cette occasion, je prends les derniers et les meilleurs instantanés que je possède de Kundun.

A l'image de leur souverain, les nobles apprennent à se restreindre; renonçant à leurs chevaux, ils ne se déplacent plus qu'à pied. Ils ont conservé leur nombreuse domesticité, mais leur confort habituel, leurs palais et les réceptions leur manquent. Ils passent leur temps à intriguer; des clans se forment, des bruits incontrôlables courent. Sans se l'avouer, les aristocrates se rendent compte que le bon vieux temps est révolu; leur pouvoir et leur influence ne sont plus que des souvenirs. Il leur faut désormais compter avec la volonté du Dalaï Lama et se plier à ses ordres. Une autre question les préoccupe : les Chinois ont-ils respecté leurs biens? Le système féodal s'est écroulé et les nobles tibétains le savent.

Adieu au Tibet

Jusqu'au mois de mars 1951, je reste dans la vallée de Chumbi, puis je décide de passer aux Indes. Je sais que, jamais plus, je ne pourrai rentrer à Lhassa. Etant toujours à la solde du gouvernement, je sollicite un congé que l'on m'accorde sans difficulté. Le passeport que me délivre le cabinet est valable six mois; un paragraphe précise : « Le gouvernement hindou est prié de faciliter le retour du titulaire au Tibet. » En le lisant, je ne puis m'empêcher de sourire : il est trop tard. Jamais plus je ne pourrai en faire usage car, dans six mois, le Dalaï sera rentré dans sa capitale et les Chinois le toléreront comme chef religieux, mais plus comme chef d'Etat.

Aufschnaiter et moi entretenons une correspondance suivie; j'avais revu mon camarade à Gyantsé et il m'avait annoncé sa décision de rester le plus longtemps possible sur le Toit-du-Monde, puis de franchir la frontière des Indes. Au moment où nous nous étions dit adieu, nous ignorions que des années passeraient avant que nous nous revoyions. Il m'avait confié ses bagages que j'avais mis en sûreté à Kalimpong puis, pendant une année, je n'entendis plus parler de lui. Des bruits contradictoires circulaient sur son compte; on prétendait même qu'il était mort. Après mon retour en Europe, j'ai su qu'Aufschnaiter était revenu à Kyirong où nous avions séjourné tous les deux, en plein Himalaya; il avait attendu là l'arrivée des troupes chinoises avant de passer au Népal. Depuis j'ai reçu de ses nouvelles; il réside encore à Katmandu.

Aufschnaiter est l'un des rares Européens qui connaisse à fond le Tibet et l'Himalaya. Que ne pourrait-il raconter le jour où il se décidera à rentrer en Europe! Ayant vécu treize ans en Asie, il voit certainement les choses sous un jour particulier.

Sept ans, presque jour pour jour, après être entré au Tibet, je m'arrête au col qui sépare ce pays du Sikkim; les mêmes oriflammes claquent au vent, les mêmes cairns se dressent. Autrefois, je n'étais qu'un vagabond : le Toit-du-Monde représentait pour moi un havre, un refuge, une promesse de liberté. Aujourd'hui des serviteurs m'accompagnent et j'envisage l'avenir avec confiance. Pourtant, l'angoisse me serre la gorge. Les yeux emplis de larmes, je regarde une dernière fois sur le territoire du Tibet la haute pyramide du Chomolari qui me dit adieu.

Devant moi s'étend le Sikkim, dominé par la masse du Kangchenjunga, la dernière cime de plus de huit mille mètres que je n'aie pas encore admirée.

Lentement, tenant mon cheval par la bride, je redescends vers la plaine des Indes...

Deux jours plus tard, à Kalimpong, je retrouve des Européens; des journalistes de tous les pays m'assaillent et me demandent les dernières nouvelles du Toit-du-Monde. Au début, j'ai eu bien du mal à me réadapter.

Les mois passent; j'hésite toujours à regagner l'Europe.

Dans le courant de l'été 1951, le Dalaï Lama rentre dans sa capitale et les familles réfugiées aux Indes reprennent, elles aussi, le chemin de la ville sainte. A Kalimpong, j'assiste à l'arrivée du gouverneur chinois qui se rend à Lhassa pour y prendre ses fonctions. Enfin, en automne de la même année, le territoire tibétain tout entier est occupé par les troupes communistes; les nouvelles du Tibet se font de plus en plus rares et contradictoires. Au moment où j'écris ces lignes, ce que je craignais est malheureusement devenu réalité : un pays libre gémit sous le joug de l'occupation étrangère.

La famine s'est abattue sur le Tibet; les vingt mille soldats chinois qui vivent sur le pays sont une charge trop lourde. Dans les journaux, j'ai vu dernièrement des photographies qui montrent au pied du Potala d'énormes banderoles portant l'effigie de Mao Tsé Tung. Les blindés parcourent les rues de la ville sainte. Les anciens ministres du Dalaï Lama ont été renvoyés et, sous la protection des baïonnettes communistes, le Panchen Lama a fait son entrée dans Lhassa. Officiellement, le Dalaï est toujours le chef de son gouvernement; en réalité, c'est la puissance occupante et elle seule qui fait la loi; pour affermir son emprise, elle construit des centaines de kilomètres de pistes reliées au réseau routier chinois.

Avec une tristesse infinie, je reste à l'affût des nouvelles venant du Tibet où j'ai laissé une partie de moi-même; ce qui touche à ce pays suscite en moi de profondes résonances.

Parfois, j'ai l'impression d'entendre le cri des oies sauvages et des grues qui passent dans le clair de lune au-dessus des toits de Lhassa endormi.

Puissent ces souvenirs éveiller chez ceux qui me liront un peu de sympathie et de compréhension pour un peuple dont la seule ambition fut de vivre libre et indépendant!

ÉPILOGUE : 1996

Il y a plus d'un demi-siècle que j'ai eu le privilège de vivre au Tibet, du temps où il était encore un territoire libre et heureux. Dans une de ses présentations, Sa Sainteté le Dalai Lama proclama que j'étais «devenu un des leurs». Il poursuivit : «En vieillissant, nous nous rappelons des jours heureux passés ensemble dans un pays heureux. Le signe d'une amitié authentique est qu'elle ne change pas, quoi qu'il advienne. Au fur et à mesure que grandit la connaissance de l'autre, l'amitié se fait plus profonde et l'on peut compter, à vie, sur une aide mutuelle. Harrer a toujours été un ami pour le Tibet. Sa plus importante contribution à notre cause fut son livre *Sept ans d'aventures au Tibet,* qui a fait découvrir mon pays à des millions de personnes. Aujourd'hui encore, il reste actif dans le combat pour la liberté et les droits du peuple tibétain, et nous lui en sommes reconnaissants.»

Lorsque Peter Aufschnaiter et moi-même sommes arrivés à Lhassa après presque deux ans de marche, au cours desquels nous avons passé des cols atteignant les 6 000 mètres, nous avions des engelures et des ampoules, nous étions affamés et malades. Lhassa était connue sous le nom de la Cité Interdite. C'est pourquoi nous n'aurions pas été surpris si le gouvernement tibétain nous avait ramenés à la frontière. Pourtant, le contraire s'est produit. Ils ont eu pitié de nous, nous ont donné à manger, des habits chauds, un logis, du travail, et nous sommes devenus amis.

Qui, sur terre et à cette époque, aurait cru que nous devrions fuir ce pays pacifique situé sur le toit du monde ? Cependant, les Chinois envahirent le Pays des Neiges et le Dalai Lama, avec plus de cent mille personnes, dut trouver asile en Inde et dans d'autres lieux du monde libre. On a peine à croire ce que le Tibet a connu depuis. Plus de 1,2 million de Tibétains ont péri et 99 % des quelque six mille monastères, temples et lieux saints ont été pillés ou entièrement détruits.

Alors que les Tibétains souffrent et ont besoin d'aide, je fais mon possible pour obtenir un soutien au Dalai Lama et aux réfugiés de ce pays. J'organise des conférences afin d'obtenir des dons et publie les vieilles photographies en noir et blanc, car presque aucun Tibétain, au Tibet ou exilé, n'a vu combien son pays était magnifique et heureux autrefois. L'édition de ce livre en tibétain m'a rendu très fier. Et l'adaptation de *Sept ans d'aventures au Tibet* en documentaire filmé attirera davantage l'attention sur la cause des réfugiés. L'intention du producteur de mettre l'accent sur l'invasion, la destruction et le génocide du Tibet résulte de la pression exercée par les Chinois sur les pays voisins pour qu'ils refusent l'autorisation de tourner sur leur sol la version cinématographique de *Sept ans d'aventures au Tibet.*

La résolution de la Commission des droits de l'homme qui, en avril 1996, a condamné tous les pays concernés excepté la Chine justifie d'autant notre peur. Le producteur va désormais tourner dans d'autres pays montagneux. Certains amis en Asie pensent que cela attirera d'autant plus l'attention et augmentera l'intérêt pour le film.

Quant à moi, je voudrais que le lecteur sache que, plusieurs décennies plus tard et après diverses expéditions dans d'autres régions de notre planète, l'âge venant, mes motivations ont changé.

Toutefois, pour l'Asie et le Tibet particulièrement, il en va autrement. Des siècles durant, ces terres ont exercé une fascination sur les missionnaires, les explorateurs et les commerçants. Le charme de l'Orient, ses secrets, son mysticisme et ses villes interdites – comme Shangrila, aujourd'hui encore – captivent et attirent les intellectuels comme les aventuriers.

Dans l'entre-deux-guerres, un officier de la colonie britannique disait qu'avec l'invention de l'avion le monde n'aurait plus de secret. Mais, a-t-il ajouté, il reste un mystère. Il demeure un vaste pays au sommet du monde où se passent des choses étranges. Des moines ont le pouvoir de séparer l'esprit du corps, des shamanes et des oracles prennent des décisions gouvernementales et un roi-dieu vit dans un palais ressemblant à un gratte-ciel dans la Cité Interdite de Lhassa.

Depuis ma jeunesse, je n'ai lu que des livres de géographie ; mon grand modèle a été l'explorateur suédois Sven Hedin, qui écrivit des livres fascinants retraçant ses aventures au Tibet. Quand le camp de prisonniers de guerre, où j'étais retenu en Inde, a été déplacé au pied de la chaîne de l'Himalaya, mon projet d'évasion s'est naturellement concentré vers le Tibet, dont je sentais qu'il était « à l'extérieur de ce monde ».

Mais il convient d'être clair : les Britanniques nous ont traités exactement selon les prescriptions de la convention de Genève. Vivre entouré de barbelés était presque agréable. Nous avions des livres et faisions du sport, et nous ne souffrions ni de privations, ni de répression, ni de faim. Rien d'intenable ou d'atroce ne nous poussait à fuir. Je voulais partir afin d'arriver à quelque chose, peut-être même atteindre ce pays interdit qui s'étend au-delà des montagnes les plus hautes du monde.

Ce livre s'achève au printemps 1951, lors de mes adieux à mon jeune ami le Dalai Lama et au Tibet, ma terre natale. Je ne suis pas parti cette fois de mon plein gré, bien au contraire. La photographie que j'ai prise de Sa Sainteté avant de traverser la frontière vers le Sikkim et l'Inde fut la dernière image de lui prise dans le Tibet libre. Elle fit peu après la couverture de *Life* – la première en couleurs – et répandit la nouvelle de l'invasion chinoise du Tibet. Le Dalai Lama revint à Lhassa avec ses ministres, croyant que les Chinois adhéreraient aux promesses édictées dans l'accord en dix-sept points.

Voici les événements en quelques mots : la vie avec les conquérants alla de mal en pis. En mars 1959, au cours d'un soulèvement à Lhassa, le Dalai Lama s'enfuit pendant la nuit et parvint sain et sauf en Inde quelques semaines plus tard. La fuite du Dalai Lama vers l'Inde intervint quinze ans exactement après mon évasion de l'Inde vers le Tibet. Le gouvernement indien prolongea très généreusement l'asile offert aux Tibétains et le gouvernement d'exil non officiel du Dalai Lama s'installa dans la station de montagne de Dharamsala, en Inde.

La mère de Sa Sainteté y mourut en 1962 et, quelques années plus tard, son frère aîné, Lobsang Samten, qui avait été mon ami à Lhassa, mourut d'une infection à New Delhi, à l'âge de cinquante ans. La perte de ces deux parents fut un choc extrêment dur pour Sa Sainteté.

L'admiration et la révérence à l'égard du Dalai Lama se sont largement accrues dans le monde au cours de ces dernières années. L'importance mondiale grandissante des revendications populaires en faveur de l'indépendance du Tibet est due principalement aux efforts constants et au charisme du Dalai Lama, ce qui effraie les Chinois. Peu à peu, le monde a pris conscience de l'étendue de la mutilation subie par la culture tibétaine.

La plus grande marque de reconnaissance à l'égard du Dalai Lama et de la cause qu'il représente fut sans aucun doute qu'on lui décerne le prix Nobel de la paix en 1989.

Il n'est pas difficile d'imaginer à quel point j'étais fier et reconnaissant d'avoir pour ami l'un des hommes véritablement grands de notre époque et de conserver des relations avec cette nation tout aussi grande qui m'avait accueilli lorsque j'étais un fugitif démuni.

C'est une merveilleuse coïncidence que nos deux anniversaires tombent le 6 juillet et ce fut assurément l'un des plus beaux jours de ma vie lorsque, à Huttenbourg – ma ville d'origine –, dans la province autrichienne de Carinthie, Sa Sainteté le quatorzième Dalai Lama vint bénir et inaugurer le musée H.-H.

Aujourd'hui, la destruction du Tibet continue. Lhassa est une ville entièrement chinoise. Il ne reste que 2 % des maisons typiquement tibétaines. Pourtant, des milliers de magasins chinois, des centaines de maisons closes, de casinos et de lieux de distraction, construits pour le plaisir des soldats de l'armée occupante, ont disparu.

Des dizaines d'années de destruction, de répression, de génocide, de stérilisation et d'endoctrinement politique ne sont pas parvenues à étouffer le désir de liberté et les convictions religieuses profondément enracinées des Tibétains.

À New Delhi, le 10 mars 1996 – jour du dix-septième anniversaire du soulèvement sanglant de Lhassa –, le Dalai Lama a dénoncé la poursuite de la répression au Tibet. La Commission des droits de l'homme a renchéri en révélant les tortures et les cruautés couramment infligées aux enfants par les autorités chinoises. Le soutien à la cause tibétaine grandit et le Dalai Lama et son peuple n'abandonneront jamais. J'entrevois que tous ceux qui aiment le Tibet et la liberté accompagneront le Dalai Lama lorsqu'il retournera au Potala, le monument du génie tibétain.

Cependant, malgré les voix qui s'unissent dans le monde entier pour soutenir le combat pour la liberté du Tibet, la plupart des pays accordent plus d'importance aux préoccupations matérielles qu'aux droits de l'homme.